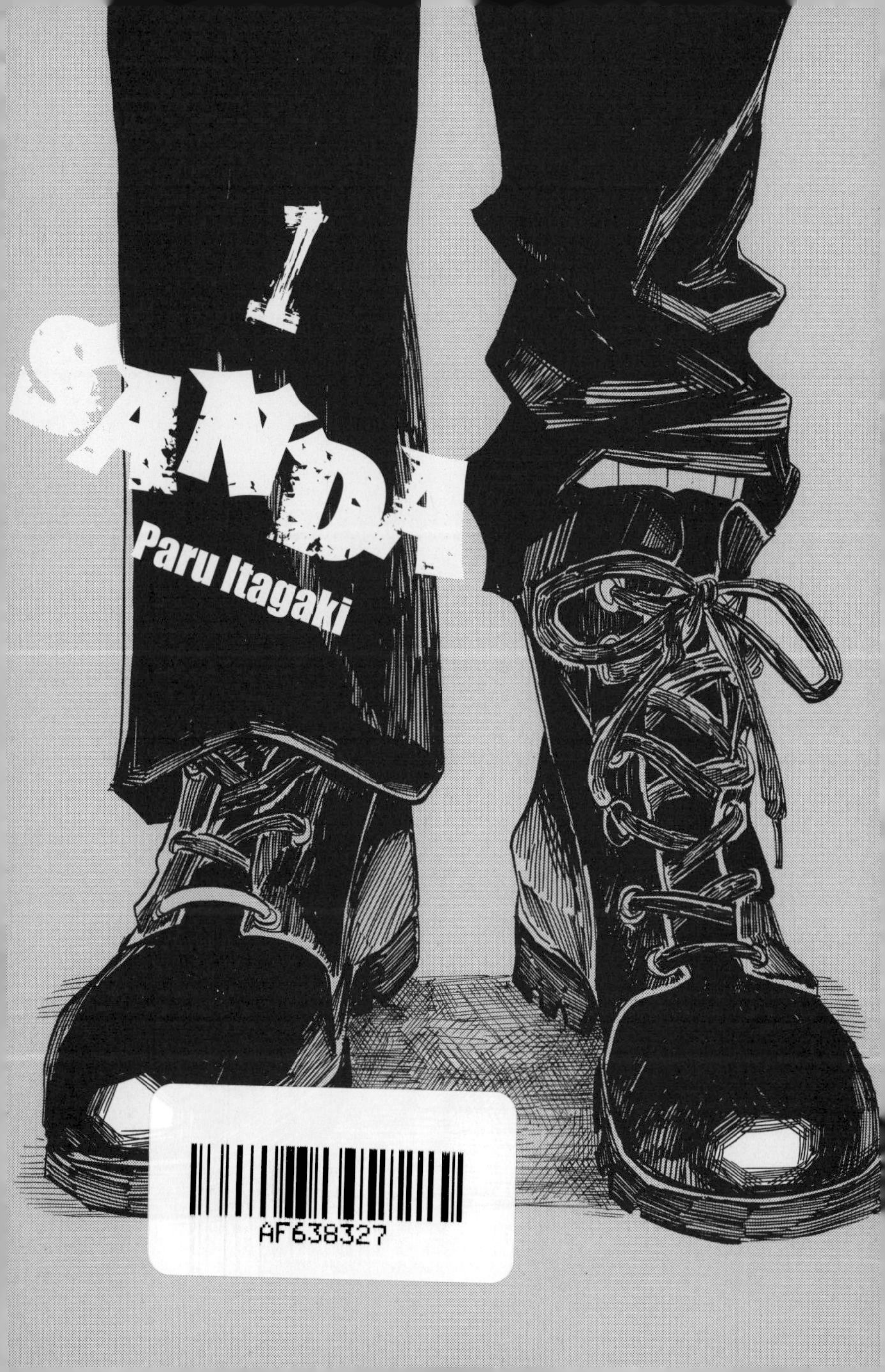
1
SANDA
Paru Itagaki

SANDA

INHALT

1. Kapitel:
Alles ist so hell. Ist das das Alter?
003

2. Kapitel:
Diese beiden sind hochexplosiv
051

3. Kapitel:
Zuckerbrot und Peitsche, Kuss und Klingen
091

4. Kapitel:
Der Trauma-Hexenmeister
119

5. Kapitel:
Ein Schwur vor der Konditorei
139

6. Kapitel:
Der Witz mit den fallenden Sachen
163

7. Kapitel:
Beton, der fällt wie Schneeregen
183

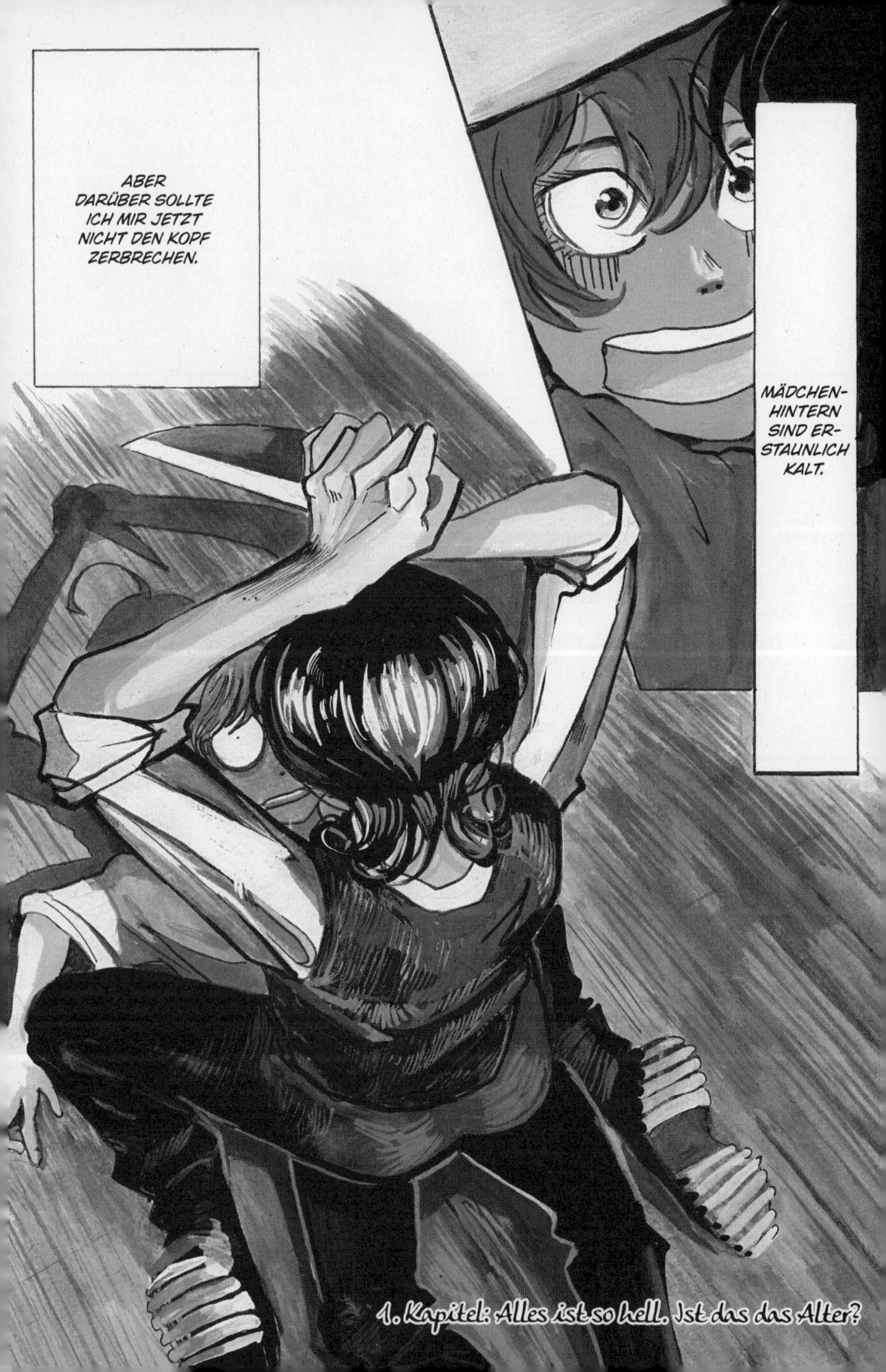
MÄDCHEN-HINTERN SIND ER-STAUNLICH KALT.
ABER DARÜBER SOLLTE ICH MIR JETZT NICHT DEN KOPF ZERBRECHEN.
1. Kapitel: Alles ist so hell. Ist das das Alter?

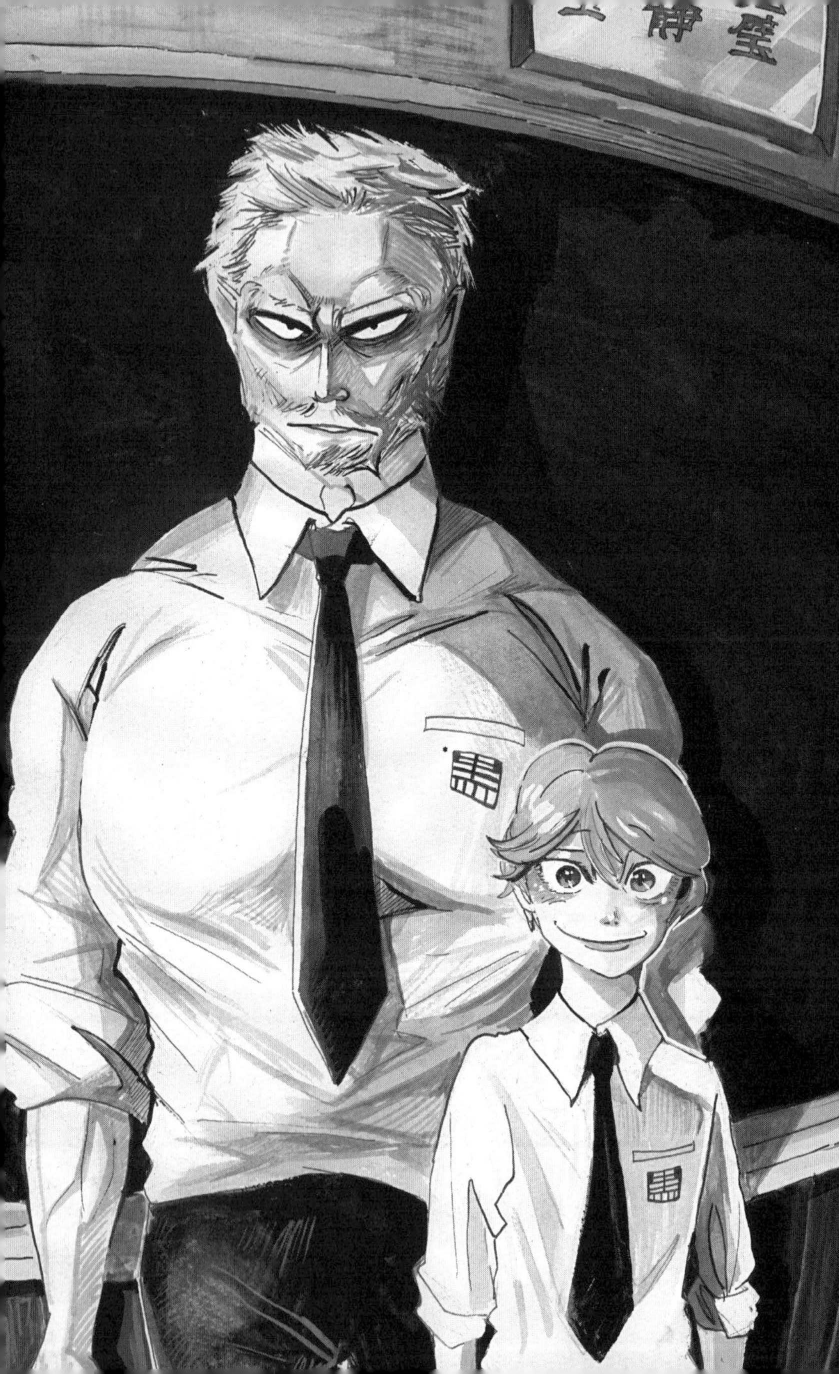

* Schwarz" bzw. Koku (Kuro) aus dem Namen der Schule Daikoku Aino Gakuen

1. Kapitel: Alles ist so hell. Ist das das Alter?

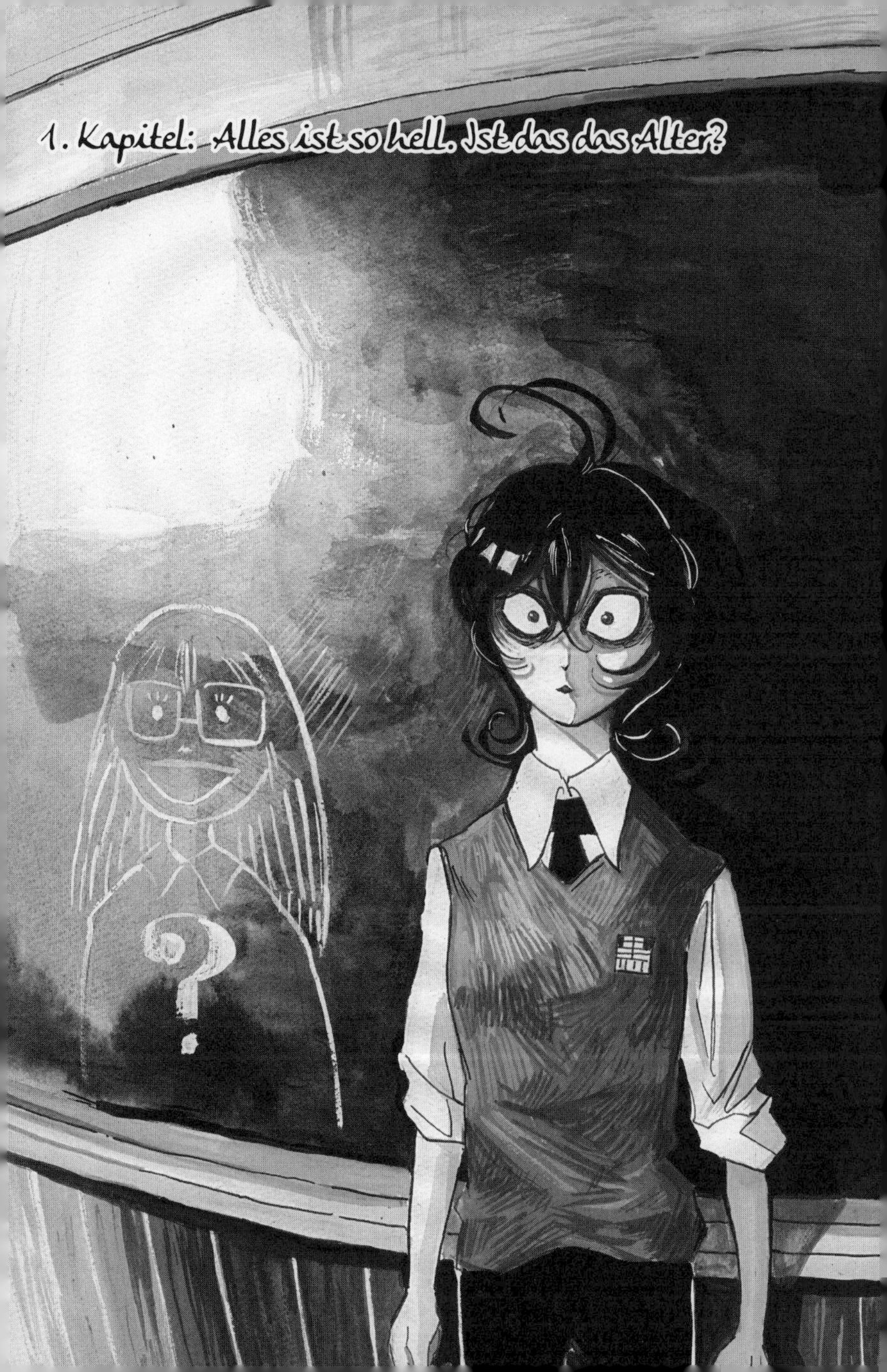

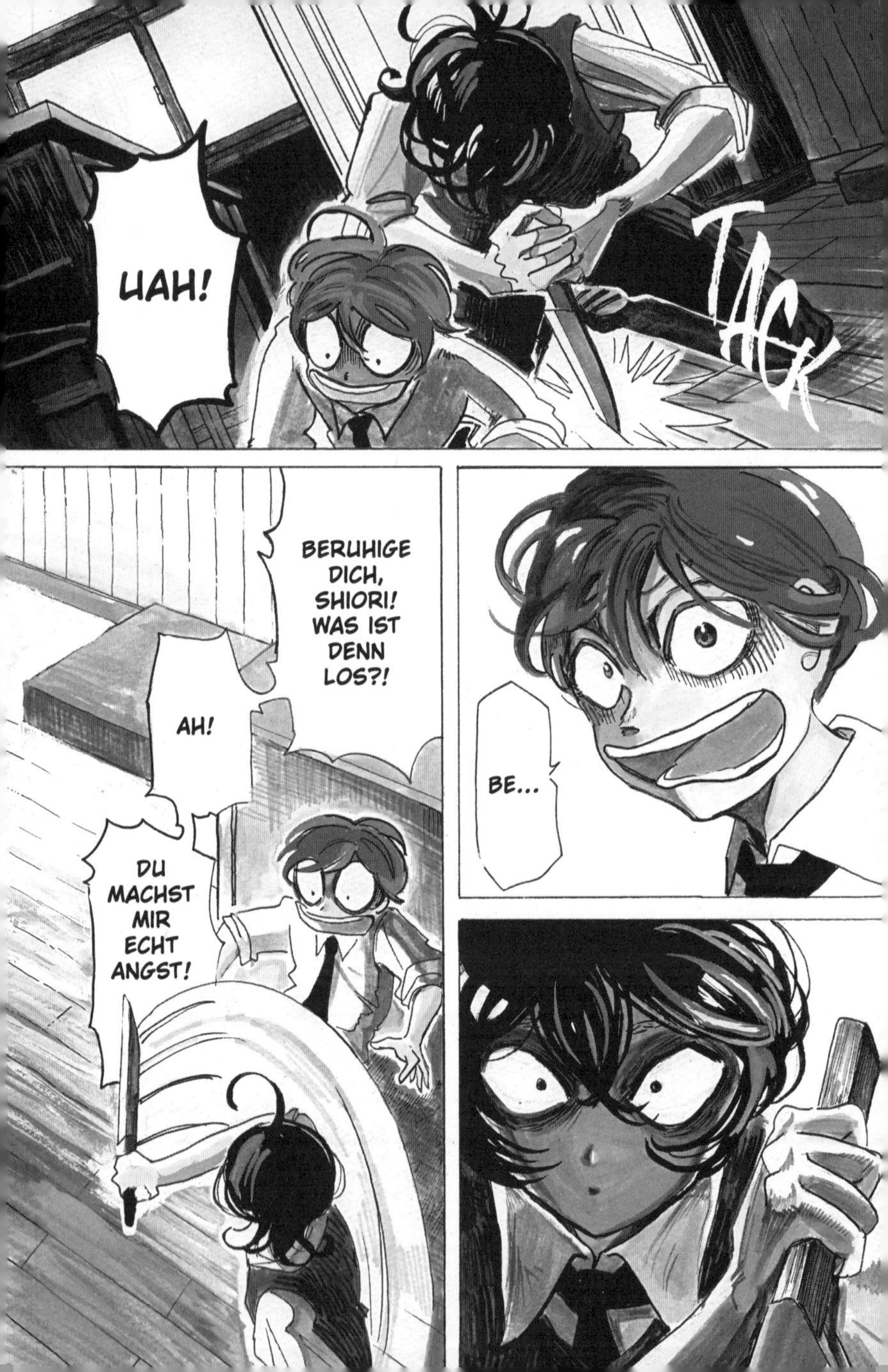

UAH!
TACK
BE...
BERUHIGE DICH, SHIORI! WAS IST DENN LOS?!
AH!
DU MACHST MIR ECHT ANGST!

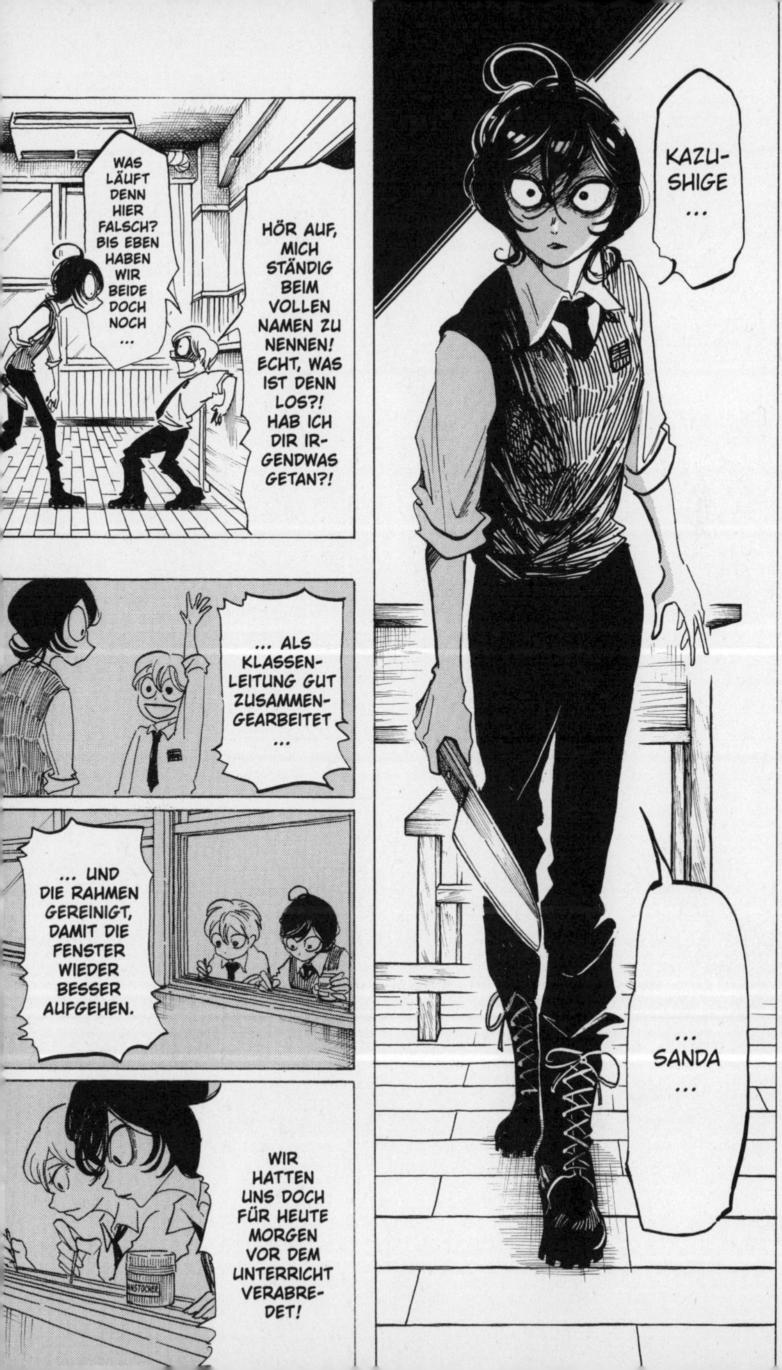
KAZU-SHIGE ...
... SANDA ...
HÖR AUF, MICH STÄNDIG BEIM VOLLEN NAMEN ZU NENNEN! ECHT, WAS IST DENN LOS?! HAB ICH DIR IR-GENDWAS GETAN?!
WAS LÄUFT DENN HIER FALSCH? BIS EBEN HABEN WIR BEIDE DOCH NOCH ...
... ALS KLASSEN-LEITUNG GUT ZUSAMMEN-GEARBEITET ...
... UND DIE RAHMEN GEREINIGT, DAMIT DIE FENSTER WIEDER BESSER AUFGEHEN.
WIR HATTEN UNS DOCH FÜR HEUTE MORGEN VOR DEM UNTERRICHT VERABRE-DET!

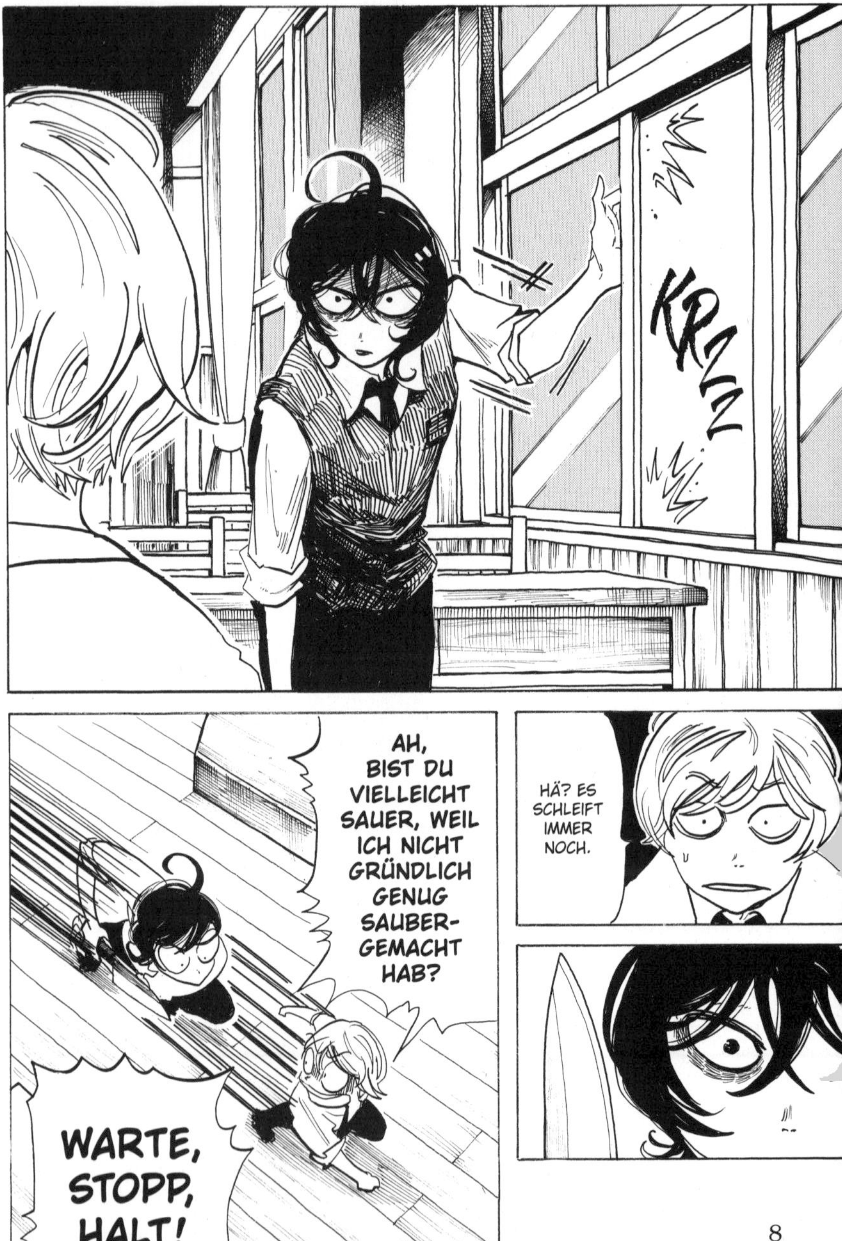
KRZZZ
HÄ? ES SCHLEIFT IMMER NOCH.
AH, BIST DU VIELLEICHT SAUER, WEIL ICH NICHT GRÜNDLICH GENUG SAUBER-GEMACHT HAB?
WARTE, STOPP, HALT!

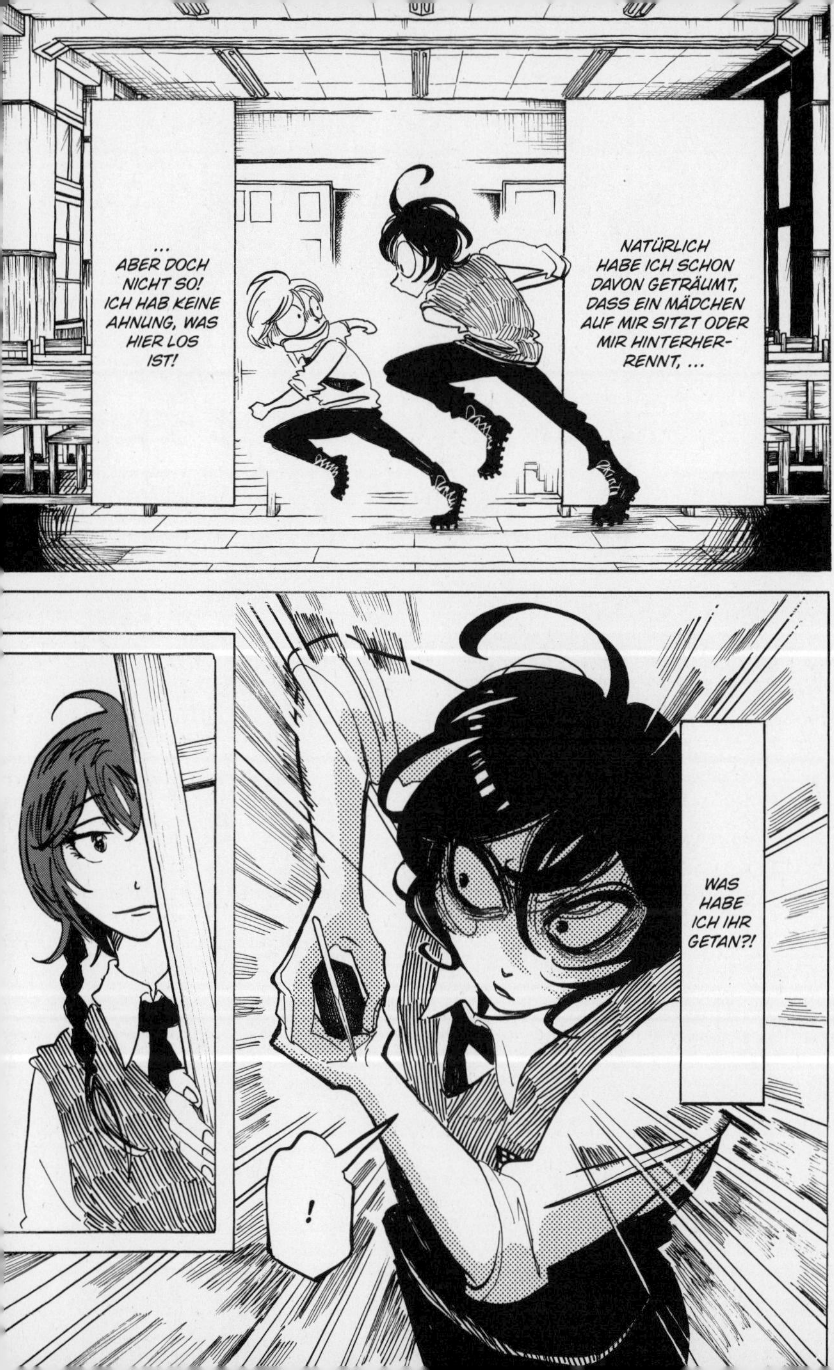
NATÜRLICH HABE ICH SCHON DAVON GETRÄUMT, DASS EIN MÄDCHEN AUF MIR SITZT ODER MIR HINTERHER-RENNT, …
… ABER DOCH NICHT SO! ICH HAB KEINE AHNUNG, WAS HIER LOS IST!
WAS HABE ICH IHR GETAN?!
!

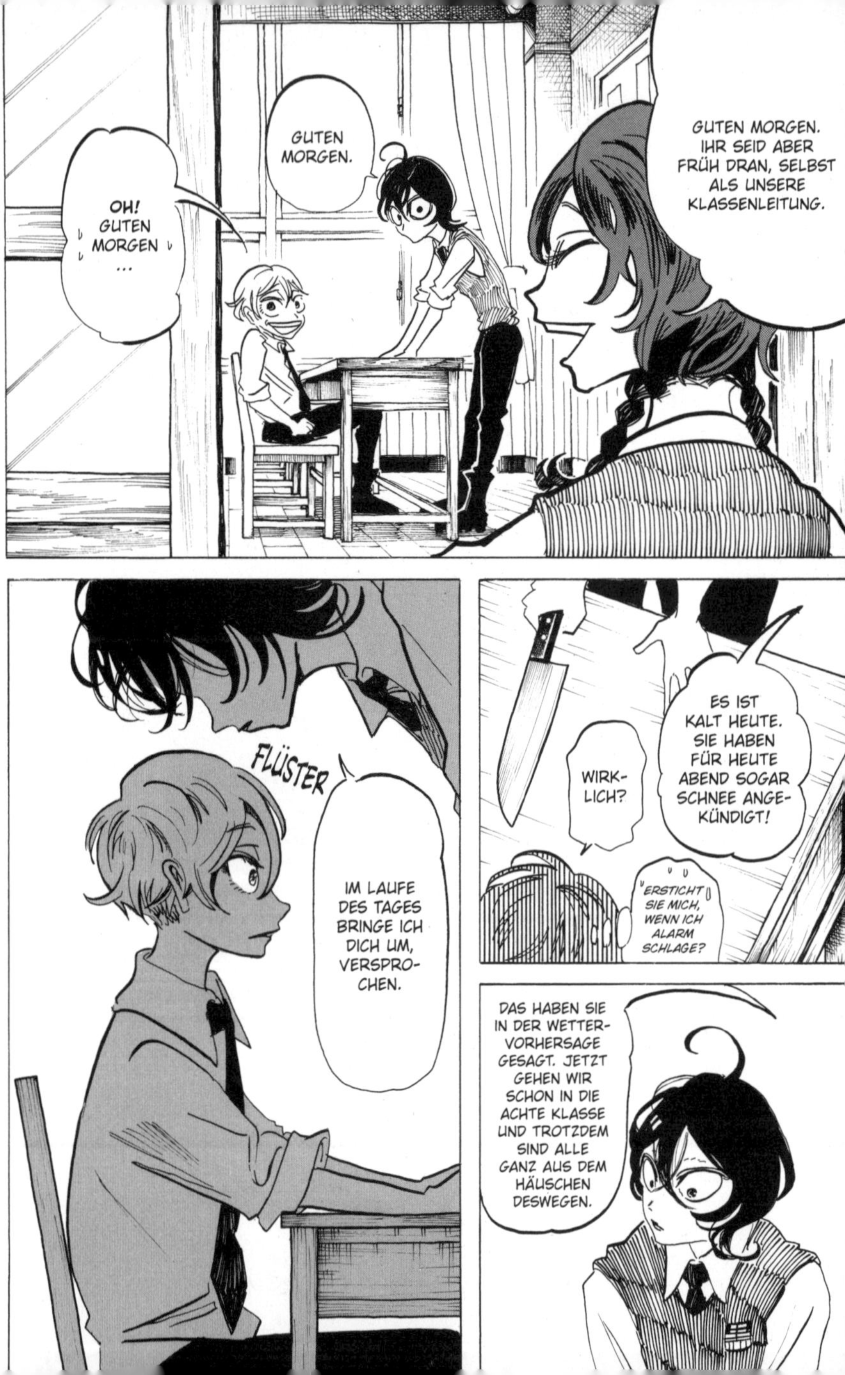
GUTEN MORGEN. IHR SEID ABER FRÜH DRAN, SELBST ALS UNSERE KLASSENLEITUNG.
GUTEN MORGEN.
OH! GUTEN MORGEN …
ES IST KALT HEUTE. SIE HABEN FÜR HEUTE ABEND SOGAR SCHNEE ANGE-KÜNDIGT!
WIRK-LICH?
ERSTICHT SIE MICH, WENN ICH ALARM SCHLAGE?
FLÜSTER
IM LAUFE DES TAGES BRINGE ICH DICH UM, VERSPRO-CHEN.
DAS HABEN SIE IN DER WETTER-VORHERSAGE GESAGT. JETZT GEHEN WIR SCHON IN DIE ACHTE KLASSE UND TROTZDEM SIND ALLE GANZ AUS DEM HÄUSCHEN DESWEGEN.

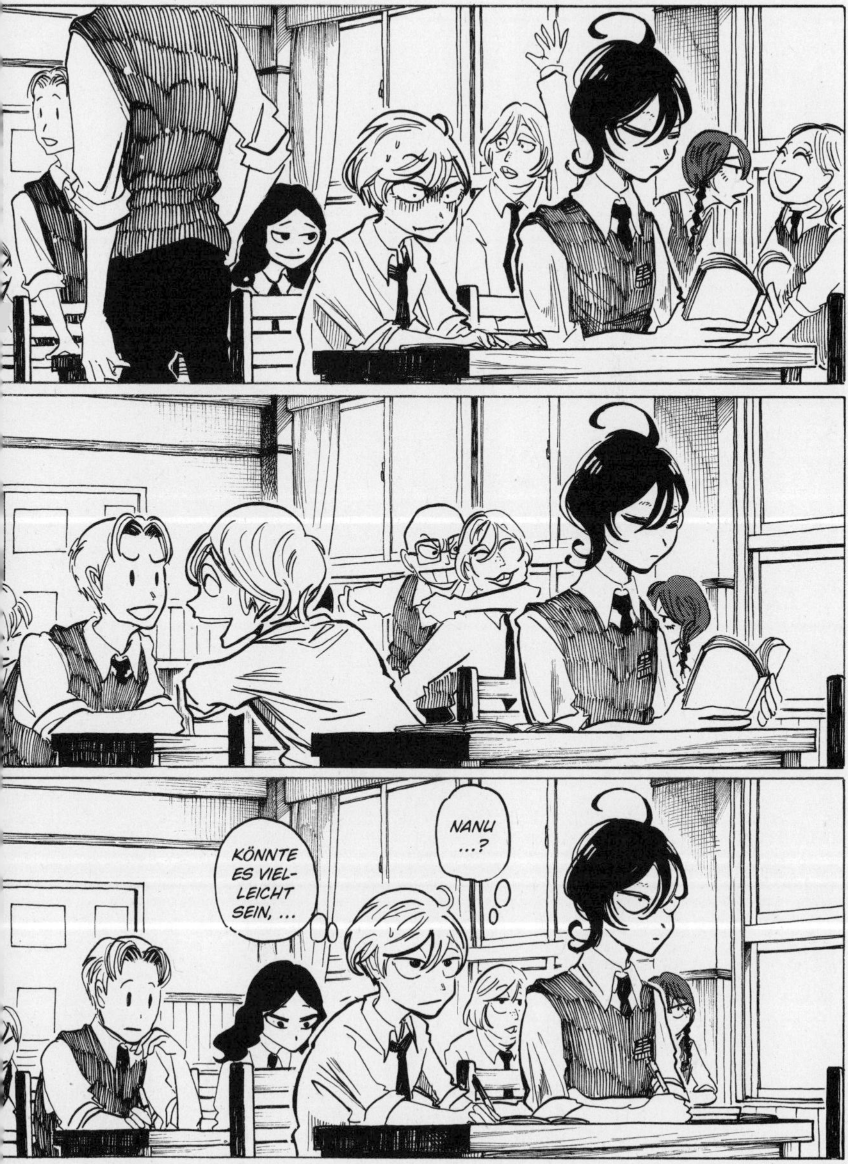
NANU ...?
KÖNNTE ES VIEL-LEICHT SEIN, ...

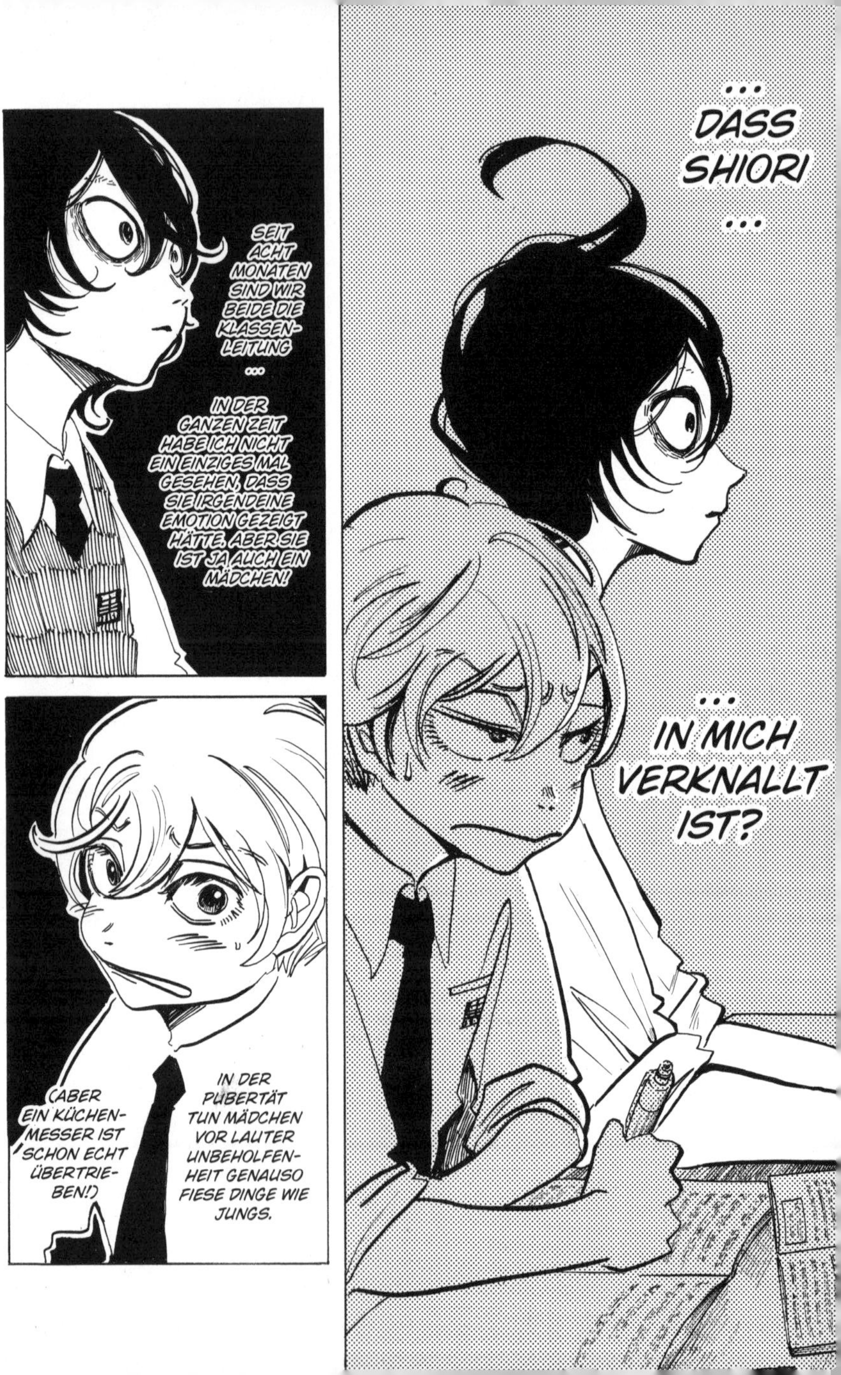

... DASS SHIORI ...
... IN MICH VERKNALLT IST?
SEIT ACHT MONATEN SIND WIR BEIDE DIE KLASSEN-LEITUNG ...
IN DER GANZEN ZEIT HABE ICH NICHT EIN EINZIGES MAL GESEHEN, DASS SIE IRGENDEINE EMOTION GEZEIGT HÄTTE. ABER SIE IST JA AUCH EIN MÄDCHEN!
IN DER PUBERTÄT TUN MÄDCHEN VOR LAUTER UNBEHOLFEN-HEIT GENAUSO FIESE DINGE WIE JUNGS.
(ABER EIN KÜCHEN-MESSER IST SCHON ECHT ÜBERTRIE-BEN!)

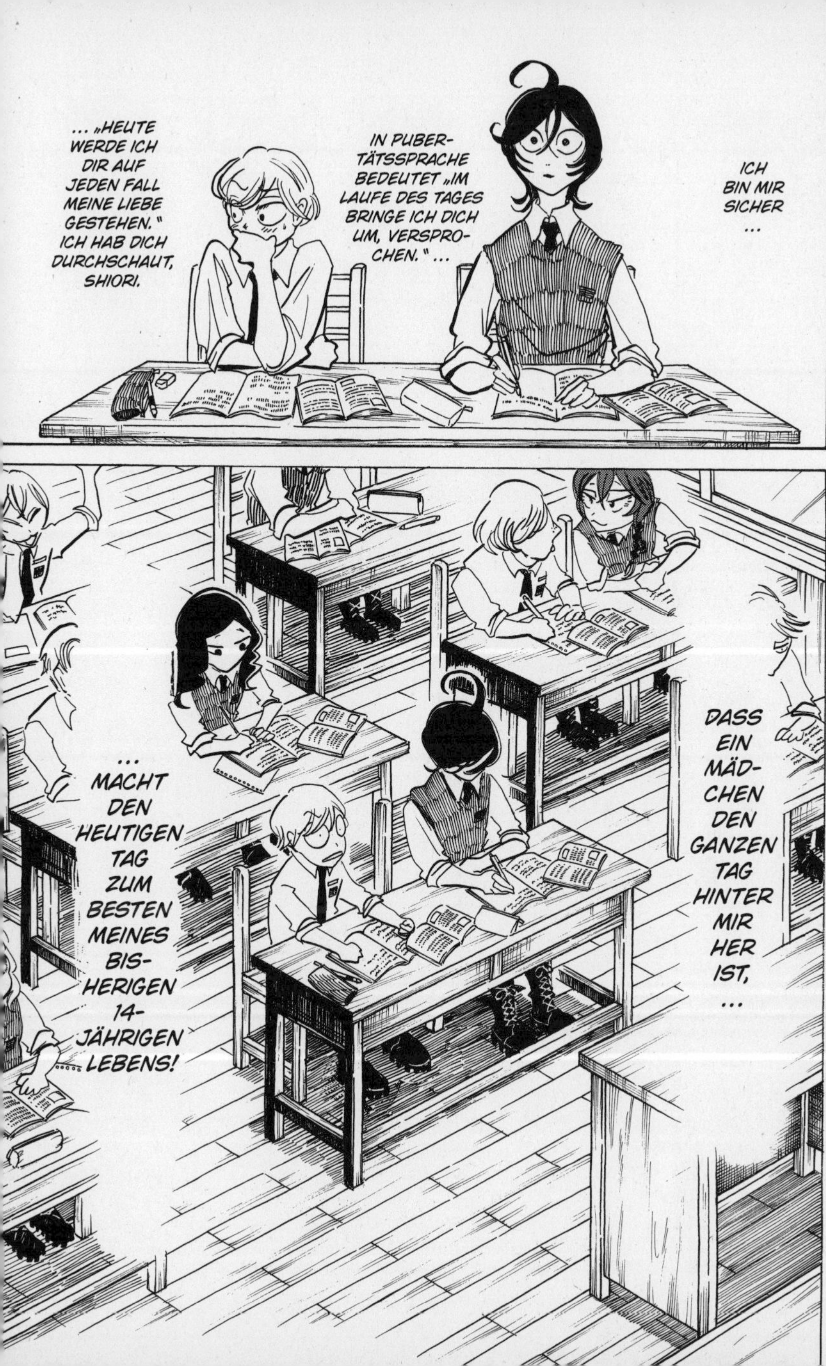
ICH BIN MIR SICHER ...
IN PUBERTÄTSSPRACHE BEDEUTET „IM LAUFE DES TAGES BRINGE ICH DICH UM, VERSPROCHEN." ...
... „HEUTE WERDE ICH DIR AUF JEDEN FALL MEINE LIEBE GESTEHEN." ICH HAB DICH DURCHSCHAUT, SHIORI.
DASS EIN MÄDCHEN DEN GANZEN TAG HINTER MIR HER IST, ...
... MACHT DEN HEUTIGEN TAG ZUM BESTEN MEINES BISHERIGEN 14-JÄHRIGEN LEBENS!

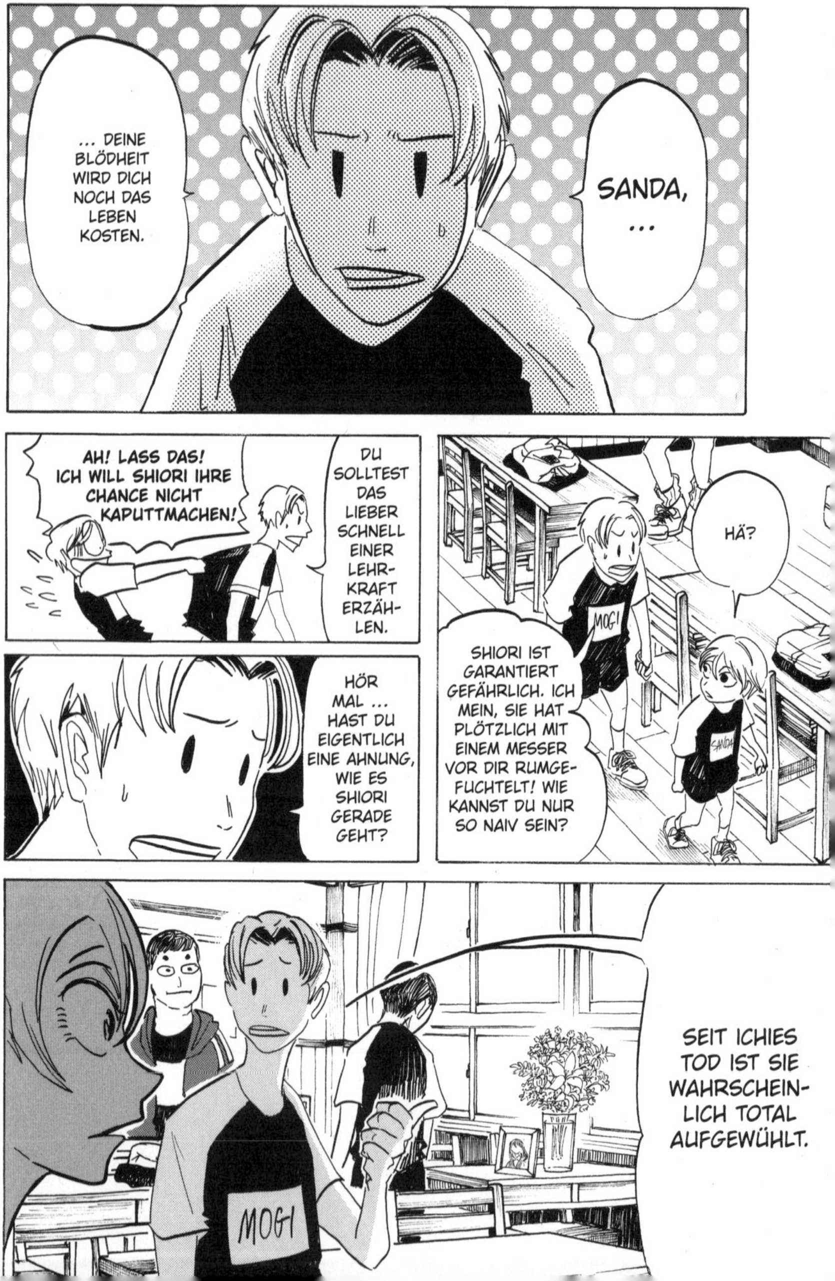
SANDA, …
… DEINE BLÖDHEIT WIRD DICH NOCH DAS LEBEN KOSTEN.
HÄ?
DU SOLLTEST DAS LIEBER SCHNELL EINER LEHRKRAFT ERZÄHLEN.
AH! LASS DAS! ICH WILL SHIORI IHRE CHANCE NICHT KAPUTTMACHEN!
SHIORI IST GARANTIERT GEFÄHRLICH. ICH MEIN, SIE HAT PLÖTZLICH MIT EINEM MESSER VOR DIR RUMGEFUCHTELT! WIE KANNST DU NUR SO NAIV SEIN?
HÖR MAL … HAST DU EIGENTLICH EINE AHNUNG, WIE ES SHIORI GERADE GEHT?
SEIT ICHIES TOD IST SIE WAHRSCHEINLICH TOTAL AUFGEWÜHLT.

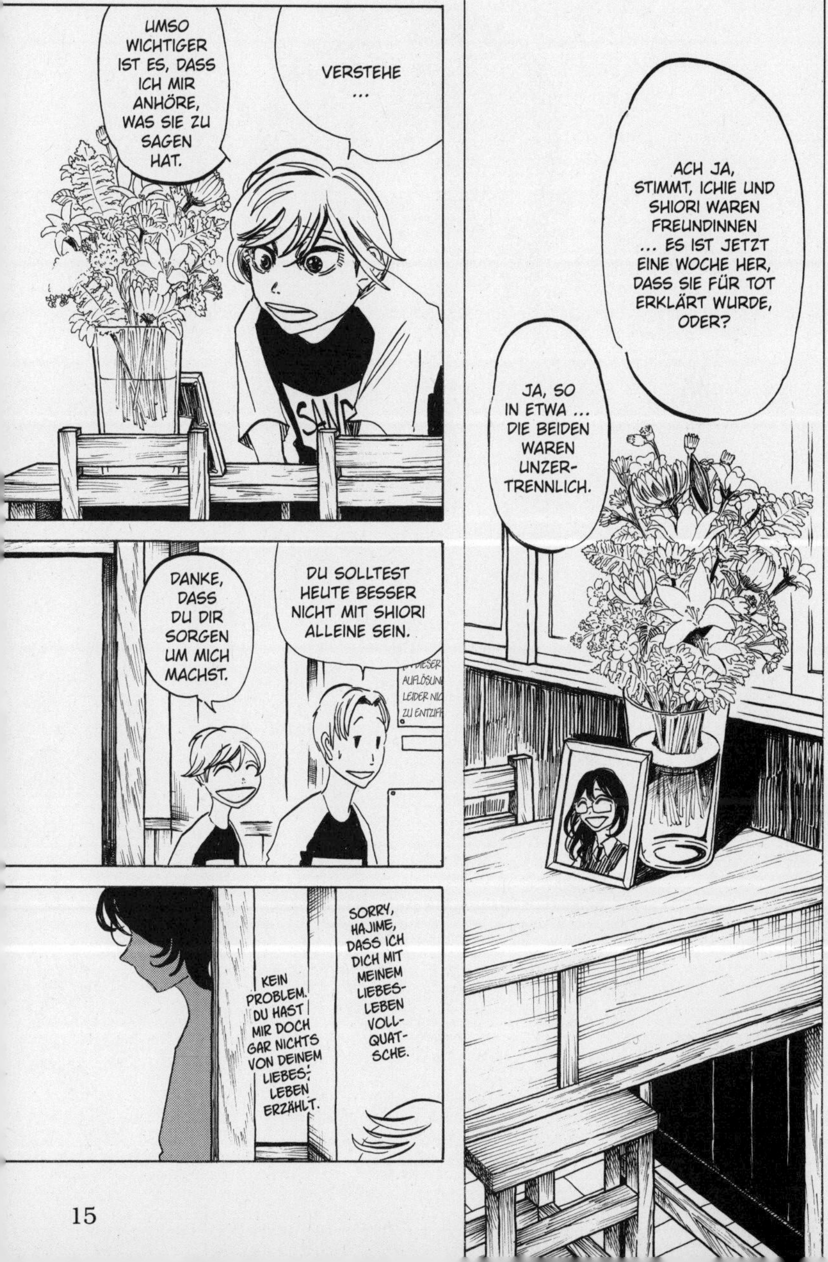
ACH JA, STIMMT, ICHIE UND SHIORI WAREN FREUNDINNEN ... ES IST JETZT EINE WOCHE HER, DASS SIE FÜR TOT ERKLÄRT WURDE, ODER?
JA, SO IN ETWA ... DIE BEIDEN WAREN UNZER-TRENNLICH.
VERSTEHE ...
UMSO WICHTIGER IST ES, DASS ICH MIR ANHÖRE, WAS SIE ZU SAGEN HAT.
DU SOLLTEST HEUTE BESSER NICHT MIT SHIORI ALLEINE SEIN.
DANKE, DASS DU DIR SORGEN UM MICH MACHST.
SORRY, HAJIME, DASS ICH DICH MIT MEINEM LIEBES-LEBEN VOLL-QUAT-SCHE.
KEIN PROBLEM. DU HAST MIR DOCH GAR NICHTS VON DEINEM LIEBES-LEBEN ERZÄHLT.

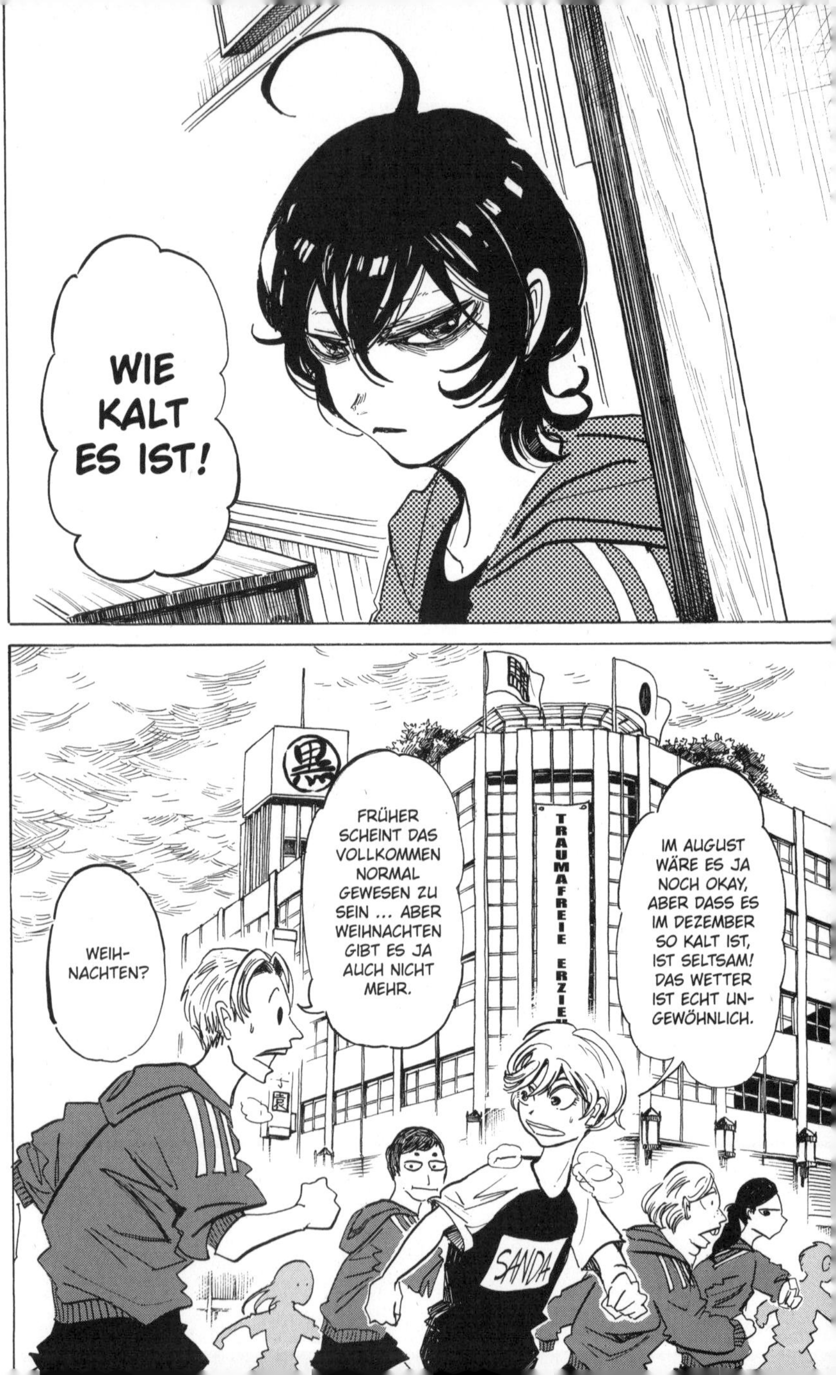
WIE KALT ES IST!
IM AUGUST WÄRE ES JA NOCH OKAY, ABER DASS ES IM DEZEMBER SO KALT IST, IST SELTSAM! DAS WETTER IST ECHT UN-GEWÖHNLICH.
TRAUMAFREIE
FRÜHER SCHEINT DAS VOLLKOMMEN NORMAL GEWESEN ZU SEIN … ABER WEIHNACHTEN GIBT ES JA AUCH NICHT MEHR.
WEIH-NACHTEN?
SANDA

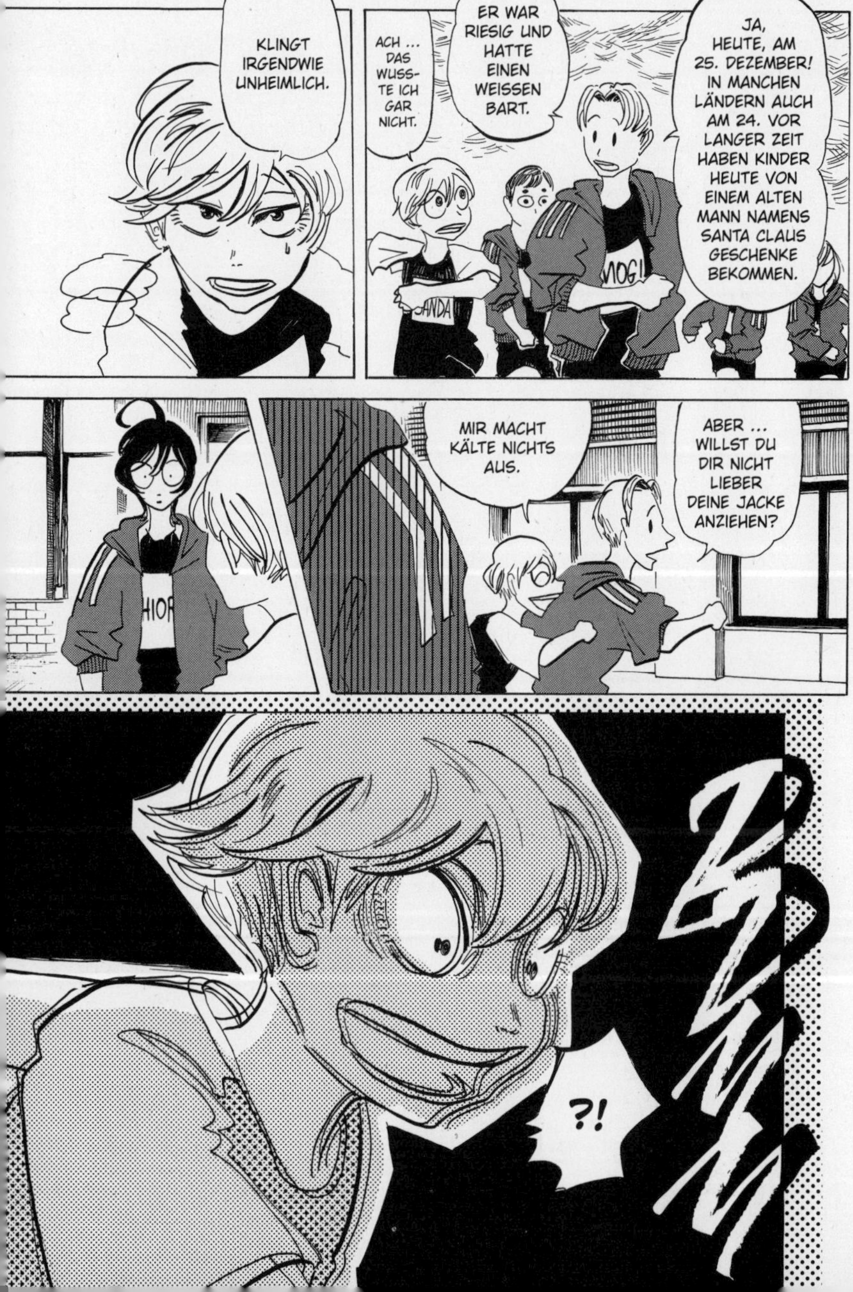
JA, HEUTE, AM 25. DEZEMBER! IN MANCHEN LÄNDERN AUCH AM 24. VOR LANGER ZEIT HABEN KINDER HEUTE VON EINEM ALTEN MANN NAMENS SANTA CLAUS GESCHENKE BEKOMMEN.
ER WAR RIESIG UND HATTE EINEN WEISSEN BART.
ACH ... DAS WUSSTE ICH GAR NICHT.
KLINGT IRGENDWIE UNHEIMLICH.
ABER ... WILLST DU DIR NICHT LIEBER DEINE JACKE ANZIEHEN?
MIR MACHT KÄLTE NICHTS AUS.
?!

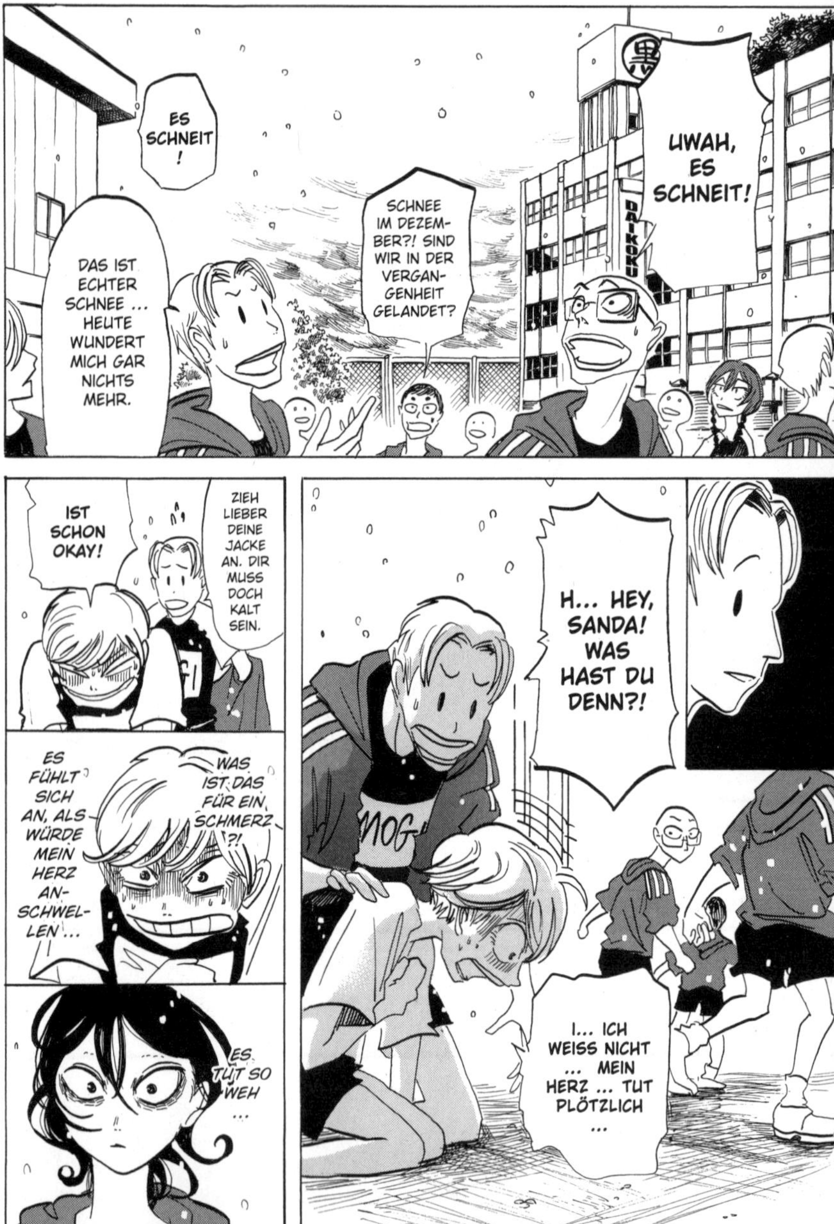
UWAH, ES SCHNEIT!
SCHNEE IM DEZEMBER?! SIND WIR IN DER VERGANGENHEIT GELANDET?
ES SCHNEIT!
DAS IST ECHTER SCHNEE ... HEUTE WUNDERT MICH GAR NICHTS MEHR.
H... HEY, SANDA! WAS HAST DU DENN?!
I... ICH WEISS NICHT ... MEIN HERZ ... TUT PLÖTZLICH ...
ZIEH LIEBER DEINE JACKE AN. DIR MUSS DOCH KALT SEIN.
IST SCHON OKAY!
WAS IST DAS FÜR EIN SCHMERZ?!
ES FÜHLT SICH AN, ALS WÜRDE MEIN HERZ ANSCHWELLEN ...
ES TUT SO WEH ...

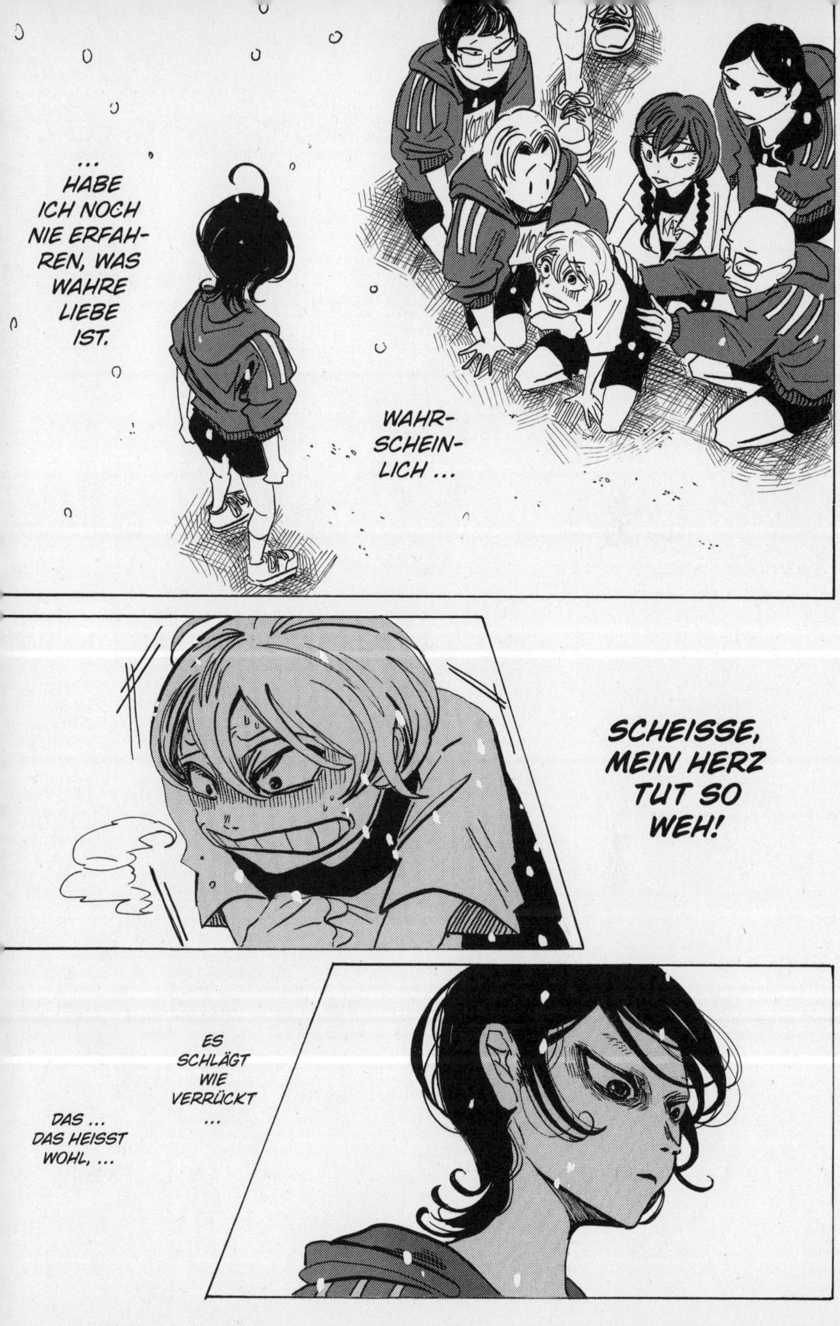
… HABE ICH NOCH NIE ERFAHREN, WAS WAHRE LIEBE IST.
WAHRSCHEINLICH …
SCHEISSE, MEIN HERZ TUT SO WEH!
ES SCHLÄGT WIE VERRÜCKT …
DAS … DAS HEISST WOHL, …

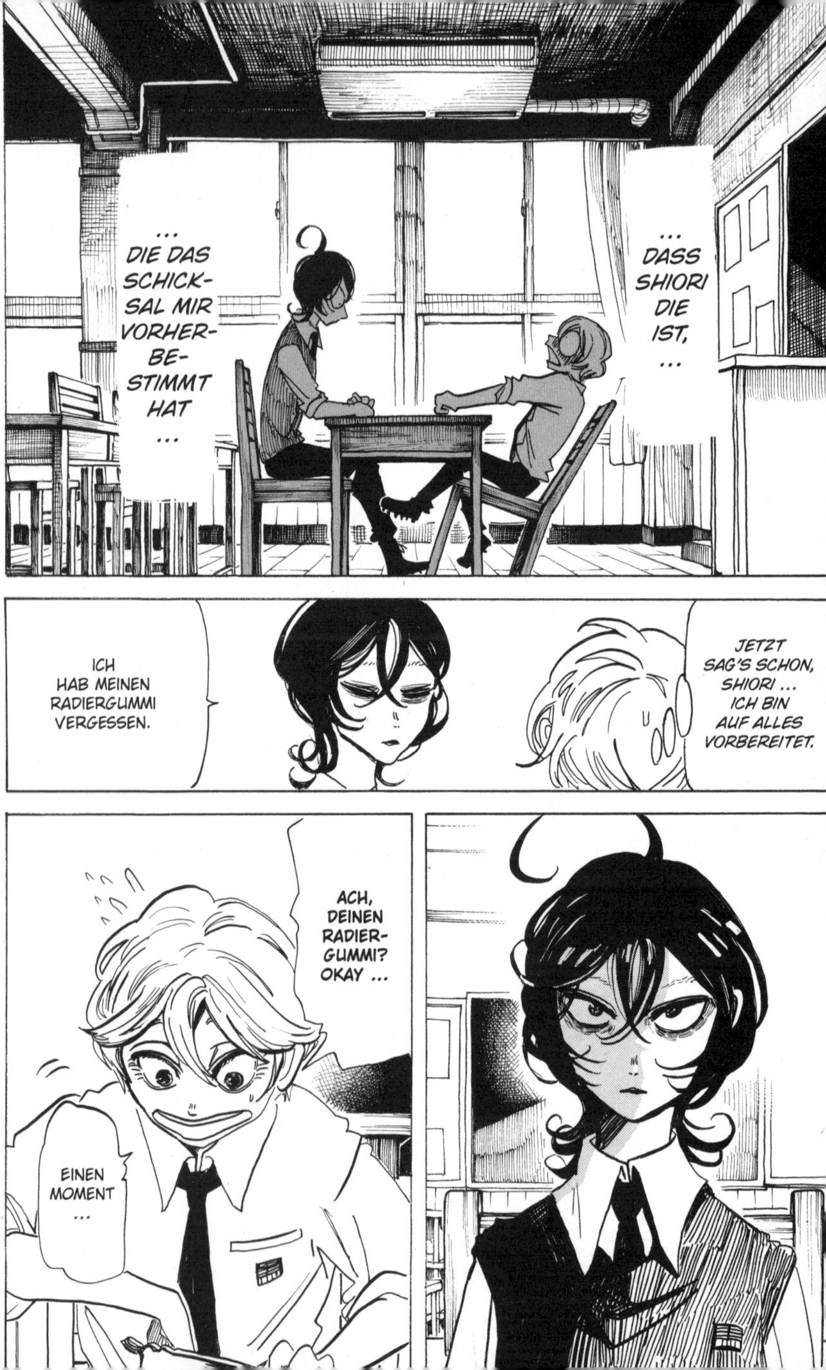
... DASS SHIORI DIE IST, ...
... DIE DAS SCHICKSAL MIR VORHERBESTIMMT HAT ...
JETZT SAG'S SCHON, SHIORI ... ICH BIN AUF ALLES VORBEREITET.
ICH HAB MEINEN RADIERGUMMI VERGESSEN.
ACH, DEINEN RADIERGUMMI? OKAY ...
EINEN MOMENT ...

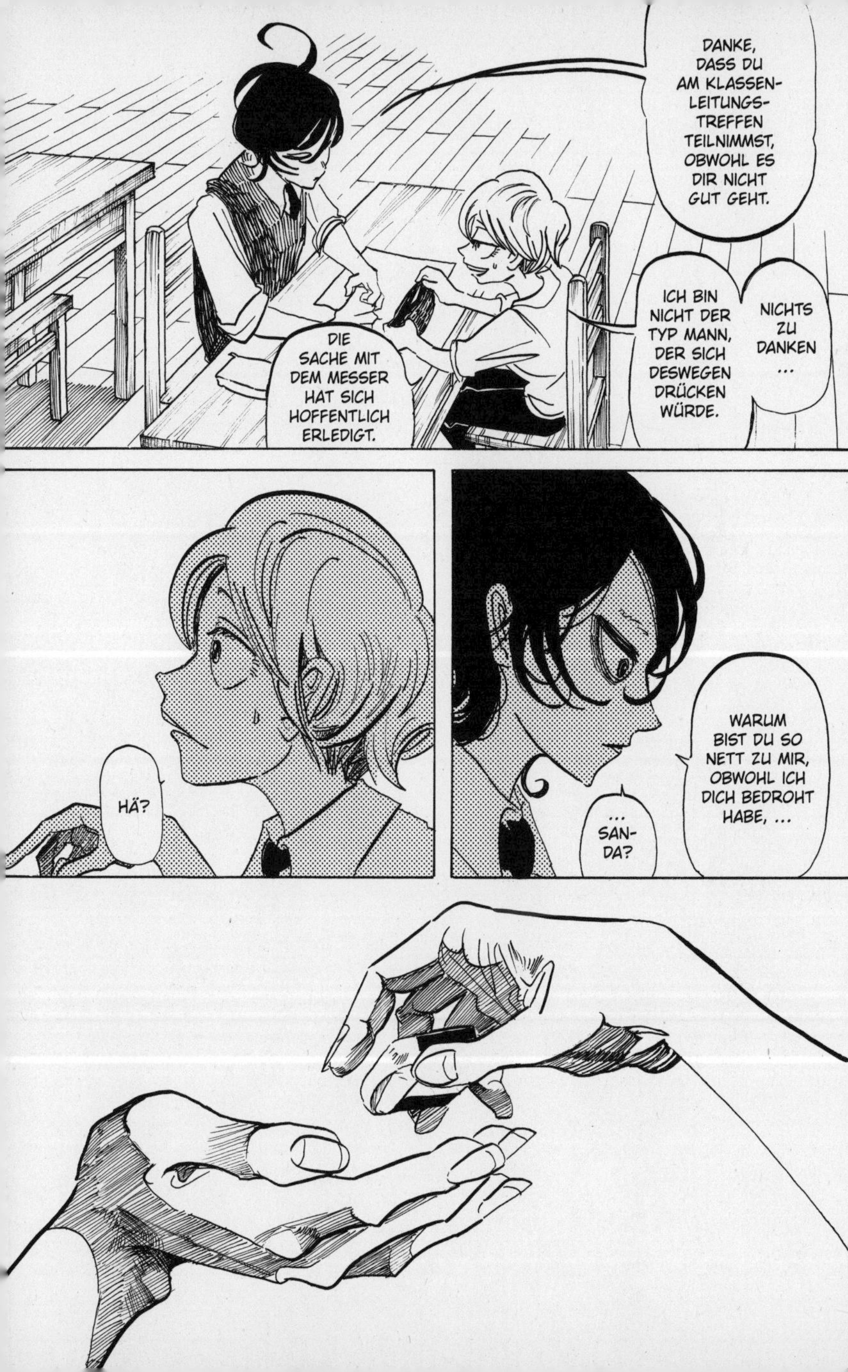
DANKE, DASS DU AM KLASSEN-LEITUNGS-TREFFEN TEILNIMMST, OBWOHL ES DIR NICHT GUT GEHT.
NICHTS ZU DANKEN ...
ICH BIN NICHT DER TYP MANN, DER SICH DESWEGEN DRÜCKEN WÜRDE.
DIE SACHE MIT DEM MESSER HAT SICH HOFFENTLICH ERLEDIGT.
WARUM BIST DU SO NETT ZU MIR, OBWOHL ICH DICH BEDROHT HABE, ...
... SAN-DA?
HÄ?

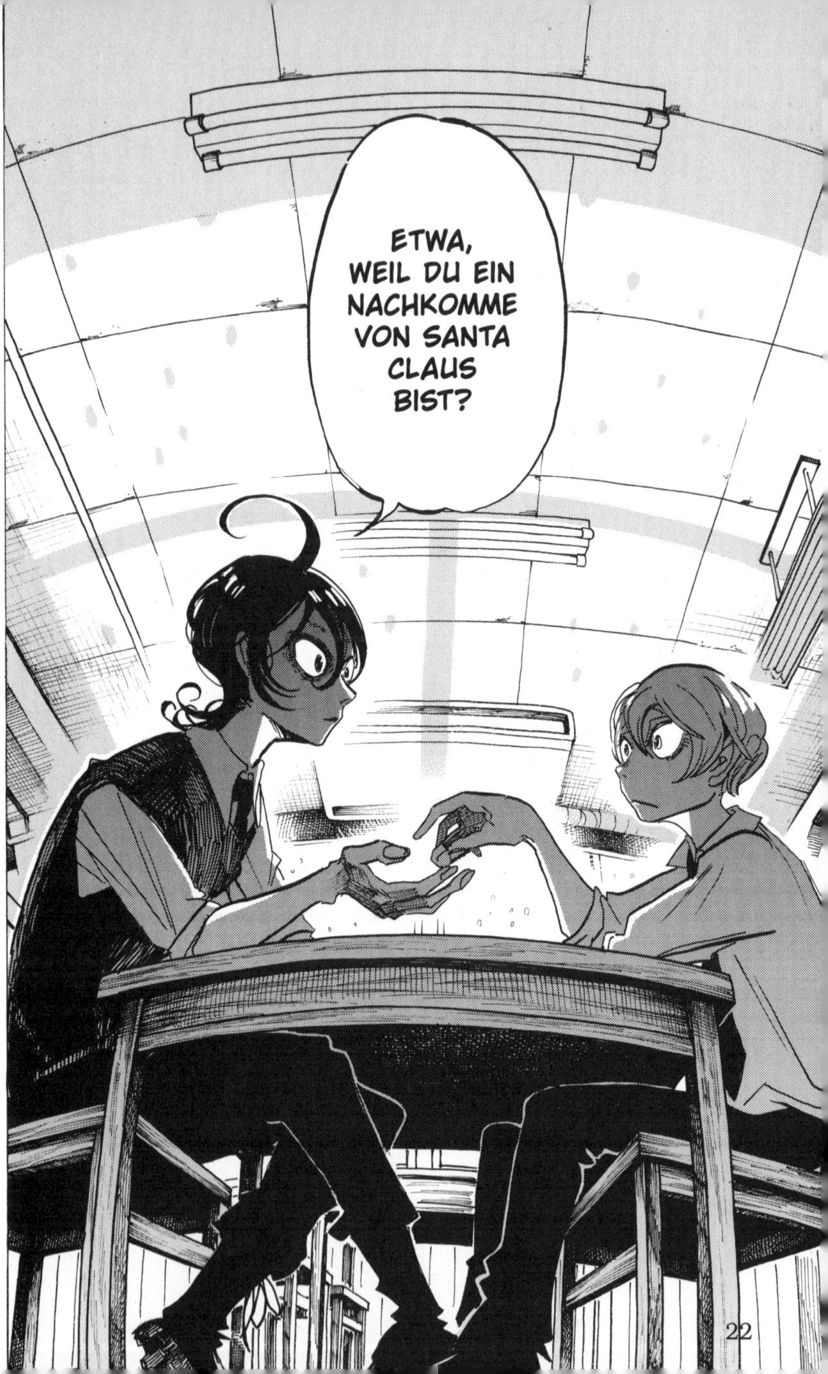
ETWA, WEIL DU EIN NACHKOMME VON SANTA CLAUS BIST?

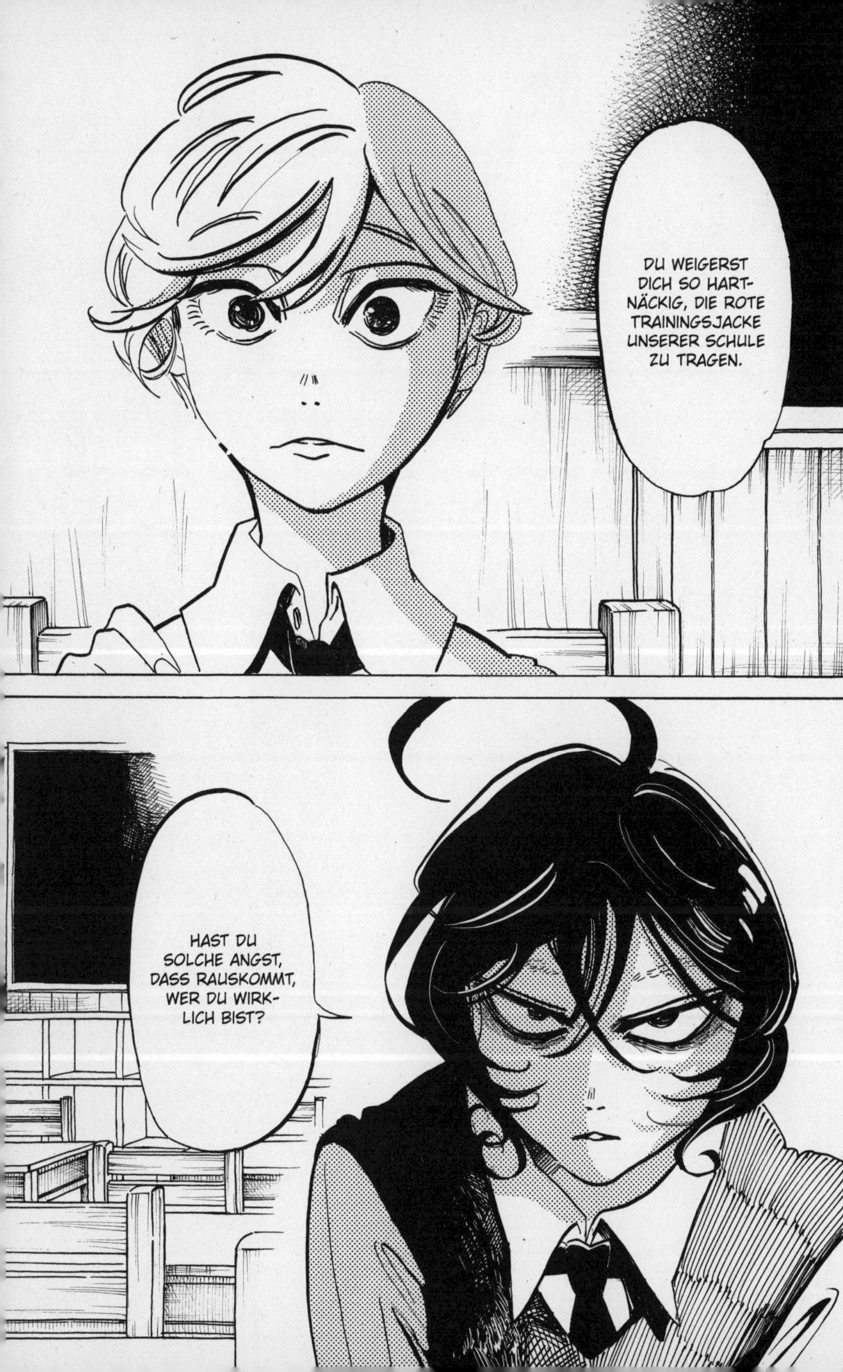
DU WEIGERST DICH SO HART-NÄCKIG, DIE ROTE TRAININGSJACKE UNSERER SCHULE ZU TRAGEN.
HAST DU SOLCHE ANGST, DASS RAUSKOMMT, WER DU WIRK-LICH BIST?

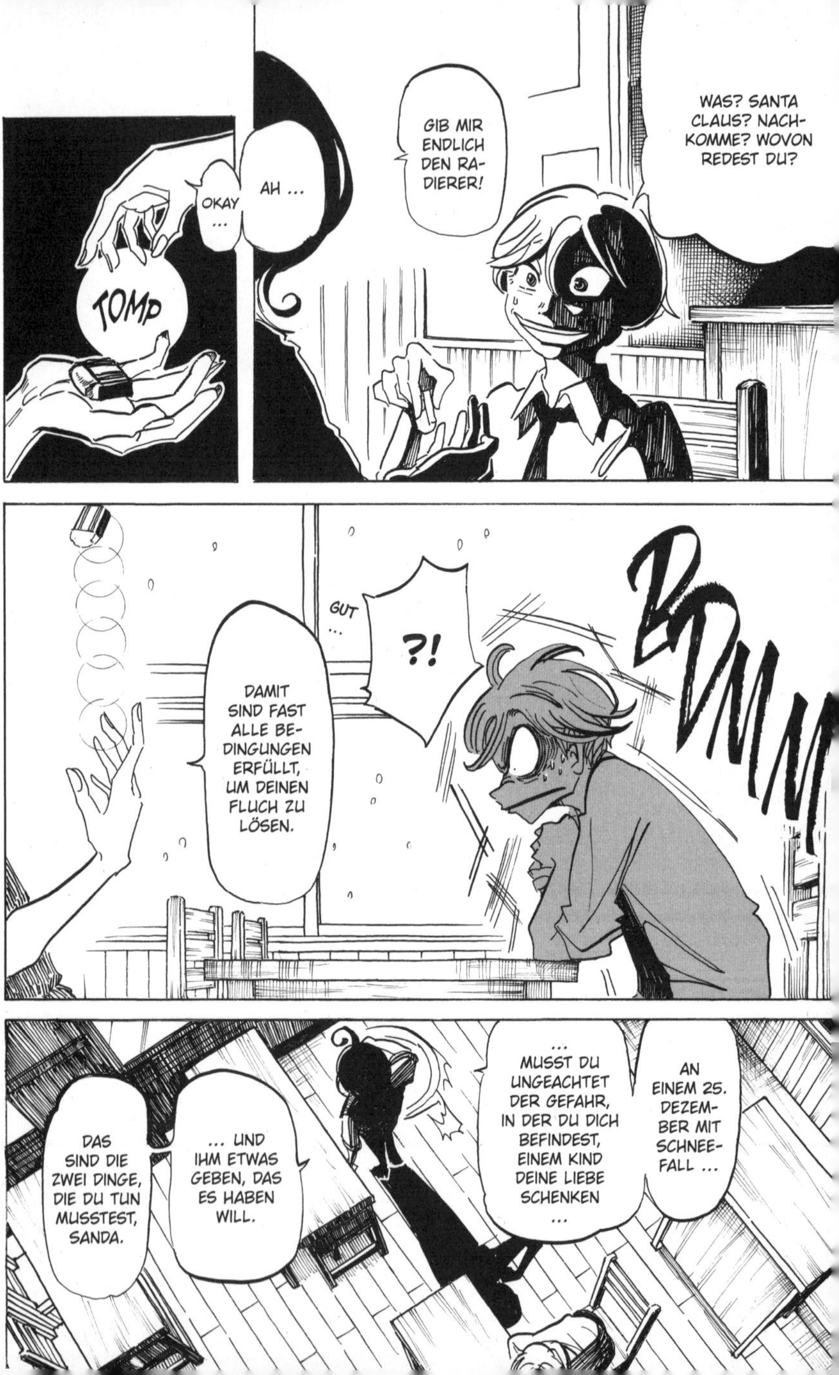
WAS? SANTA CLAUS? NACH-KOMME? WOVON REDEST DU?
GIB MIR ENDLICH DEN RA-DIERER!
AH …
OKAY …
TOMP
BMM
?!
GUT …
DAMIT SIND FAST ALLE BE-DINGUNGEN ERFÜLLT, UM DEINEN FLUCH ZU LÖSEN.
AN EINEM 25. DEZEM-BER MIT SCHNEE-FALL …
… MUSST DU UNGEACHTET DER GEFAHR, IN DER DU DICH BEFINDEST, EINEM KIND DEINE LIEBE SCHENKEN …
… UND IHM ETWAS GEBEN, DAS ES HABEN WILL.
DAS SIND DIE ZWEI DINGE, DIE DU TUN MUSSTEST, SANDA.

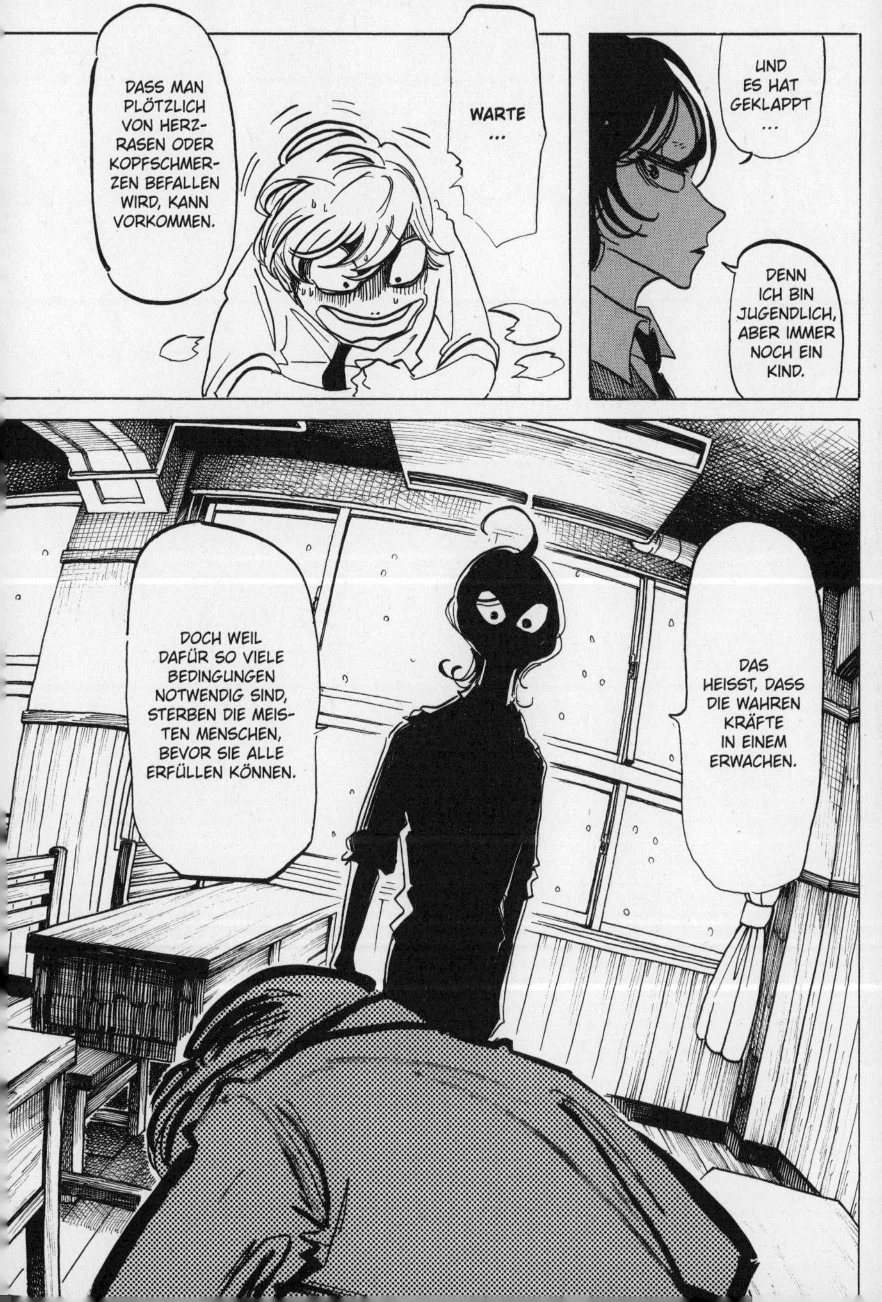
UND ES HAT GEKLAPPT …
DENN ICH BIN JUGENDLICH, ABER IMMER NOCH EIN KIND.
WARTE …
DASS MAN PLÖTZLICH VON HERZ-RASEN ODER KOPFSCHMER-ZEN BEFALLEN WIRD, KANN VORKOMMEN.
DAS HEISST, DASS DIE WAHREN KRÄFTE IN EINEM ERWACHEN.
DOCH WEIL DAFÜR SO VIELE BEDINGUNGEN NOTWENDIG SIND, STERBEN DIE MEIS-TEN MENSCHEN, BEVOR SIE ALLE ERFÜLLEN KÖNNEN.

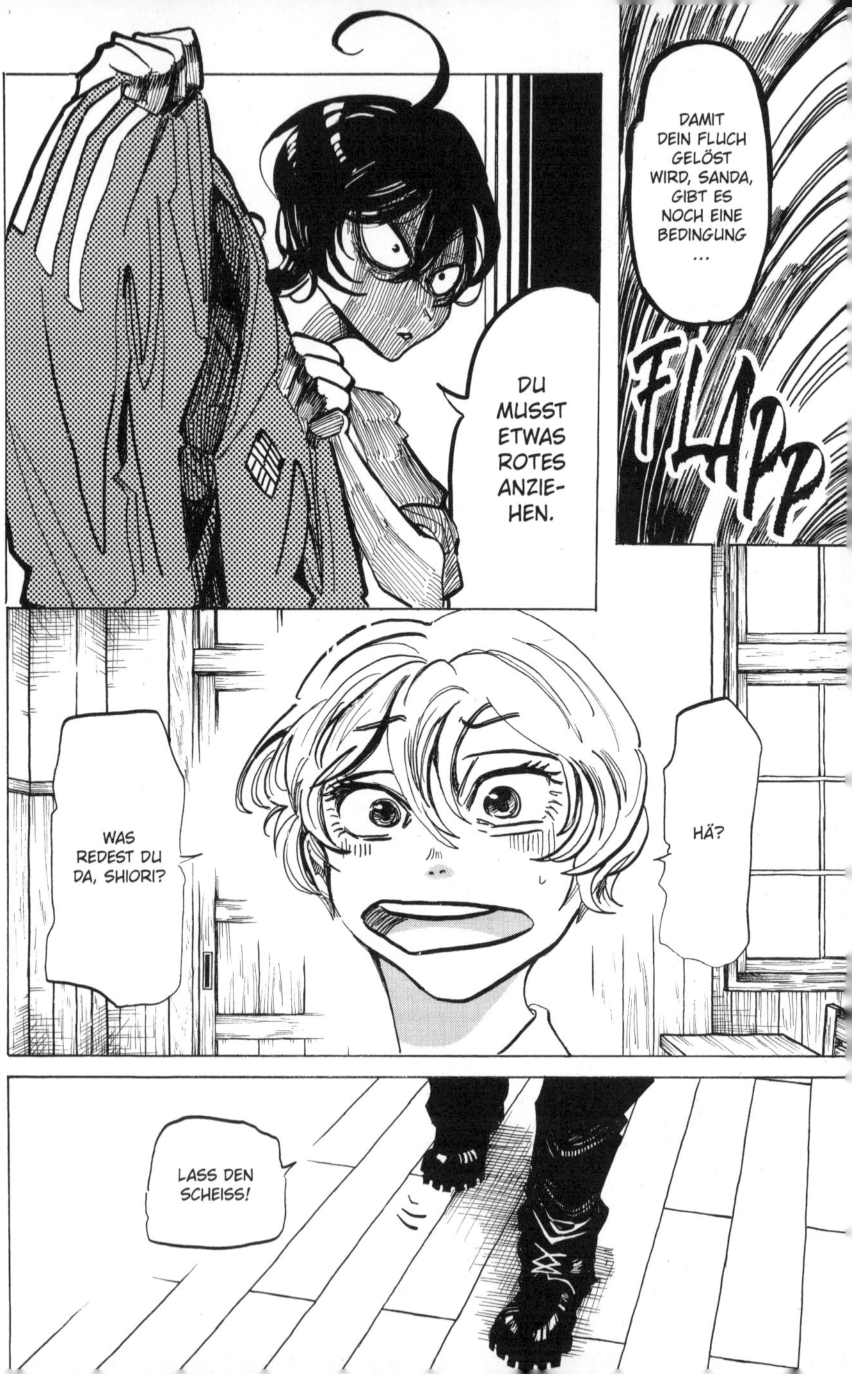
DAMIT DEIN FLUCH GELÖST WIRD, SANDA, GIBT ES NOCH EINE BEDINGUNG …
FLAPP
DU MUSST ETWAS ROTES ANZIE-HEN.
HÄ?
WAS REDEST DU DA, SHIORI?
LASS DEN SCHEISS!

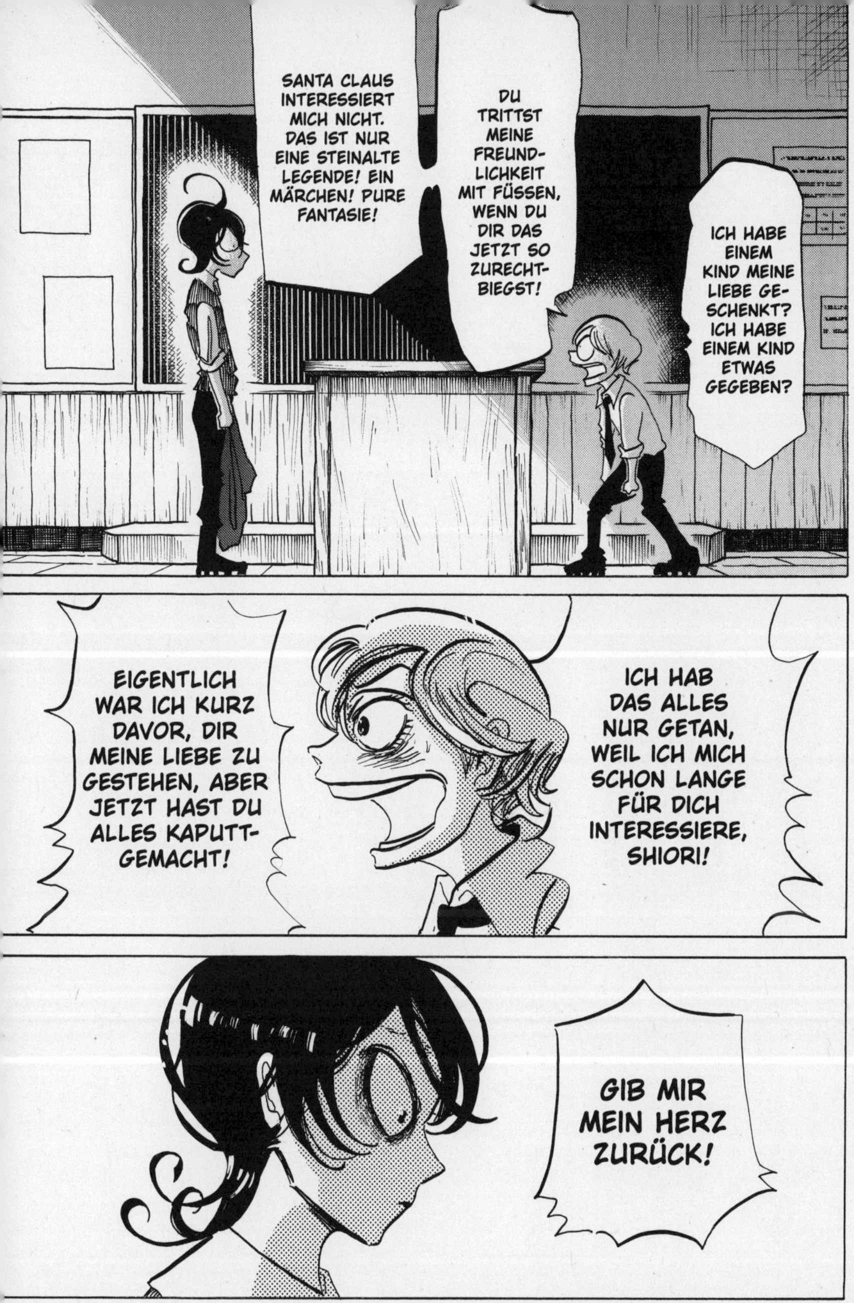
SANTA CLAUS INTERESSIERT MICH NICHT. DAS IST NUR EINE STEINALTE LEGENDE! EIN MÄRCHEN! PURE FANTASIE!
DU TRITTST MEINE FREUND-LICHKEIT MIT FÜSSEN, WENN DU DIR DAS JETZT SO ZURECHT-BIEGST!
ICH HABE EINEM KIND MEINE LIEBE GE-SCHENKT? ICH HABE EINEM KIND ETWAS GEGEBEN?
ICH HAB DAS ALLES NUR GETAN, WEIL ICH MICH SCHON LANGE FÜR DICH INTERESSIERE, SHIORI!
EIGENTLICH WAR ICH KURZ DAVOR, DIR MEINE LIEBE ZU GESTEHEN, ABER JETZT HAST DU ALLES KAPUTT-GEMACHT!
GIB MIR MEIN HERZ ZURÜCK!

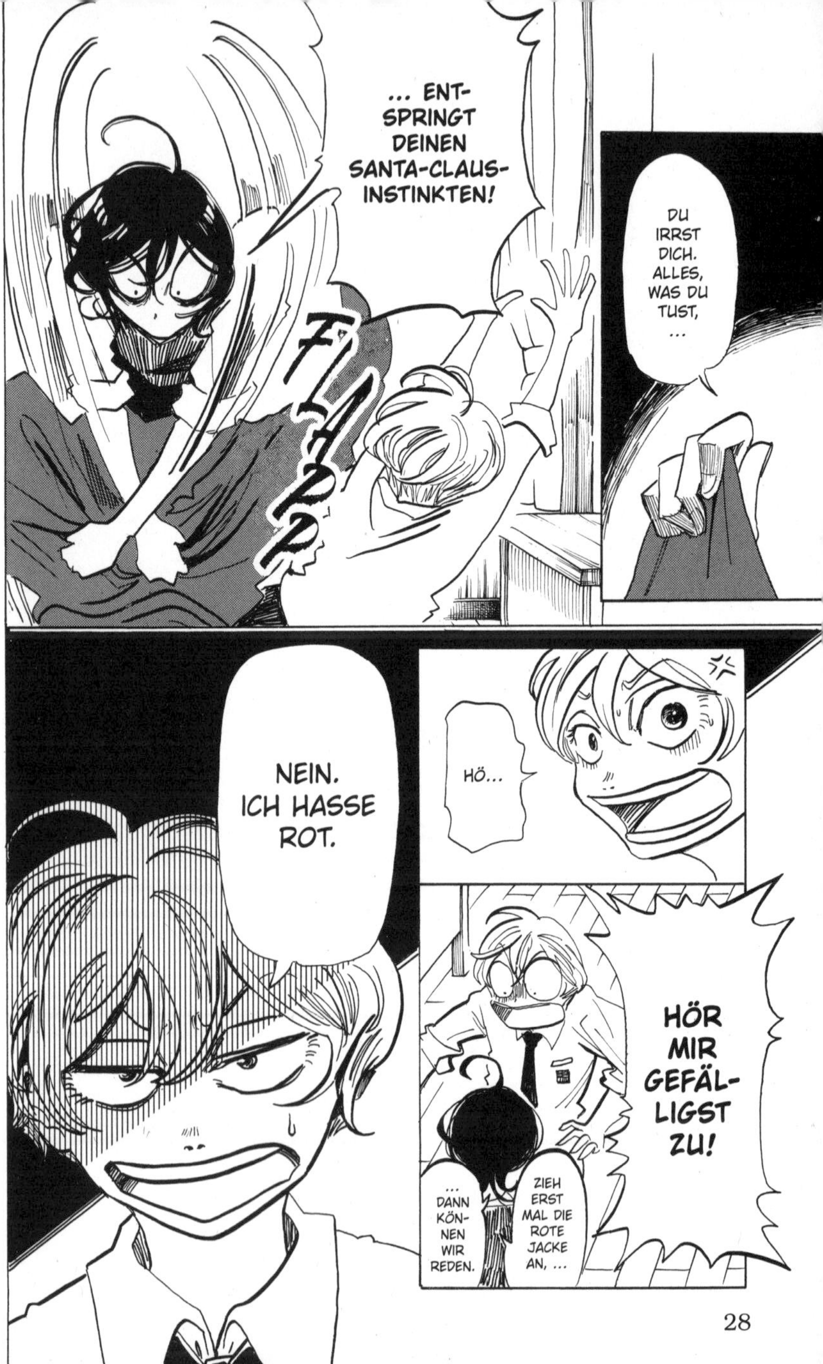
DU IRRST DICH. ALLES, WAS DU TUST, ...
... ENT-SPRINGT DEINEN SANTA-CLAUS-INSTINKTEN!
FLAPP
HÖ...
HÖR MIR GEFÄL-LIGST ZU!
ZIEH ERST MAL DIE ROTE JACKE AN, ...
... DANN KÖN-NEN WIR REDEN.
NEIN. ICH HASSE ROT.

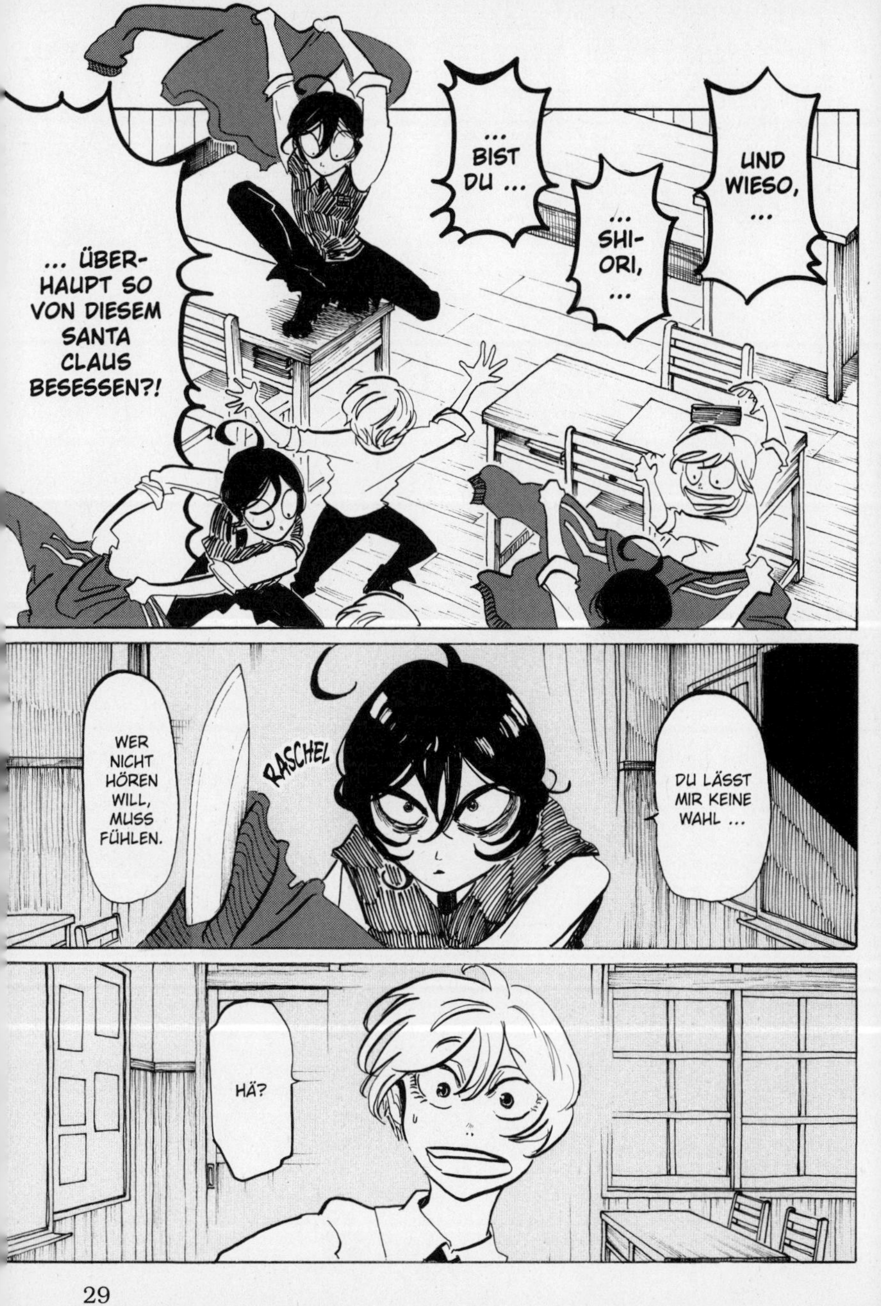
UND WIESO, ...
... SHI-ORI, ...
... BIST DU ...
... ÜBERHAUPT SO VON DIESEM SANTA CLAUS BESESSEN?!
DU LÄSST MIR KEINE WAHL ...
RASCHEL
WER NICHT HÖREN WILL, MUSS FÜHLEN.
HÄ?

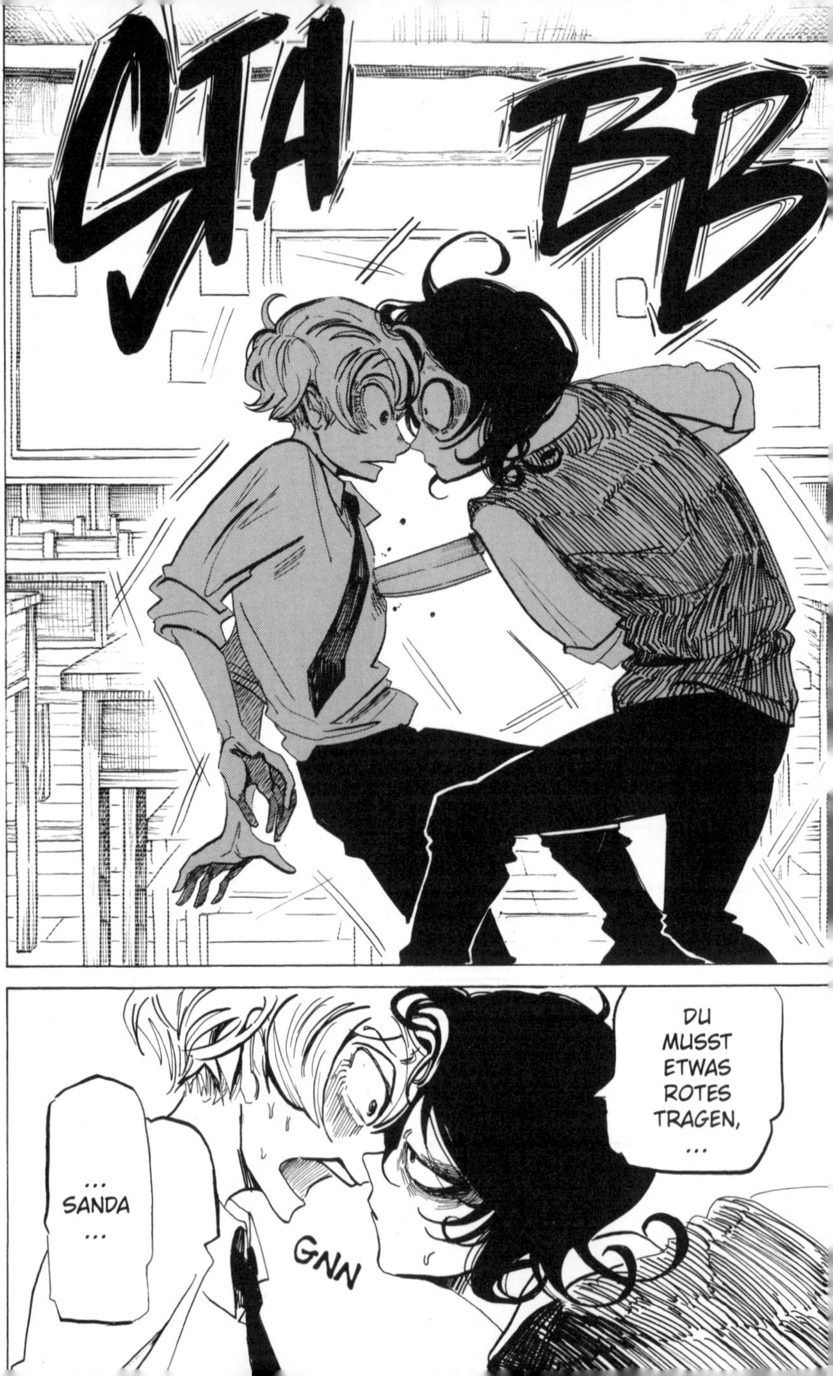
STABB
DU MUSST ETWAS ROTES TRAGEN, ...
... SANDA ...
GNN

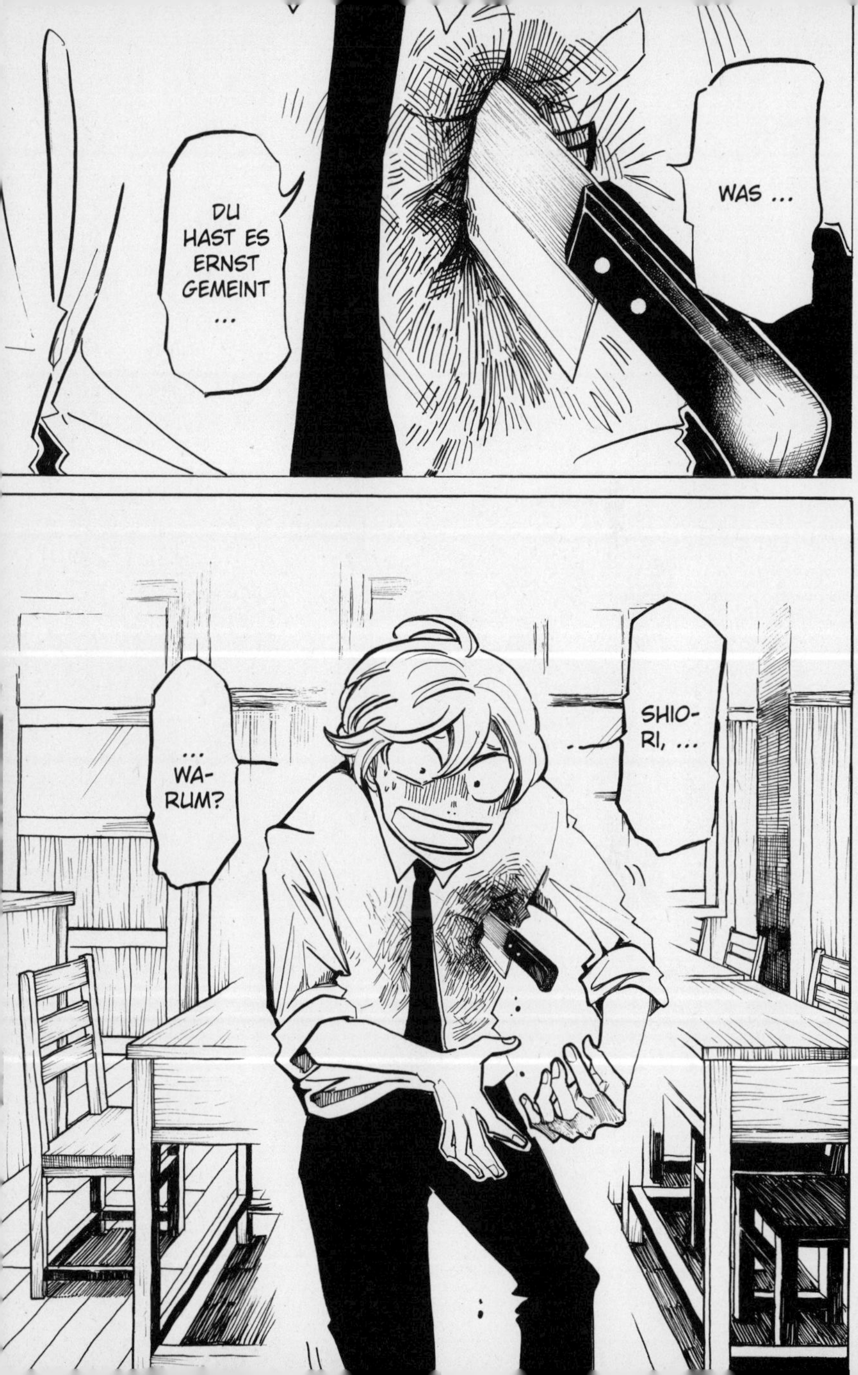
WAS ...
DU HAST ES ERNST GEMEINT ...
SHIO-RI, ...
... WA-RUM?

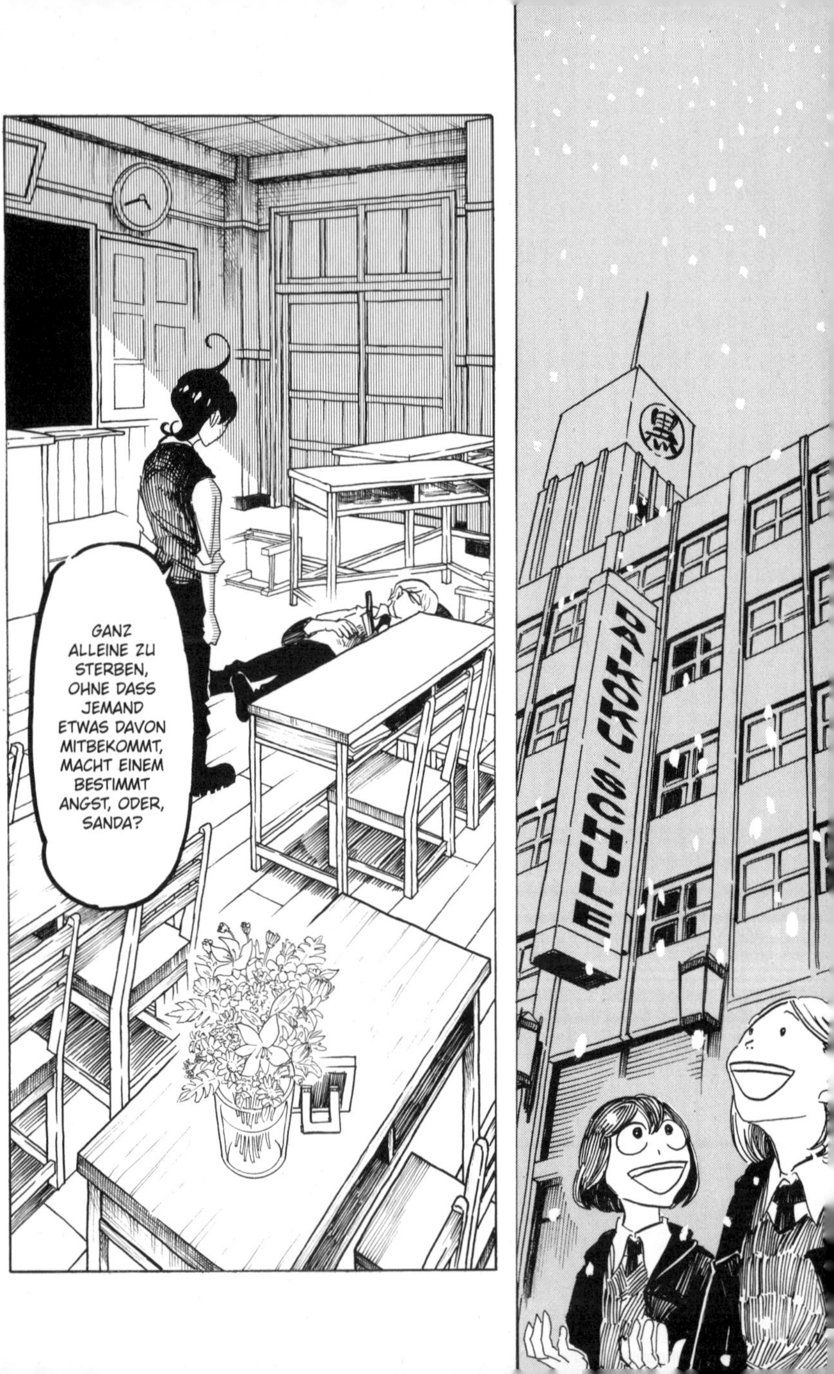

DAIKOKU-SCHULE
GANZ ALLEINE ZU STERBEN, OHNE DASS JEMAND ETWAS DAVON MITBEKOMMT, MACHT EINEM BESTIMMT ANGST, ODER, SANDA?

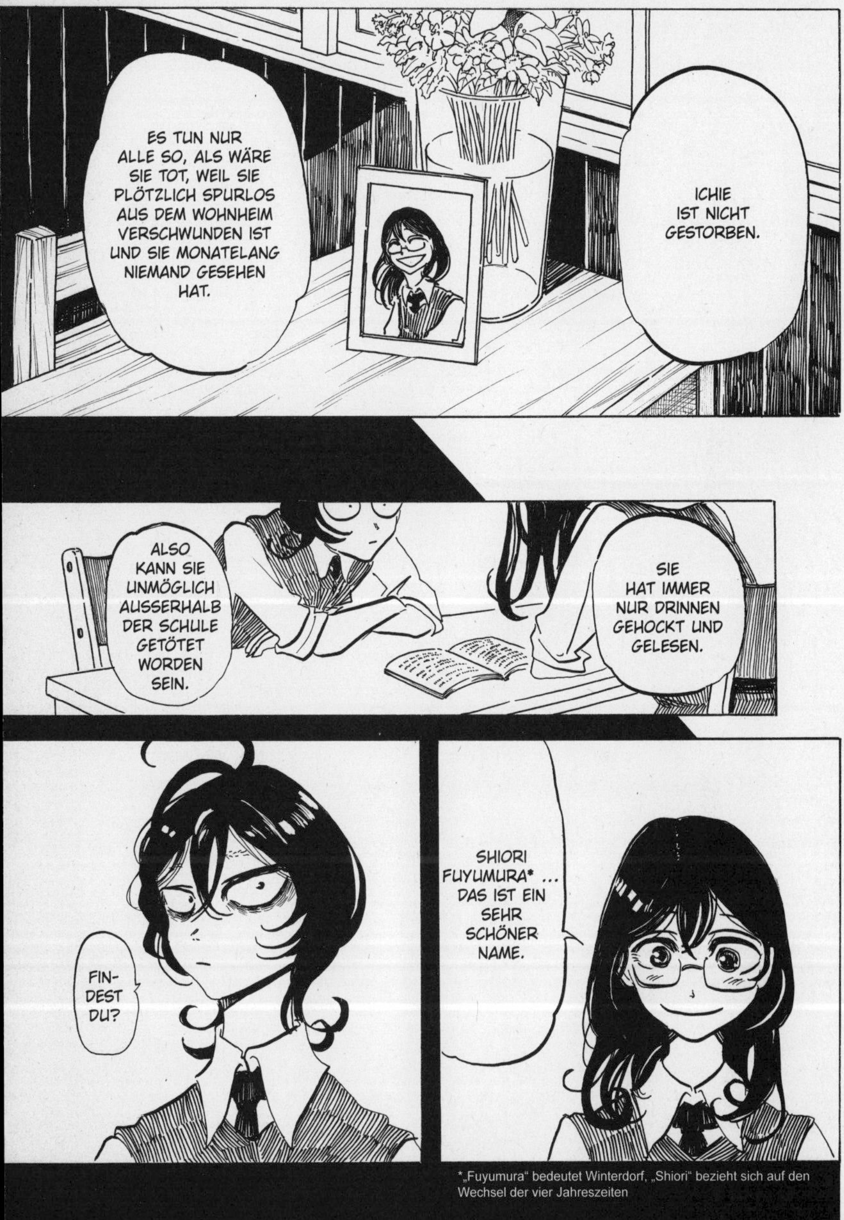

*„Fuyumura“ bedeutet Winterdorf, „Shiori“ bezieht sich auf den Wechsel der vier Jahreszeiten

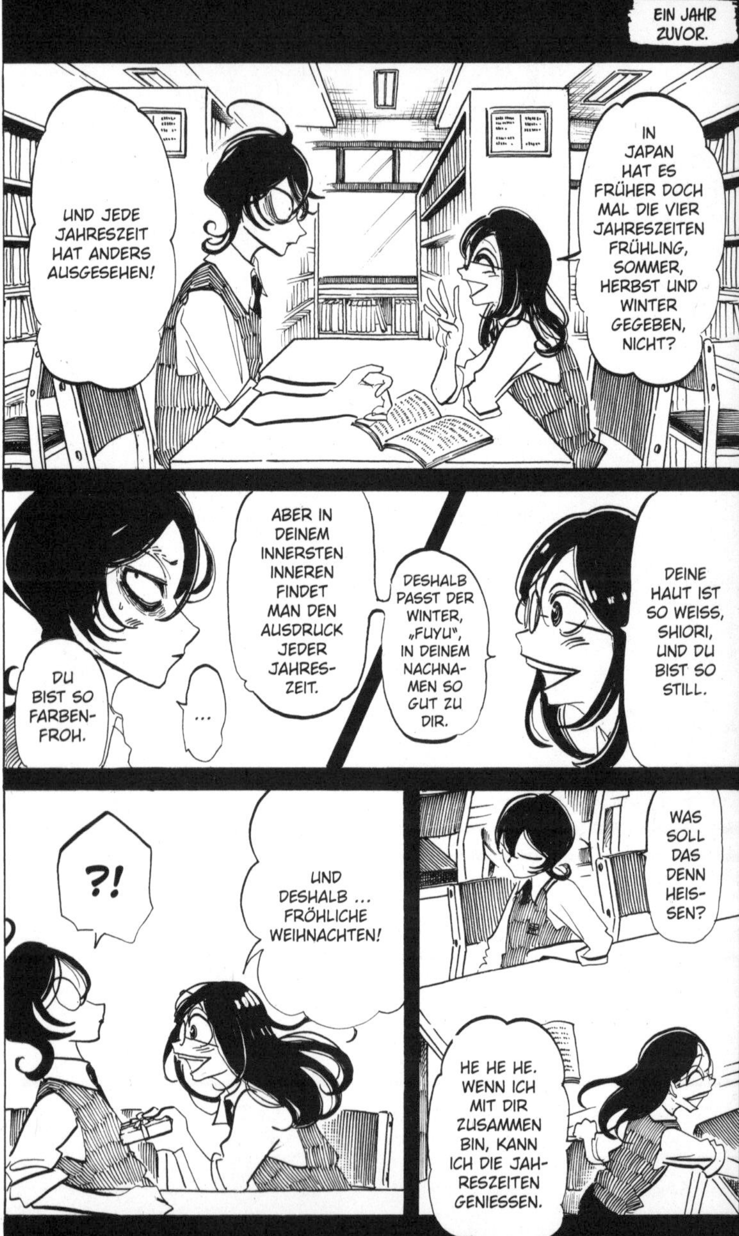
EIN JAHR ZUVOR.
IN JAPAN HAT ES FRÜHER DOCH MAL DIE VIER JAHRESZEITEN FRÜHLING, SOMMER, HERBST UND WINTER GEGEBEN, NICHT?
UND JEDE JAHRESZEIT HAT ANDERS AUSGESEHEN!
DEINE HAUT IST SO WEISS, SHIORI, UND DU BIST SO STILL.
DESHALB PASST DER WINTER, „FUYU", IN DEINEM NACHNAMEN SO GUT ZU DIR.
…
ABER IN DEINEM INNERSTEN INNEREN FINDET MAN DEN AUSDRUCK JEDER JAHRESZEIT.
DU BIST SO FARBENFROH.
WAS SOLL DAS DENN HEISSEN?
HE HE HE. WENN ICH MIT DIR ZUSAMMEN BIN, KANN ICH DIE JAHRESZEITEN GENIESSEN.
UND DESHALB … FRÖHLICHE WEIHNACHTEN!
?!

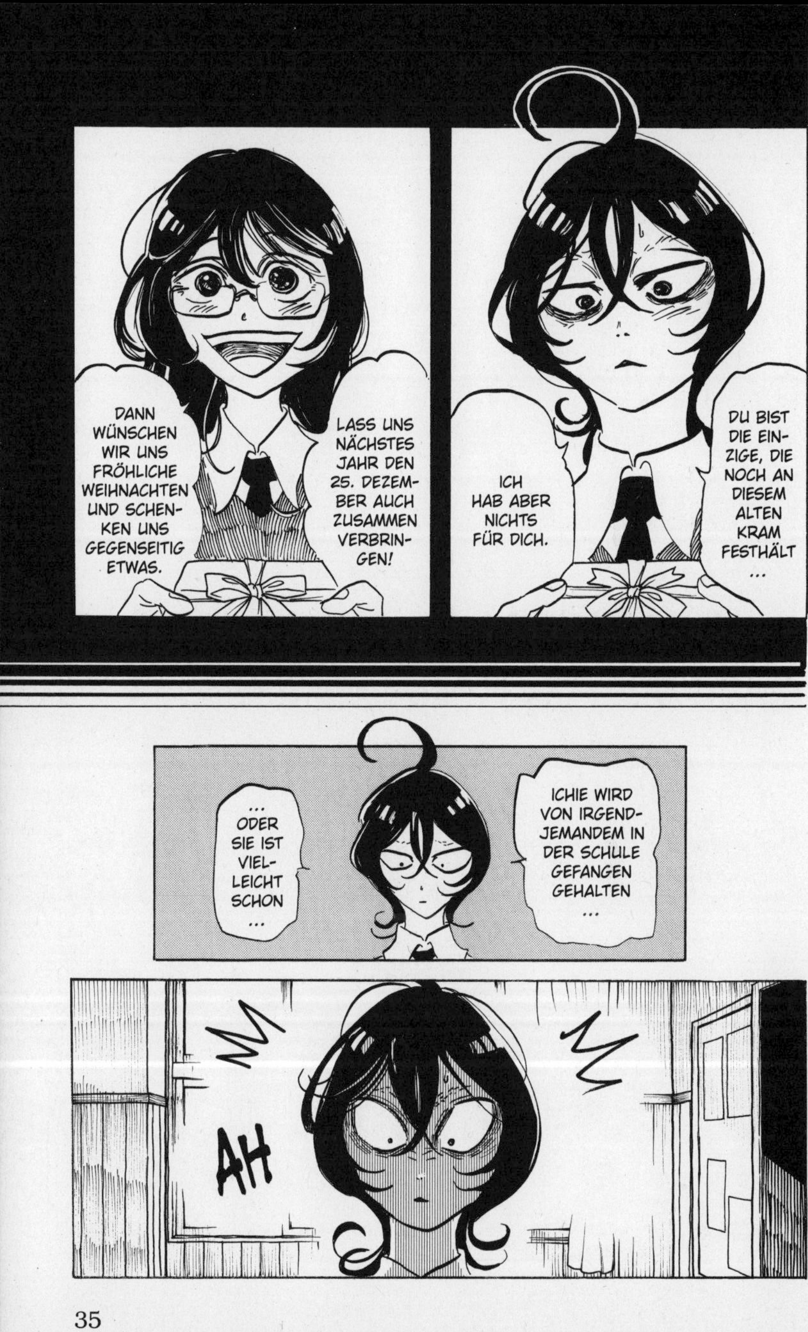
DU BIST DIE EIN-ZIGE, DIE NOCH AN DIESEM ALTEN KRAM FESTHÄLT ...
ICH HAB ABER NICHTS FÜR DICH.
LASS UNS NÄCHSTES JAHR DEN 25. DEZEM-BER AUCH ZUSAMMEN VERBRIN-GEN!
DANN WÜNSCHEN WIR UNS FRÖHLICHE WEIHNACHTEN UND SCHEN-KEN UNS GEGENSEITIG ETWAS.
ICHIE WIRD VON IRGEND-JEMANDEM IN DER SCHULE GEFANGEN GEHALTEN ...
... ODER SIE IST VIEL-LEICHT SCHON ...
AH

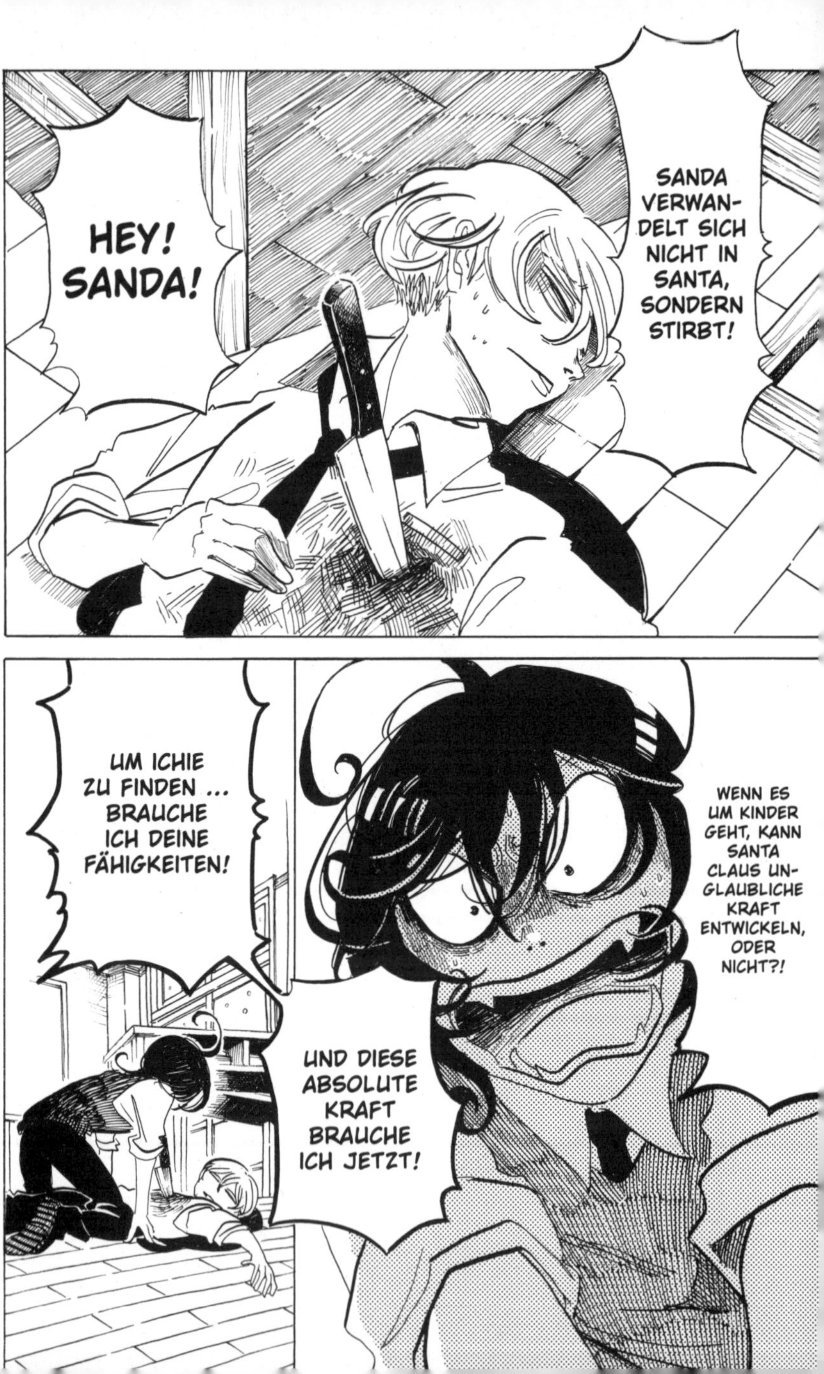
SANDA VERWAN-DELT SICH NICHT IN SANTA, SONDERN STIRBT!
HEY! SANDA!
WENN ES UM KINDER GEHT, KANN SANTA CLAUS UN-GLAUBLICHE KRAFT ENTWICKELN, ODER NICHT?!
UND DIESE ABSOLUTE KRAFT BRAUCHE ICH JETZT!
UM ICHIE ZU FINDEN ... BRAUCHE ICH DEINE FÄHIGKEITEN!

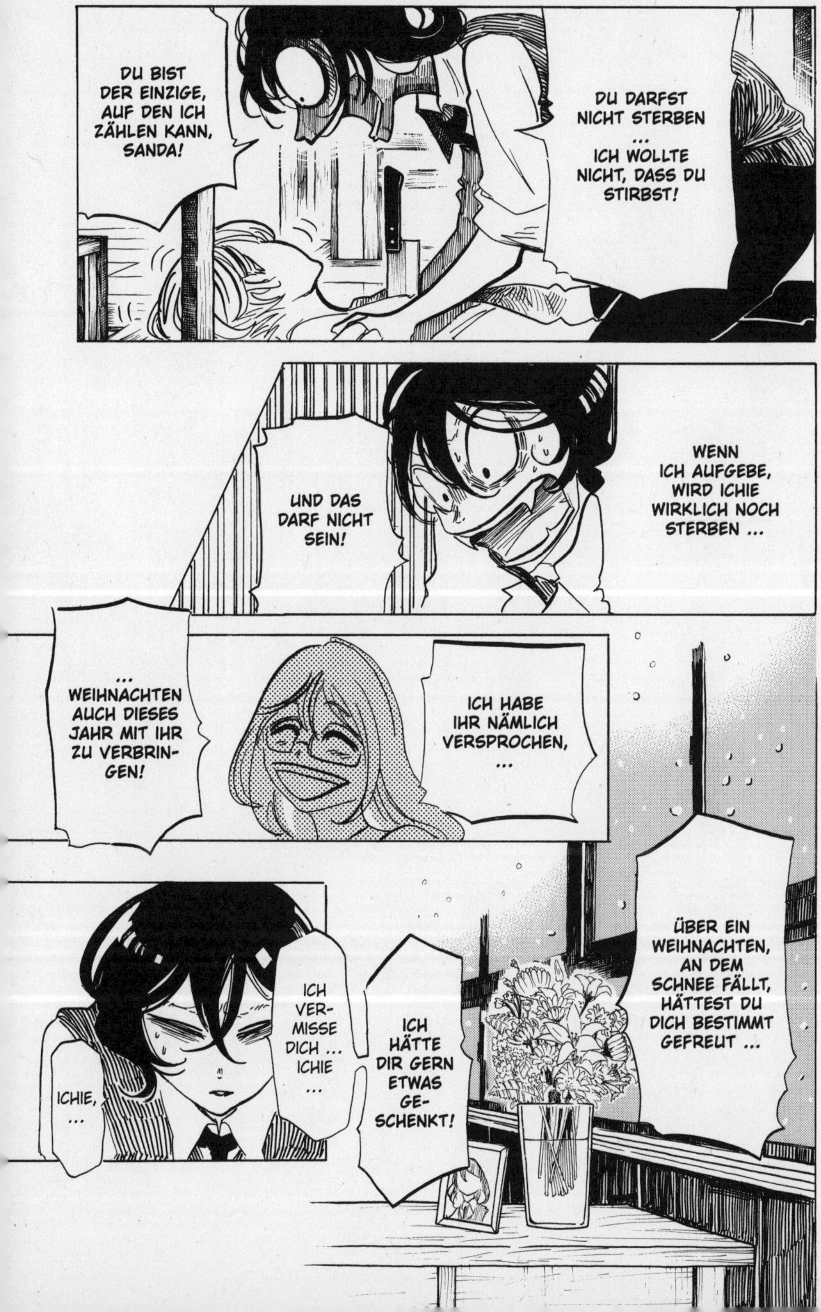
DU DARFST NICHT STERBEN ... ICH WOLLTE NICHT, DASS DU STIRBST!
DU BIST DER EINZIGE, AUF DEN ICH ZÄHLEN KANN, SANDA!
WENN ICH AUFGEBE, WIRD ICHIE WIRKLICH NOCH STERBEN ...
UND DAS DARF NICHT SEIN!
ICH HABE IHR NÄMLICH VERSPROCHEN, ...
... WEIHNACHTEN AUCH DIESES JAHR MIT IHR ZU VERBRINGEN!
ÜBER EIN WEIHNACHTEN, AN DEM SCHNEE FÄLLT, HÄTTEST DU DICH BESTIMMT GEFREUT ...
ICH HÄTTE DIR GERN ETWAS GESCHENKT!
ICH VERMISSE DICH ... ICHIE ...
ICHIE, ...

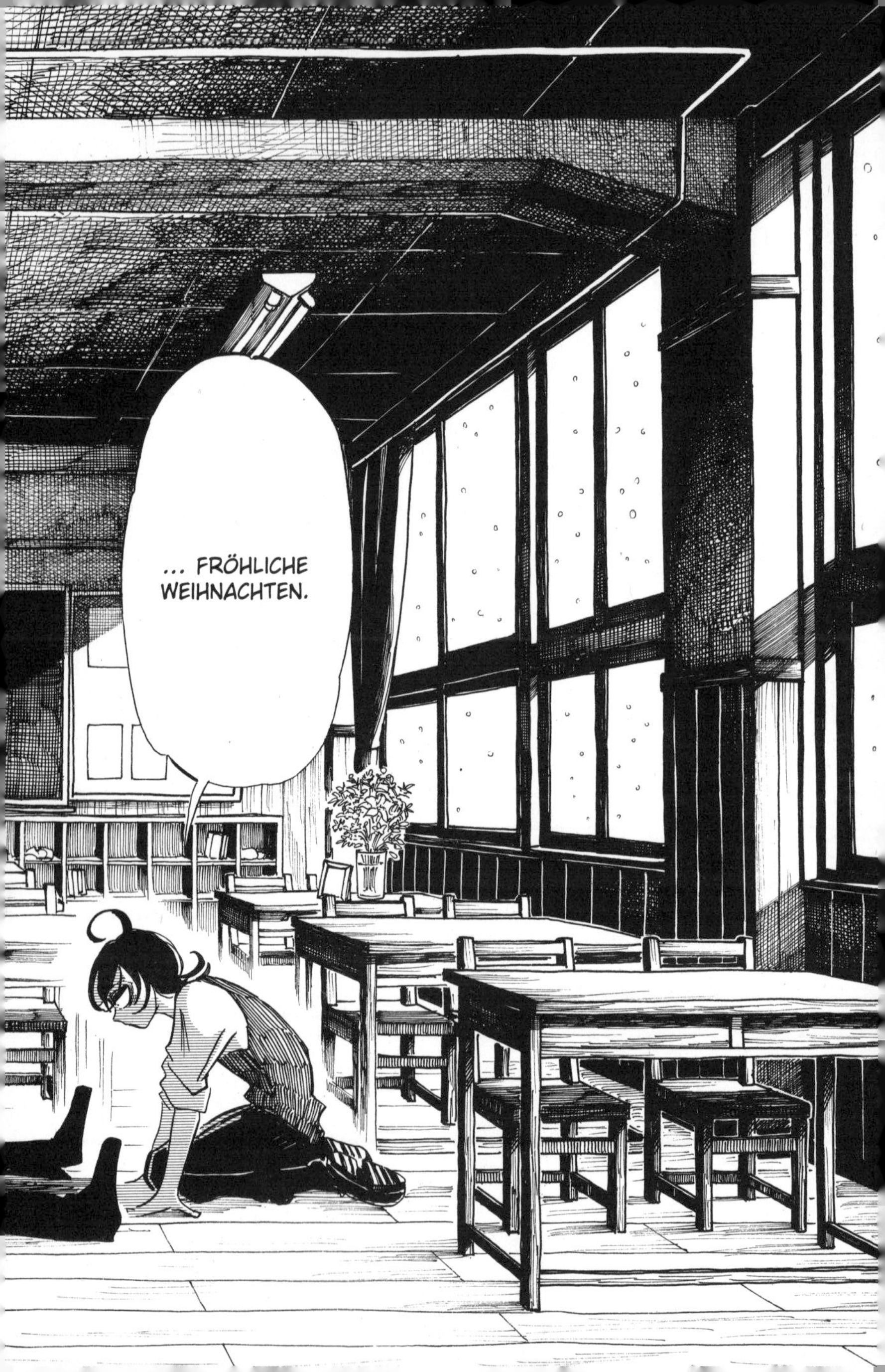
... FRÖHLICHE WEIHNACHTEN.

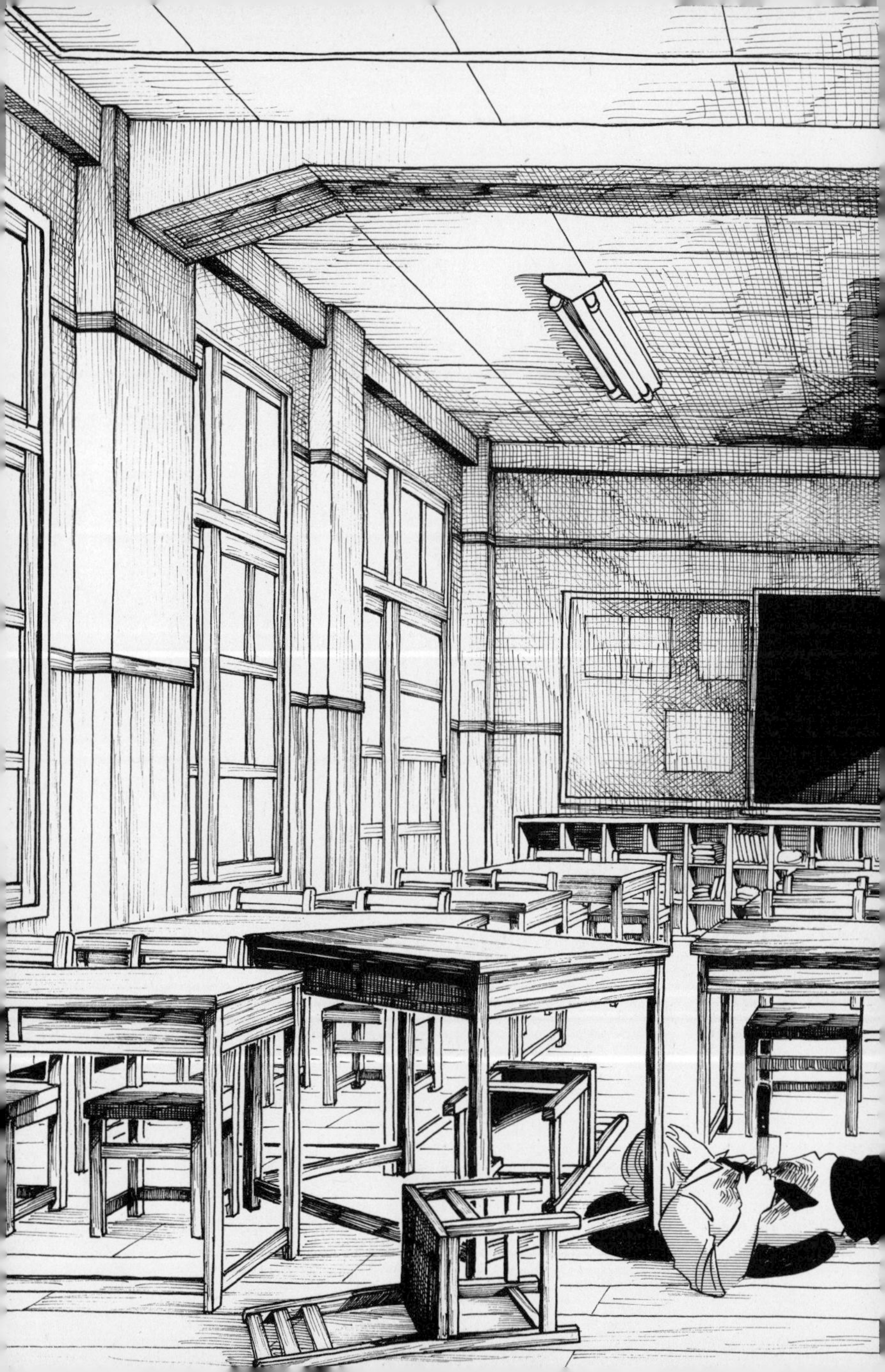

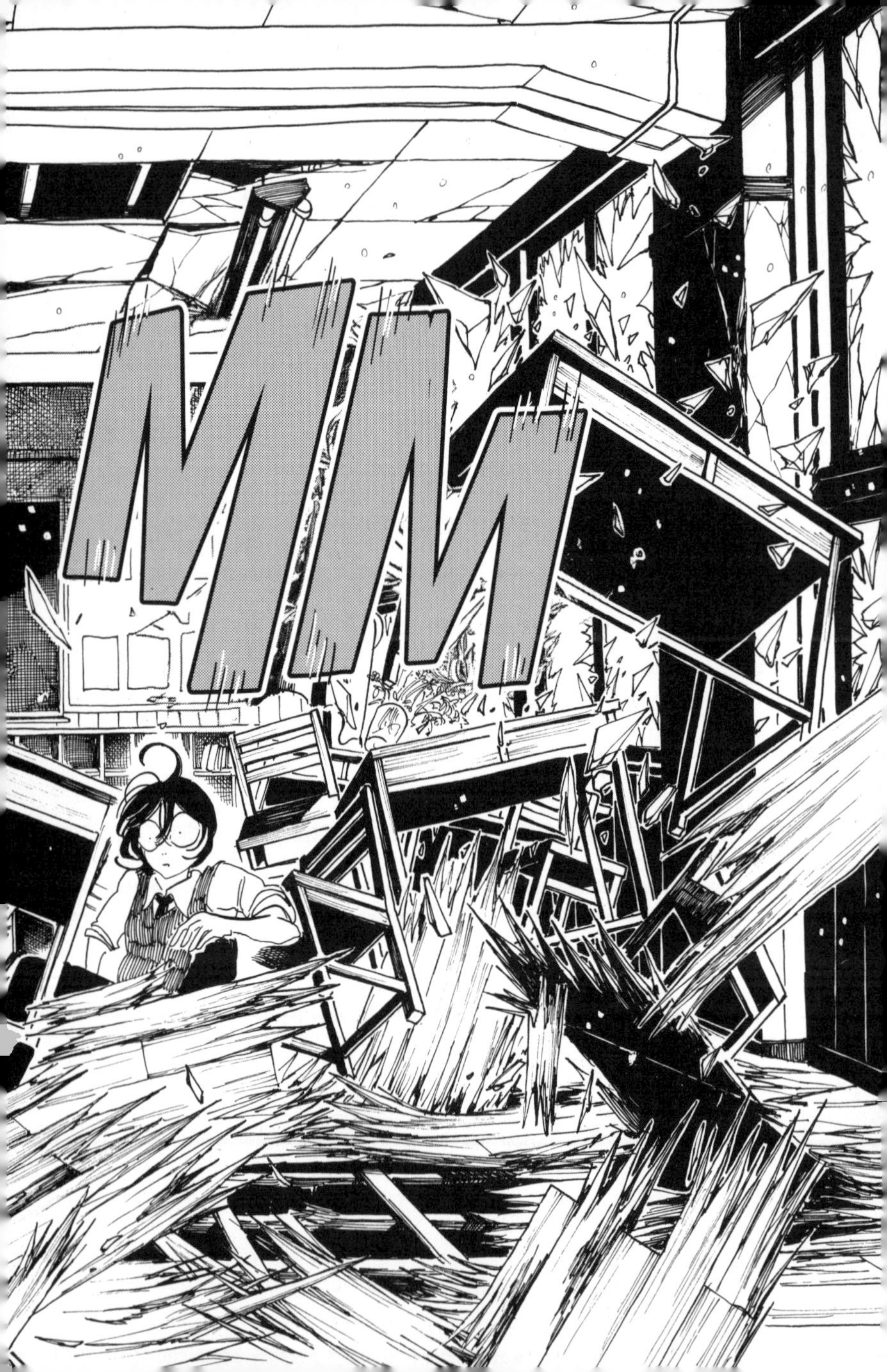
MM

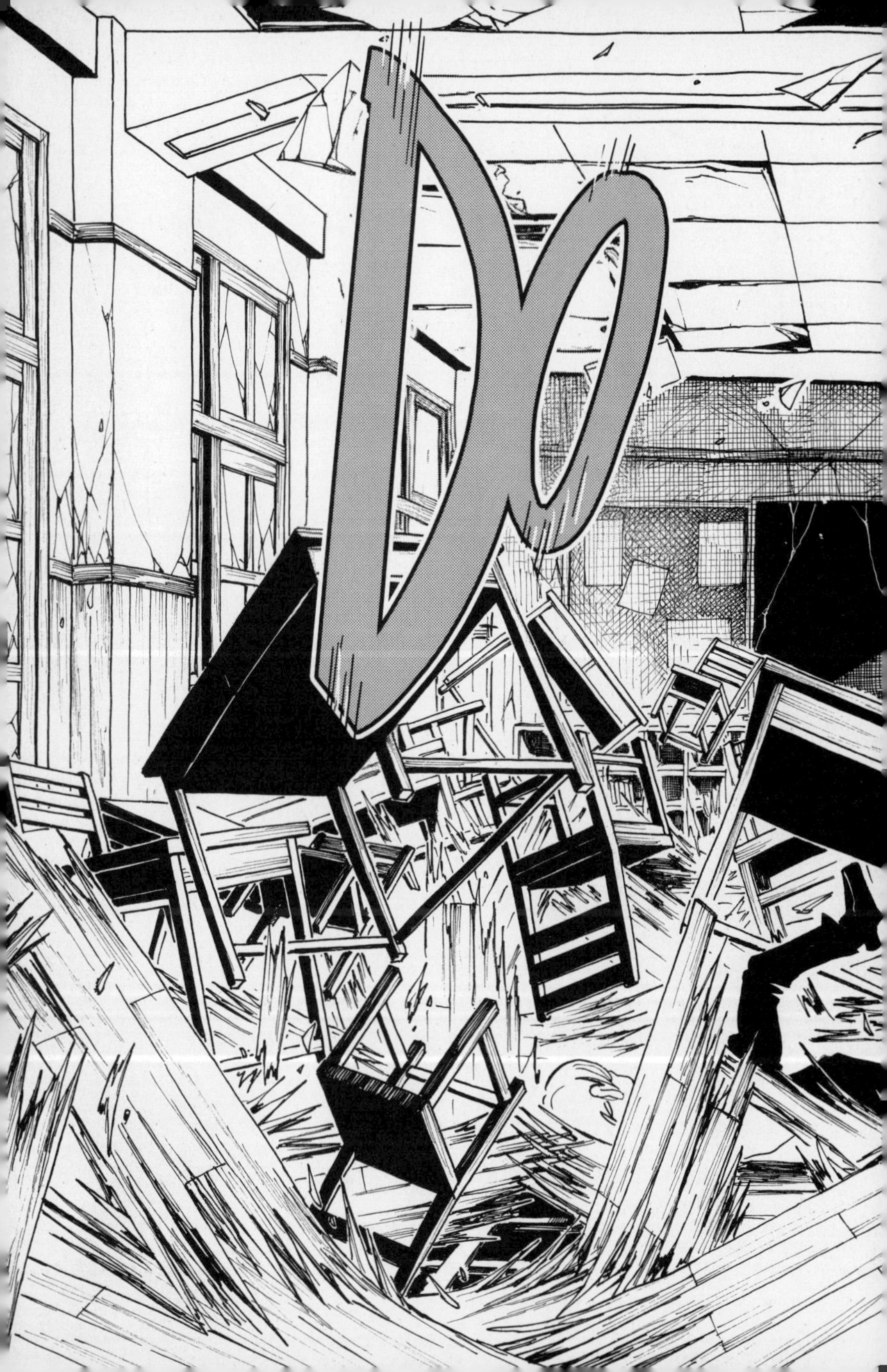
DO

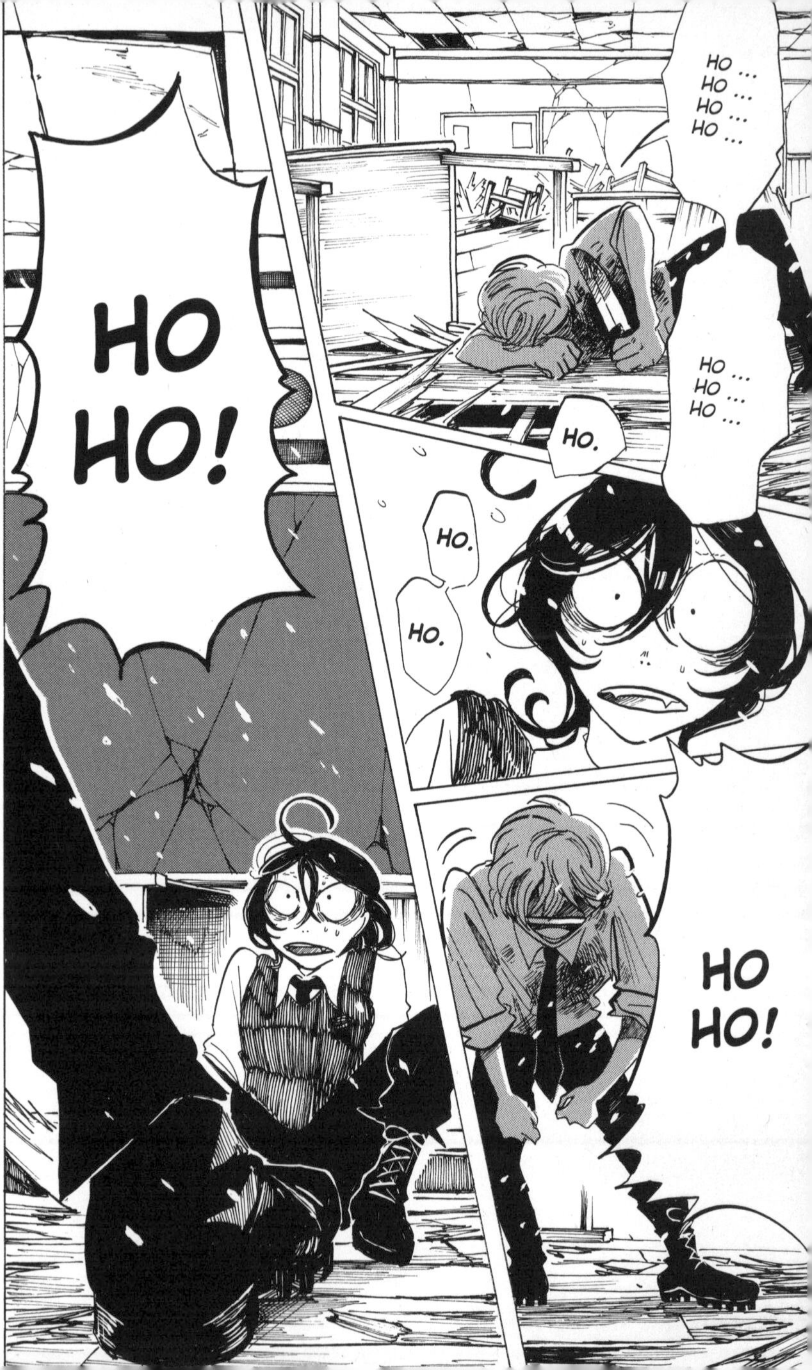
HO ...
HO ...
HO ...
HO ...
HO ...
HO ...
HO ...
HO.
HO.
HO.
HO
HO!
HO
HO!

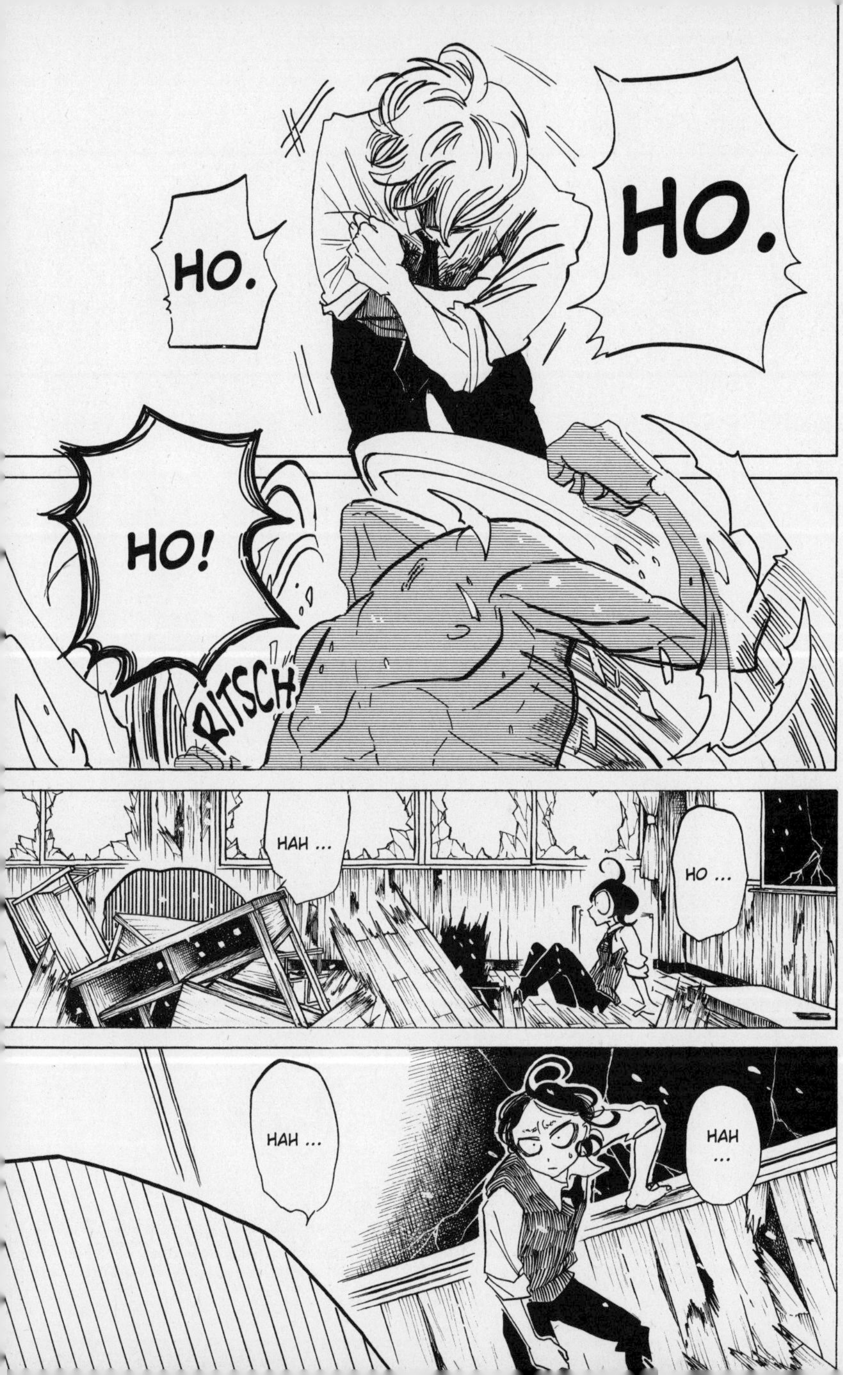
HO.
HO.
HO!
RITSCH
HO ...
HAH ...
HAH ...
HAH ...

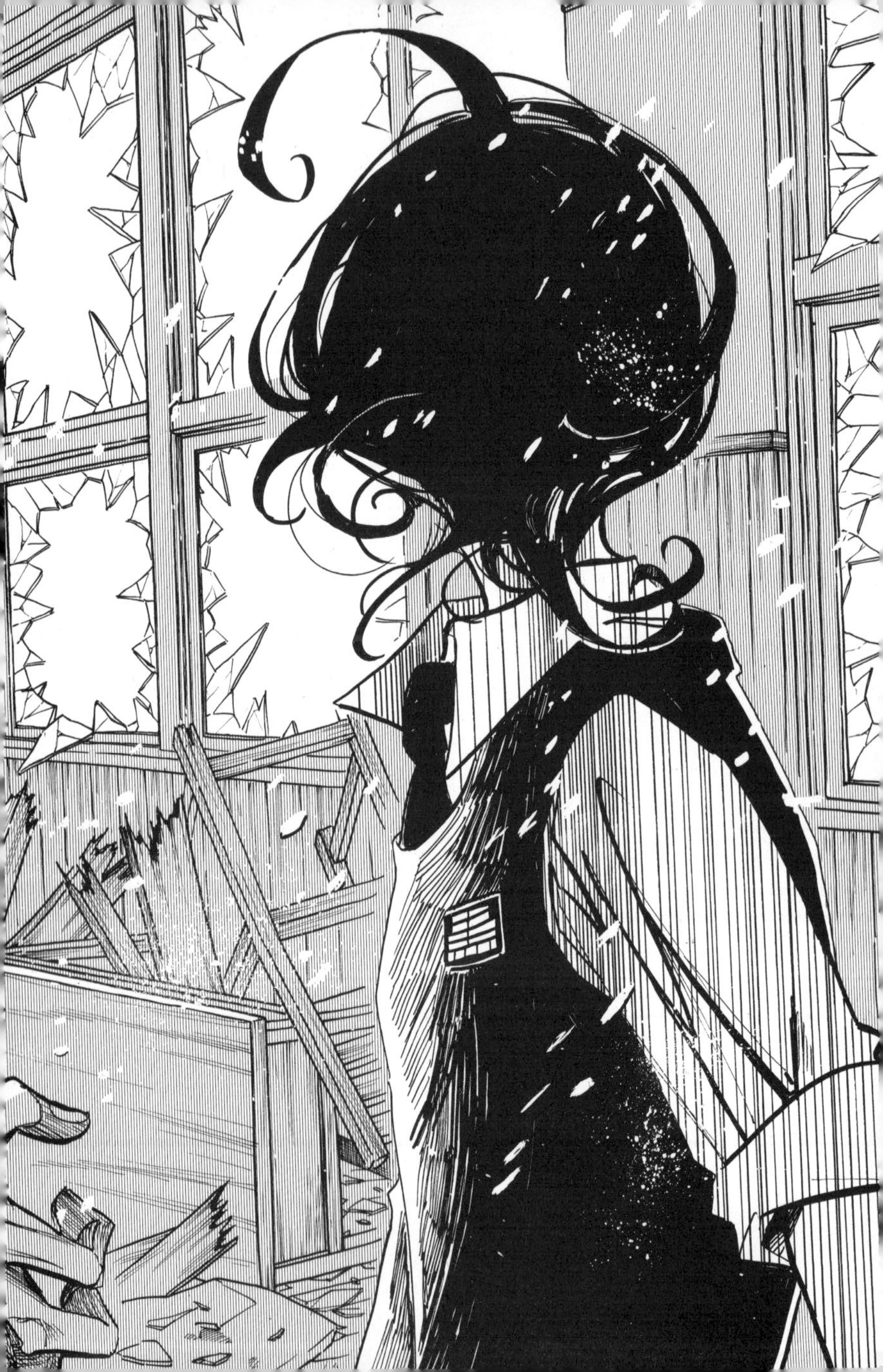

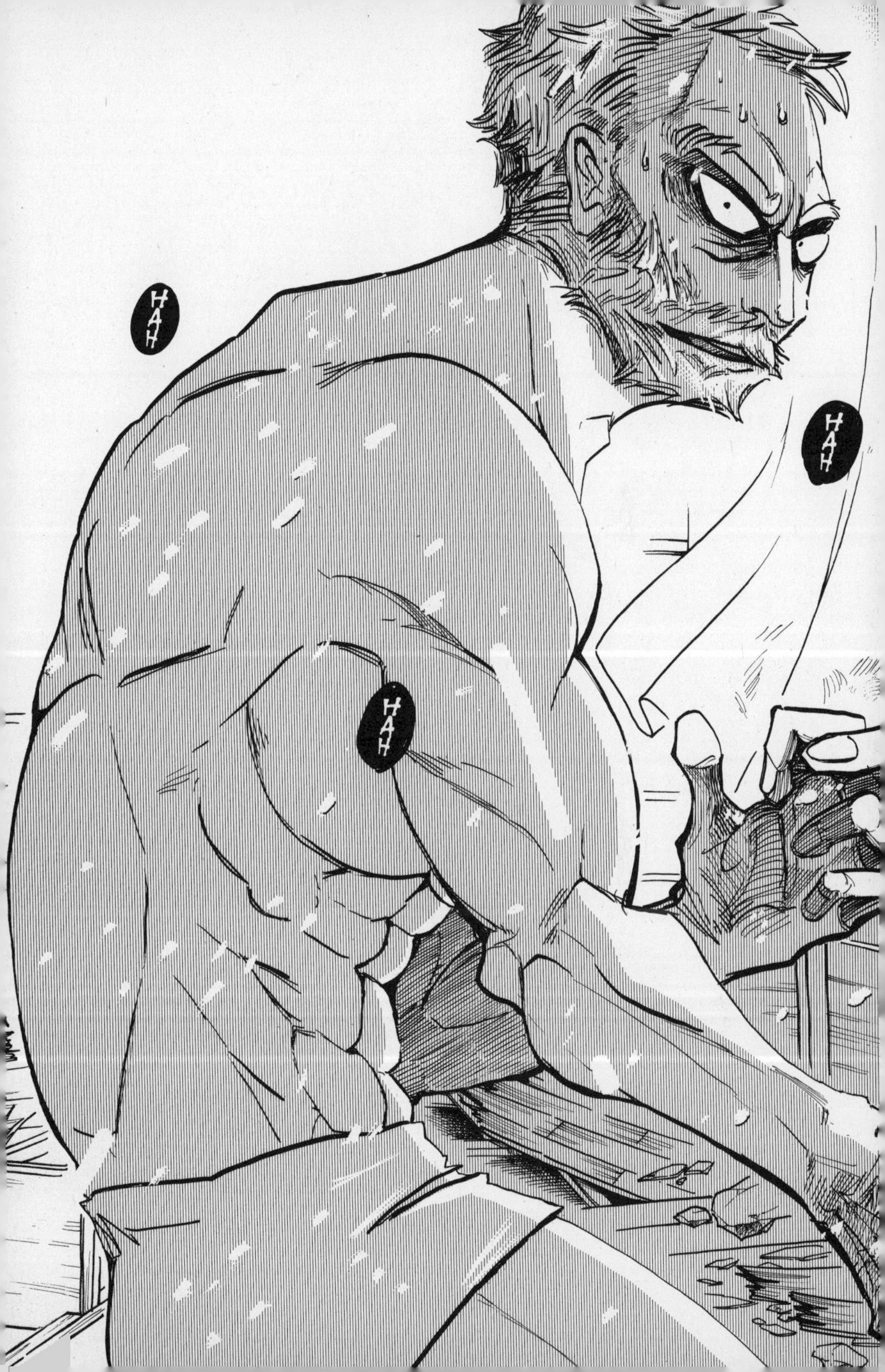
HAH
HAH
HAH

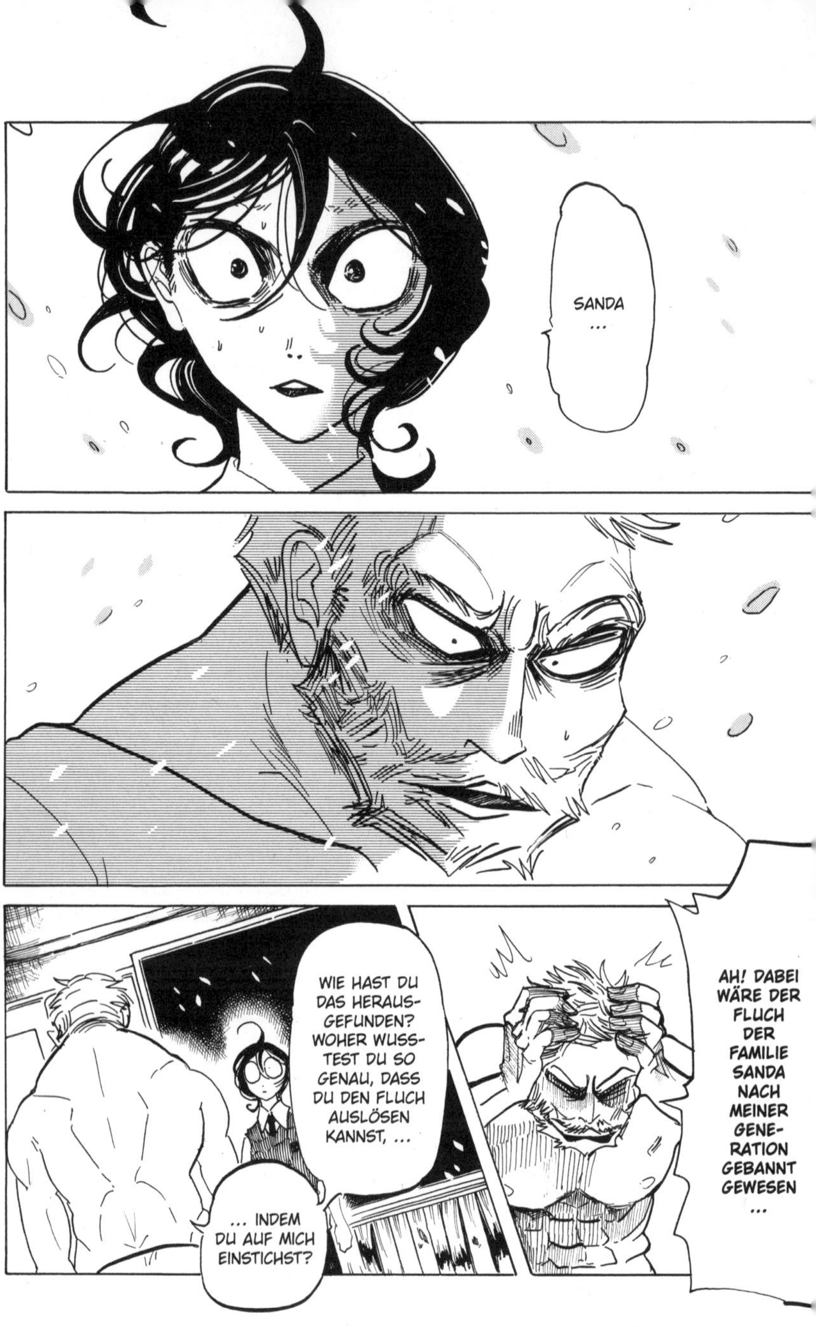
SANDA …
AH! DABEI WÄRE DER FLUCH DER FAMILIE SANDA NACH MEINER GENERATION GEBANNT GEWESEN …
WIE HAST DU DAS HERAUSGEFUNDEN? WOHER WUSSTEST DU SO GENAU, DASS DU DEN FLUCH AUSLÖSEN KANNST, …
… INDEM DU AUF MICH EINSTICHST?

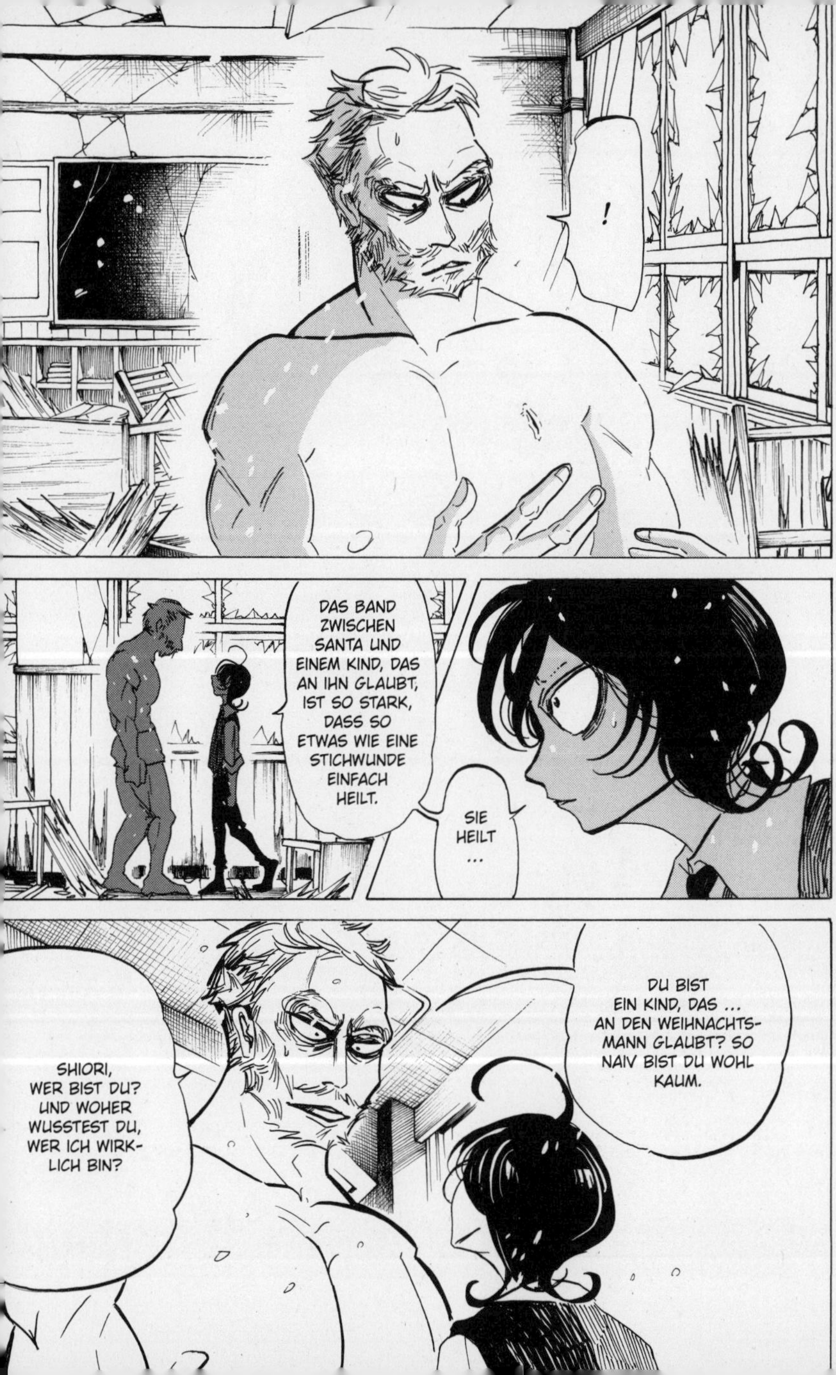
!
SIE HEILT …
DAS BAND ZWISCHEN SANTA UND EINEM KIND, DAS AN IHN GLAUBT, IST SO STARK, DASS SO ETWAS WIE EINE STICHWUNDE EINFACH HEILT.
DU BIST EIN KIND, DAS … AN DEN WEIHNACHTS-MANN GLAUBT? SO NAIV BIST DU WOHL KAUM.
SHIORI, WER BIST DU? UND WOHER WUSSTEST DU, WER ICH WIRK-LICH BIN?

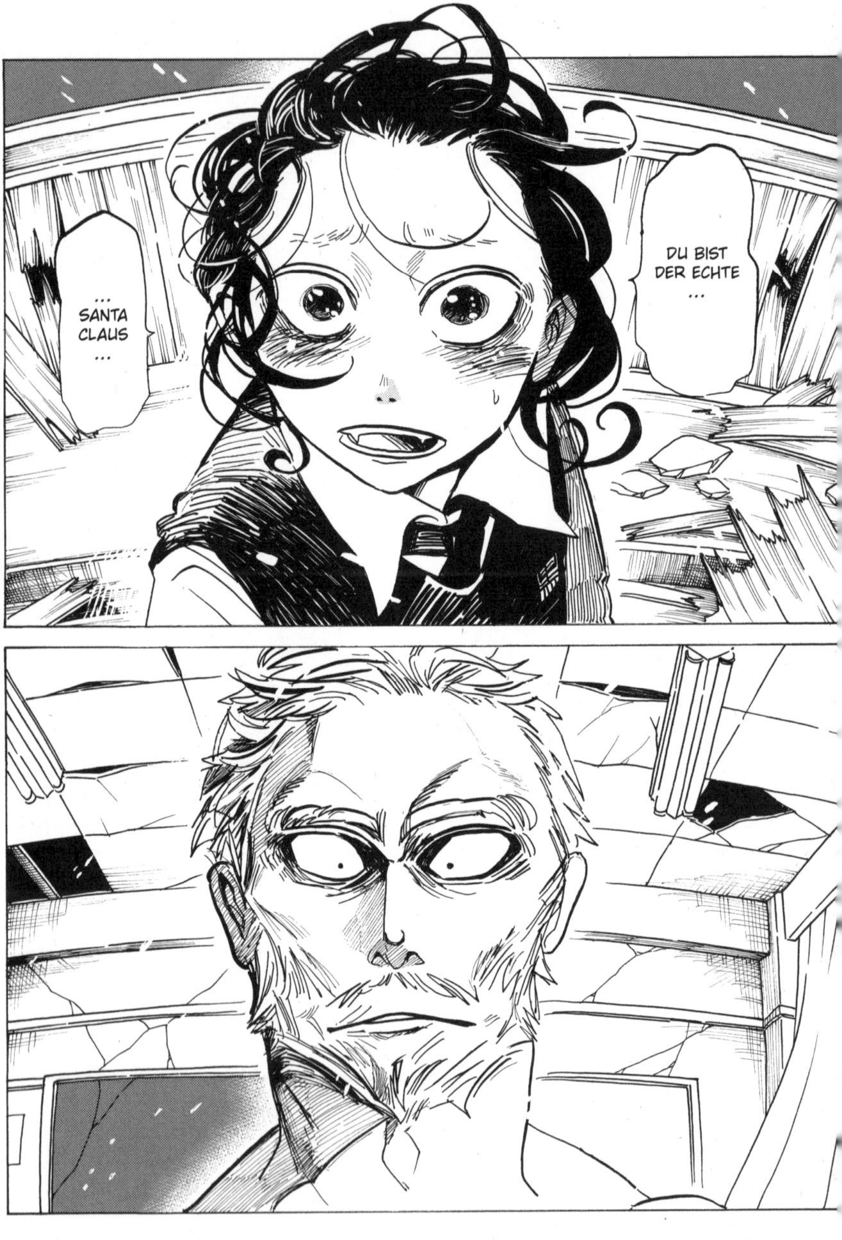

DU BIST DER ECHTE ...
... SANTA CLAUS ...

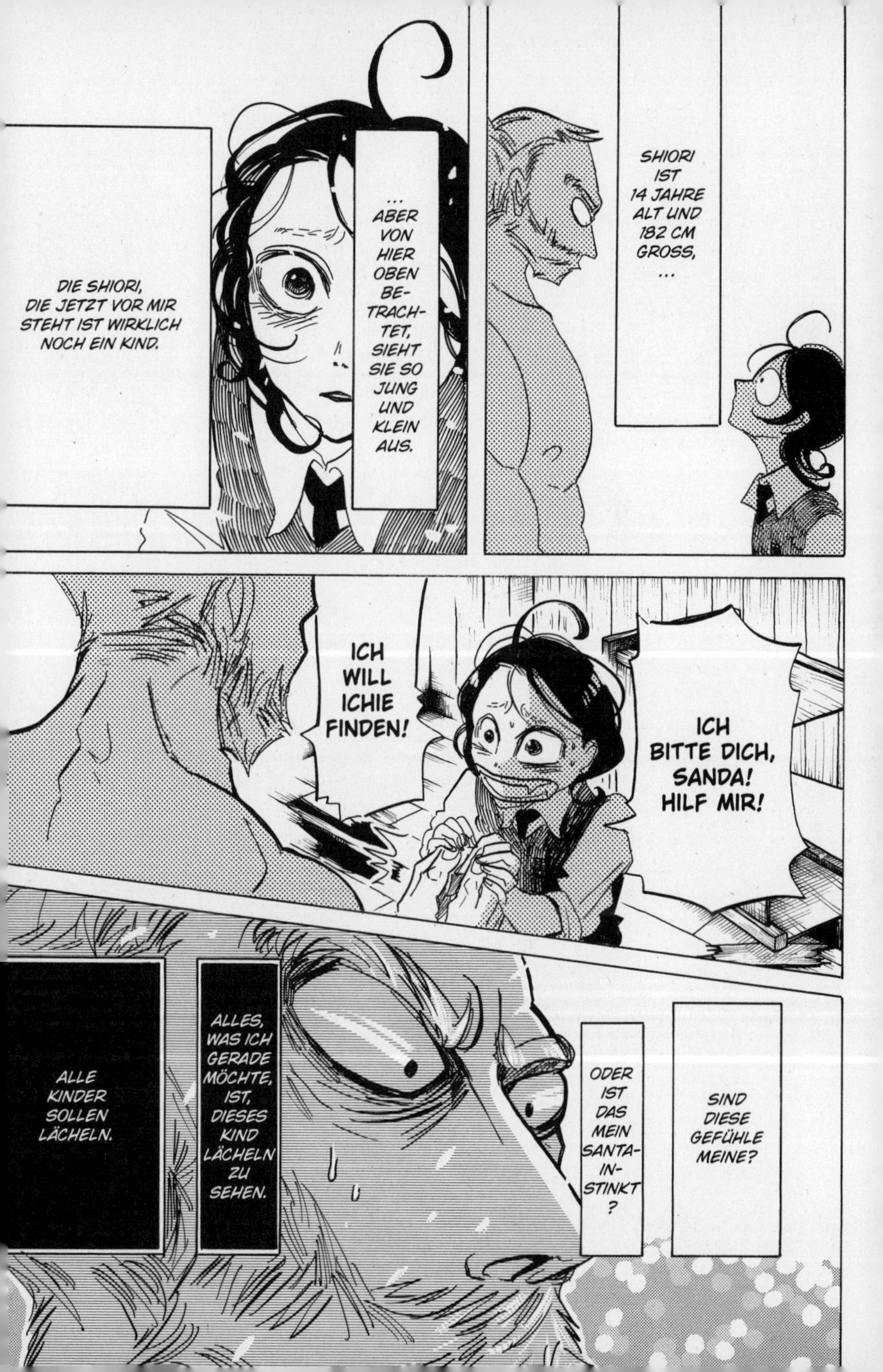
SHIORI IST 14 JAHRE ALT UND 182 CM GROSS, ...
... ABER VON HIER OBEN BETRACHTET, SIEHT SIE SO JUNG UND KLEIN AUS.
DIE SHIORI, DIE JETZT VOR MIR STEHT IST WIRKLICH NOCH EIN KIND.
ICH BITTE DICH, SANDA! HILF MIR!
ICH WILL ICHIE FINDEN!
SIND DIESE GEFÜHLE MEINE?
ODER IST DAS MEIN SANTA-INSTINKT?
ALLES, WAS ICH GERADE MÖCHTE, IST, DIESES KIND LÄCHELN ZU SEHEN.
ALLE KINDER SOLLEN LÄCHELN.

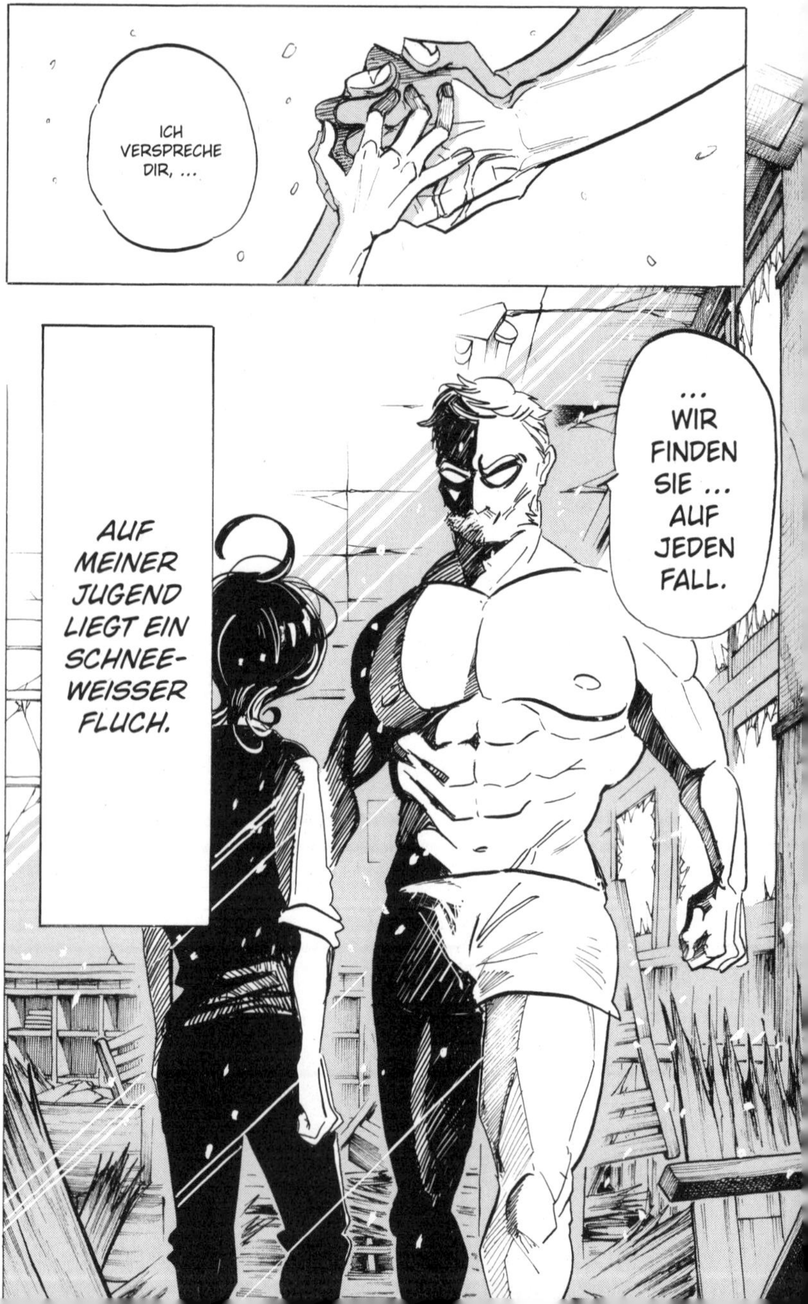
ICH VERSPRECHE DIR, ...
... WIR FINDEN SIE ... AUF JEDEN FALL.
AUF MEINER JUGEND LIEGT EIN SCHNEE-WEISSER FLUCH.

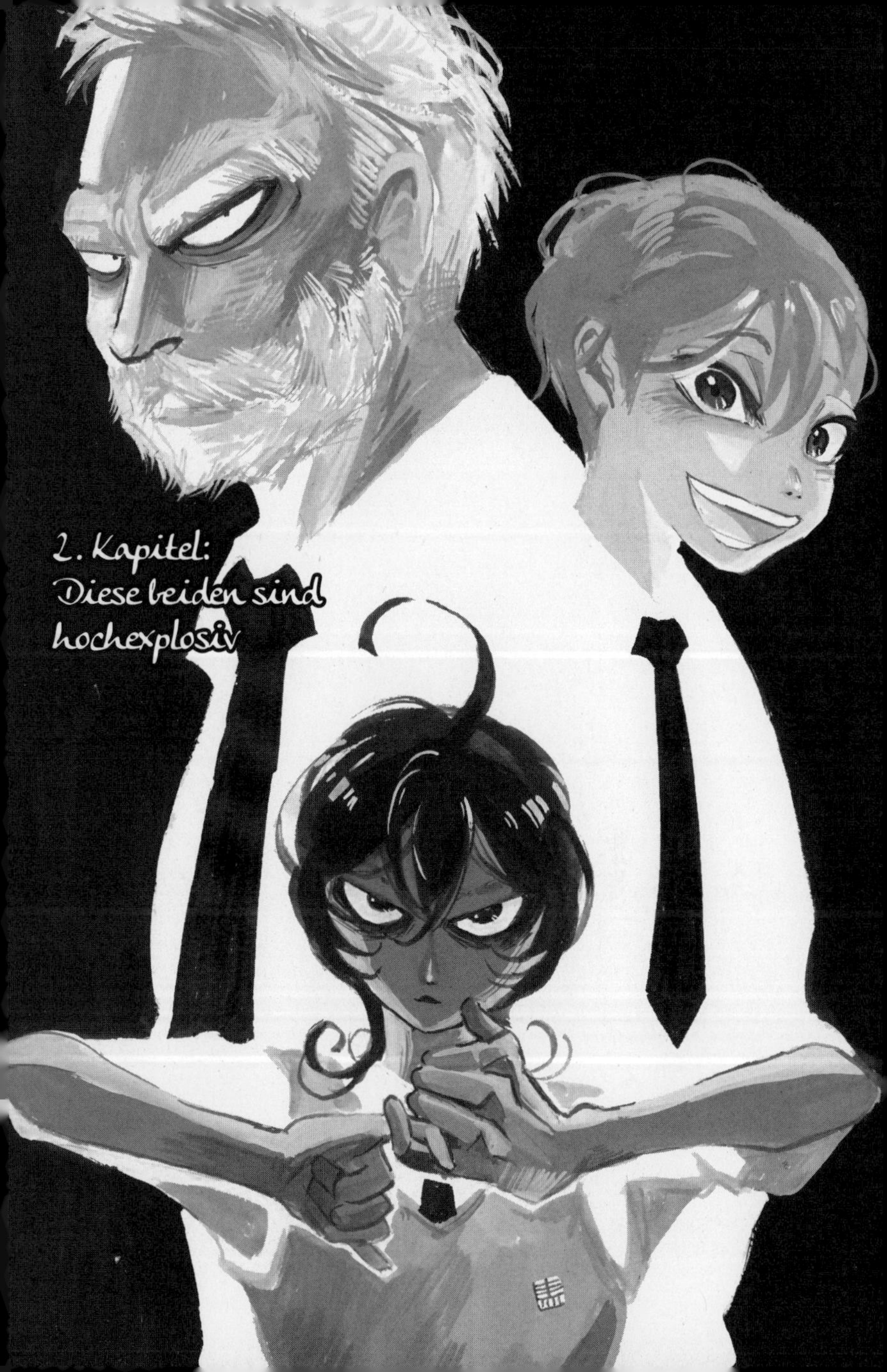
2. Kapitel:
Diese beiden sind
hochexplosiv

SANDA

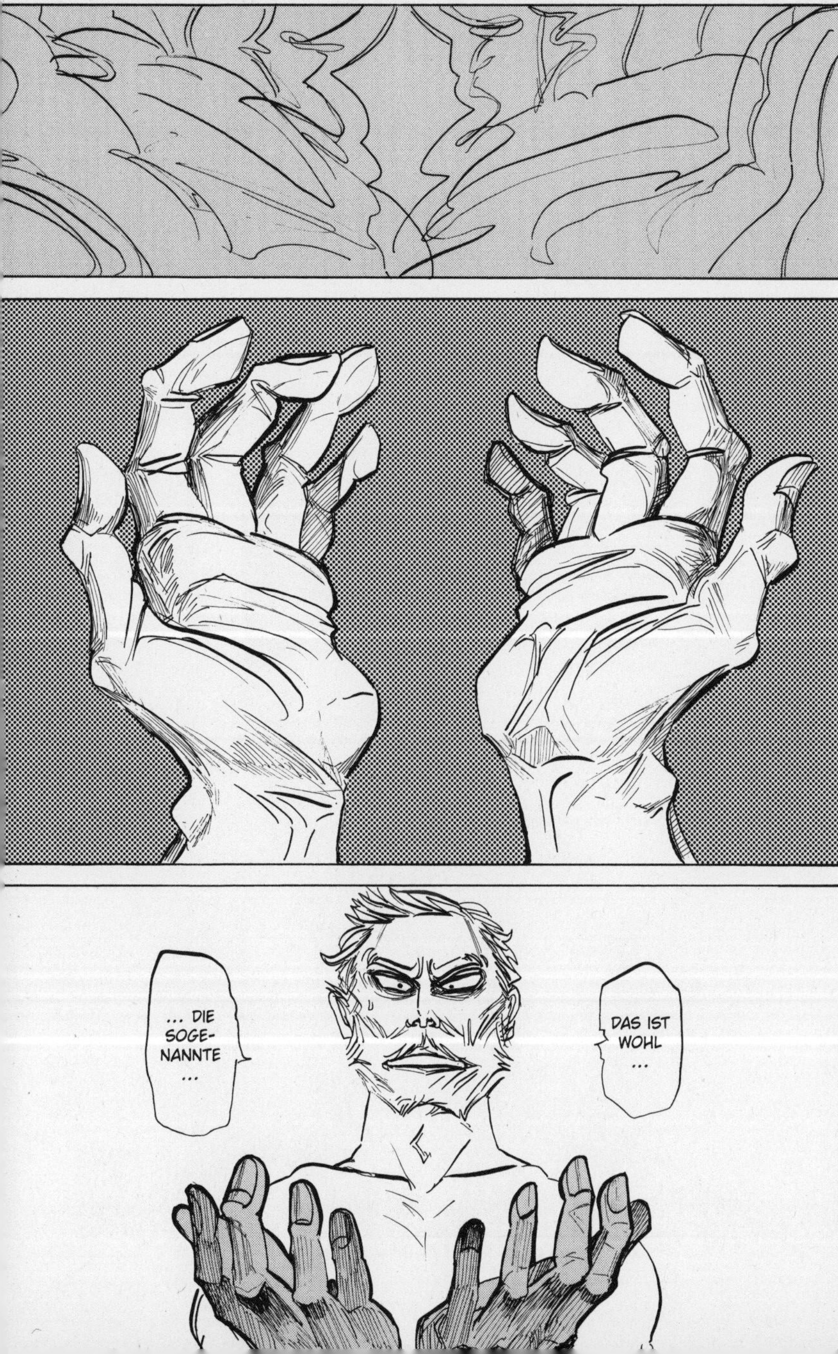
DAS IST WOHL …
… DIE SOGE-NANNTE …

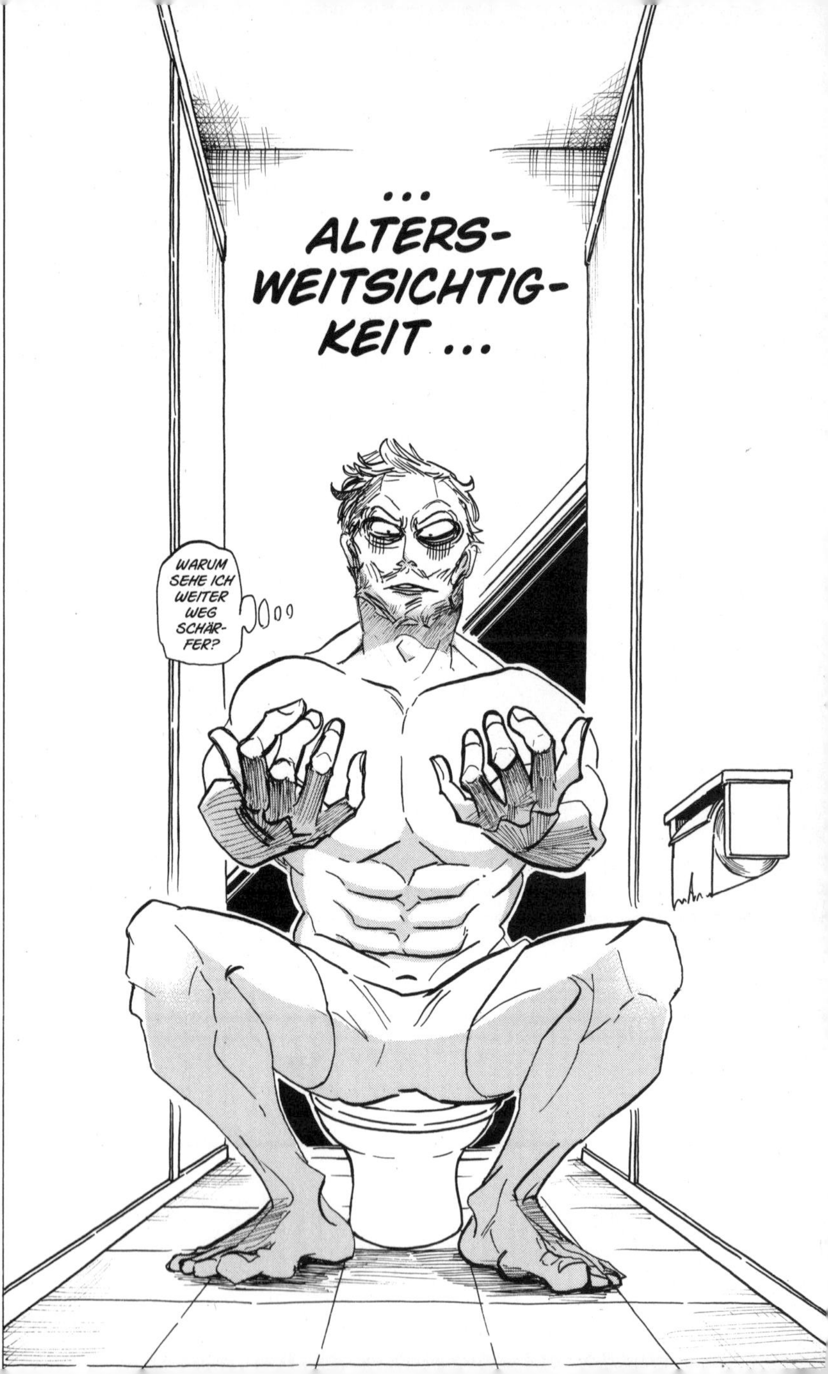
... ALTERS-WEITSICHTIG-KEIT ...
WARUM SEHE ICH WEITER WEG SCHÄR-FER?

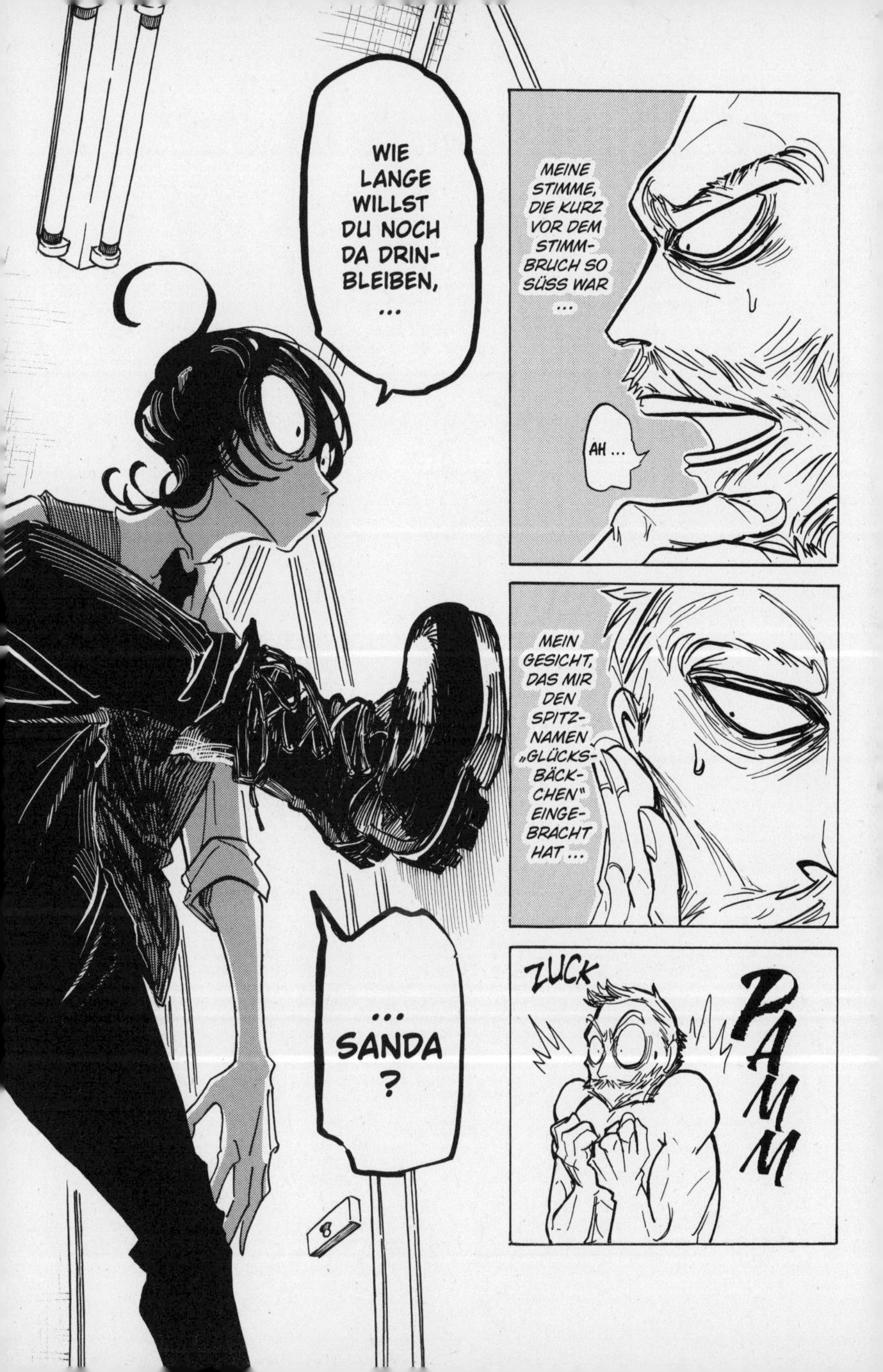
MEINE STIMME, DIE KURZ VOR DEM STIMMBRUCH SO SÜSS WAR …
AH …
WIE LANGE WILLST DU NOCH DA DRINBLEIBEN, …
MEIN GESICHT, DAS MIR DEN SPITZNAMEN „GLÜCKSBÄCKCHEN" EINGEBRACHT HAT …
ZUCK
PAMM
… SANDA ?

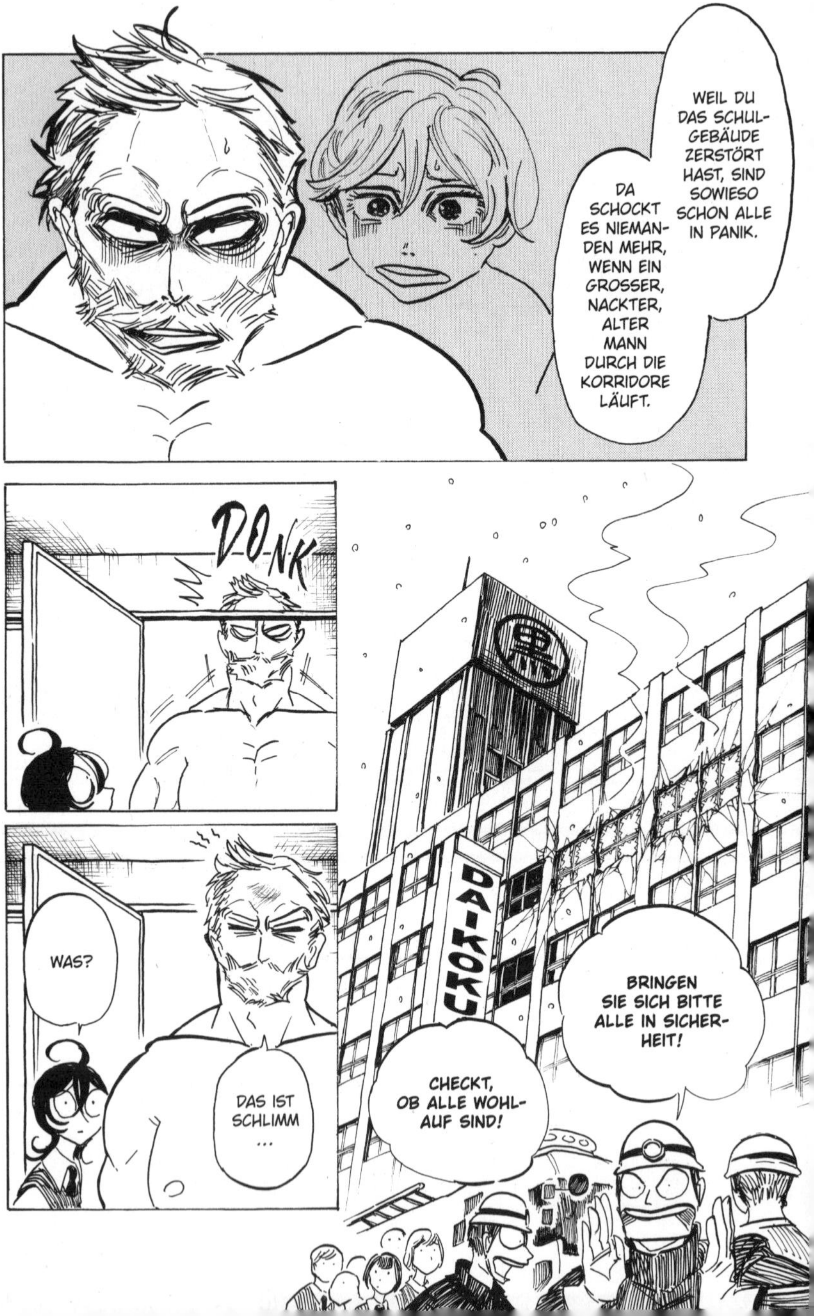
WEIL DU DAS SCHUL-GEBÄUDE ZERSTÖRT HAST, SIND SOWIESO SCHON ALLE IN PANIK.
DA SCHOCKT ES NIEMANDEN MEHR, WENN EIN GROSSER, NACKTER, ALTER MANN DURCH DIE KORRIDORE LÄUFT.
DONK
DAIKOKU
BRINGEN SIE SICH BITTE ALLE IN SICHERHEIT!
CHECKT, OB ALLE WOHLAUF SIND!
WAS?
DAS IST SCHLIMM ...

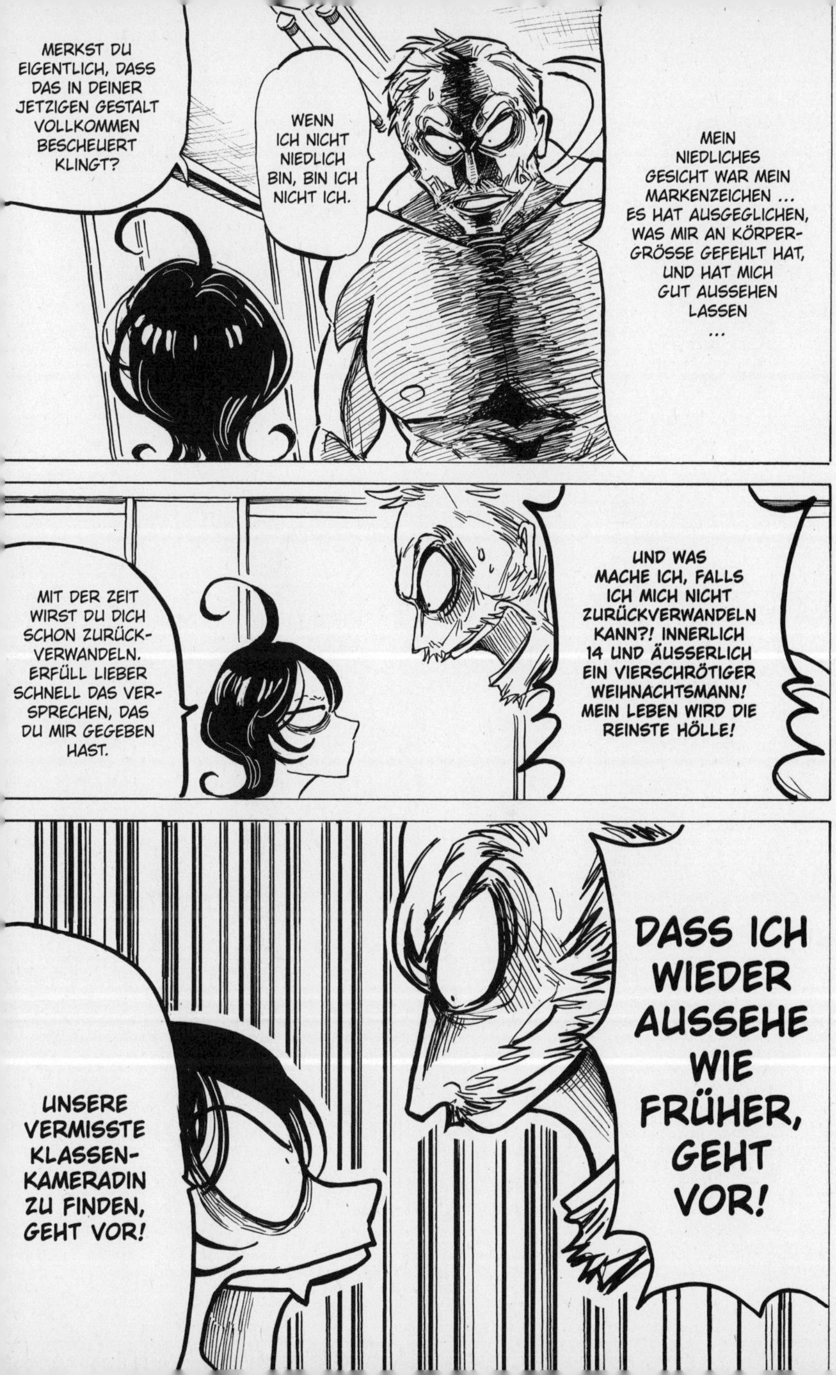
MEIN NIEDLICHES GESICHT WAR MEIN MARKENZEICHEN … ES HAT AUSGEGLICHEN, WAS MIR AN KÖRPER-GRÖSSE GEFEHLT HAT, UND HAT MICH GUT AUSSEHEN LASSEN …
WENN ICH NICHT NIEDLICH BIN, BIN ICH NICHT ICH.
MERKST DU EIGENTLICH, DASS DAS IN DEINER JETZIGEN GESTALT VOLLKOMMEN BESCHEUERT KLINGT?
UND WAS MACHE ICH, FALLS ICH MICH NICHT ZURÜCKVERWANDELN KANN?! INNERLICH 14 UND ÄUSSERLICH EIN VIERSCHRÖTIGER WEIHNACHTSMANN! MEIN LEBEN WIRD DIE REINSTE HÖLLE!
MIT DER ZEIT WIRST DU DICH SCHON ZURÜCK-VERWANDELN. ERFÜLL LIEBER SCHNELL DAS VER-SPRECHEN, DAS DU MIR GEGEBEN HAST.
DASS ICH WIEDER AUSSEHE WIE FRÜHER, GEHT VOR!
UNSERE VERMISSTE KLASSEN-KAMERADIN ZU FINDEN, GEHT VOR!

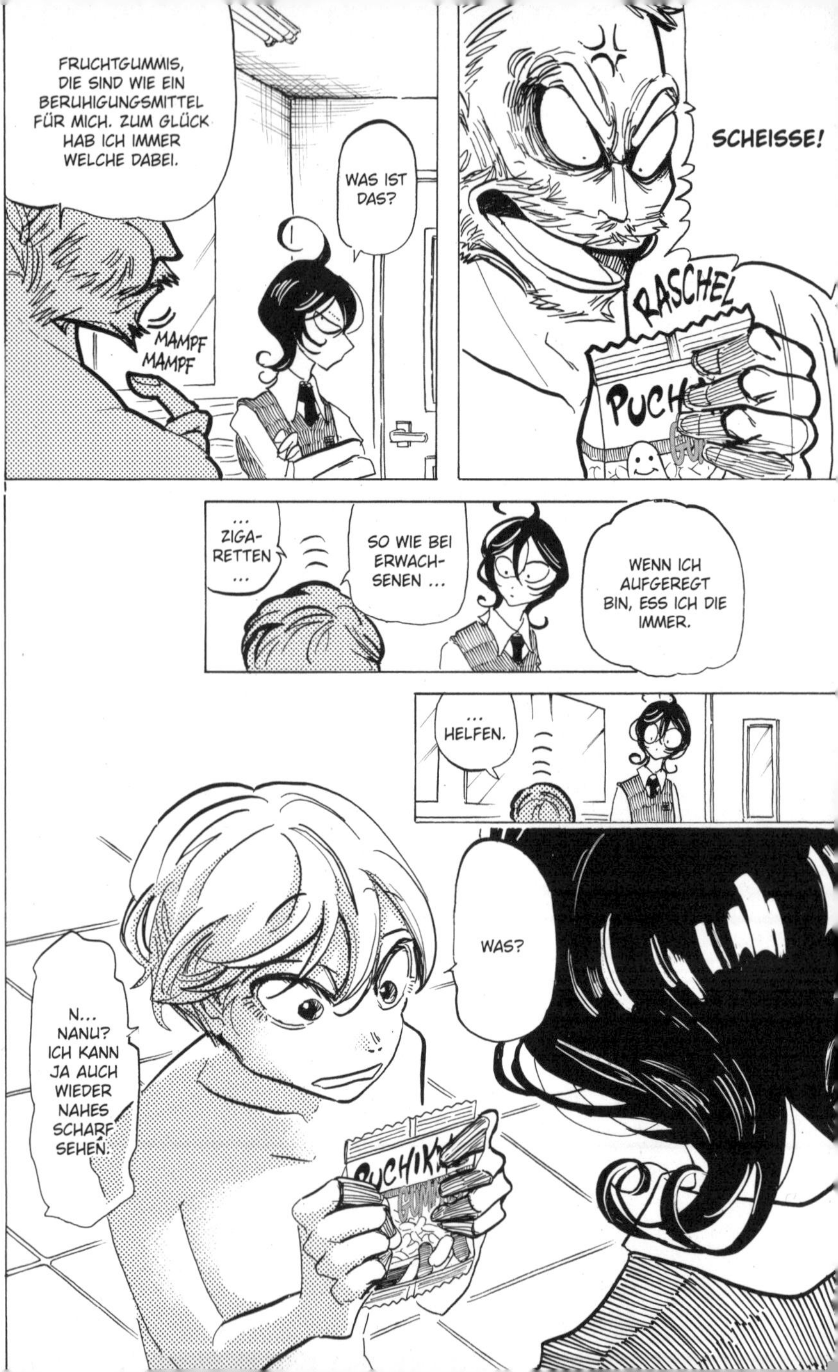
SCHEISSE!
RASCHEL
WAS IST DAS?
FRUCHTGUMMIS, DIE SIND WIE EIN BERUHIGUNGSMITTEL FÜR MICH. ZUM GLÜCK HAB ICH IMMER WELCHE DABEI.
MAMPF MAMPF
WENN ICH AUFGEREGT BIN, ESS ICH DIE IMMER.
SO WIE BEI ERWACHSENEN ...
... ZIGARETTEN ...
... HELFEN.
WAS?
N... NANU? ICH KANN JA AUCH WIEDER NAHES SCHARF SEHEN.

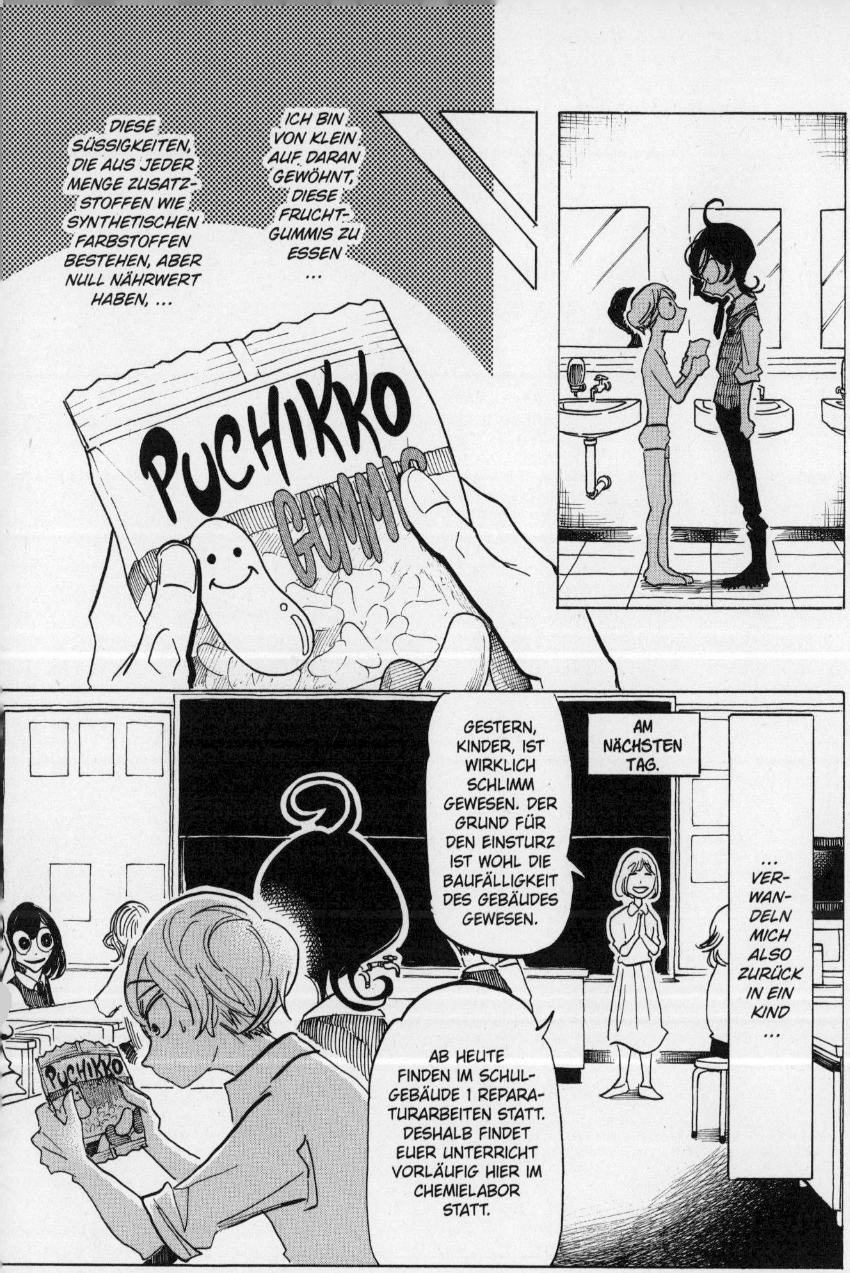
DIESE SÜSSIGKEITEN, DIE AUS JEDER MENGE ZUSATZSTOFFEN WIE SYNTHETISCHEN FARBSTOFFEN BESTEHEN, ABER NULL NÄHRWERT HABEN, ...
ICH BIN VON KLEIN AUF DARAN GEWÖHNT, DIESE FRUCHTGUMMIS ZU ESSEN ...
PUCHIKKO GUMMIS
... VERWANDELN MICH ALSO ZURÜCK IN EIN KIND ...
AM NÄCHSTEN TAG.
GESTERN, KINDER, IST WIRKLICH SCHLIMM GEWESEN. DER GRUND FÜR DEN EINSTURZ IST WOHL DIE BAUFÄLLIGKEIT DES GEBÄUDES GEWESEN.
AB HEUTE FINDEN IM SCHULGEBÄUDE 1 REPARATURARBEITEN STATT. DESHALB FINDET EUER UNTERRICHT VORLÄUFIG HIER IM CHEMIELABOR STATT.
PUCHIKKO

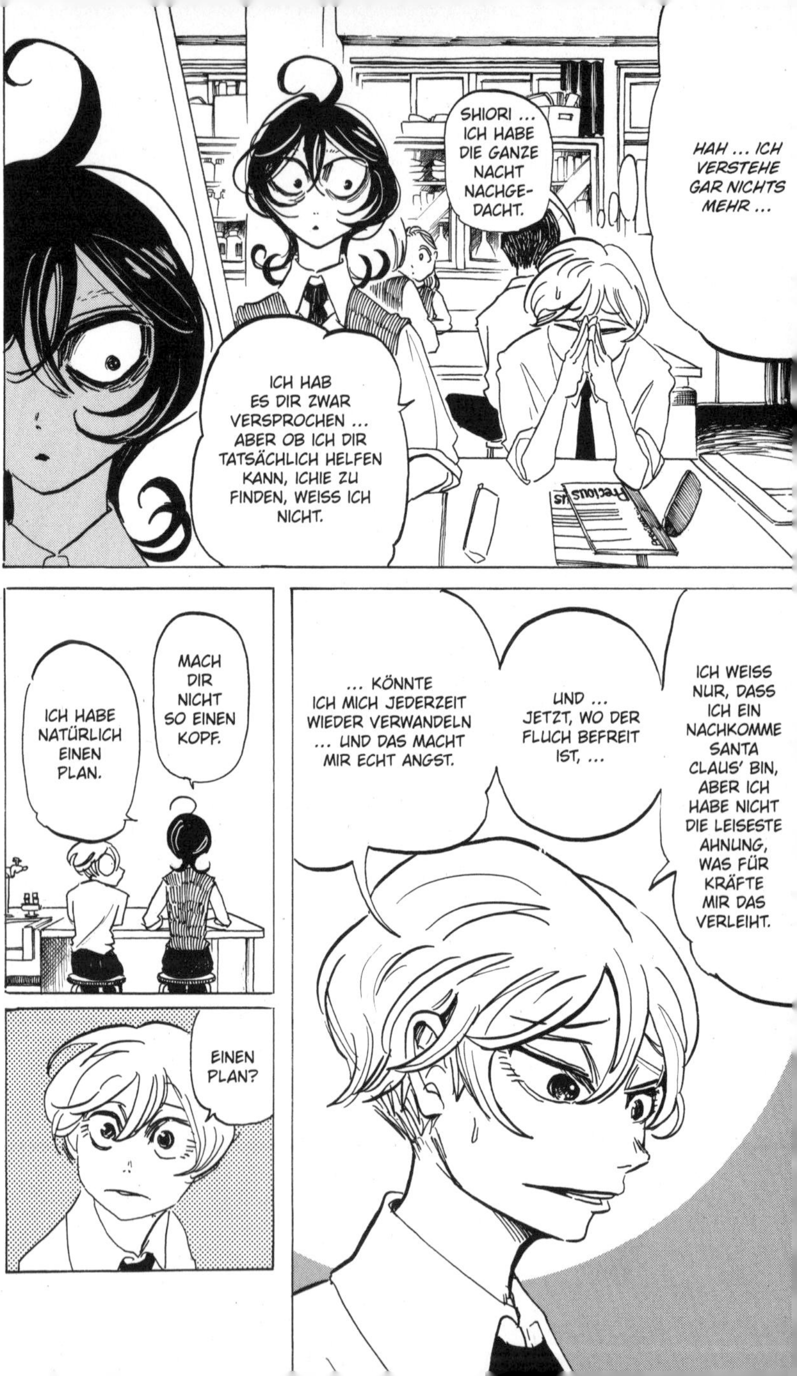
HAH … ICH VERSTEHE GAR NICHTS MEHR …
SHIORI … ICH HABE DIE GANZE NACHT NACHGEDACHT.
ICH HAB ES DIR ZWAR VERSPROCHEN … ABER OB ICH DIR TATSÄCHLICH HELFEN KANN, ICHIE ZU FINDEN, WEISS ICH NICHT.
ICH WEISS NUR, DASS ICH EIN NACHKOMME SANTA CLAUS' BIN, ABER ICH HABE NICHT DIE LEISESTE AHNUNG, WAS FÜR KRÄFTE MIR DAS VERLEIHT.
UND … JETZT, WO DER FLUCH BEFREIT IST, …
… KÖNNTE ICH MICH JEDERZEIT WIEDER VERWANDELN … UND DAS MACHT MIR ECHT ANGST.
MACH DIR NICHT SO EINEN KOPF.
ICH HABE NATÜRLICH EINEN PLAN.
EINEN PLAN?

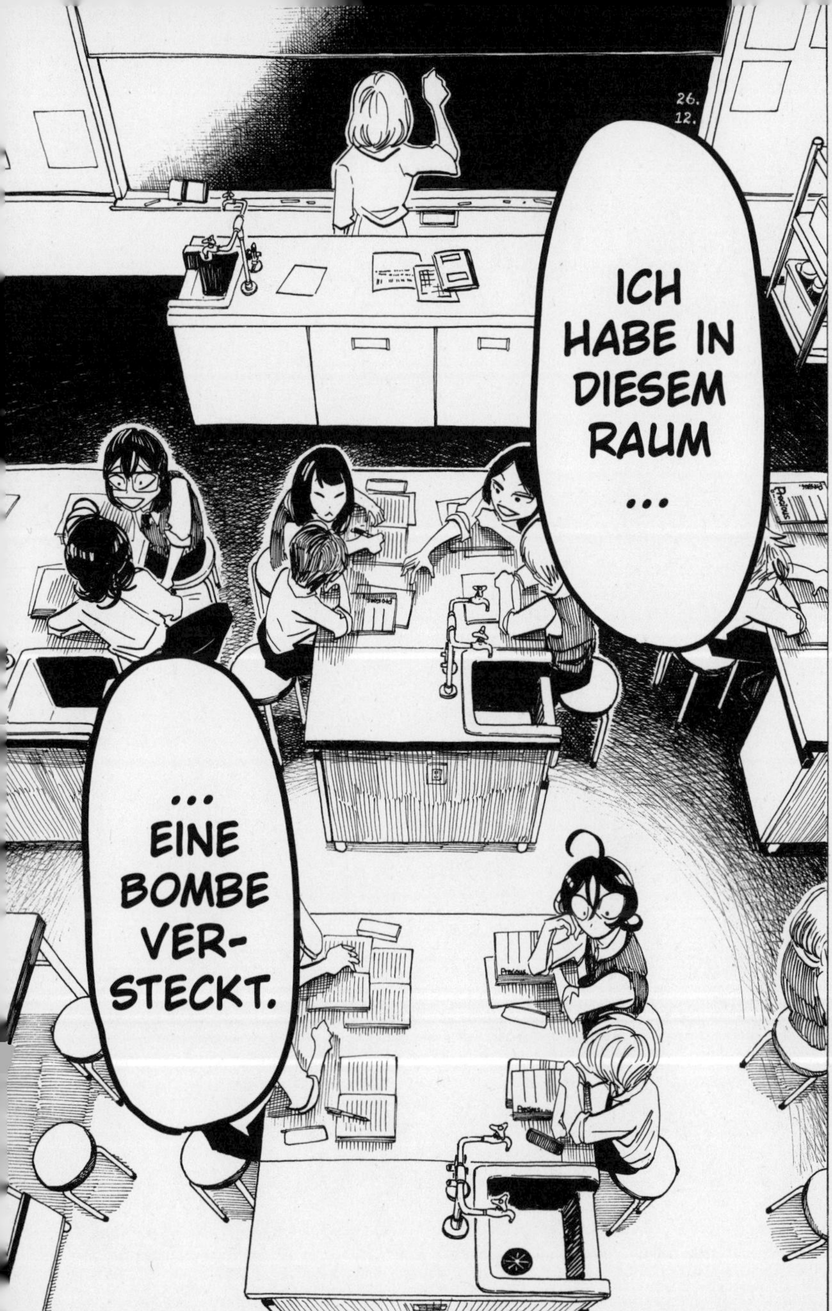
26.
12.
ICH HABE IN DIESEM RAUM ...
... EINE BOMBE VER-STECKT.

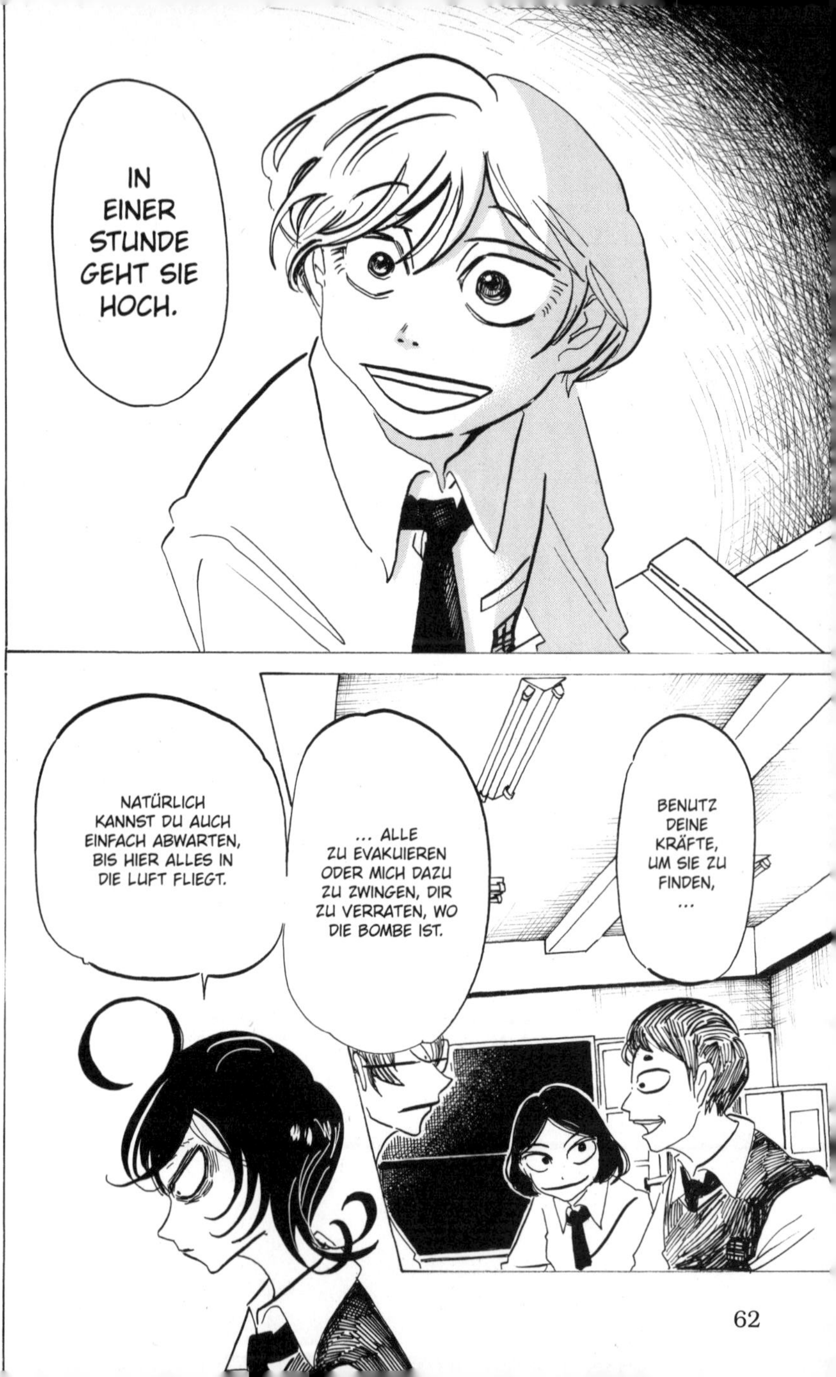
IN EINER STUNDE GEHT SIE HOCH.
BENUTZ DEINE KRÄFTE, UM SIE ZU FINDEN, ...
... ALLE ZU EVAKUIEREN ODER MICH DAZU ZU ZWINGEN, DIR ZU VERRATEN, WO DIE BOMBE IST.
NATÜRLICH KANNST DU AUCH EINFACH ABWARTEN, BIS HIER ALLES IN DIE LUFT FLIEGT.

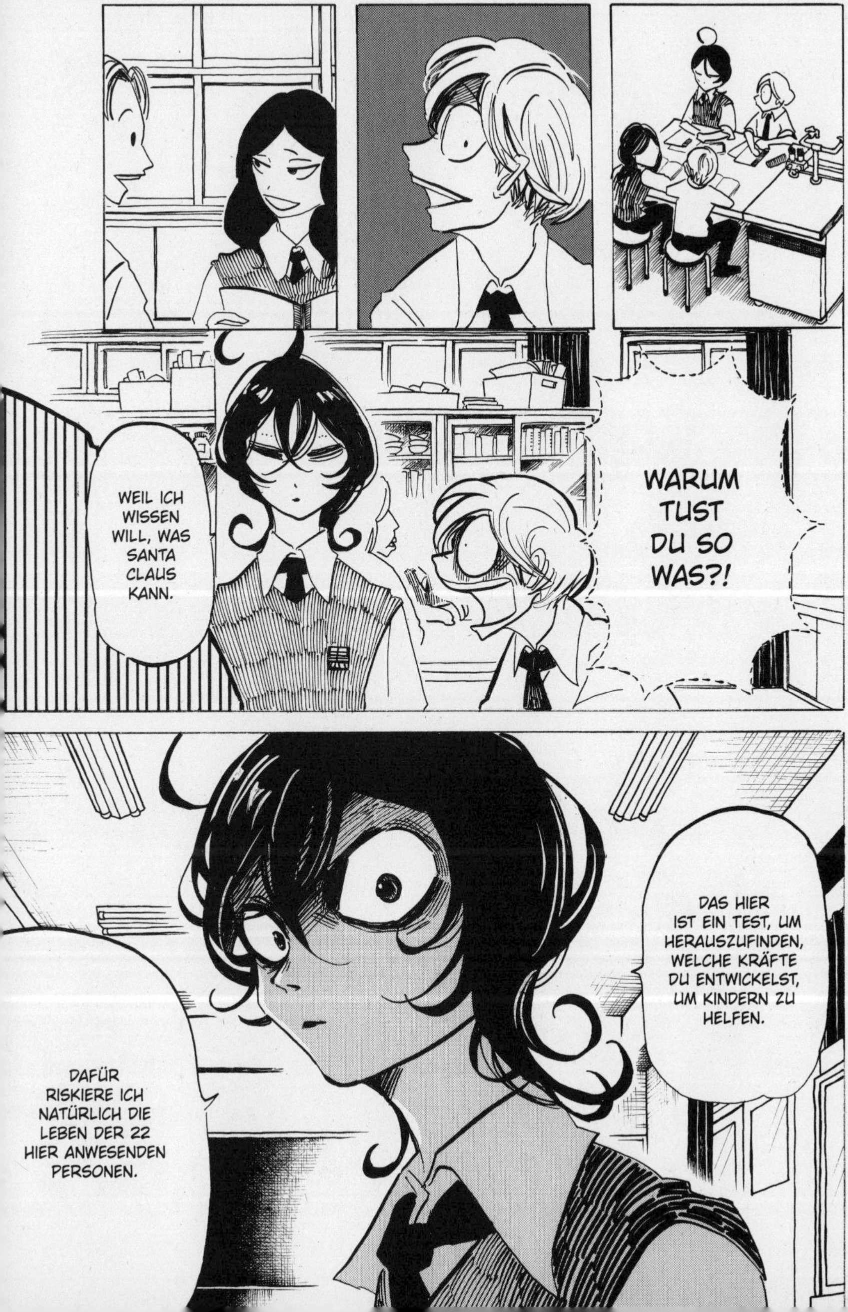
WARUM TUST DU SO WAS?!
WEIL ICH WISSEN WILL, WAS SANTA CLAUS KANN.
DAS HIER IST EIN TEST, UM HERAUSZUFINDEN, WELCHE KRÄFTE DU ENTWICKELST, UM KINDERN ZU HELFEN.
DAFÜR RISKIERE ICH NATÜRLICH DIE LEBEN DER 22 HIER ANWESENDEN PERSONEN.

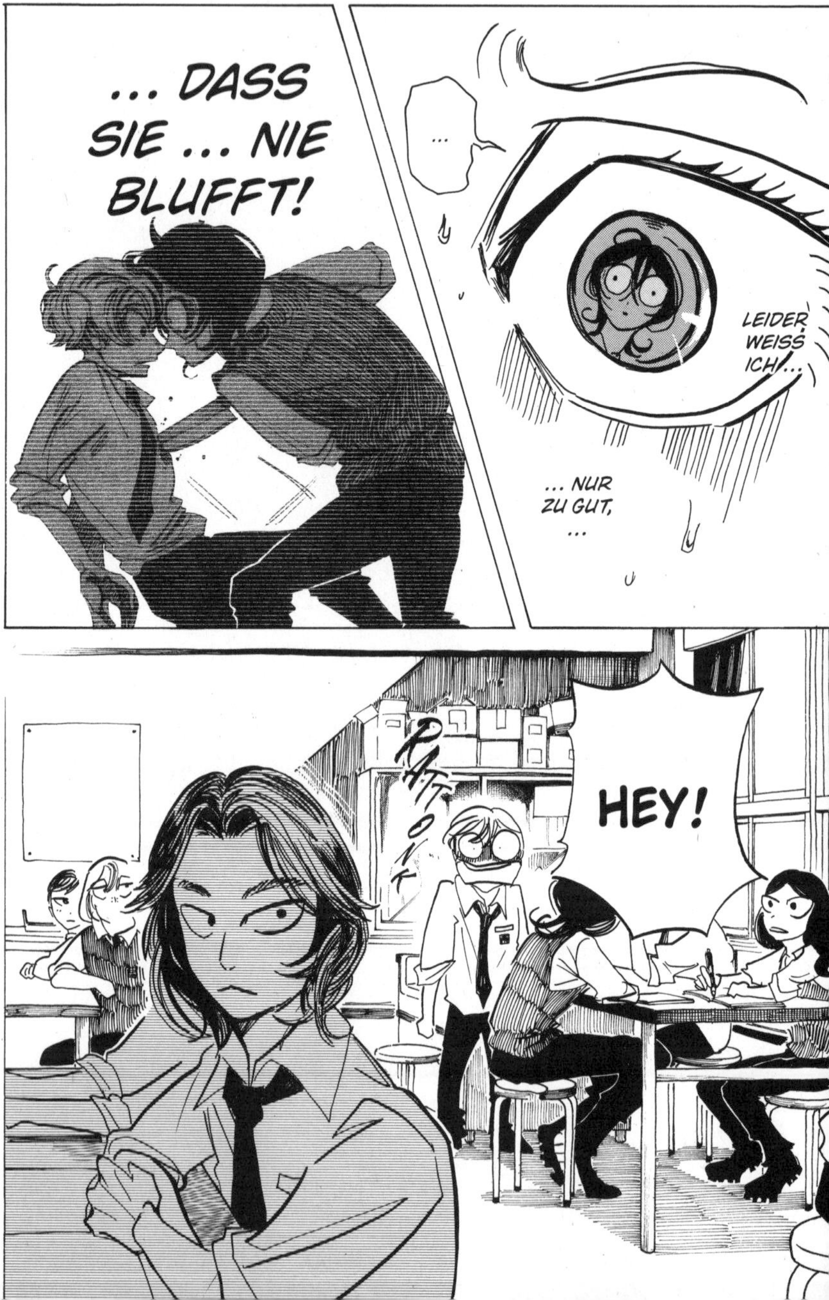
...
LEIDER WEISS ICH ...
... NUR ZU GUT, ...
... DASS SIE ... NIE BLUFFT!
HEY!
RATTOINK

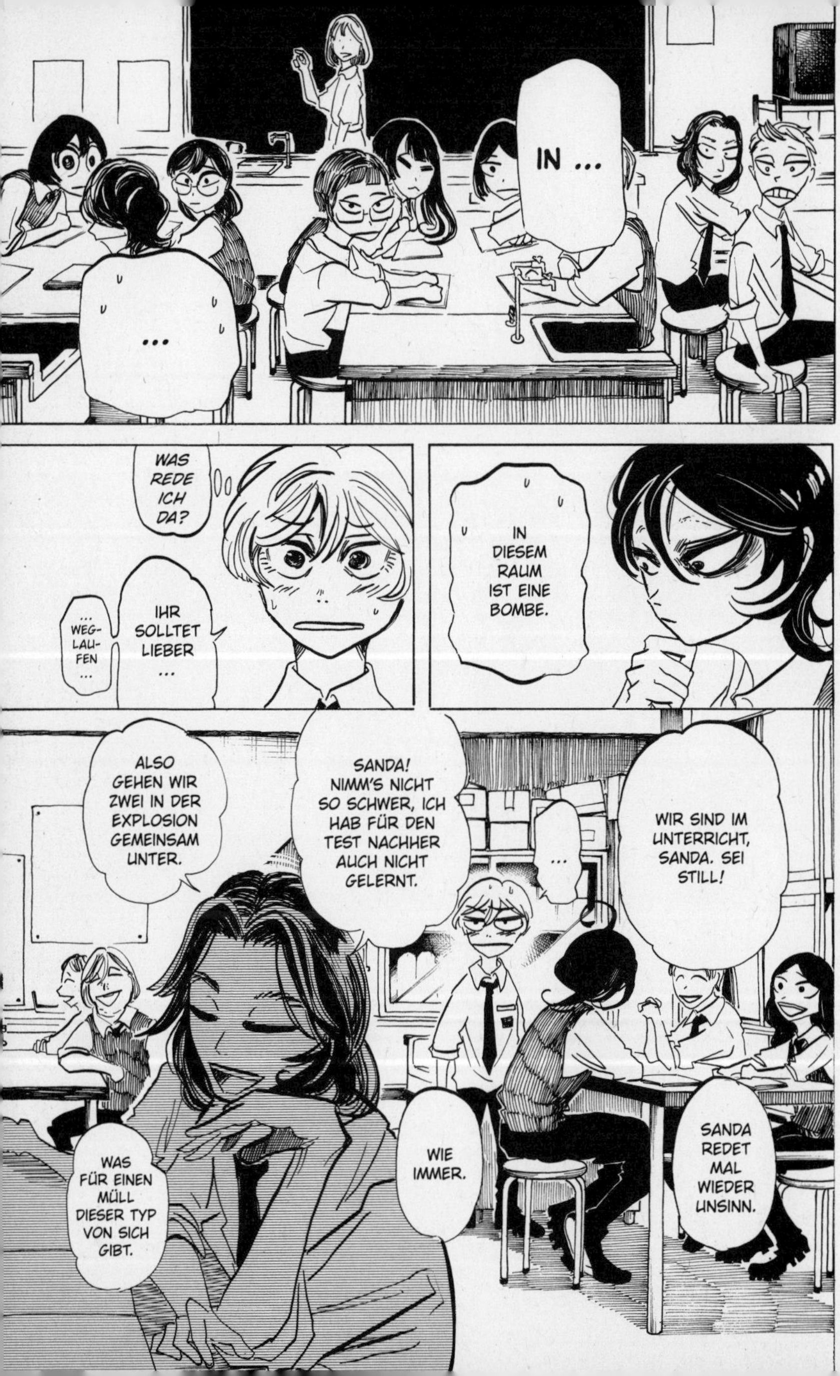
IN ...
...
IN DIESEM RAUM IST EINE BOMBE.
IHR SOLLTET LIEBER ...
... WEG-LAUFEN ...
WAS REDE ICH DA?
WIR SIND IM UNTERRICHT, SANDA. SEI STILL!
...
SANDA! NIMM'S NICHT SO SCHWER, ICH HAB FÜR DEN TEST NACHHER AUCH NICHT GELERNT.
ALSO GEHEN WIR ZWEI IN DER EXPLOSION GEMEINSAM UNTER.
SANDA REDET MAL WIEDER UNSINN.
WIE IMMER.
WAS FÜR EINEN MÜLL DIESER TYP VON SICH GIBT.

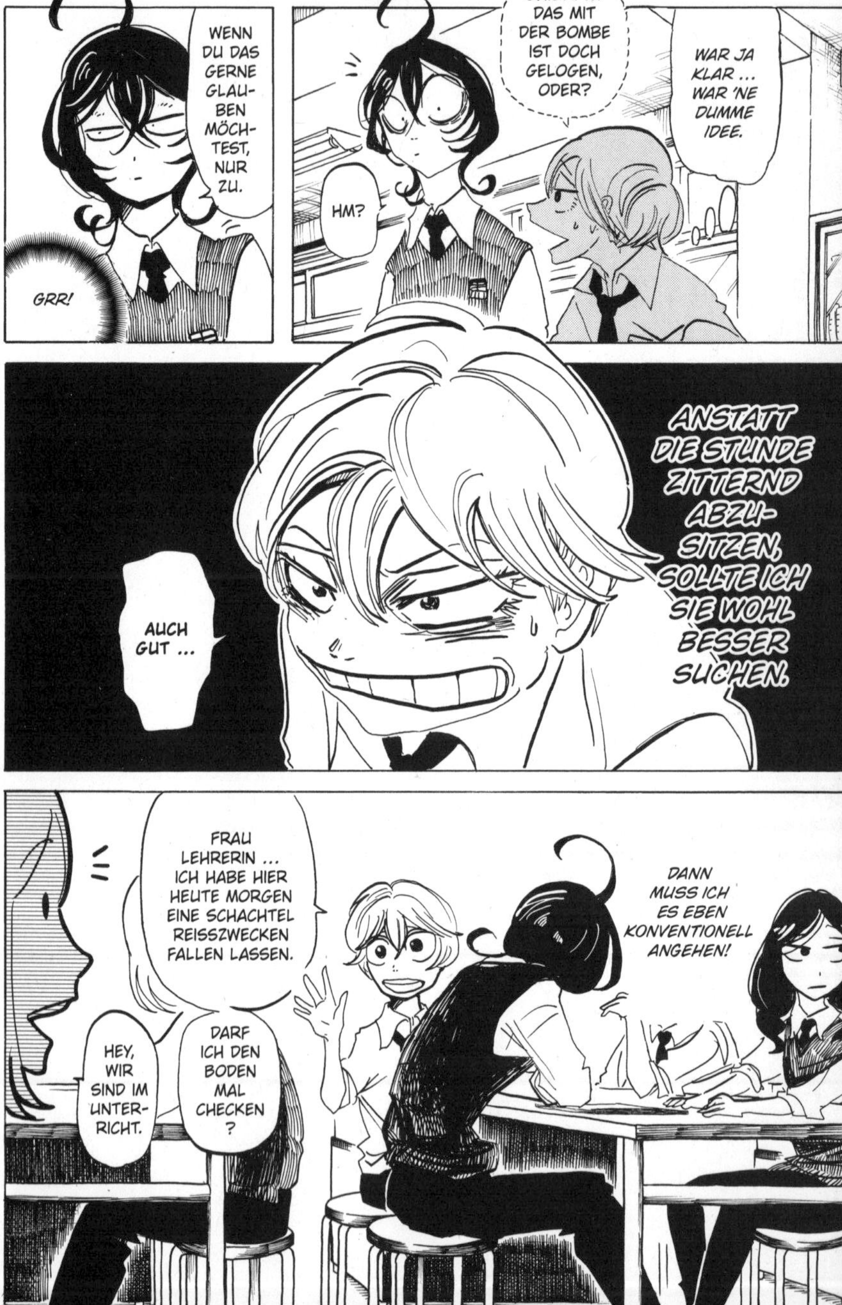

WAR JA KLAR ... WAR 'NE DUMME IDEE.
SHIORI ... DAS MIT DER BOMBE IST DOCH GELOGEN, ODER?
HM?
WENN DU DAS GERNE GLAUBEN MÖCHTEST, NUR ZU.
GRR!
ANSTATT DIE STUNDE ZITTERND ABZUSITZEN, SOLLTE ICH SIE WOHL BESSER SUCHEN.
AUCH GUT ...
DANN MUSS ICH ES EBEN KONVENTIONELL ANGEHEN!
FRAU LEHRERIN ... ICH HABE HIER HEUTE MORGEN EINE SCHACHTEL REISSZWECKEN FALLEN LASSEN.
DARF ICH DEN BODEN MAL CHECKEN?
HEY, WIR SIND IM UNTERRICHT.

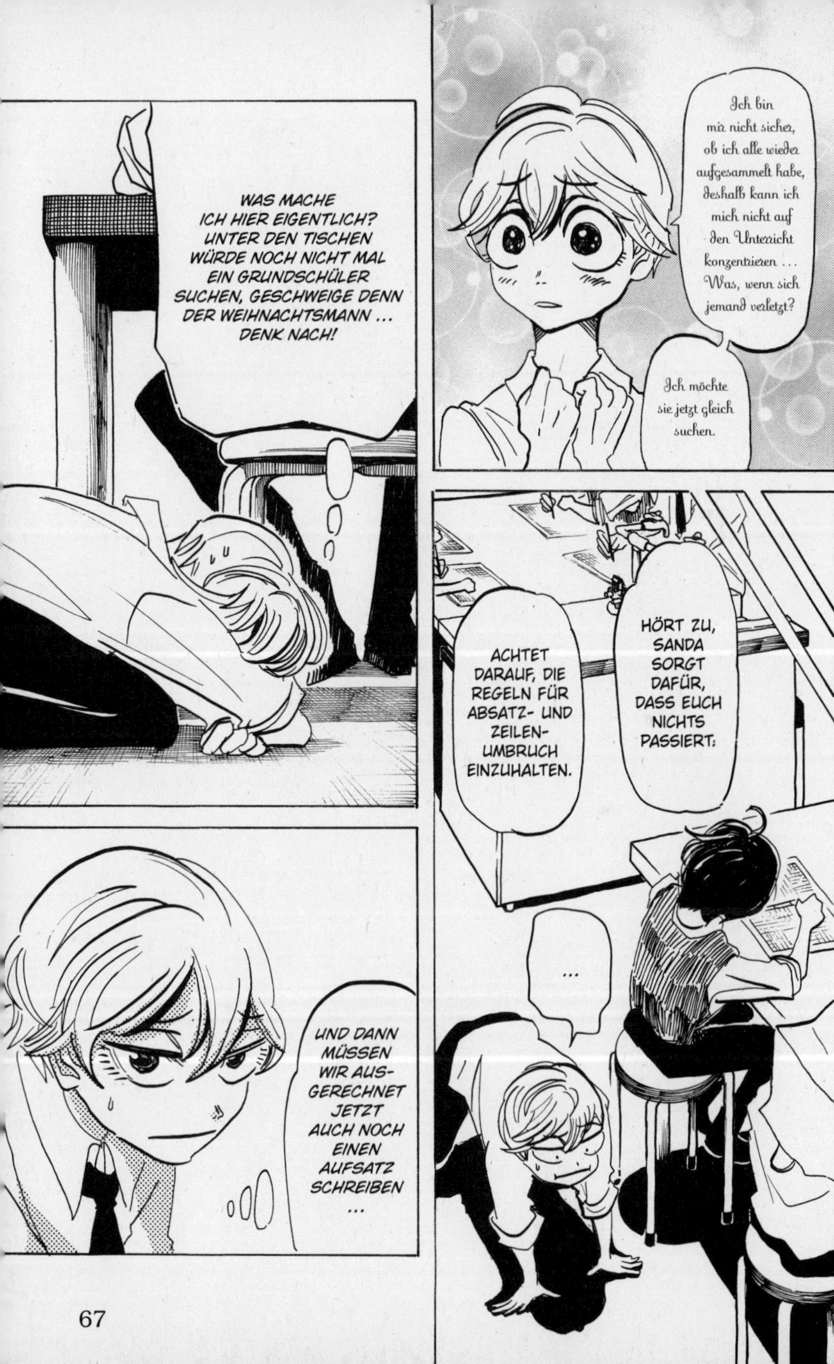
Ich bin mir nicht sicher, ob ich alle wieder aufgesammelt habe, deshalb kann ich mich nicht auf den Unterricht konzentrieren … Was, wenn sich jemand verletzt?
Ich möchte sie jetzt gleich suchen.
WAS MACHE ICH HIER EIGENTLICH? UNTER DEN TISCHEN WÜRDE NOCH NICHT MAL EIN GRUNDSCHÜLER SUCHEN, GESCHWEIGE DENN DER WEIHNACHTSMANN … DENK NACH!
HÖRT ZU, SANDA SORGT DAFÜR, DASS EUCH NICHTS PASSIERT:
ACHTET DARAUF, DIE REGELN FÜR ABSATZ- UND ZEILEN-UMBRUCH EINZUHALTEN.
…
UND DANN MÜSSEN WIR AUS-GERECHNET JETZT AUCH NOCH EINEN AUFSATZ SCHREIBEN …

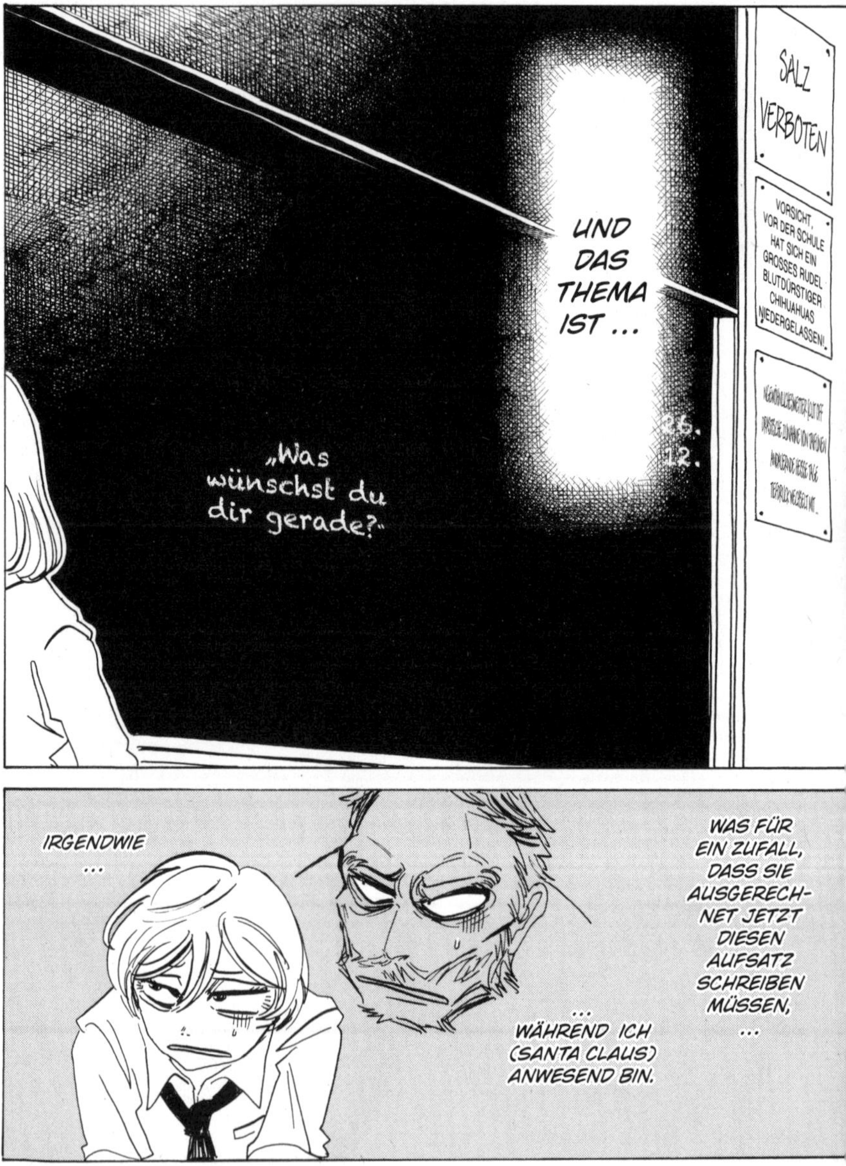
SALZ VERBOTEN
VORSICHT, VOR DER SCHULE HAT SICH EIN GROSSES RUDEL BLUTDÜRSTIGER CHIHUAHUAS NIEDERGELASSEN!
UND DAS THEMA IST ...
„Was wünschst du dir gerade?“
WAS FÜR EIN ZUFALL, DASS SIE AUSGERECH-NET JETZT DIESEN AUFSATZ SCHREIBEN MÜSSEN, ...
... WÄHREND ICH (SANTA CLAUS) ANWESEND BIN.
IRGENDWIE ...

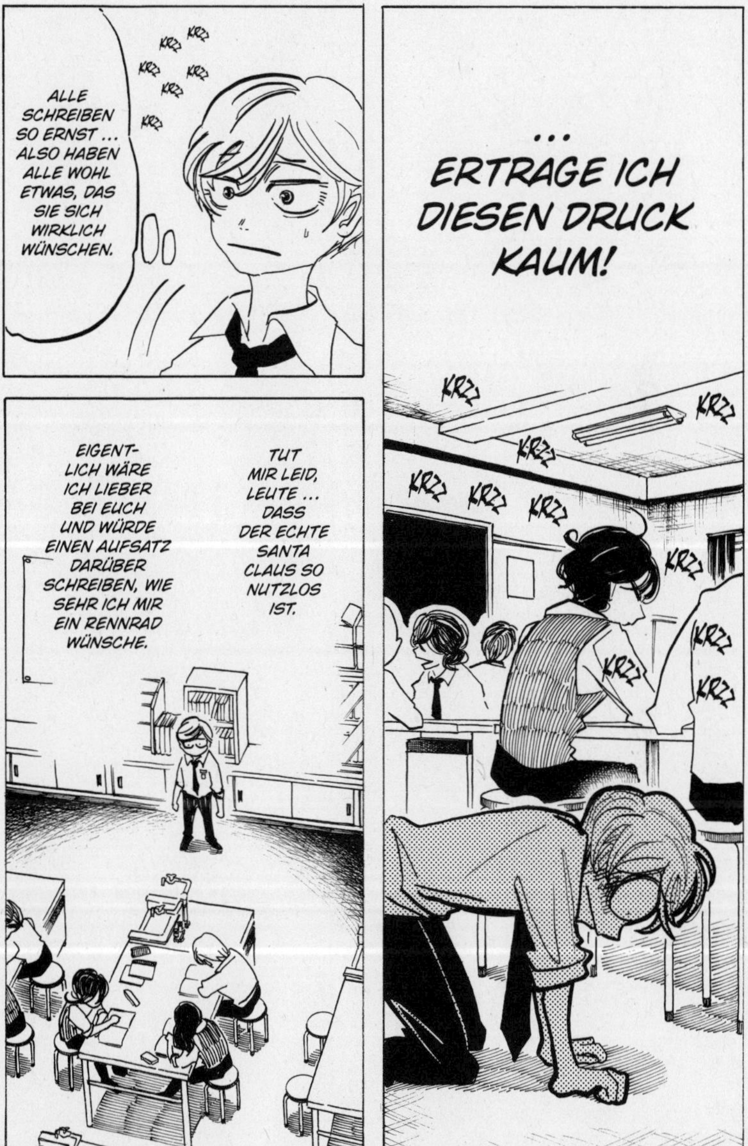
KRZZ KRZZ KRZZ KRZZ KRZZ KRZZ
ALLE SCHREIBEN SO ERNST … ALSO HABEN ALLE WOHL ETWAS, DAS SIE SICH WIRKLICH WÜNSCHEN.
TUT MIR LEID, LEUTE … DASS DER ECHTE SANTA CLAUS SO NUTZLOS IST.
EIGENTLICH WÄRE ICH LIEBER BEI EUCH UND WÜRDE EINEN AUFSATZ DARÜBER SCHREIBEN, WIE SEHR ICH MIR EIN RENNRAD WÜNSCHE.
… ERTRAGE ICH DIESEN DRUCK KAUM!
KRZZ KRZZ KRZZ KRZZ KRZZ KRZZ KRZZ KRZZ KRZZ KRZZ

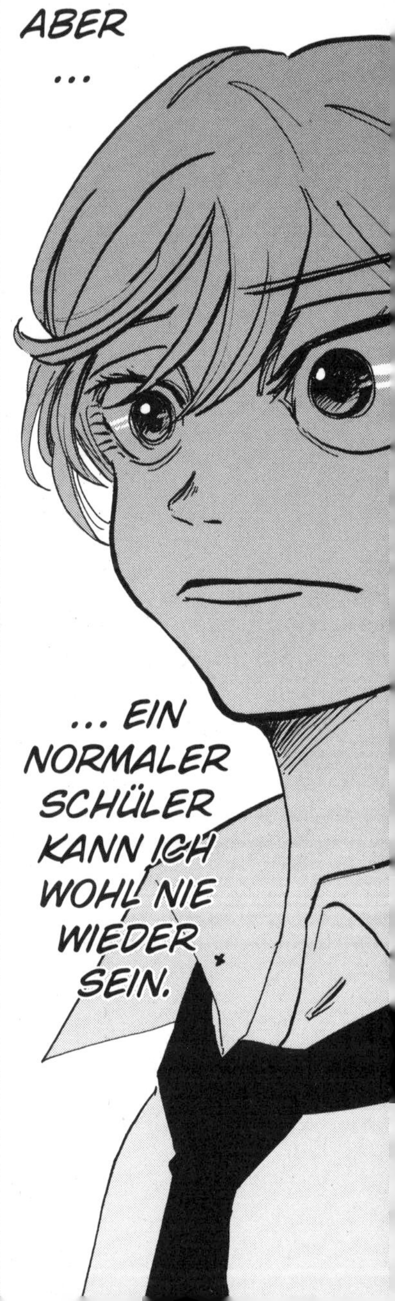
ABER ...
... EIN NORMALER SCHÜLER KANN ICH WOHL NIE WIEDER SEIN.

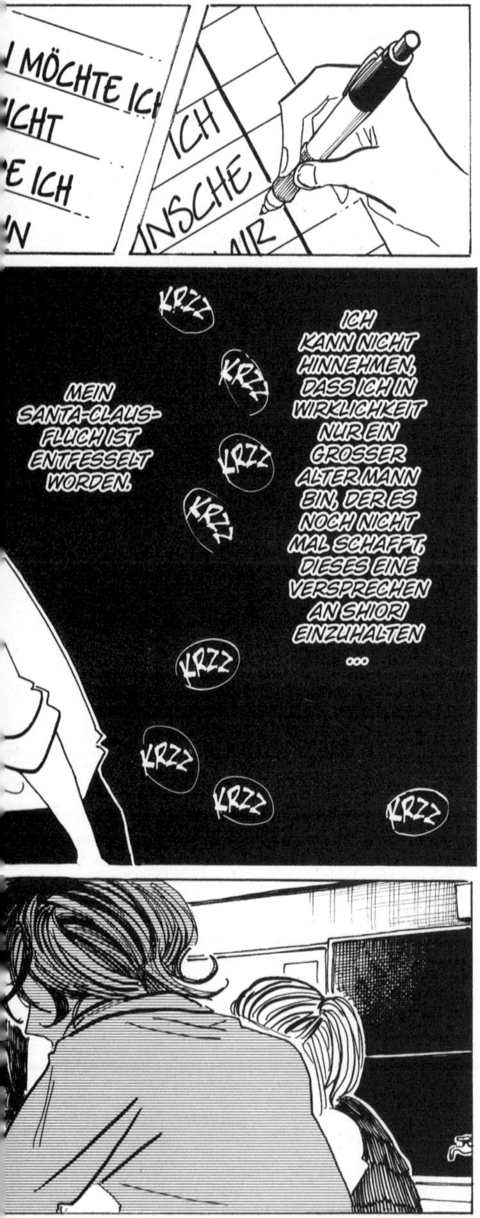
MÖCHTE ICH
ICH
ICH KANN NICHT HINNEHMEN, DASS ICH IN WIRKLICHKEIT NUR EIN GROSSER ALTER MANN BIN, DER ES NOCH NICHT MAL SCHAFFT, DIESES EINE VERSPRECHEN AN SHIORI EINZUHALTEN ...
MEIN SANTA-CLAUS-FLUCH IST ENTFESSELT WORDEN.
KRZZ
KRZZ
KRZZ
KRZZ
KRZZ
KRZZ
KRZZ
KRZZ

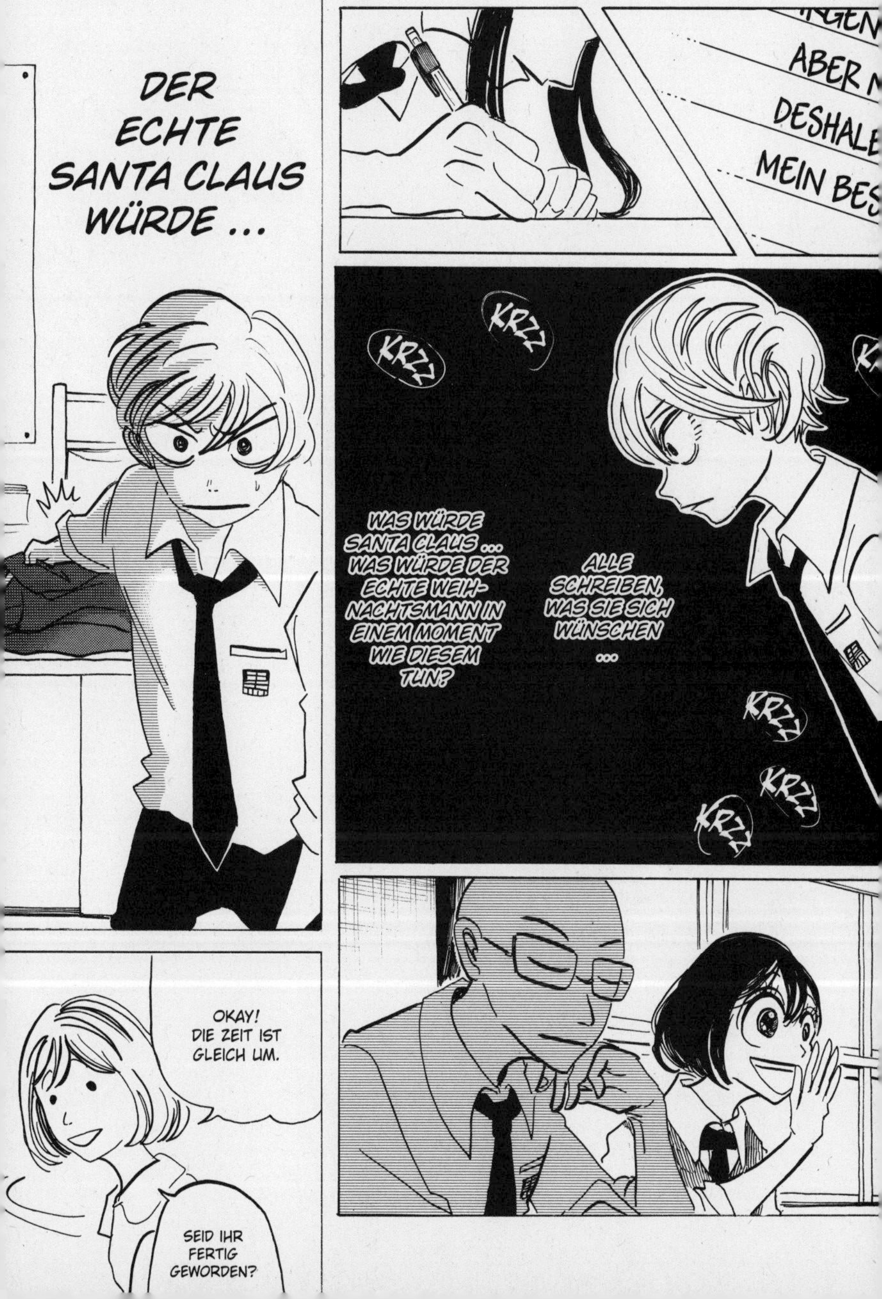
KRZZ
ALLE SCHREIBEN, WAS SIE SICH WÜNSCHEN ...
WAS WÜRDE SANTA CLAUS ... WAS WÜRDE DER ECHTE WEIH-NACHTSMANN IN EINEM MOMENT WIE DIESEM TUN?
DER ECHTE SANTA CLAUS WÜRDE ...
OKAY! DIE ZEIT IST GLEICH UM.
SEID IHR FERTIG GEWORDEN?

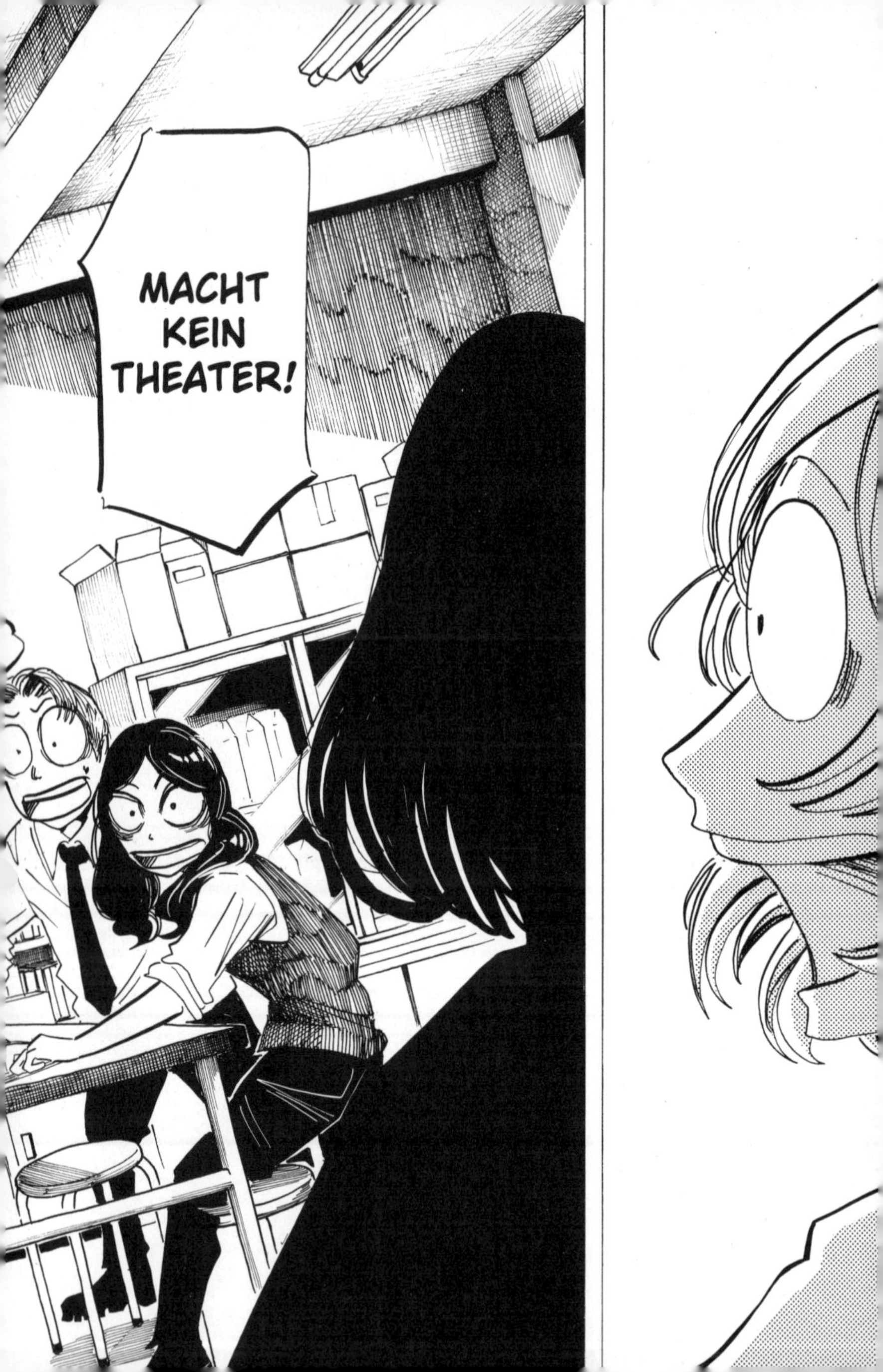
MACHT KEIN THEATER!

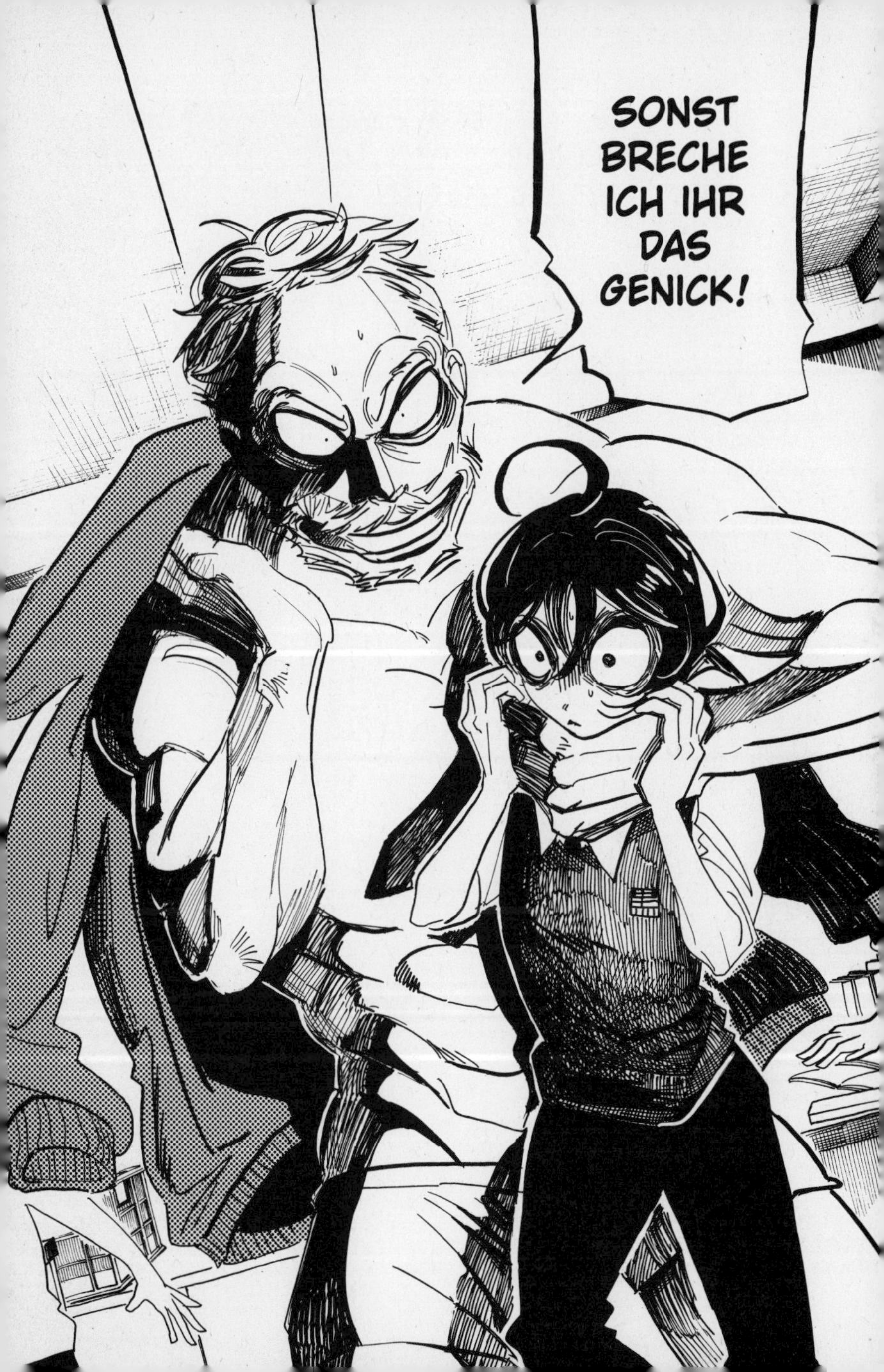
SONST BRECHE ICH IHR DAS GENICK!

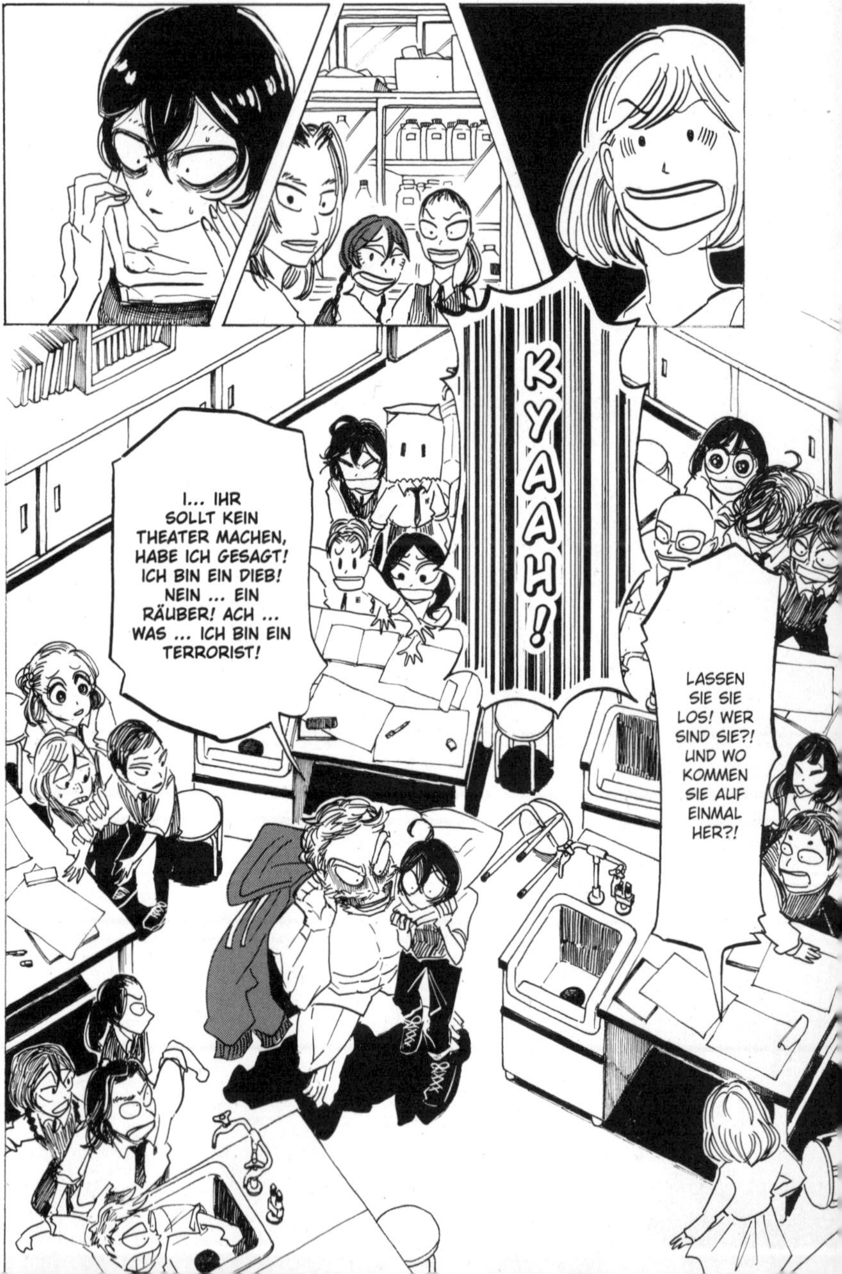
KYAAAH!
LASSEN SIE SIE LOS! WER SIND SIE?! UND WO KOMMEN SIE AUF EINMAL HER?!
I... IHR SOLLT KEIN THEATER MACHEN, HABE ICH GESAGT! ICH BIN EIN DIEB! NEIN ... EIN RÄUBER! ACH ... WAS ... ICH BIN EIN TERRORIST!

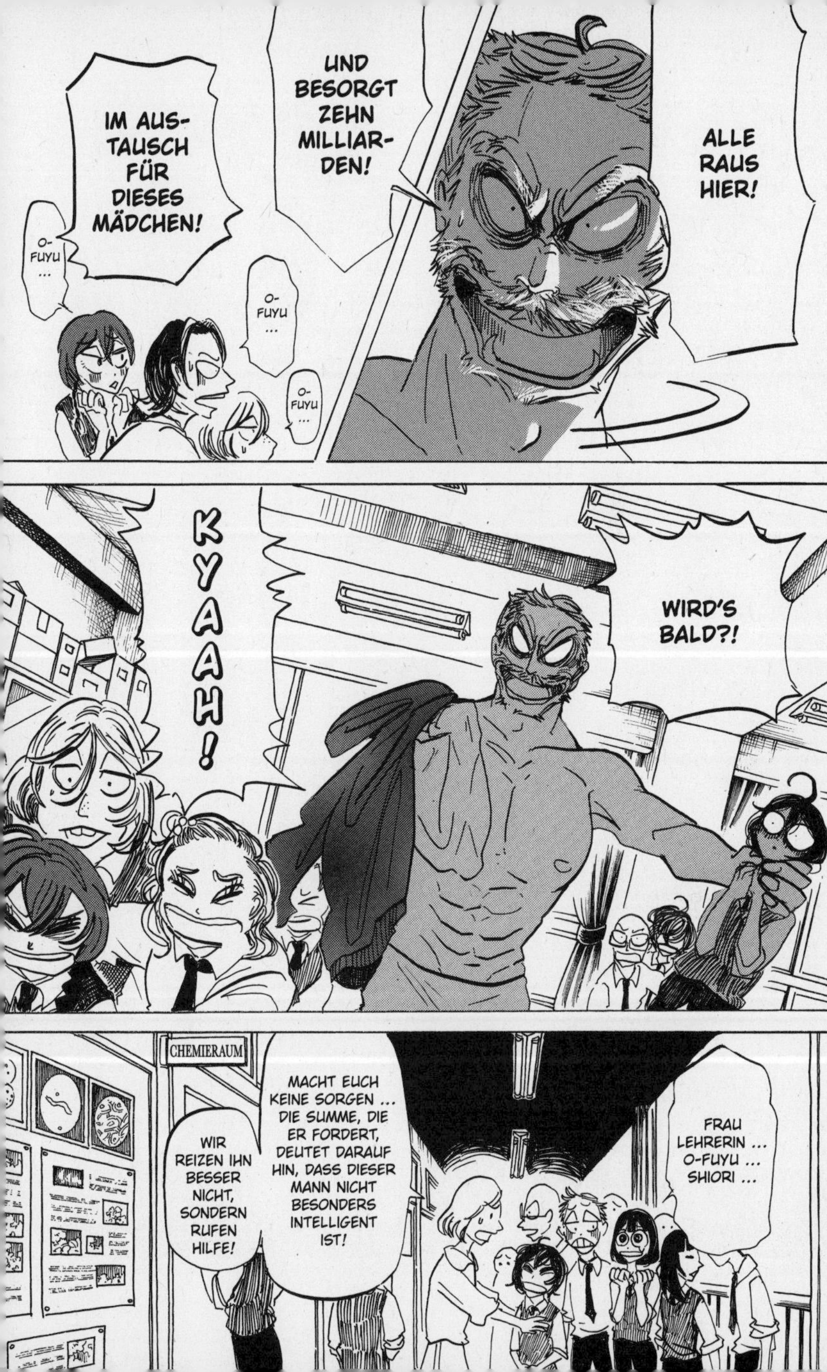
ALLE RAUS HIER!
UND BESORGT ZEHN MILLIARDEN!
IM AUSTAUSCH FÜR DIESES MÄDCHEN!
O-FUYU ...
O-FUYU ...
O-FUYU ...
WIRD'S BALD?!
KYAAAH!
FRAU LEHRERIN ... O-FUYU ... SHIORI ...
MACHT EUCH KEINE SORGEN ... DIE SUMME, DIE ER FORDERT, DEUTET DARAUF HIN, DASS DIESER MANN NICHT BESONDERS INTELLIGENT IST!
WIR REIZEN IHN BESSER NICHT, SONDERN RUFEN HILFE!
CHEMIERAUM

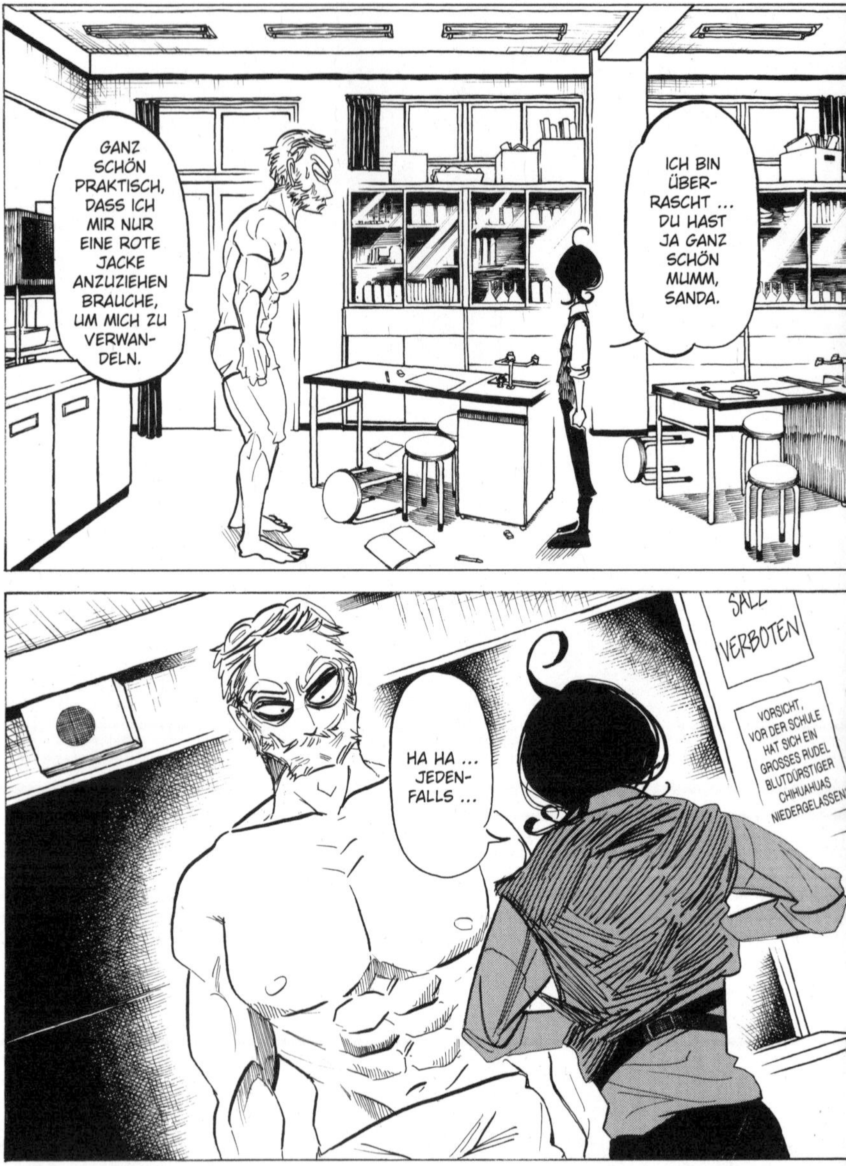
ICH BIN ÜBERRASCHT … DU HAST JA GANZ SCHÖN MUMM, SANDA.
GANZ SCHÖN PRAKTISCH, DASS ICH MIR NUR EINE ROTE JACKE ANZUZIEHEN BRAUCHE, UM MICH ZU VERWANDELN.
SALZ VERBOTEN
VORSICHT, VOR DER SCHULE HAT SICH EIN GROSSES RUDEL BLUTDÜRSTIGER CHIHUAHUAS NIEDERGELASSEN
HA HA … JEDENFALLS …

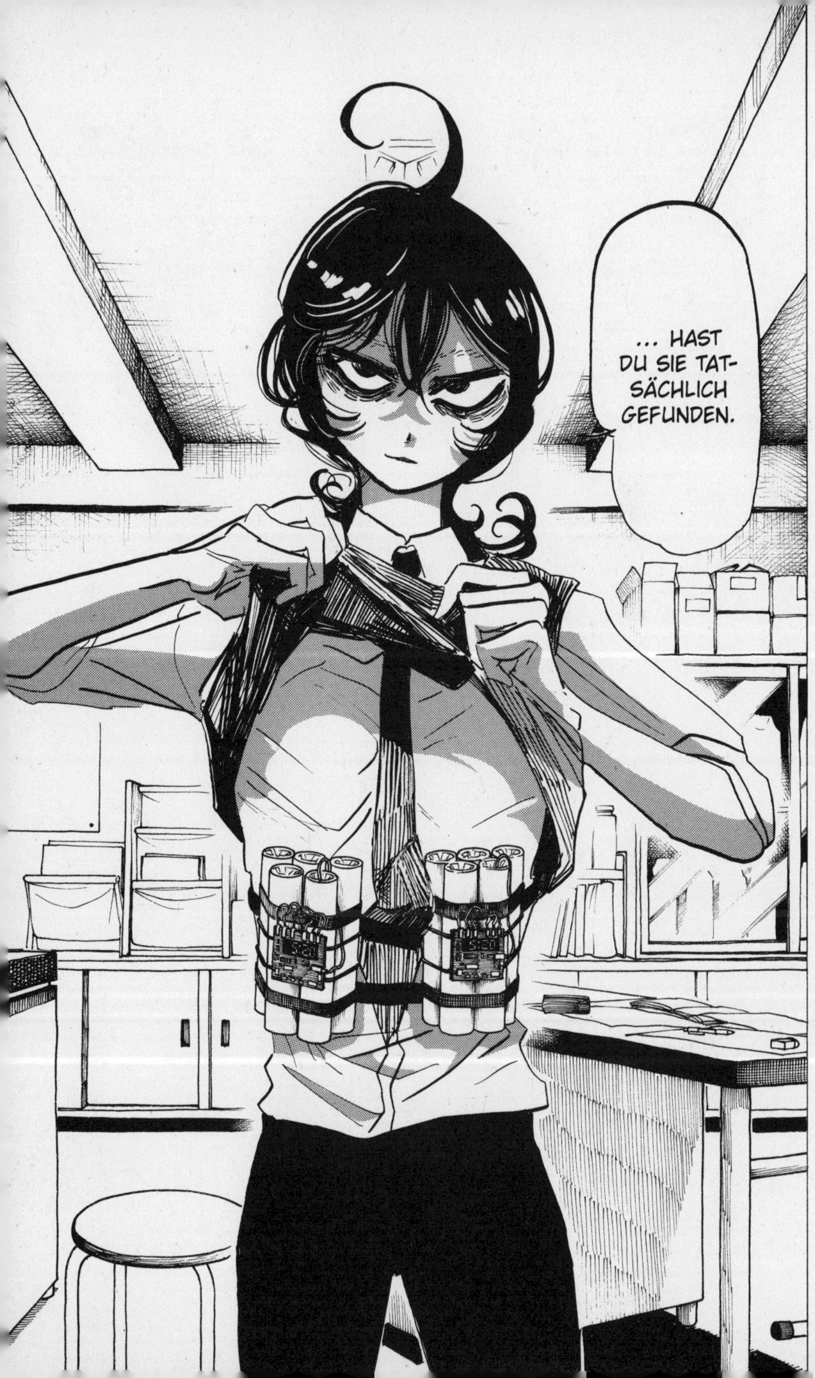
... HAST DU SIE TAT-SÄCHLICH GEFUNDEN.

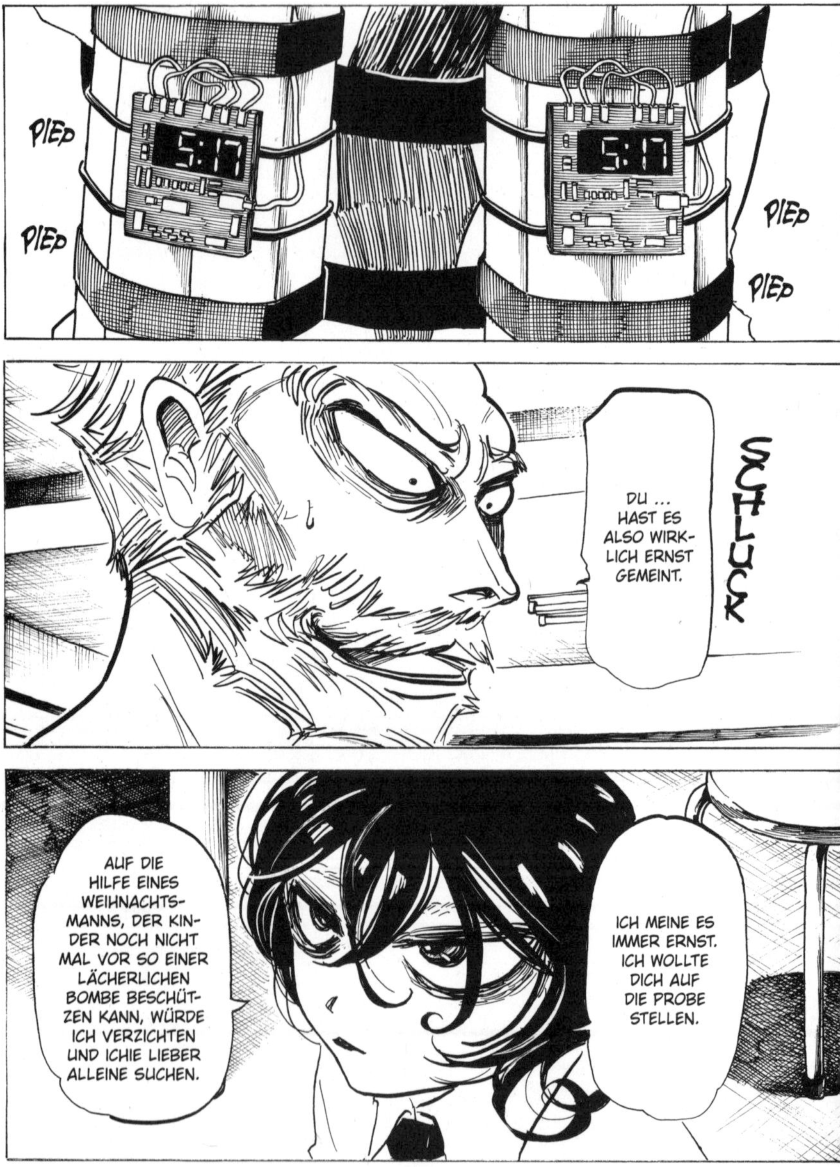
PIEP
PIEP
PIEP
PIEP
5:17
5:17
SCHLUCK
DU … HAST ES ALSO WIRKLICH ERNST GEMEINT.
ICH MEINE ES IMMER ERNST. ICH WOLLTE DICH AUF DIE PROBE STELLEN.
AUF DIE HILFE EINES WEIHNACHTSMANNS, DER KINDER NOCH NICHT MAL VOR SO EINER LÄCHERLICHEN BOMBE BESCHÜTZEN KANN, WÜRDE ICH VERZICHTEN UND ICHIE LIEBER ALLEINE SUCHEN.

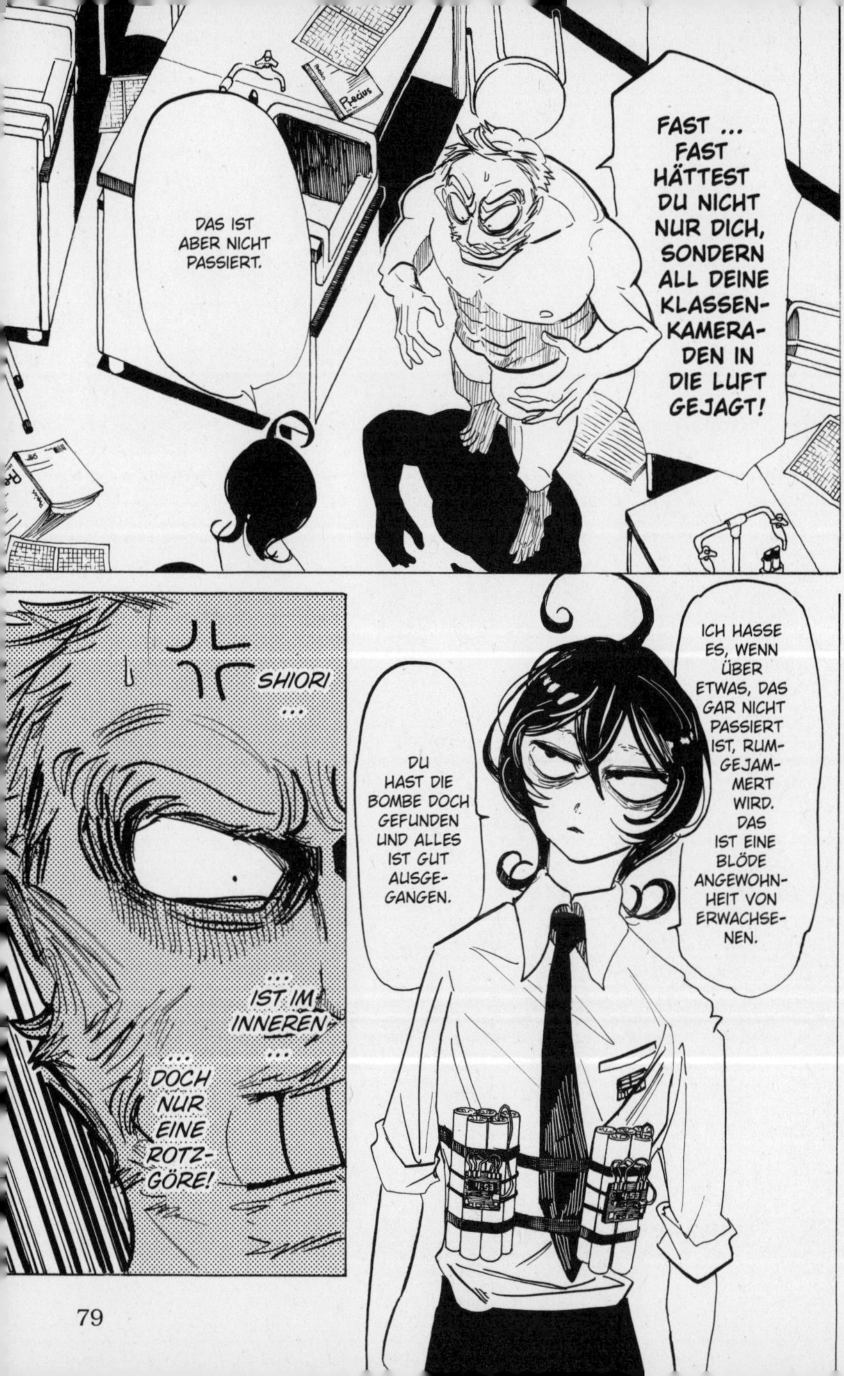
FAST ... FAST HÄTTEST DU NICHT NUR DICH, SONDERN ALL DEINE KLASSEN-KAMERA-DEN IN DIE LUFT GEJAGT!
DAS IST ABER NICHT PASSIERT.
ICH HASSE ES, WENN ÜBER ETWAS, DAS GAR NICHT PASSIERT IST, RUM-GEJAM-MERT WIRD. DAS IST EINE BLÖDE ANGEWOHN-HEIT VON ERWACHSE-NEN.
DU HAST DIE BOMBE DOCH GEFUNDEN UND ALLES IST GUT AUSGE-GANGEN.
SHIORI ...
... IST IM INNEREN ...
... DOCH NUR EINE ROTZ-GÖRE!

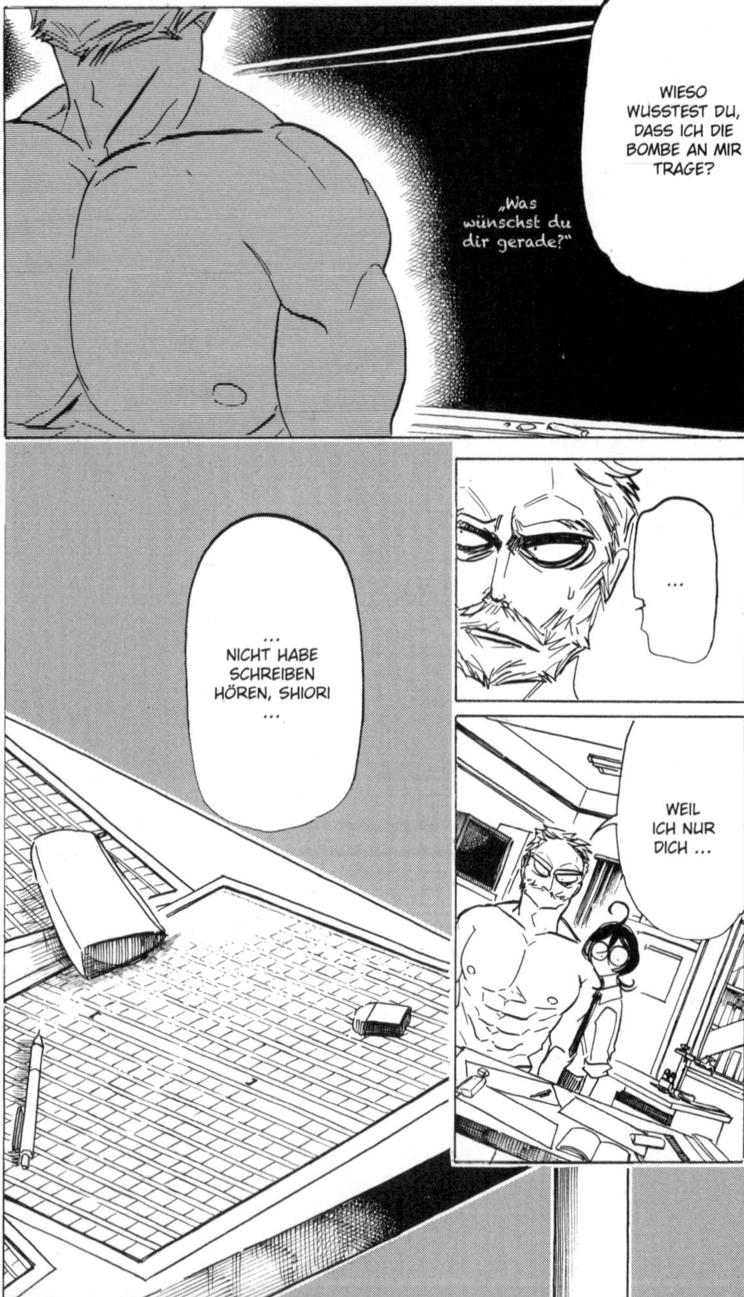
WIESO WUSSTEST DU, DASS ICH DIE BOMBE AN MIR TRAGE?
„Was wünschst du dir gerade?"
...
WEIL ICH NUR DICH ...
... NICHT HABE SCHREIBEN HÖREN, SHIORI ...

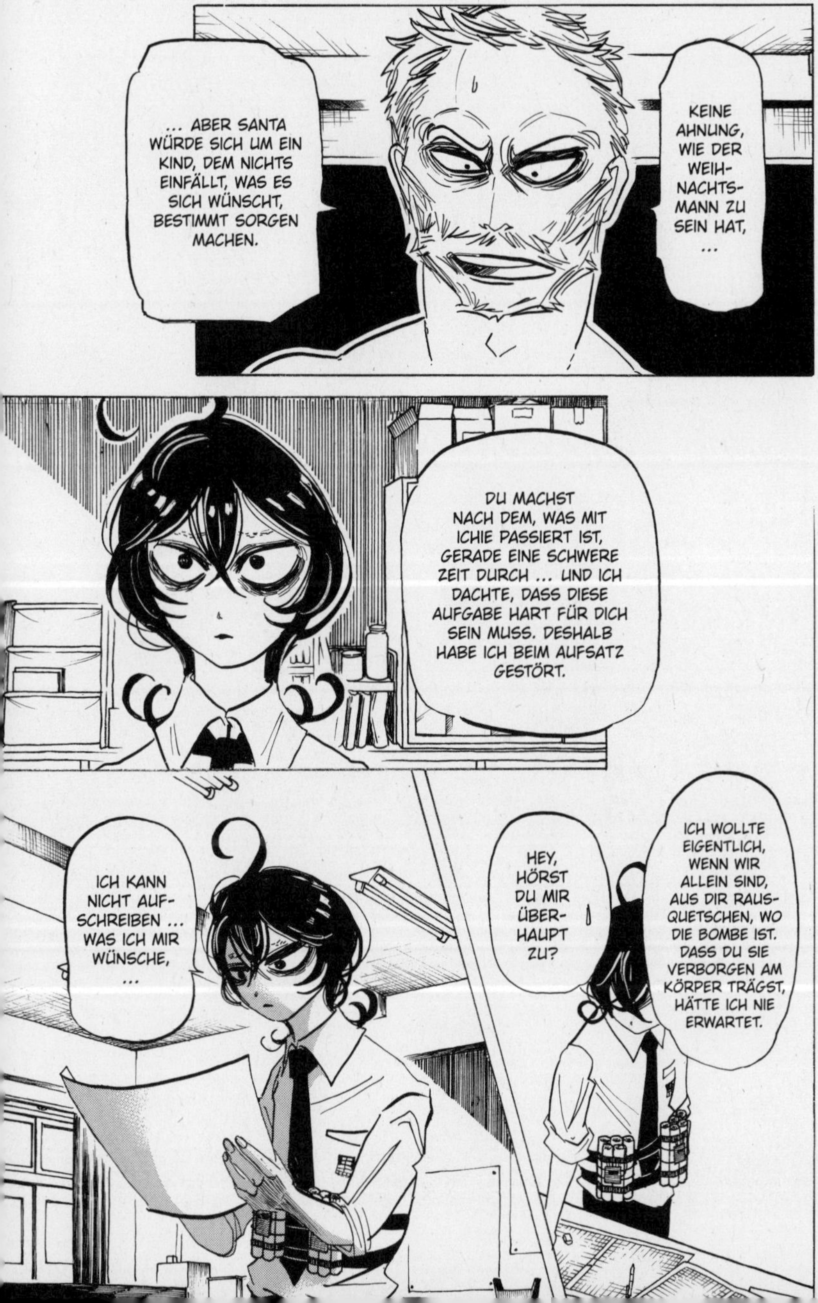
KEINE AHNUNG, WIE DER WEIH-NACHTS-MANN ZU SEIN HAT, …
… ABER SANTA WÜRDE SICH UM EIN KIND, DEM NICHTS EINFÄLLT, WAS ES SICH WÜNSCHT, BESTIMMT SORGEN MACHEN.
DU MACHST NACH DEM, WAS MIT ICHIE PASSIERT IST, GERADE EINE SCHWERE ZEIT DURCH … UND ICH DACHTE, DASS DIESE AUFGABE HART FÜR DICH SEIN MUSS. DESHALB HABE ICH BEIM AUFSATZ GESTÖRT.
ICH WOLLTE EIGENTLICH, WENN WIR ALLEIN SIND, AUS DIR RAUS-QUETSCHEN, WO DIE BOMBE IST. DASS DU SIE VERBORGEN AM KÖRPER TRÄGST, HÄTTE ICH NIE ERWARTET.
HEY, HÖRST DU MIR ÜBER-HAUPT ZU?
ICH KANN NICHT AUF-SCHREIBEN … WAS ICH MIR WÜNSCHE, …

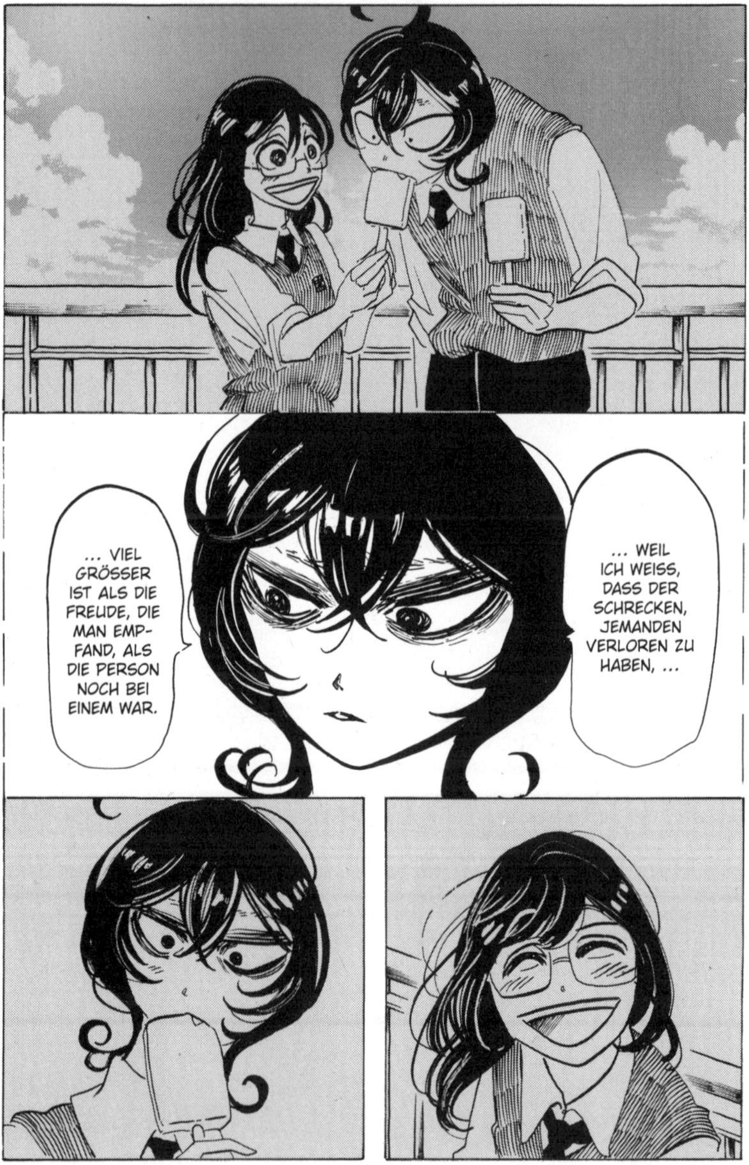
... WEIL ICH WEISS, DASS DER SCHRECKEN, JEMANDEN VERLOREN ZU HABEN, ...
... VIEL GRÖSSER IST ALS DIE FREUDE, DIE MAN EMP-FAND, ALS DIE PERSON NOCH BEI EINEM WAR.

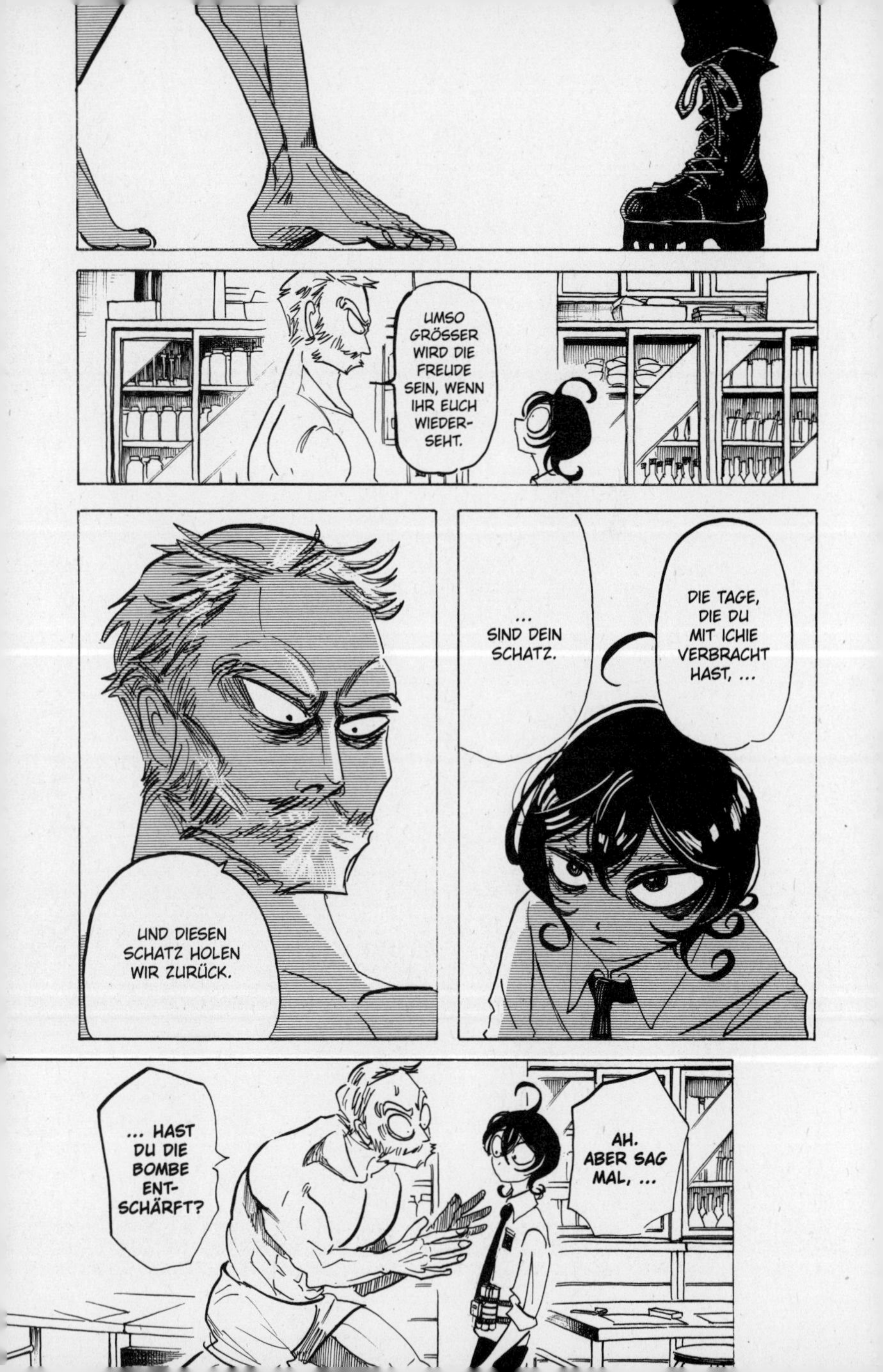
UMSO GRÖSSER WIRD DIE FREUDE SEIN, WENN IHR EUCH WIEDER-SEHT.
DIE TAGE, DIE DU MIT ICHIE VERBRACHT HAST, ...
... SIND DEIN SCHATZ.
UND DIESEN SCHATZ HOLEN WIR ZURÜCK.
AH. ABER SAG MAL, ...
... HAST DU DIE BOMBE ENT-SCHÄRFT?

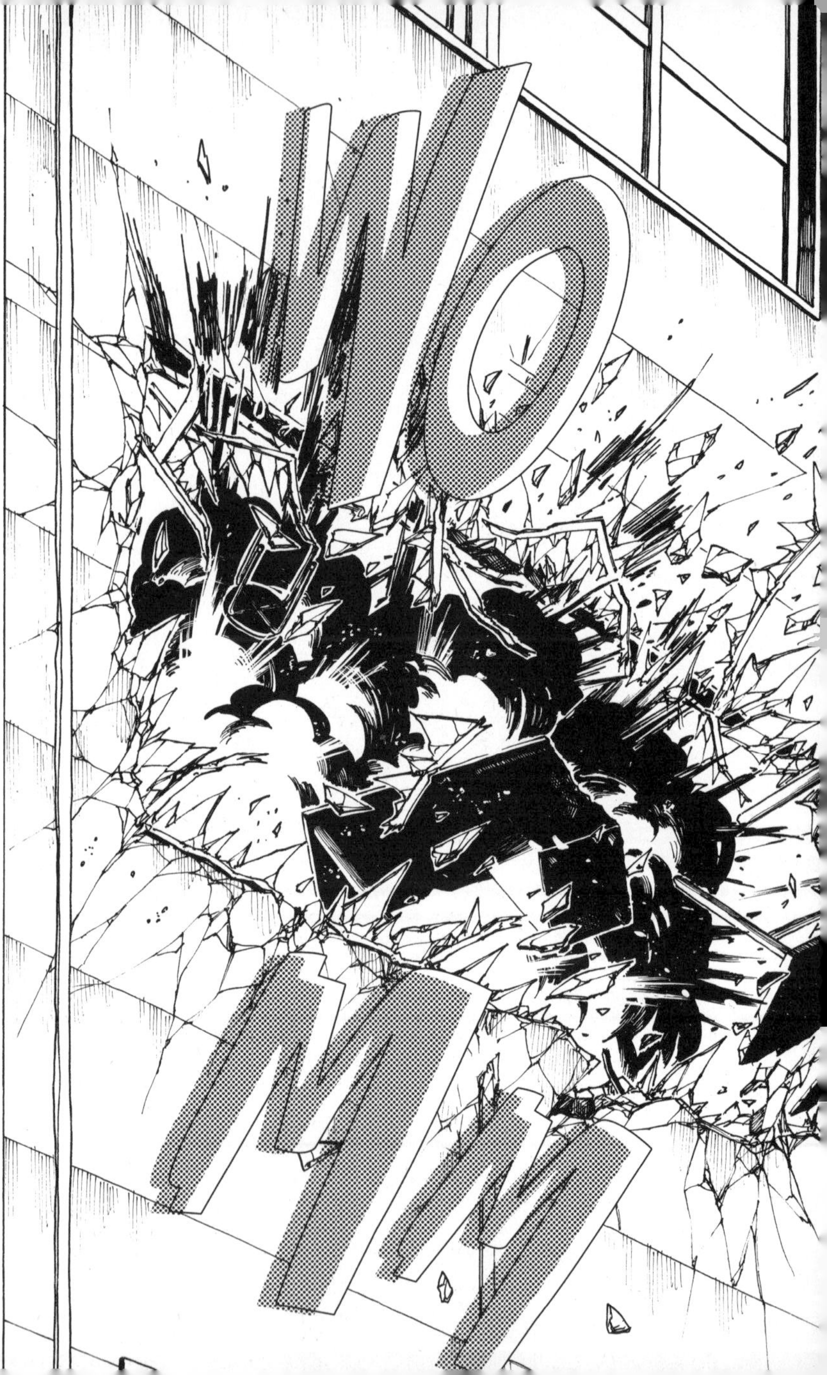
WOMM

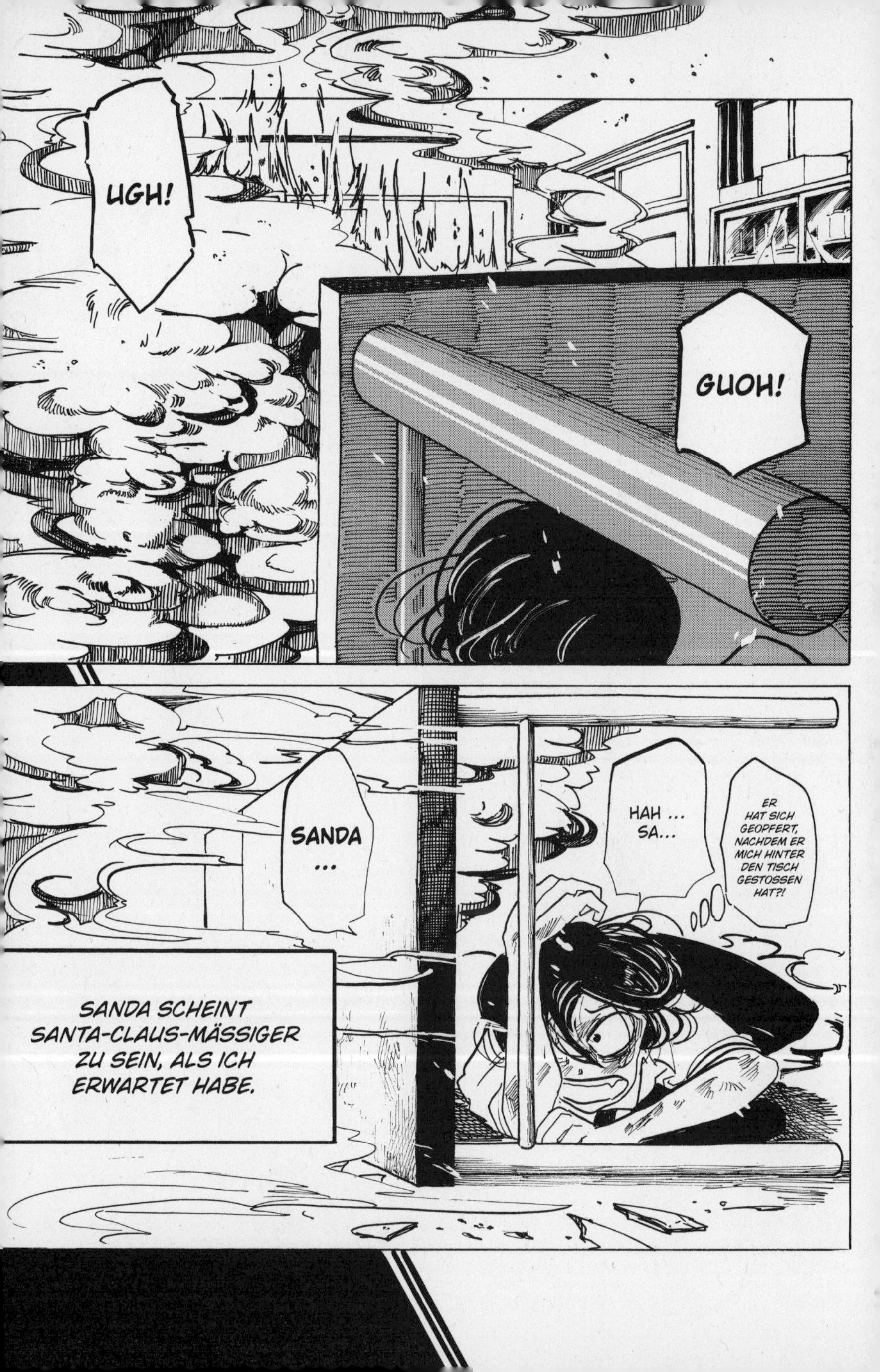
GUOH!
UGH!
ER HAT SICH GEOPFERT, NACHDEM ER MICH HINTER DEN TISCH GESTOSSEN HAT?!
HAH ... SA...
SANDA ...
SANDA SCHEINT SANTA-CLAUS-MÄSSIGER ZU SEIN, ALS ICH ERWARTET HABE.

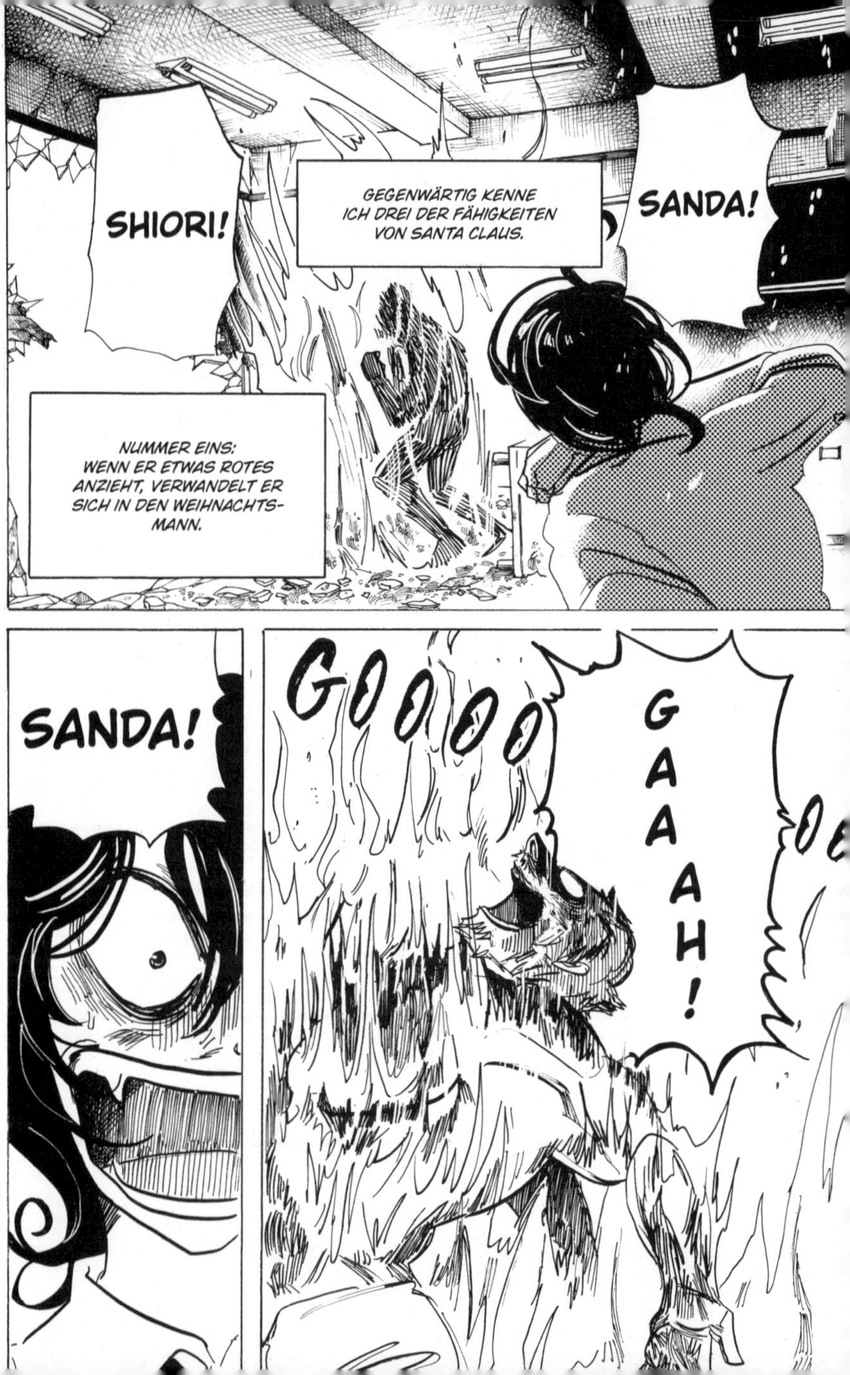
SANDA!
GEGENWÄRTIG KENNE
ICH DREI DER FÄHIGKEITEN
VON SANTA CLAUS.
SHIORI!
NUMMER EINS:
WENN ER ETWAS ROTES
ANZIEHT, VERWANDELT ER
SICH IN DEN WEIHNACHTS-
MANN.
GAAAH!
GOOOOO
SANDA!

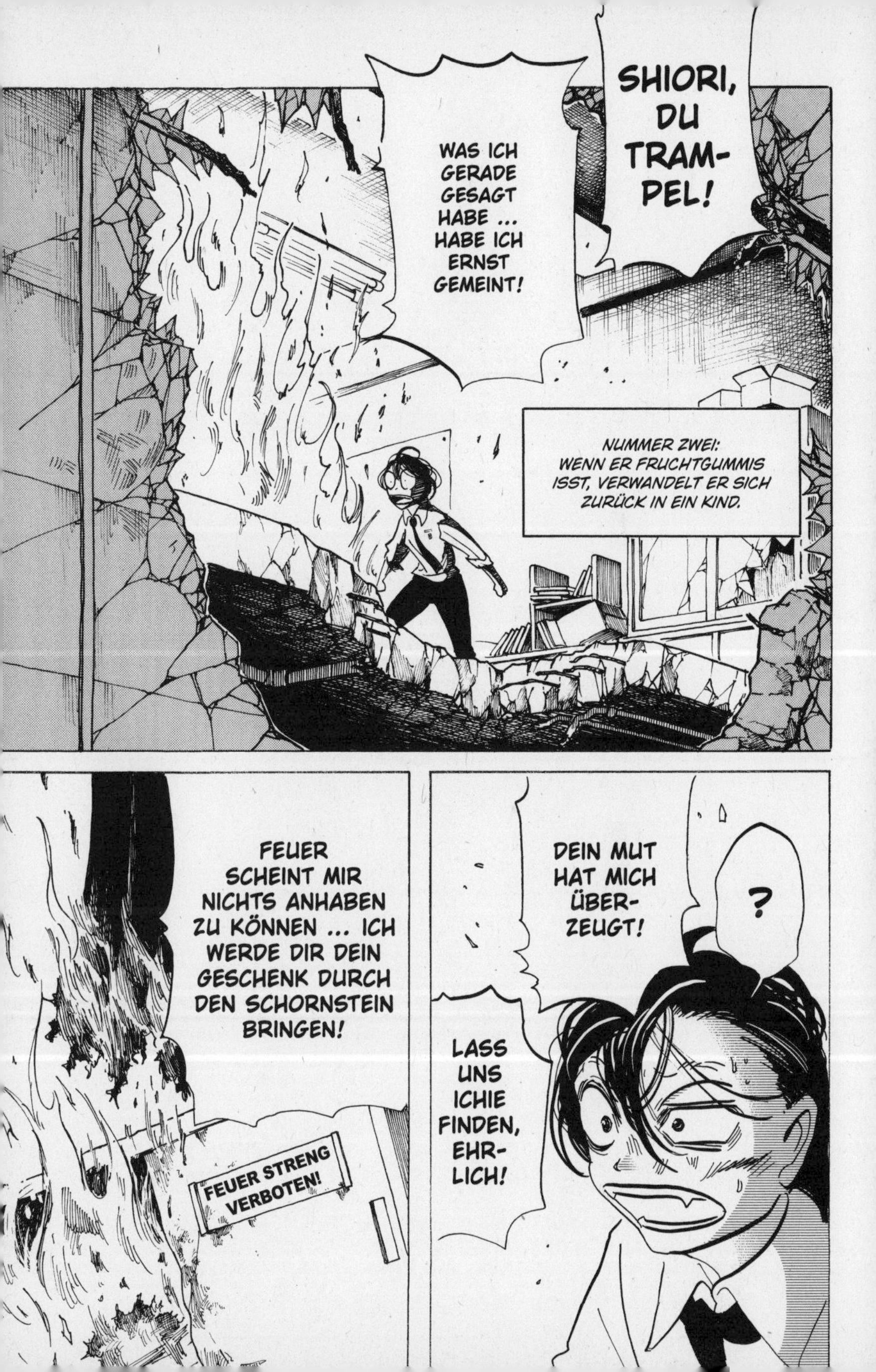
SHIORI, DU TRAMPEL!
WAS ICH GERADE GESAGT HABE ... HABE ICH ERNST GEMEINT!
NUMMER ZWEI: WENN ER FRUCHTGUMMIS ISST, VERWANDELT ER SICH ZURÜCK IN EIN KIND.
DEIN MUT HAT MICH ÜBERZEUGT!
?
LASS UNS ICHIE FINDEN, EHRLICH!
FEUER SCHEINT MIR NICHTS ANHABEN ZU KÖNNEN ... ICH WERDE DIR DEIN GESCHENK DURCH DEN SCHORNSTEIN BRINGEN!
FEUER STRENG VERBOTEN!

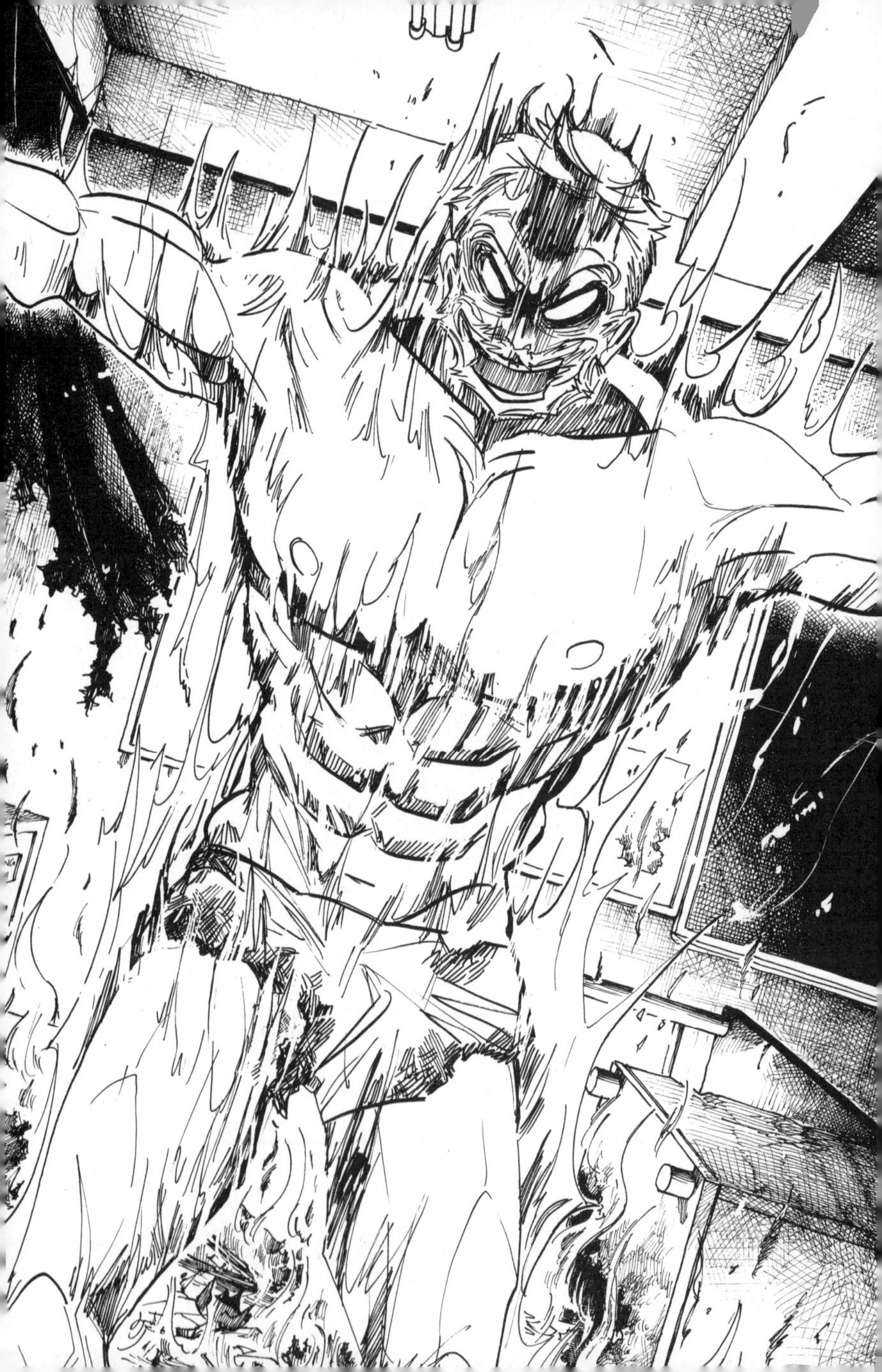

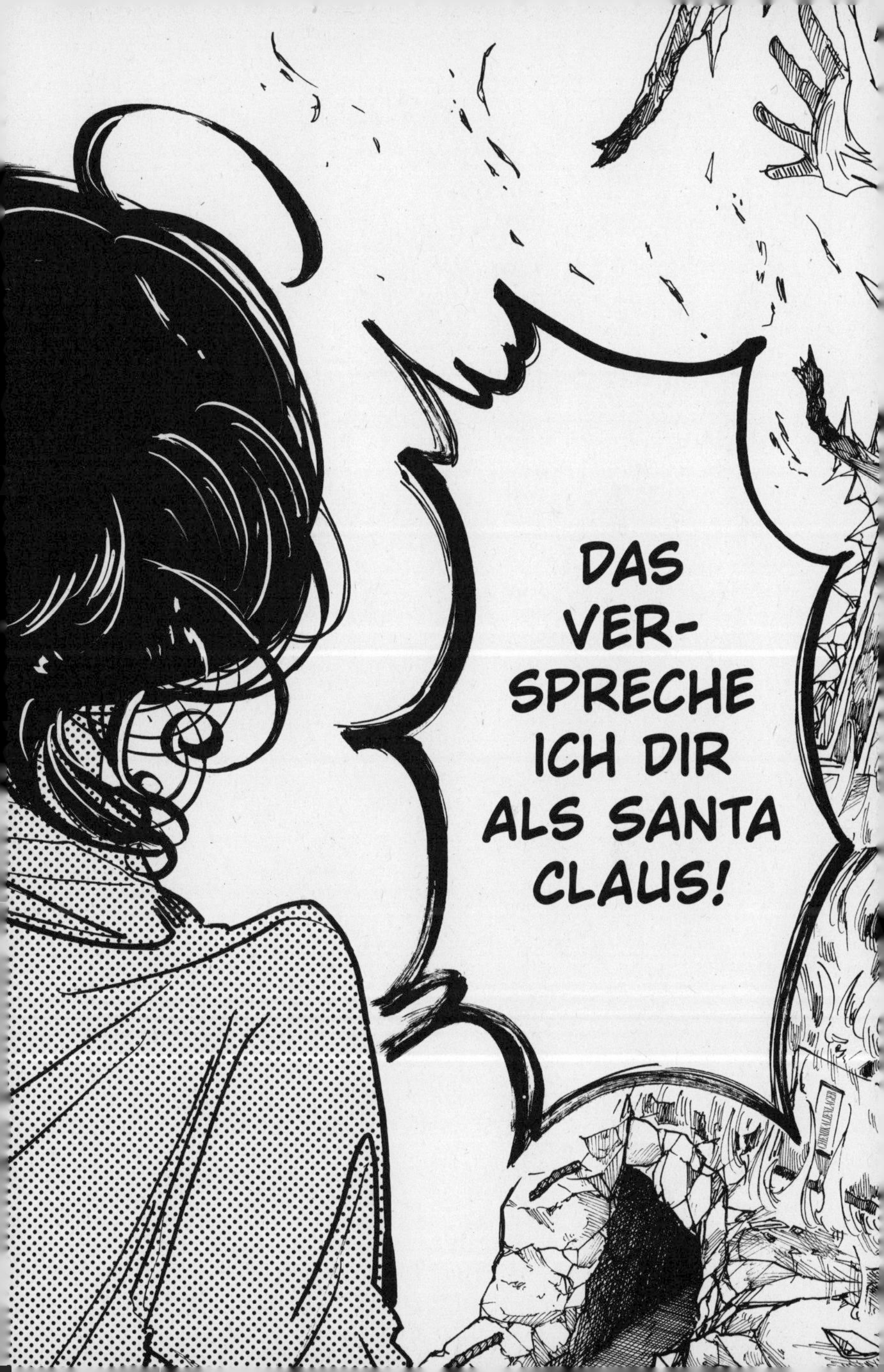
DAS VER-SPRECHE ICH DIR ALS SANTA CLAUS!

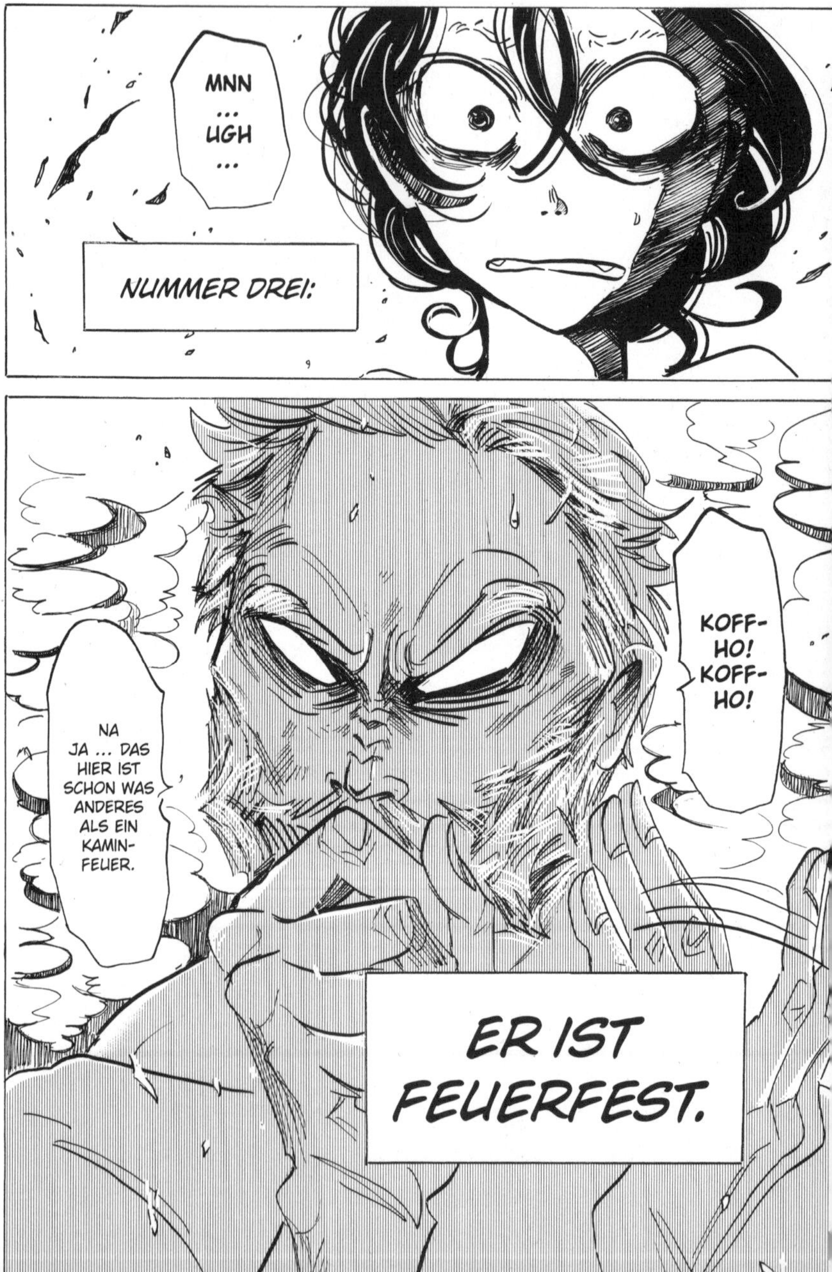
MNN ... UGH ...
NUMMER DREI:
KOFF-HO! KOFF-HO!
NA JA ... DAS HIER IST SCHON WAS ANDERES ALS EIN KAMIN-FEUER.
ER IST FEUERFEST.

3. Kapitel: Zuckerbrot und Peitsche, Kuss und Klingen

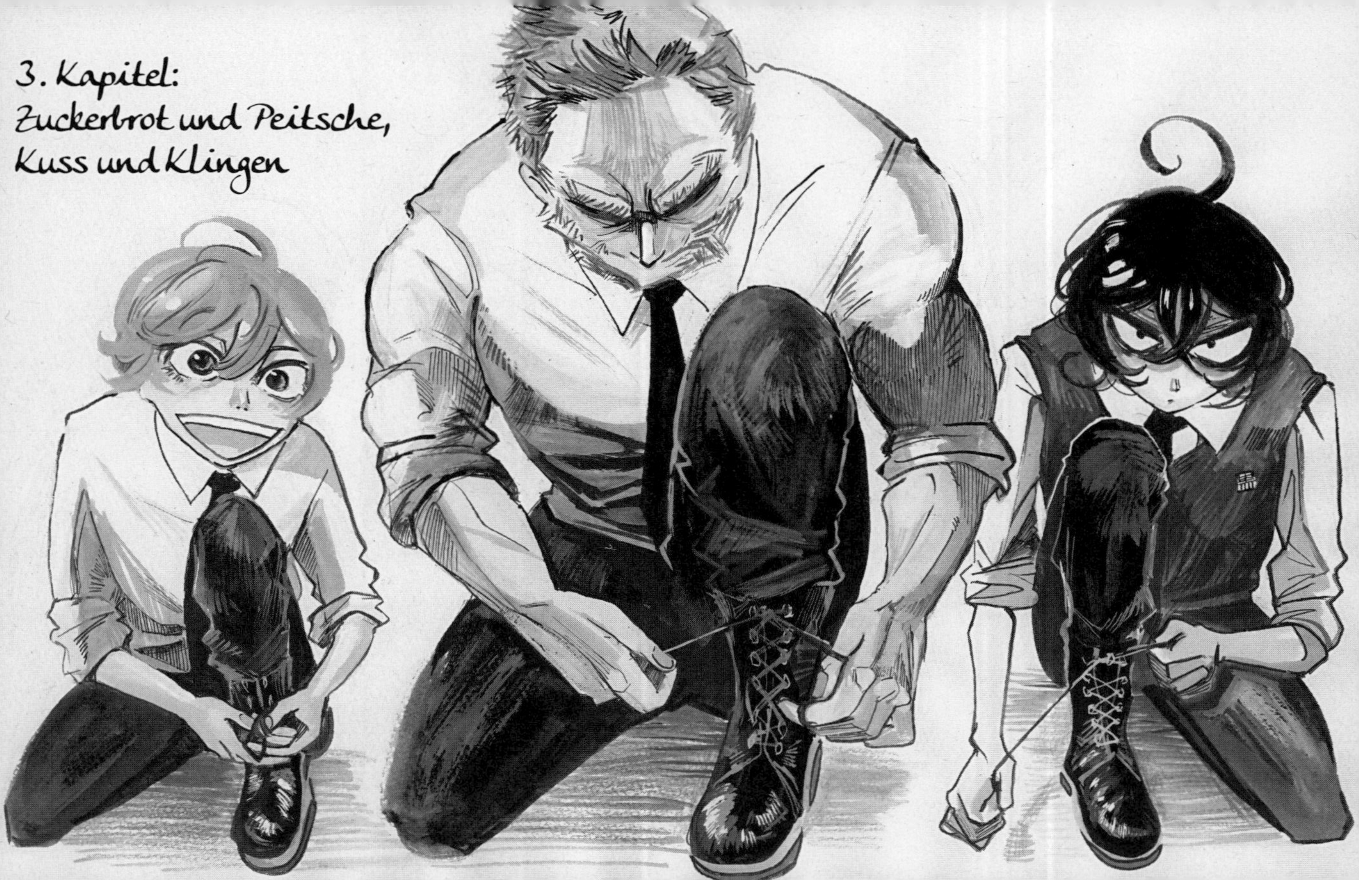

SANDA

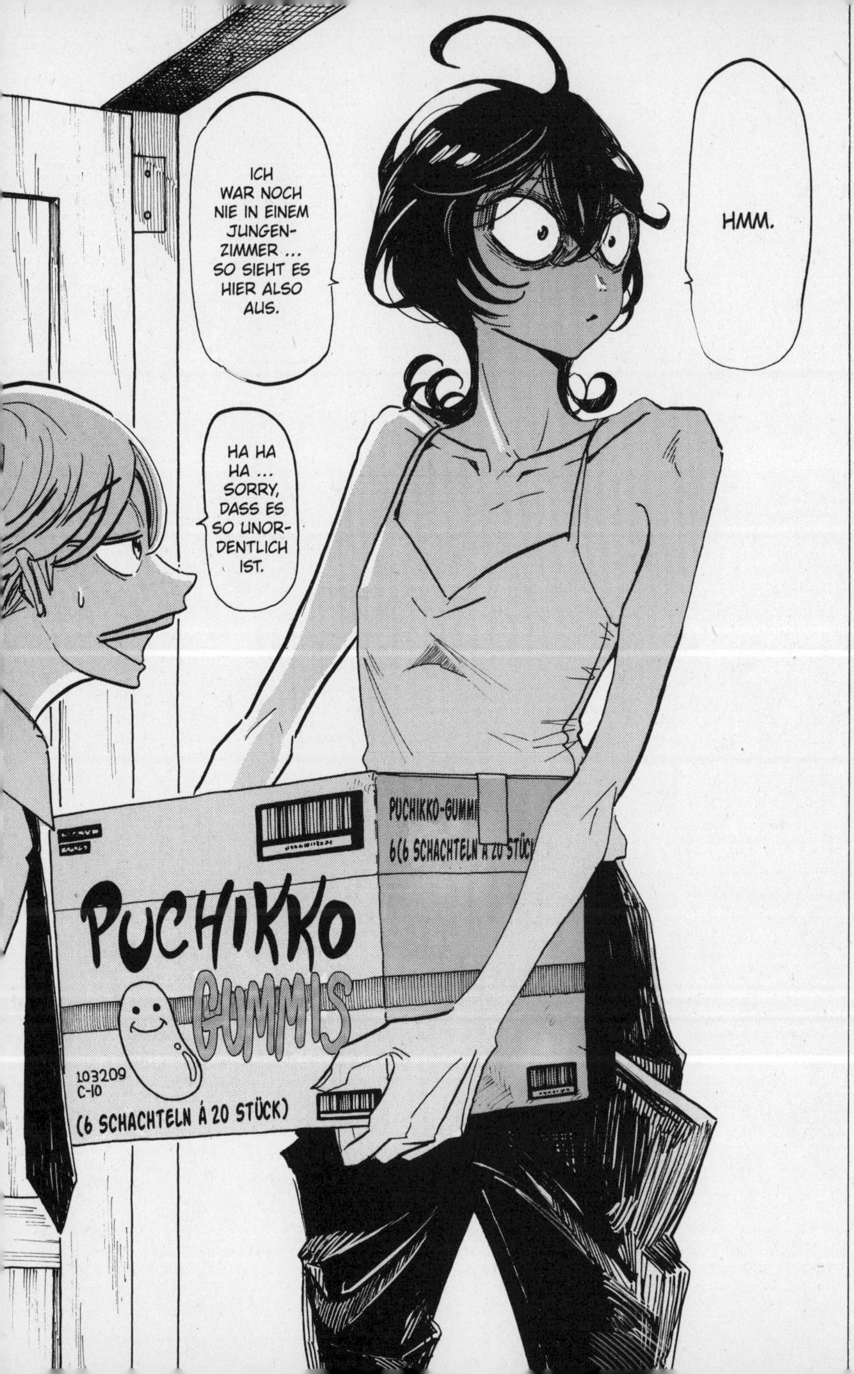
HMM.
ICH WAR NOCH NIE IN EINEM JUNGEN-ZIMMER ... SO SIEHT ES HIER ALSO AUS.
HA HA HA ... SORRY, DASS ES SO UNORDENTLICH IST.
PUCHIKKO-GUMMI
6(6 SCHACHTELN Á 20 STÜCK
PUCHIKKO
GUMMIS
103209
C-10
(6 SCHACHTELN Á 20 STÜCK)

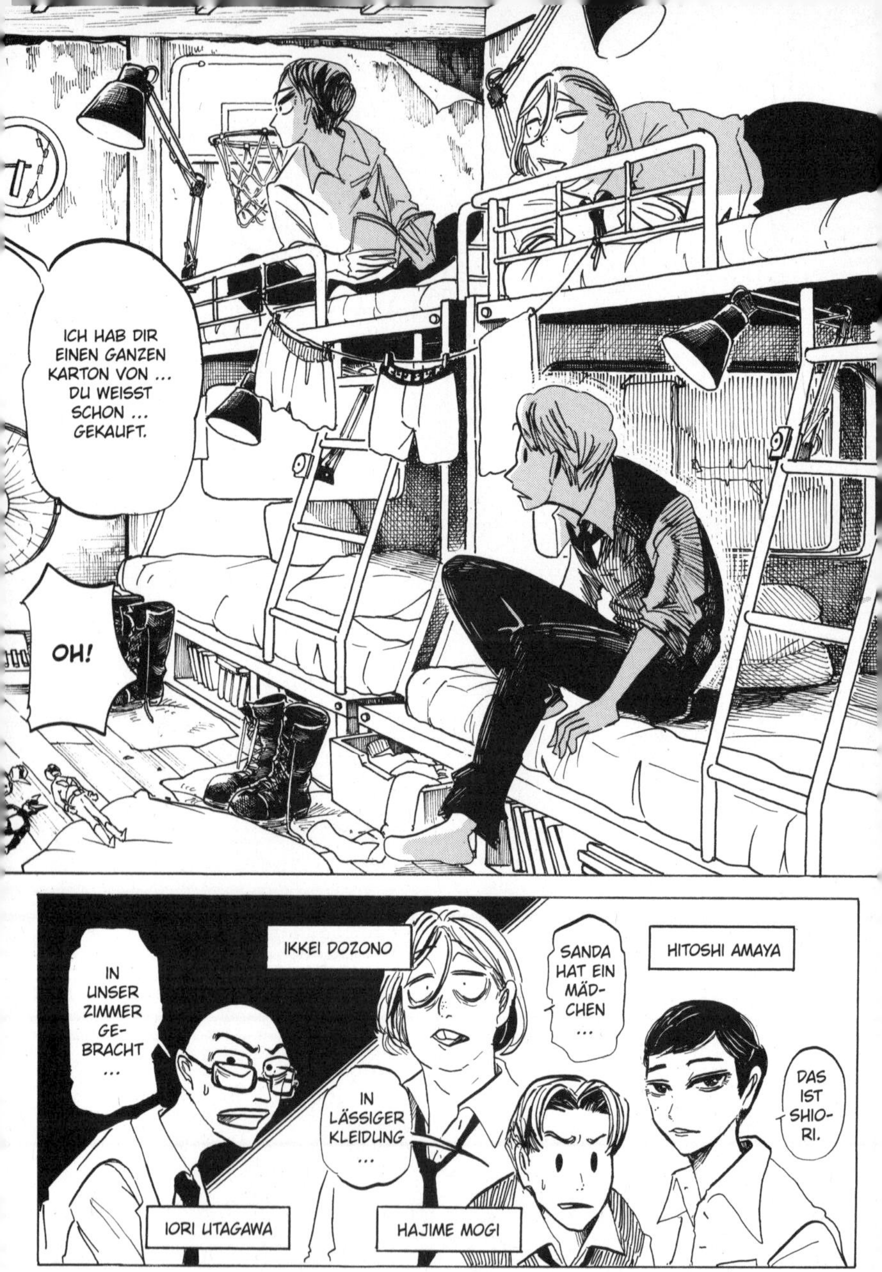
ICH HAB DIR EINEN GANZEN KARTON VON ... DU WEISST SCHON ... GEKAUFT.
OH!
HITOSHI AMAYA
DAS IST SHIORI.
SANDA HAT EIN MÄD-CHEN ...
IKKEI DOZONO
IN LÄSSIGER KLEIDUNG ...
HAJIME MOGI
IN UNSER ZIMMER GE-BRACHT ...
IORI UTAGAWA

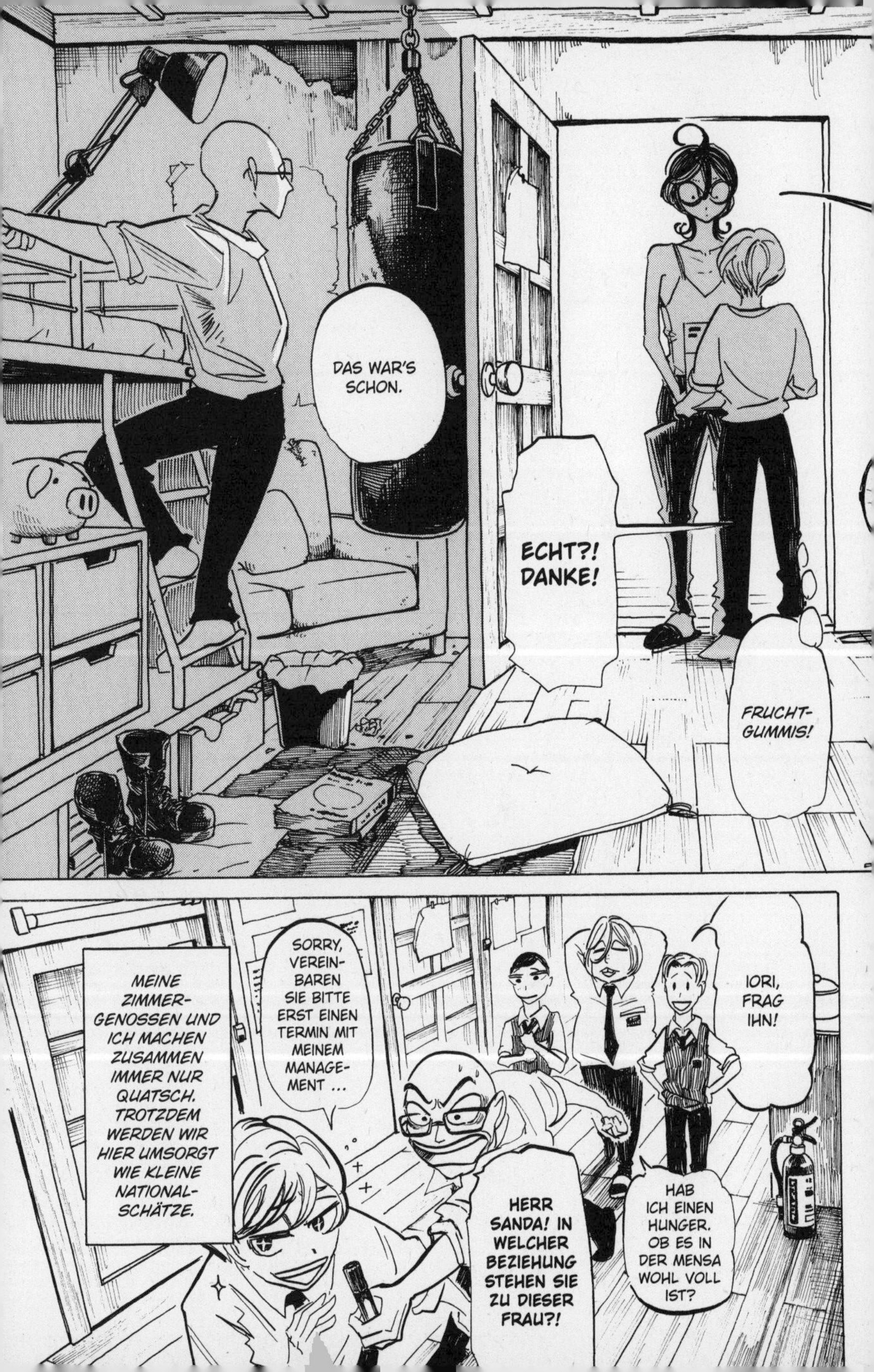
FRUCHT-GUMMIS!
ECHT?! DANKE!
DAS WAR'S SCHON.
IORI, FRAG IHN!
HAB ICH EINEN HUNGER. OB ES IN DER MENSA WOHL VOLL IST?
HERR SANDA! IN WELCHER BEZIEHUNG STEHEN SIE ZU DIESER FRAU?!
SORRY, VEREIN-BAREN SIE BITTE ERST EINEN TERMIN MIT MEINEM MANAGE-MENT …
MEINE ZIMMER-GENOSSEN UND ICH MACHEN ZUSAMMEN IMMER NUR QUATSCH. TROTZDEM WERDEN WIR HIER UMSORGT WIE KLEINE NATIONAL-SCHÄTZE.

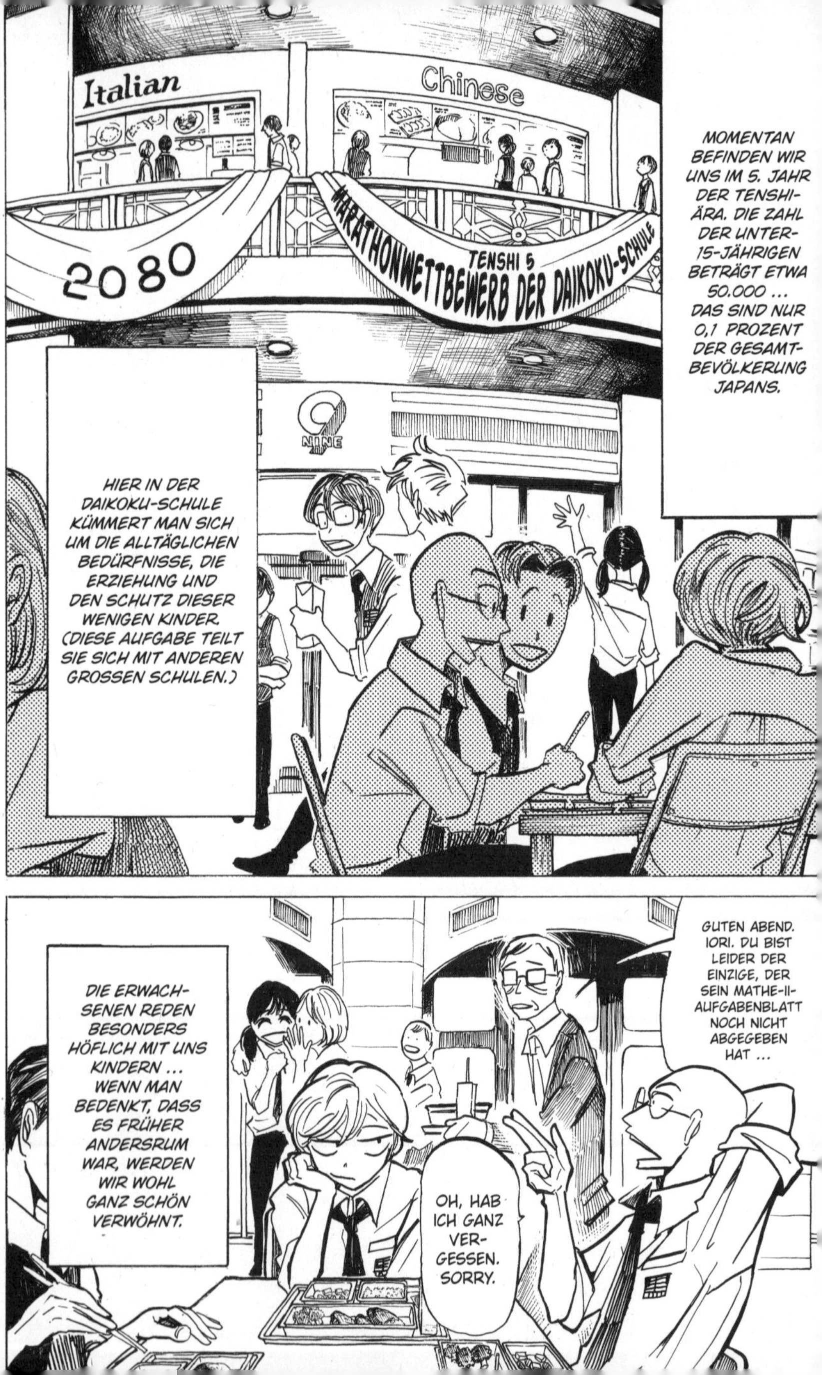
Italian
Chinese
2080
TENSHI 5
MARATHONWETTBEWERB DER DAIKOKU-SCHULE
MOMENTAN BEFINDEN WIR UNS IM 5. JAHR DER TENSHI-ÄRA. DIE ZAHL DER UNTER-15-JÄHRIGEN BETRÄGT ETWA 50.000 … DAS SIND NUR 0,1 PROZENT DER GESAMTBEVÖLKERUNG JAPANS.
NINE
HIER IN DER DAIKOKU-SCHULE KÜMMERT MAN SICH UM DIE ALLTÄGLICHEN BEDÜRFNISSE, DIE ERZIEHUNG UND DEN SCHUTZ DIESER WENIGEN KINDER. (DIESE AUFGABE TEILT SIE SICH MIT ANDEREN GROSSEN SCHULEN.)
GUTEN ABEND. IORI. DU BIST LEIDER DER EINZIGE, DER SEIN MATHE-II-AUFGABENBLATT NOCH NICHT ABGEGEBEN HAT …
OH, HAB ICH GANZ VERGESSEN. SORRY.
DIE ERWACHSENEN REDEN BESONDERS HÖFLICH MIT UNS KINDERN … WENN MAN BEDENKT, DASS ES FRÜHER ANDERSRUM WAR, WERDEN WIR WOHL GANZ SCHÖN VERWÖHNT.

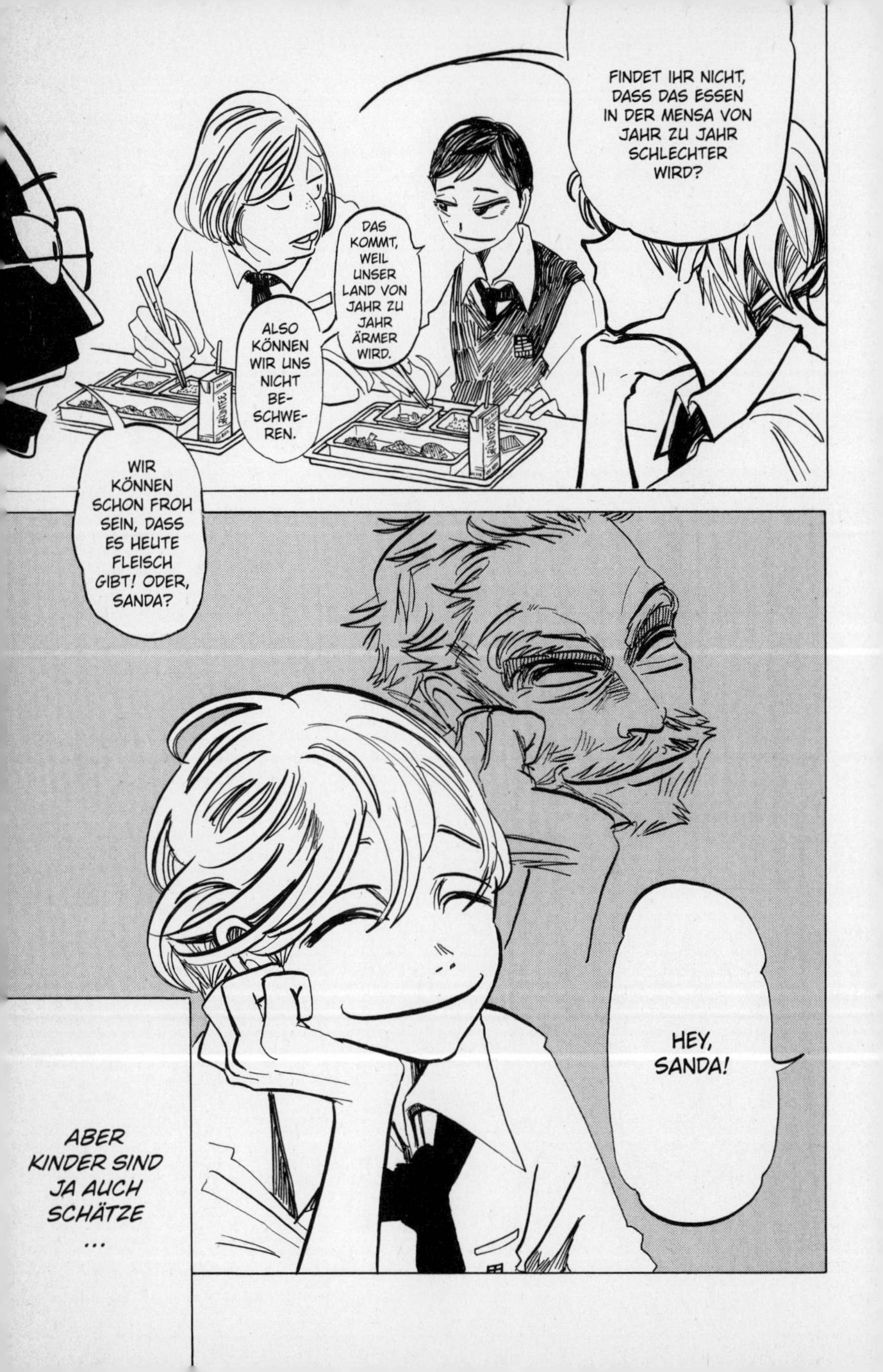
FINDET IHR NICHT, DASS DAS ESSEN IN DER MENSA VON JAHR ZU JAHR SCHLECHTER WIRD?
DAS KOMMT, WEIL UNSER LAND VON JAHR ZU JAHR ÄRMER WIRD.
ALSO KÖNNEN WIR UNS NICHT BE-SCHWE-REN.
WIR KÖNNEN SCHON FROH SEIN, DASS ES HEUTE FLEISCH GIBT! ODER, SANDA?
HEY, SANDA!
ABER KINDER SIND JA AUCH SCHÄTZE ...

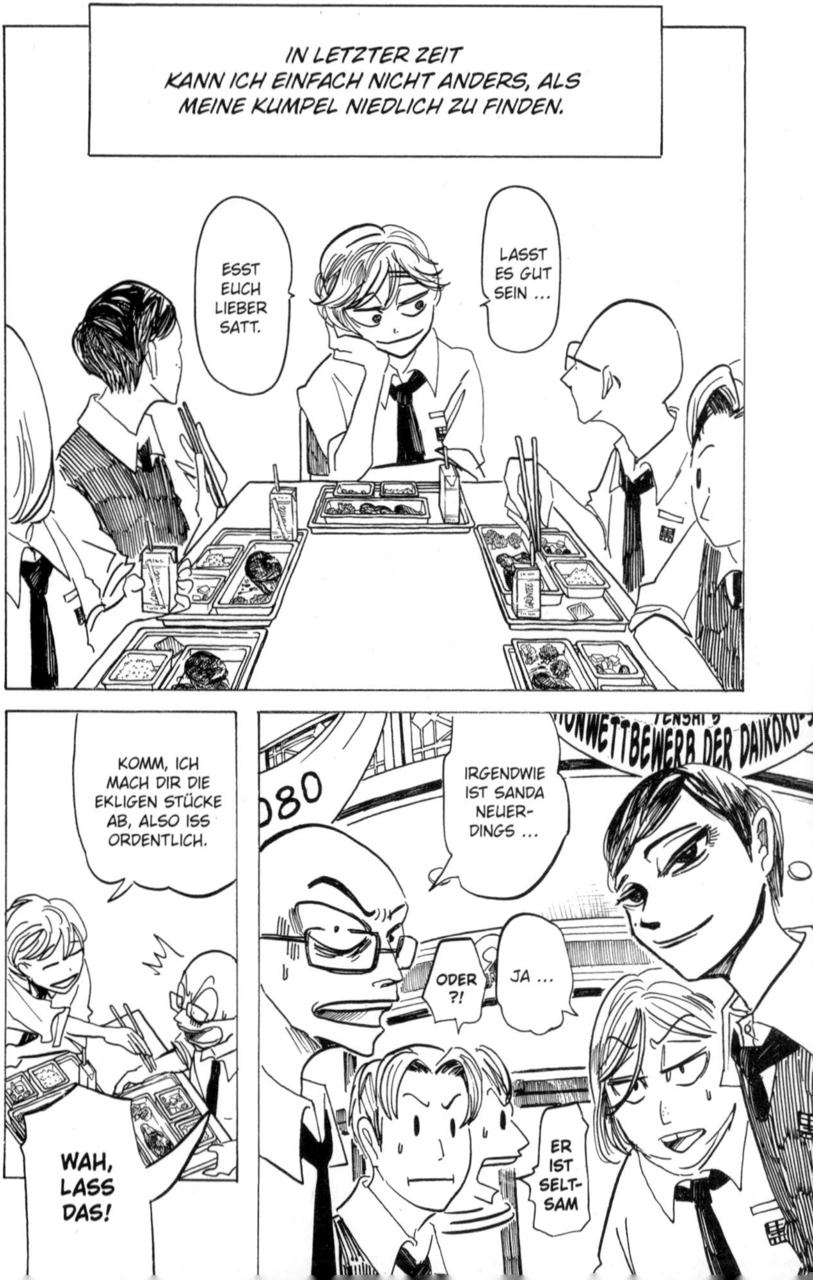
IN LETZTER ZEIT KANN ICH EINFACH NICHT ANDERS, ALS MEINE KUMPEL NIEDLICH ZU FINDEN.
LASST ES GUT SEIN ...
ESST EUCH LIEBER SATT.
IRGENDWIE IST SANDA NEUER-DINGS ...
JA ...
ODER ?!
ER IST SELT-SAM
KOMM, ICH MACH DIR DIE EKLIGEN STÜCKE AB, ALSO ISS ORDENTLICH.
WAH, LASS DAS!

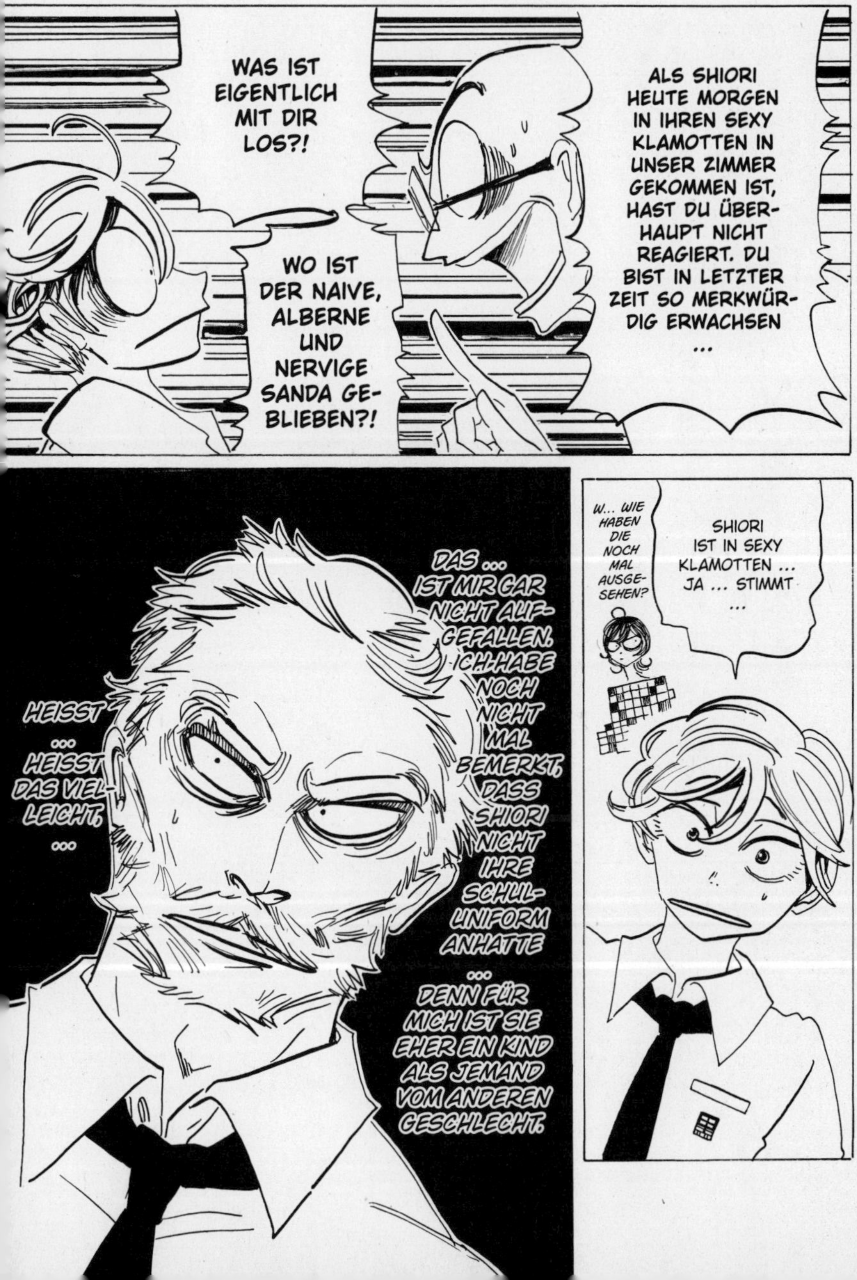
ALS SHIORI HEUTE MORGEN IN IHREN SEXY KLAMOTTEN IN UNSER ZIMMER GEKOMMEN IST, HAST DU ÜBERHAUPT NICHT REAGIERT. DU BIST IN LETZTER ZEIT SO MERKWÜRDIG ERWACHSEN …
WAS IST EIGENTLICH MIT DIR LOS?!
WO IST DER NAIVE, ALBERNE UND NERVIGE SANDA GEBLIEBEN?!
SHIORI IST IN SEXY KLAMOTTEN … JA … STIMMT …
W… WIE HABEN DIE NOCH MAL AUSGESEHEN?
DAS … IST MIR GAR NICHT AUFGEFALLEN. ICH HABE NOCH NICHT MAL BEMERKT, DASS SHIORI NICHT IHRE SCHULUNIFORM ANHATTE … DENN FÜR MICH IST SIE EHER EIN KIND ALS JEMAND VOM ANDEREN GESCHLECHT.
HEISST … HEISST DAS VIELLEICHT, …

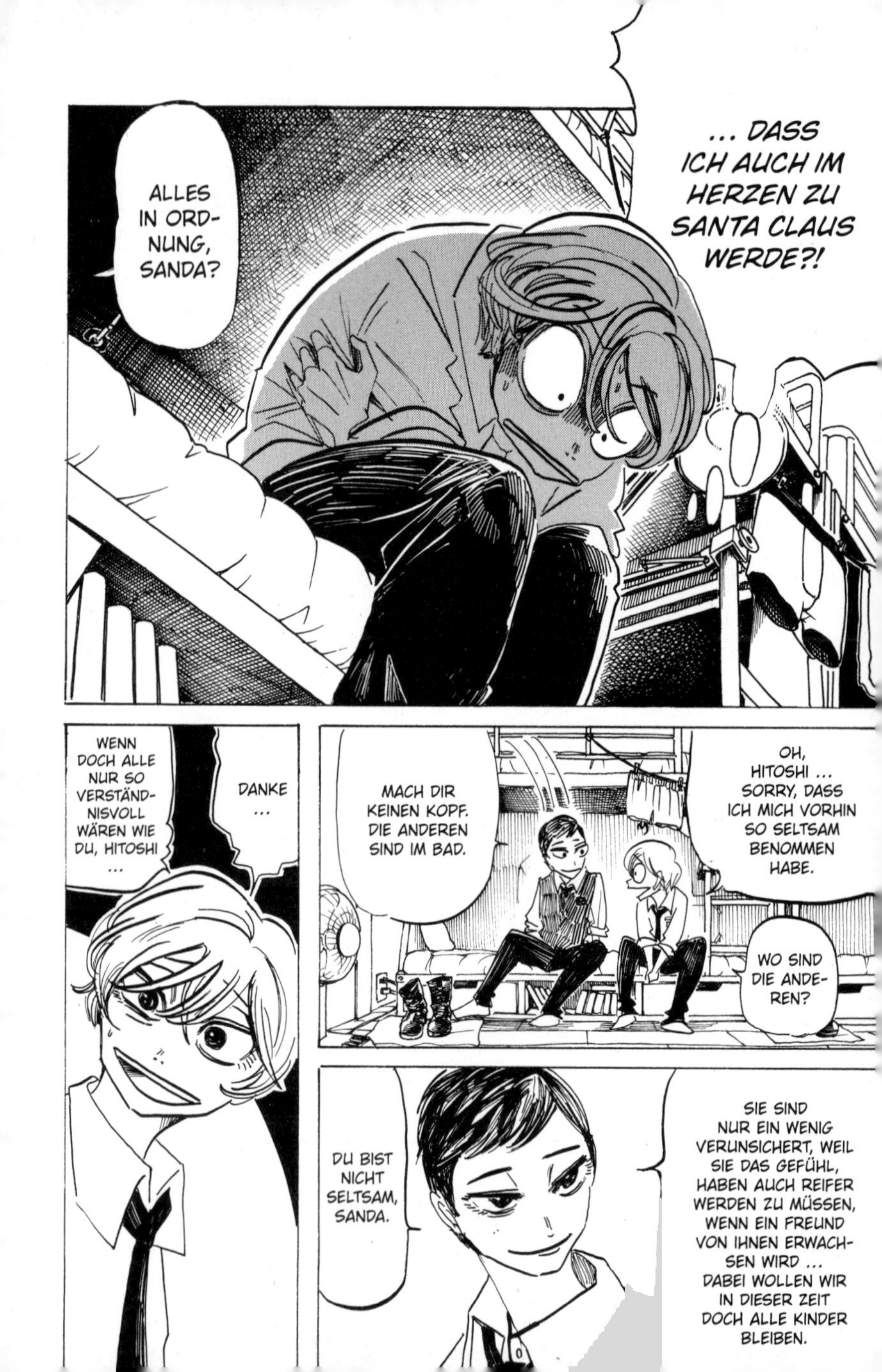
... DASS ICH AUCH IM HERZEN ZU SANTA CLAUS WERDE?!
ALLES IN ORD-NUNG, SANDA?
OH, HITOSHI ... SORRY, DASS ICH MICH VORHIN SO SELTSAM BENOMMEN HABE.
WO SIND DIE ANDE-REN?
MACH DIR KEINEN KOPF. DIE ANDEREN SIND IM BAD.
DANKE ...
WENN DOCH ALLE NUR SO VERSTÄND-NISVOLL WÄREN WIE DU, HITOSHI ...
SIE SIND NUR EIN WENIG VERUNSICHERT, WEIL SIE DAS GEFÜHL, HABEN AUCH REIFER WERDEN ZU MÜSSEN, WENN EIN FREUND VON IHNEN ERWACH-SEN WIRD ... DABEI WOLLEN WIR IN DIESER ZEIT DOCH ALLE KINDER BLEIBEN.
DU BIST NICHT SELTSAM, SANDA.

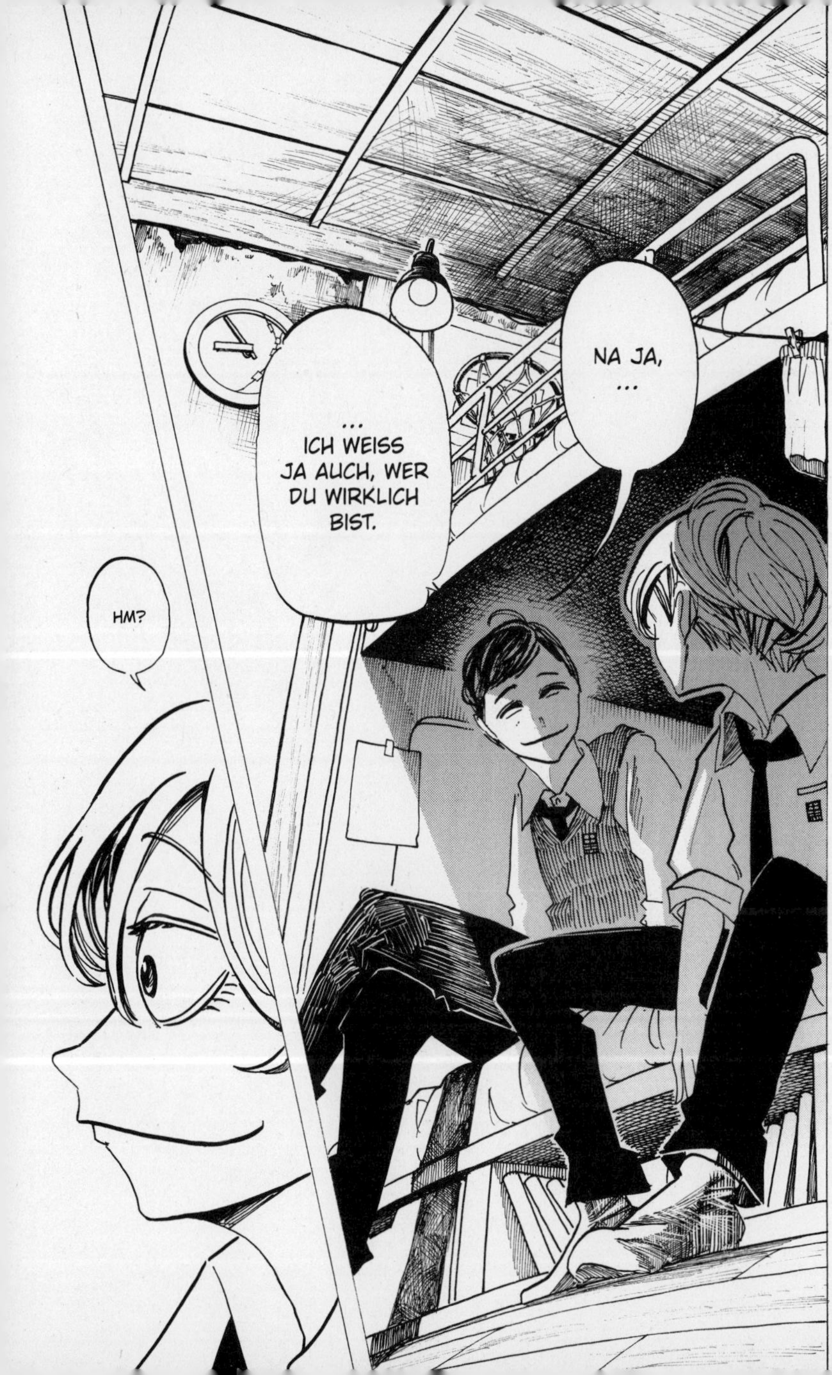
NA JA, ...
... ICH WEISS JA AUCH, WER DU WIRKLICH BIST.
HM?

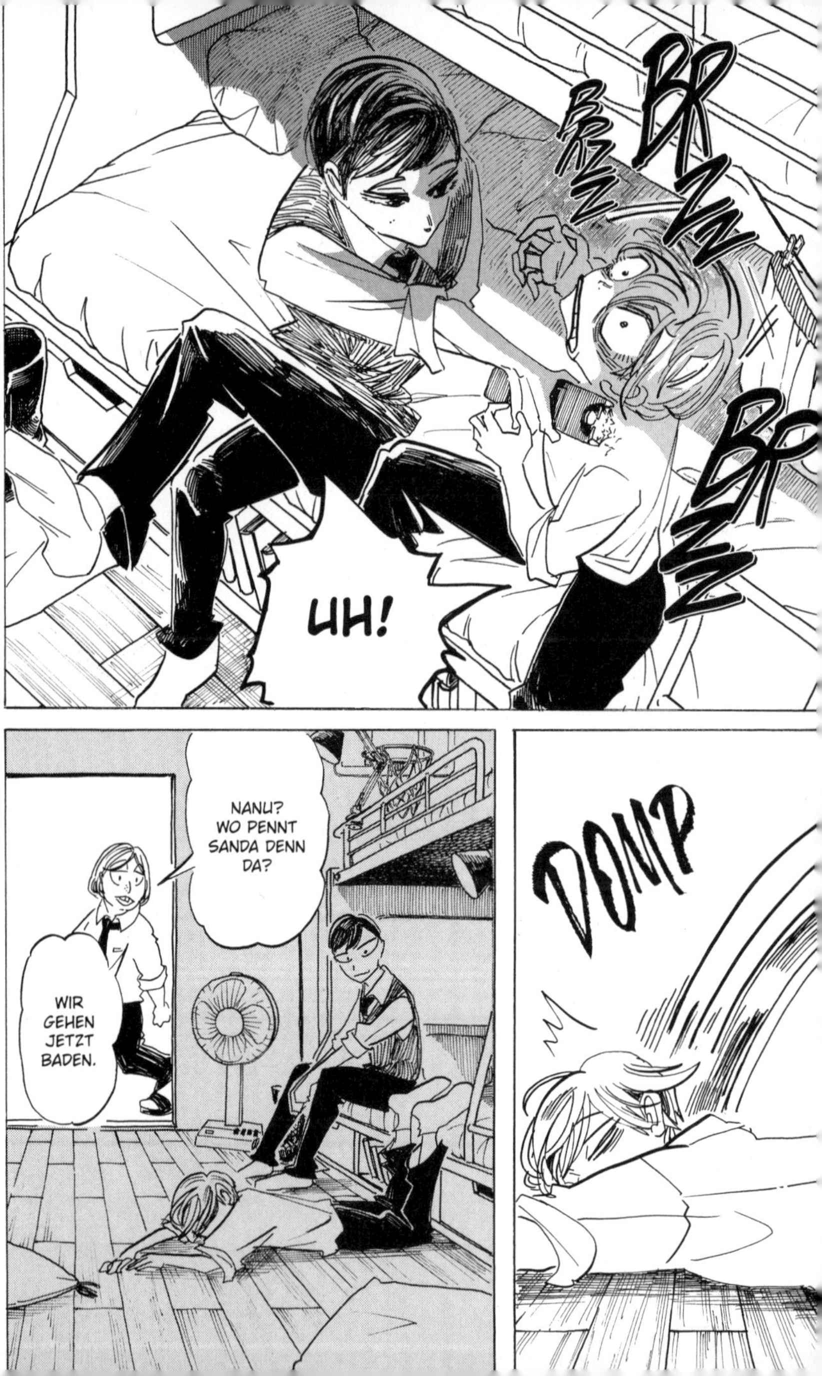
BRZZZ
BRZZZ
UH!
DOMP
NANU? WO PENNT SANDA DENN DA?
WIR GEHEN JETZT BADEN.

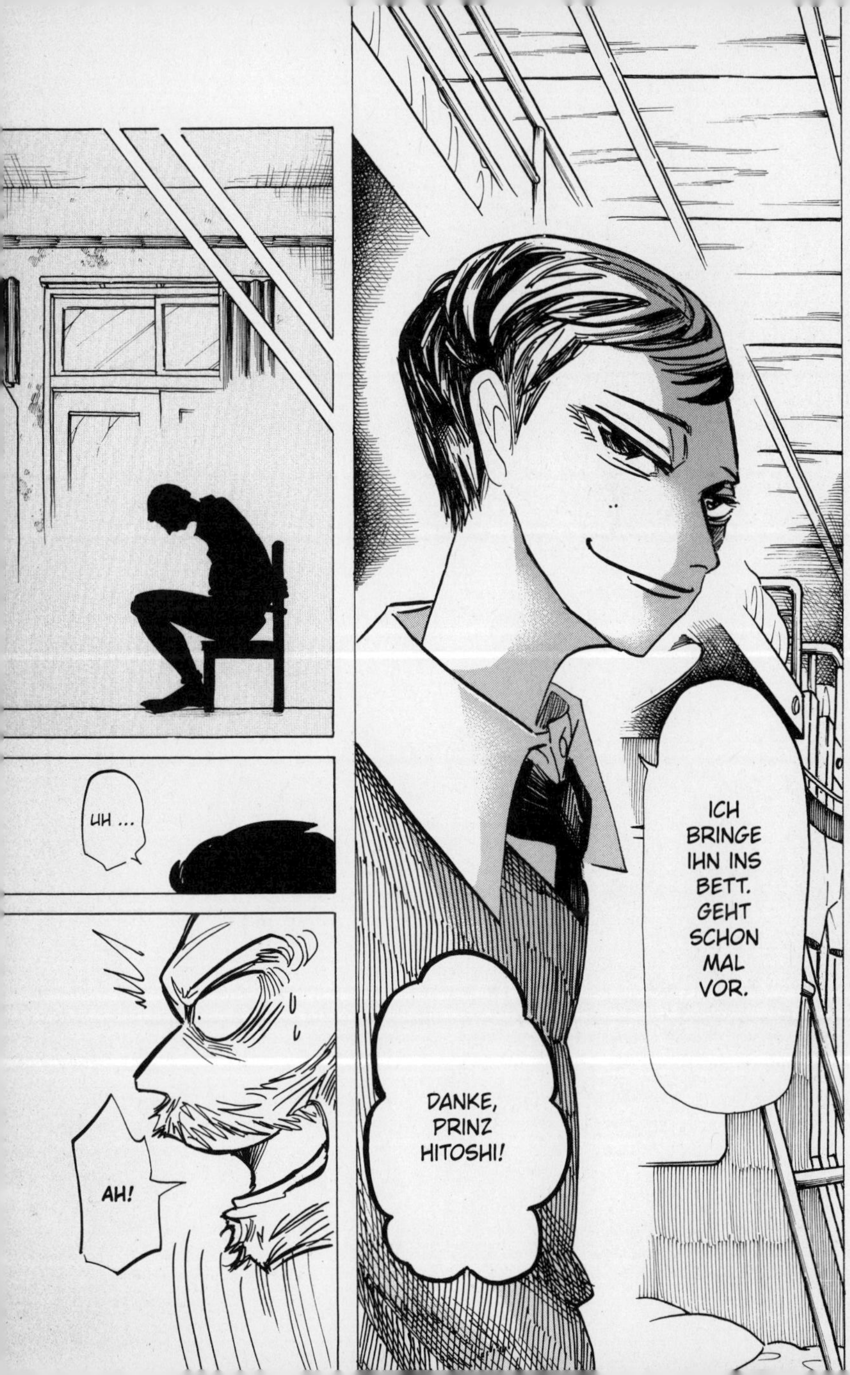
ICH BRINGE IHN INS BETT. GEHT SCHON MAL VOR.
DANKE, PRINZ HITOSHI!
UH ...
AH!

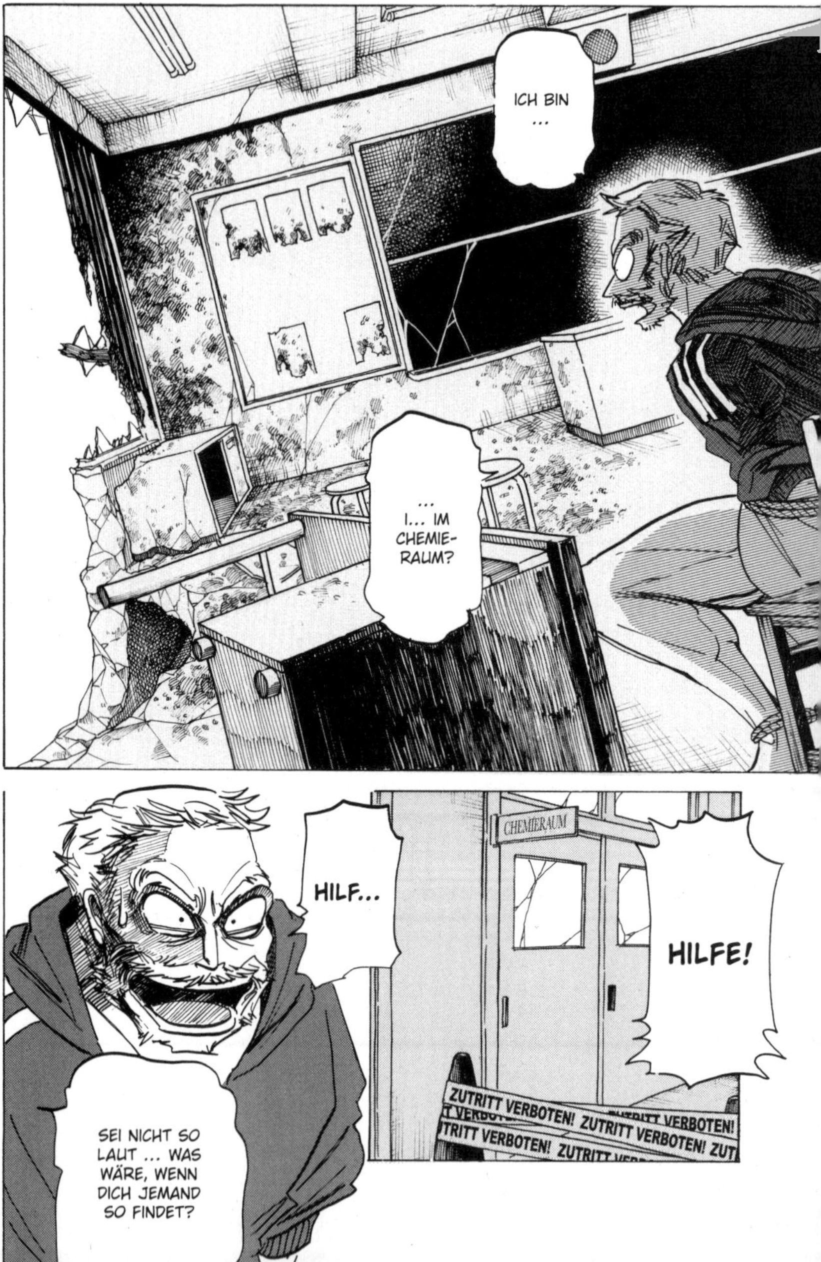
ICH BIN ...
... I... IM CHEMIE-RAUM?
CHEMIERAUM
HILF...
HILFE!
ZUTRITT VERBOTEN! ZUTRITT VERBOTEN!
SEI NICHT SO LAUT ... WAS WÄRE, WENN DICH JEMAND SO FINDET?

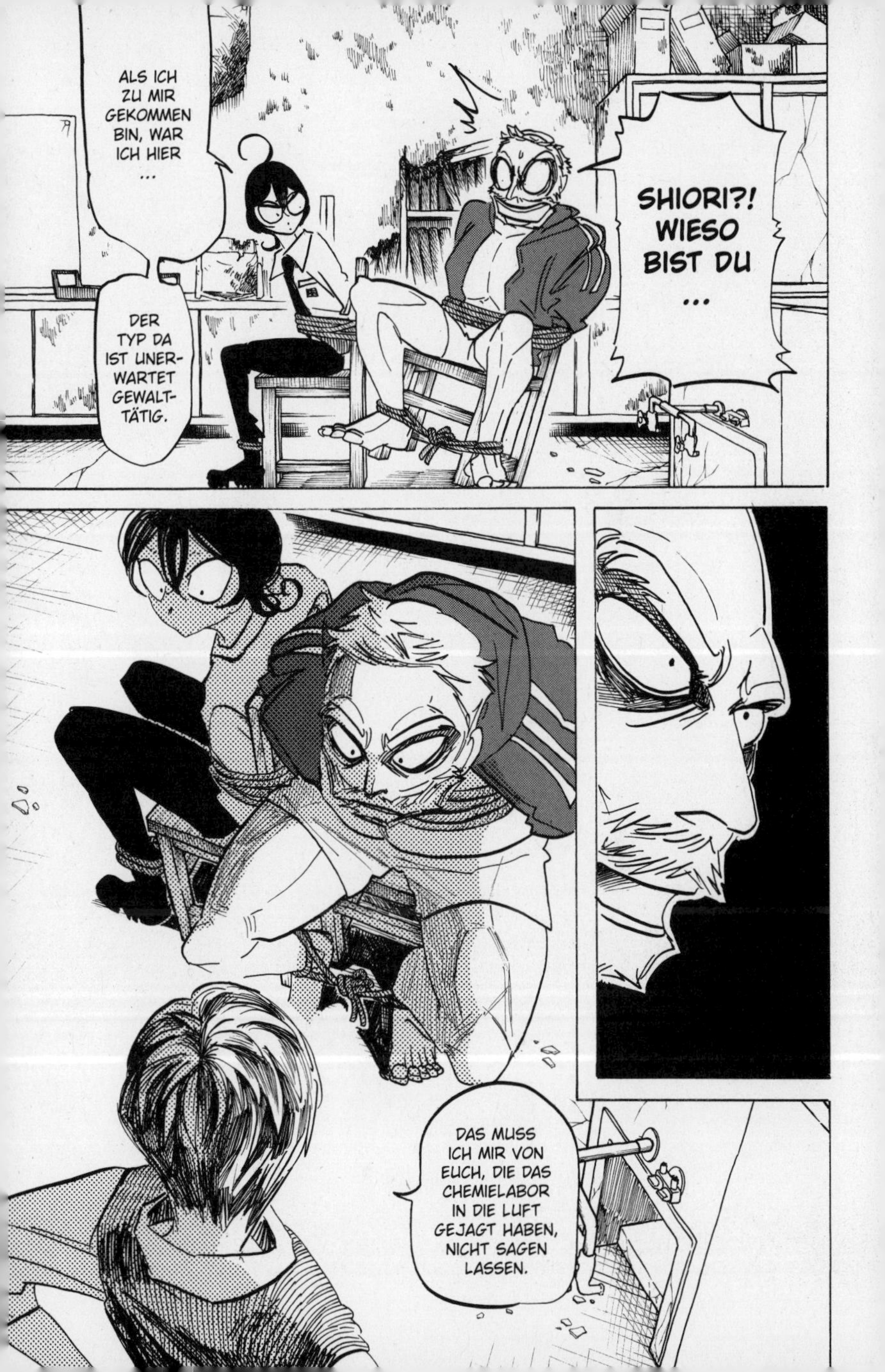
SHIORI?! WIESO BIST DU ...
ALS ICH ZU MIR GEKOMMEN BIN, WAR ICH HIER ...
DER TYP DA IST UNERWARTET GEWALTTÄTIG.
DAS MUSS ICH MIR VON EUCH, DIE DAS CHEMIELABOR IN DIE LUFT GEJAGT HABEN, NICHT SAGEN LASSEN.

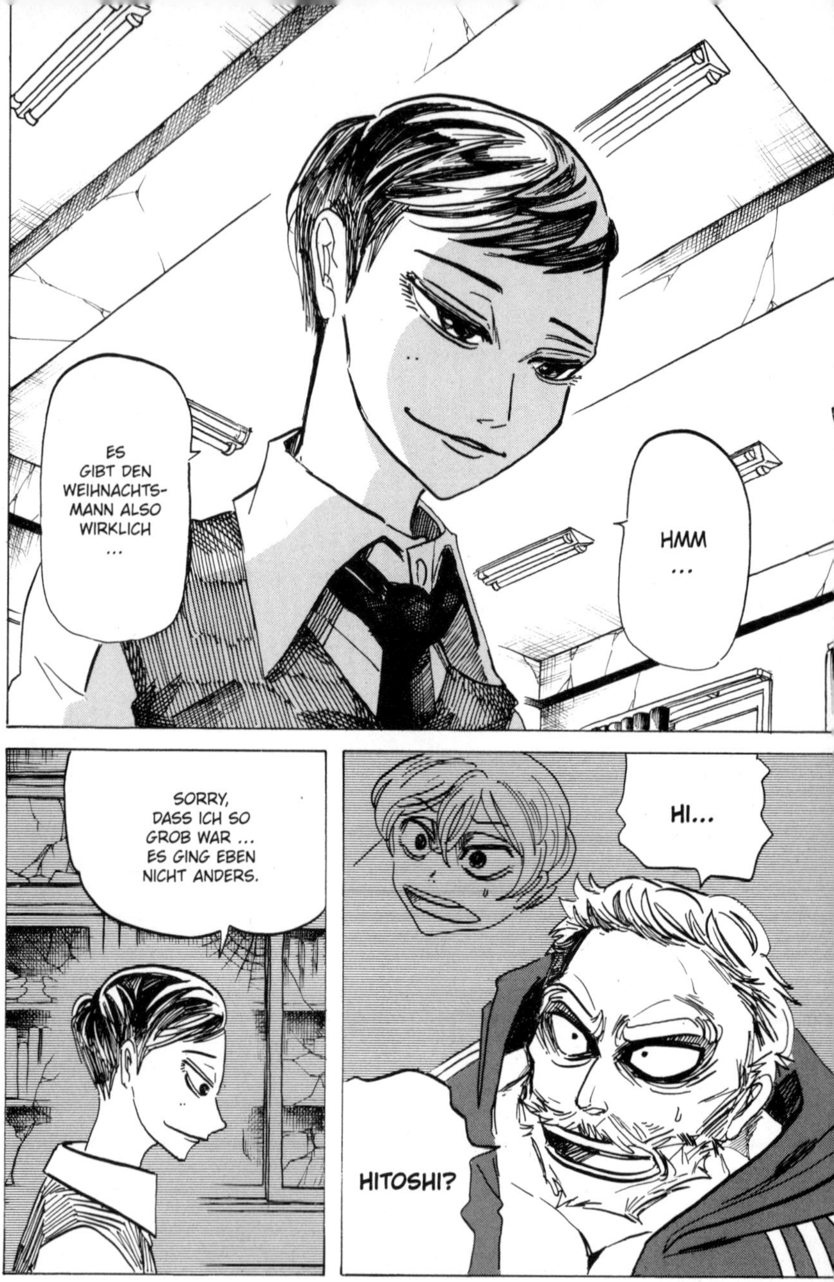
HMM ...
ES GIBT DEN WEIHNACHTS-MANN ALSO WIRKLICH ...
HI...
HITOSHI?
SORRY, DASS ICH SO GROB WAR ... ES GING EBEN NICHT ANDERS.

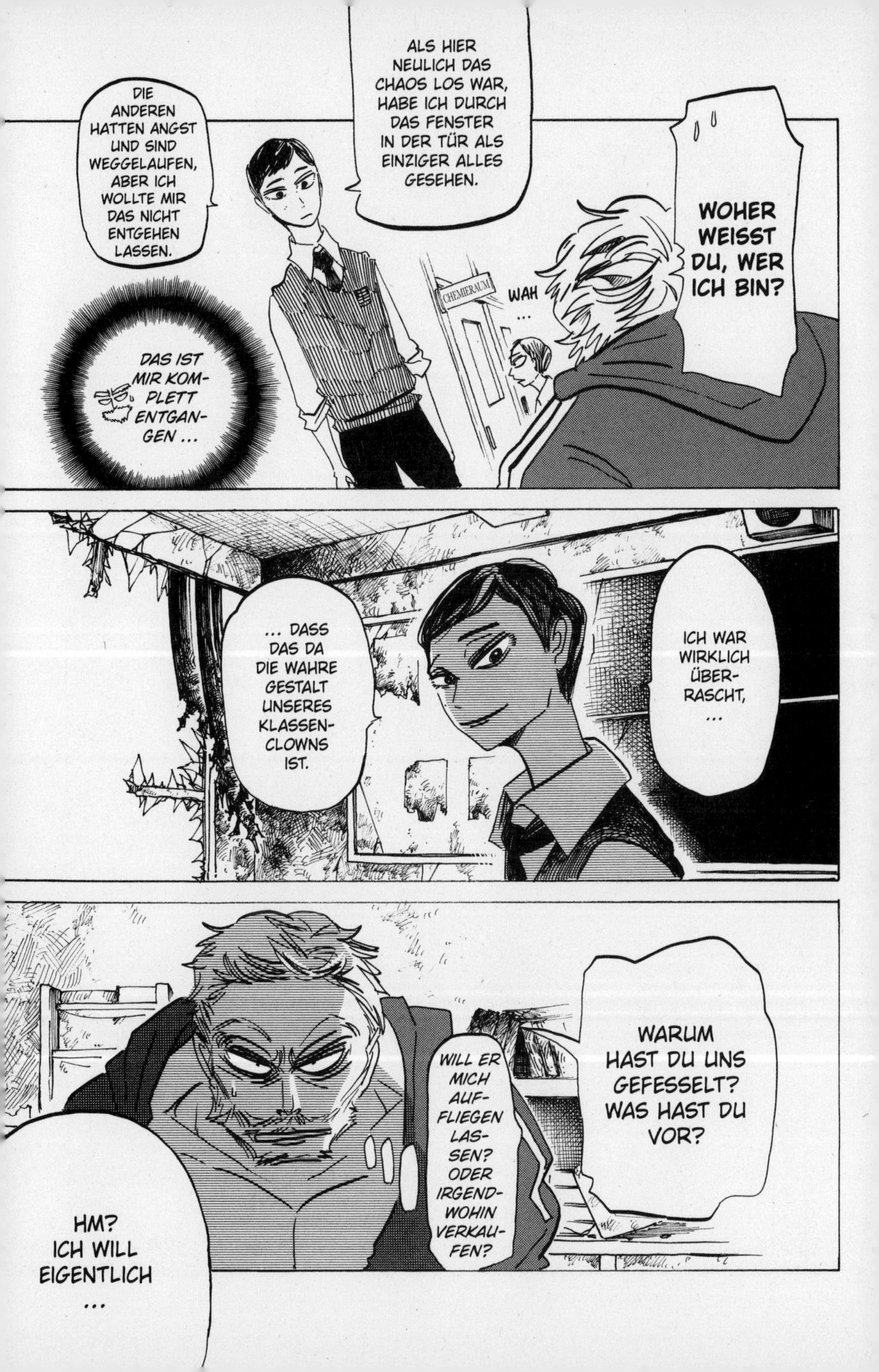
WOHER WEISST DU, WER ICH BIN?
WAH ...
CHEMIERAUM
ALS HIER NEULICH DAS CHAOS LOS WAR, HABE ICH DURCH DAS FENSTER IN DER TÜR ALS EINZIGER ALLES GESEHEN.
DIE ANDEREN HATTEN ANGST UND SIND WEGGELAUFEN, ABER ICH WOLLTE MIR DAS NICHT ENTGEHEN LASSEN.
DAS IST MIR KOMPLETT ENTGANGEN ...
ICH WAR WIRKLICH ÜBERRASCHT, ...
... DASS DAS DA DIE WAHRE GESTALT UNSERES KLASSENCLOWNS IST.
WARUM HAST DU UNS GEFESSELT? WAS HAST DU VOR?
WILL ER MICH AUFFLIEGEN LASSEN? ODER IRGENDWOHIN VERKAUFEN?
HM? ICH WILL EIGENTLICH ...

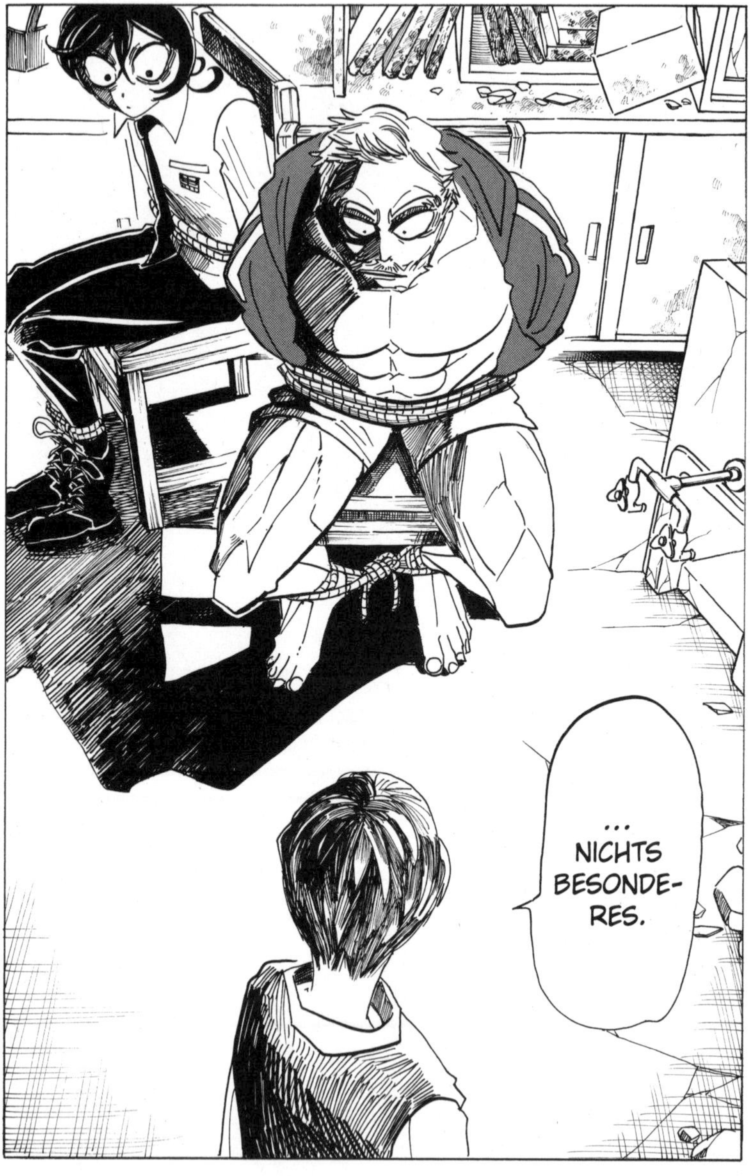
... NICHTS BESONDERES.

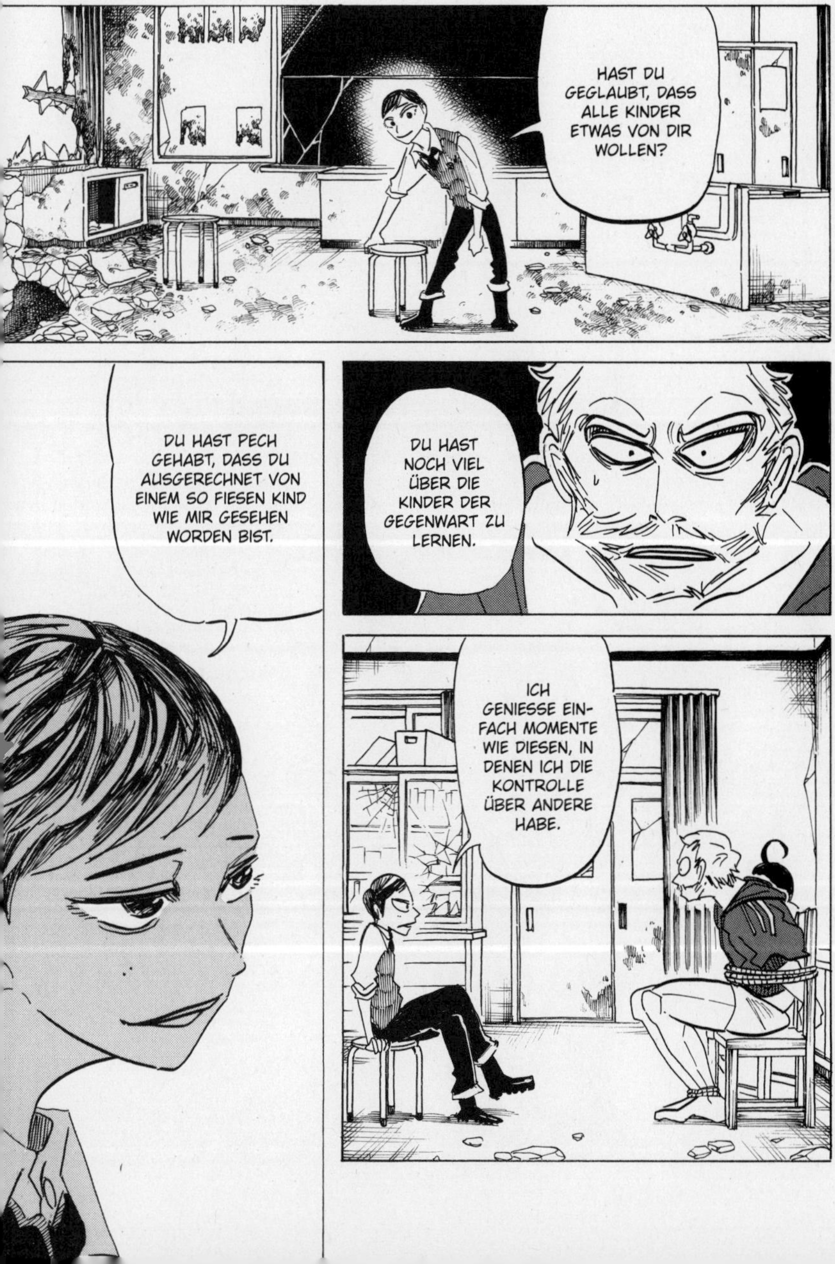
HAST DU GEGLAUBT, DASS ALLE KINDER ETWAS VON DIR WOLLEN?
DU HAST NOCH VIEL ÜBER DIE KINDER DER GEGENWART ZU LERNEN.
DU HAST PECH GEHABT, DASS DU AUSGERECHNET VON EINEM SO FIESEN KIND WIE MIR GESEHEN WORDEN BIST.
ICH GENIESSE EIN-FACH MOMENTE WIE DIESEN, IN DENEN ICH DIE KONTROLLE ÜBER ANDERE HABE.

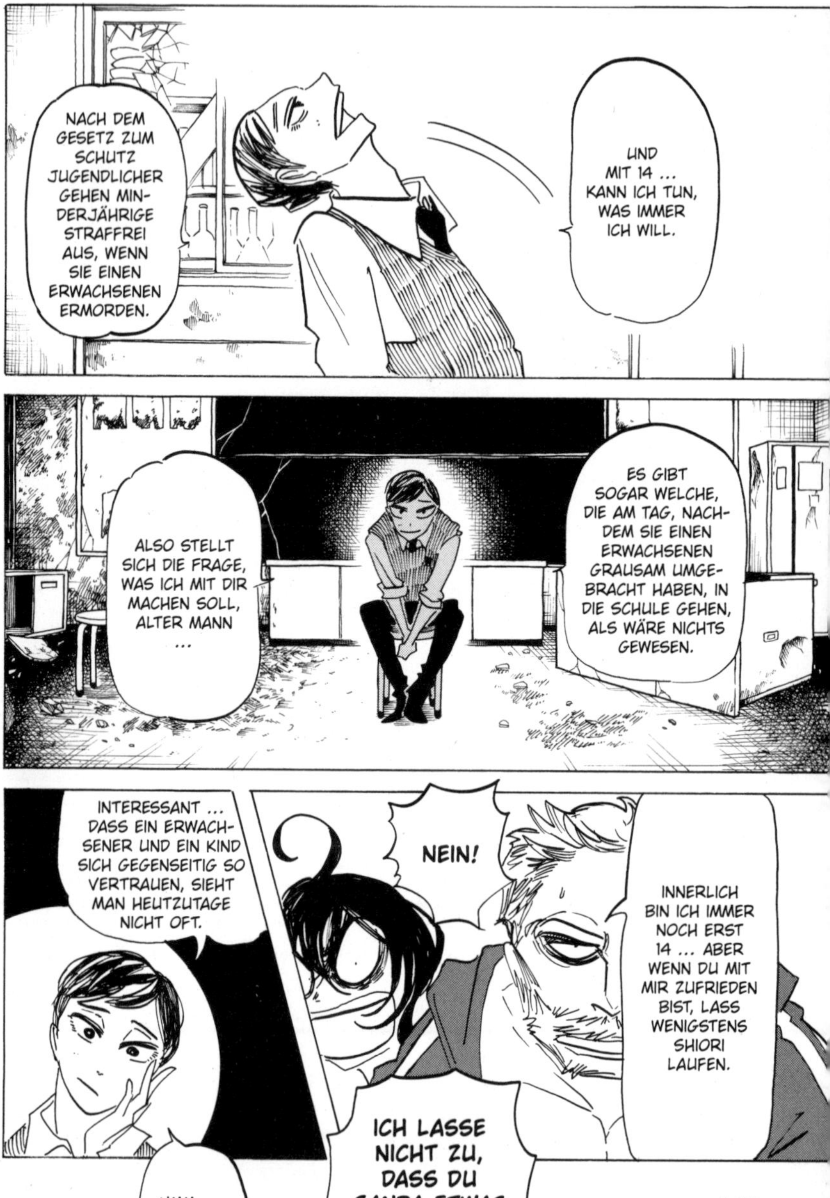
NACH DEM GESETZ ZUM SCHUTZ JUGENDLICHER GEHEN MINDERJÄHRIGE STRAFFREI AUS, WENN SIE EINEN ERWACHSENEN ERMORDEN.
UND MIT 14 … KANN ICH TUN, WAS IMMER ICH WILL.
ES GIBT SOGAR WELCHE, DIE AM TAG, NACHDEM SIE EINEN ERWACHSENEN GRAUSAM UMGEBRACHT HABEN, IN DIE SCHULE GEHEN, ALS WÄRE NICHTS GEWESEN.
ALSO STELLT SICH DIE FRAGE, WAS ICH MIT DIR MACHEN SOLL, ALTER MANN …
INNERLICH BIN ICH IMMER NOCH ERST 14 … ABER WENN DU MIT MIR ZUFRIEDEN BIST, LASS WENIGSTENS SHIORI LAUFEN.
NEIN!
ICH LASSE NICHT ZU, DASS DU SANDA ETWAS TUST!
INTERESSANT … DASS EIN ERWACHSENER UND EIN KIND SICH GEGENSEITIG SO VERTRAUEN, SIEHT MAN HEUTZUTAGE NICHT OFT.
HMM …

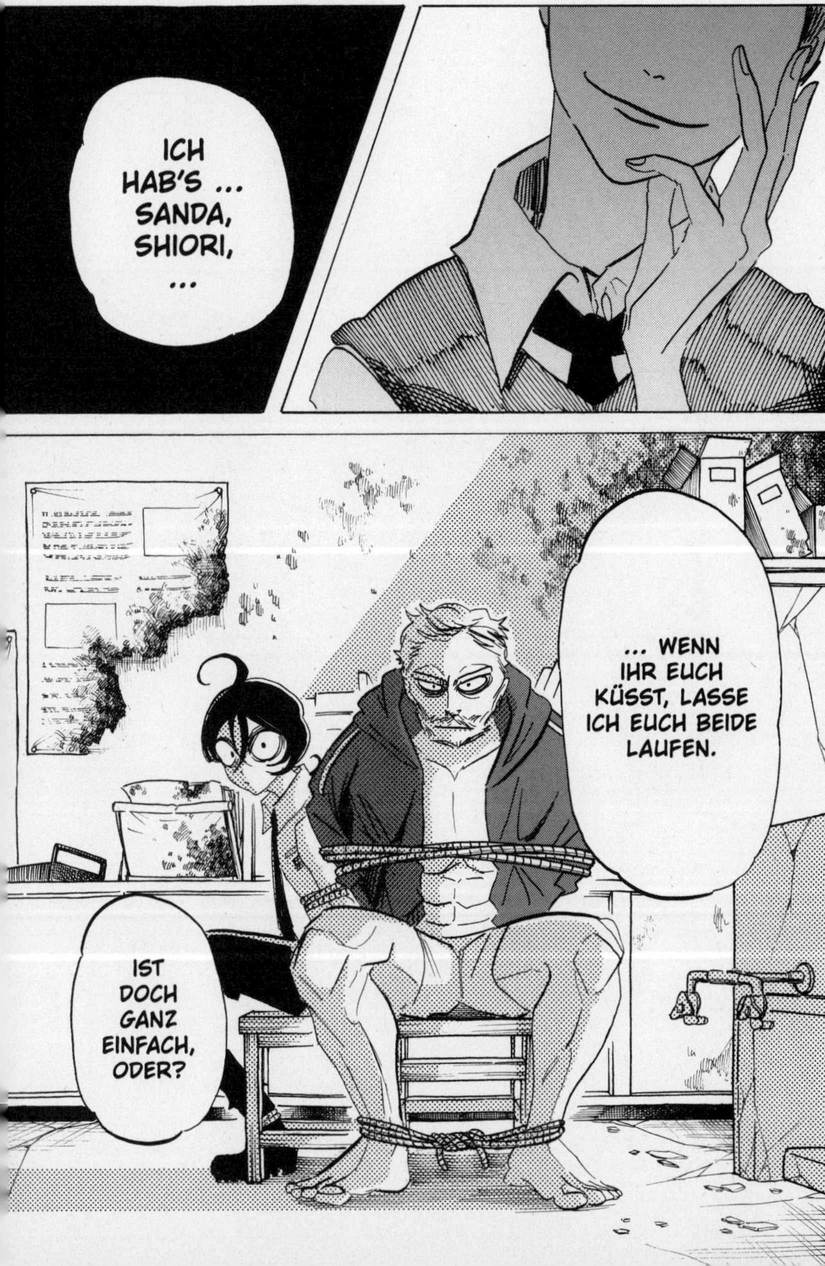
ICH HAB'S ... SANDA, SHIORI, ...
... WENN IHR EUCH KÜSST, LASSE ICH EUCH BEIDE LAUFEN.
IST DOCH GANZ EINFACH, ODER?

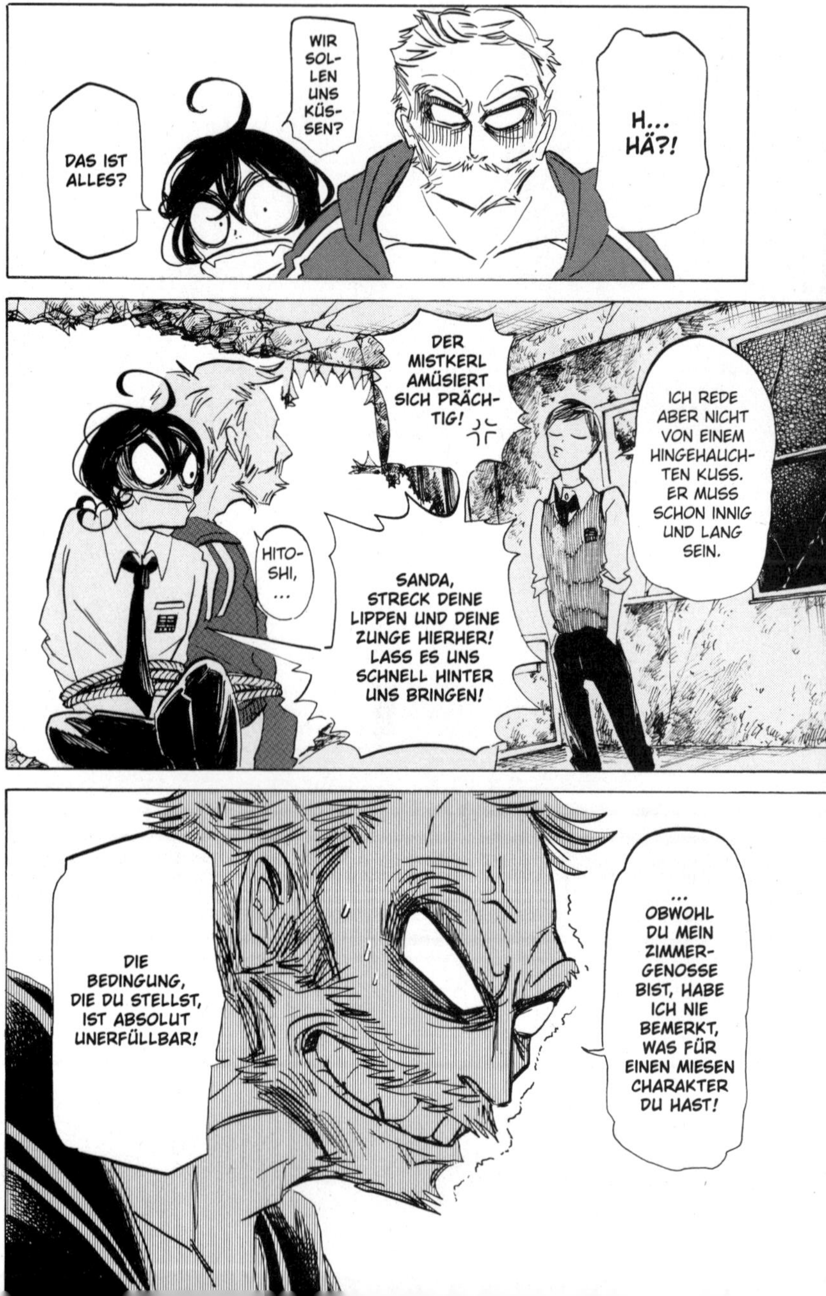
H... HÄ?!
WIR SOLLEN UNS KÜSSEN?
DAS IST ALLES?
ICH REDE ABER NICHT VON EINEM HINGEHAUCHTEN KUSS. ER MUSS SCHON INNIG UND LANG SEIN.
DER MISTKERL AMÜSIERT SICH PRÄCHTIG!
SANDA, STRECK DEINE LIPPEN UND DEINE ZUNGE HIERHER! LASS ES UNS SCHNELL HINTER UNS BRINGEN!
HITOSHI, ...
... OBWOHL DU MEIN ZIMMERGENOSSE BIST, HABE ICH NIE BEMERKT, WAS FÜR EINEN MIESEN CHARAKTER DU HAST!
DIE BEDINGUNG, DIE DU STELLST, IST ABSOLUT UNERFÜLLBAR!

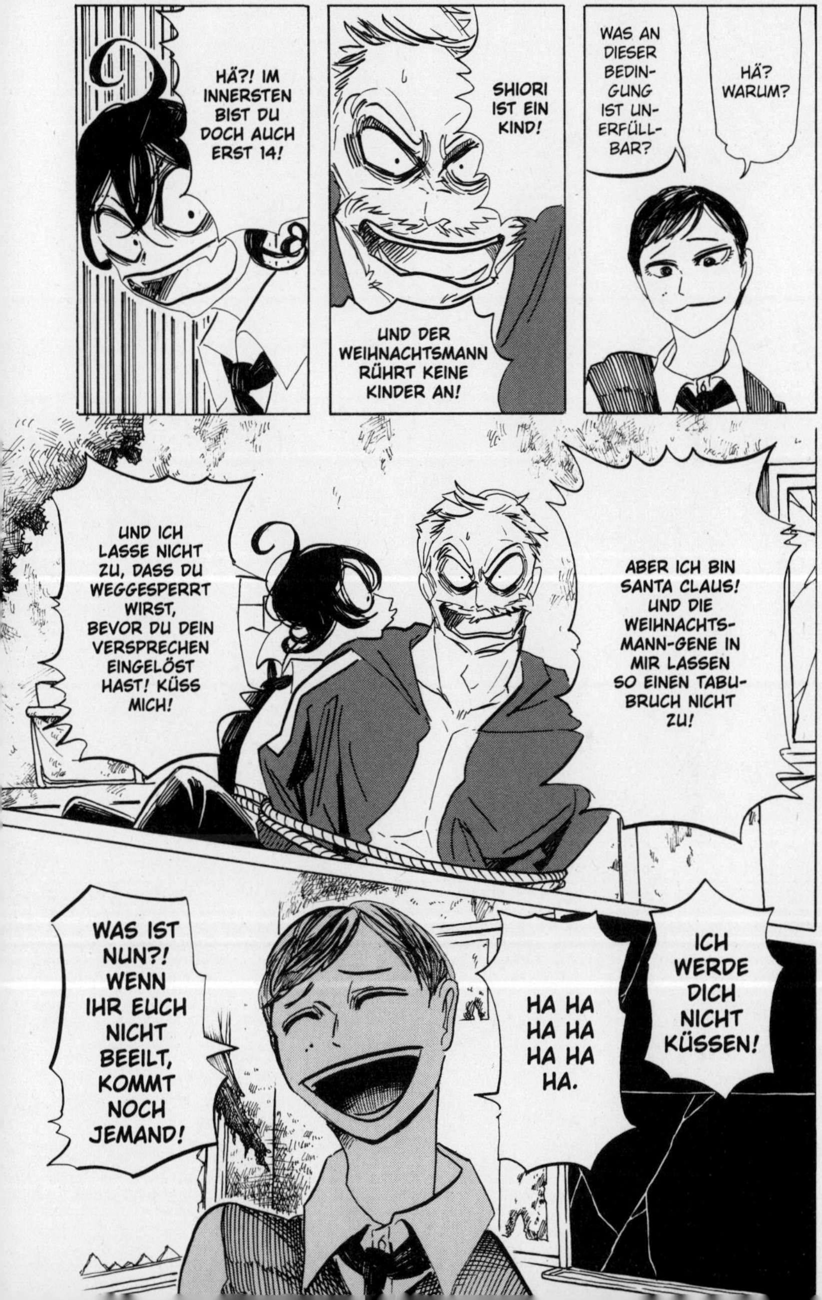
HÄ? WARUM?
WAS AN DIESER BEDINGUNG IST UNERFÜLLBAR?
SHIORI IST EIN KIND!
UND DER WEIHNACHTSMANN RÜHRT KEINE KINDER AN!
HÄ?! IM INNERSTEN BIST DU DOCH AUCH ERST 14!
ABER ICH BIN SANTA CLAUS! UND DIE WEIHNACHTSMANN-GENE IN MIR LASSEN SO EINEN TABUBRUCH NICHT ZU!
UND ICH LASSE NICHT ZU, DASS DU WEGGESPERRT WIRST, BEVOR DU DEIN VERSPRECHEN EINGELÖST HAST! KÜSS MICH!
ICH WERDE DICH NICHT KÜSSEN!
HA HA HA HA HA HA HA.
WAS IST NUN?! WENN IHR EUCH NICHT BEEILT, KOMMT NOCH JEMAND!

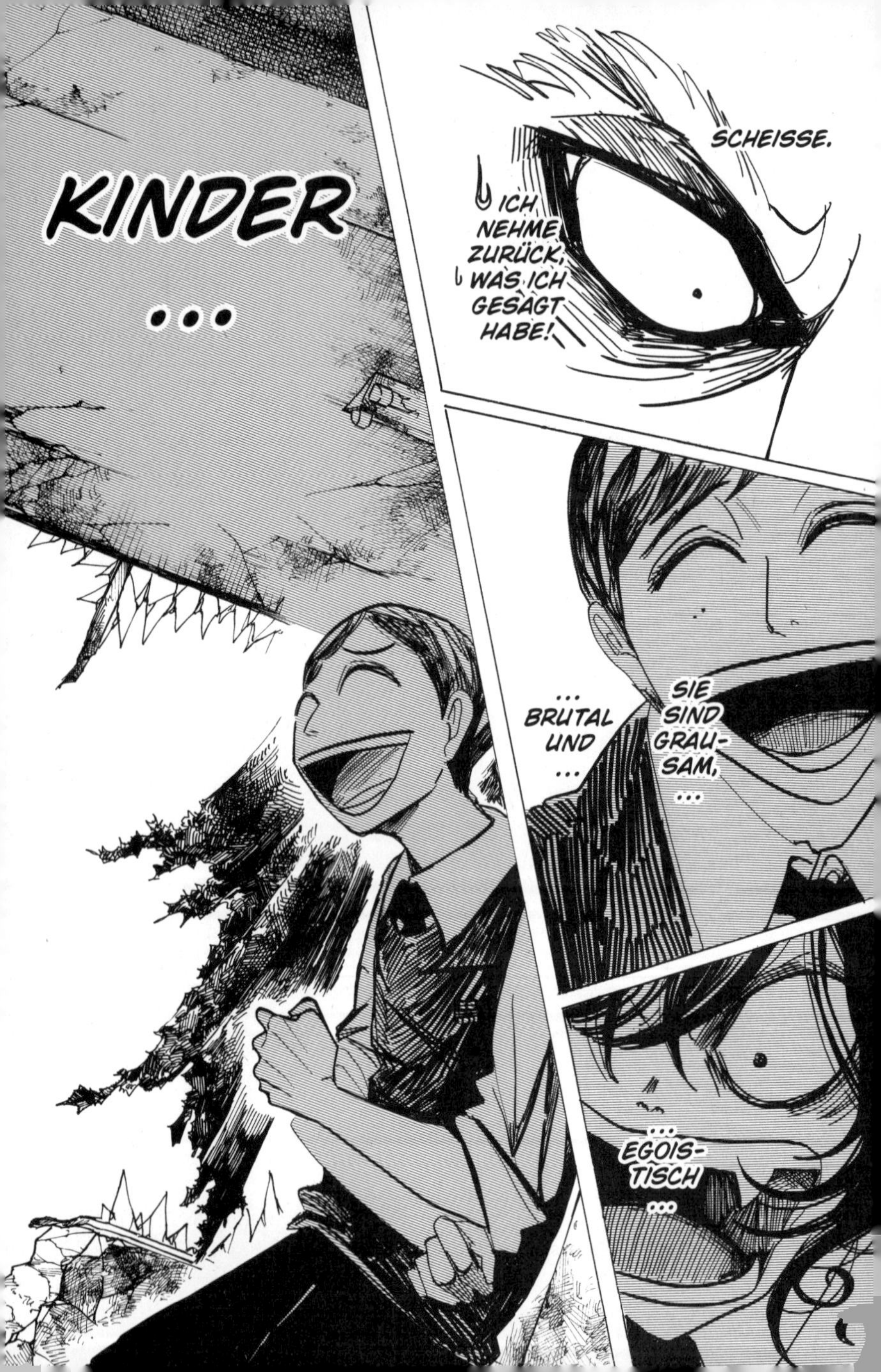
SCHEISSE.
ICH NEHME ZURÜCK, WAS ICH GESAGT HABE!
KINDER ...
SIE SIND GRAU-SAM, ...
... BRUTAL UND ...
... EGOIS-TISCH ...

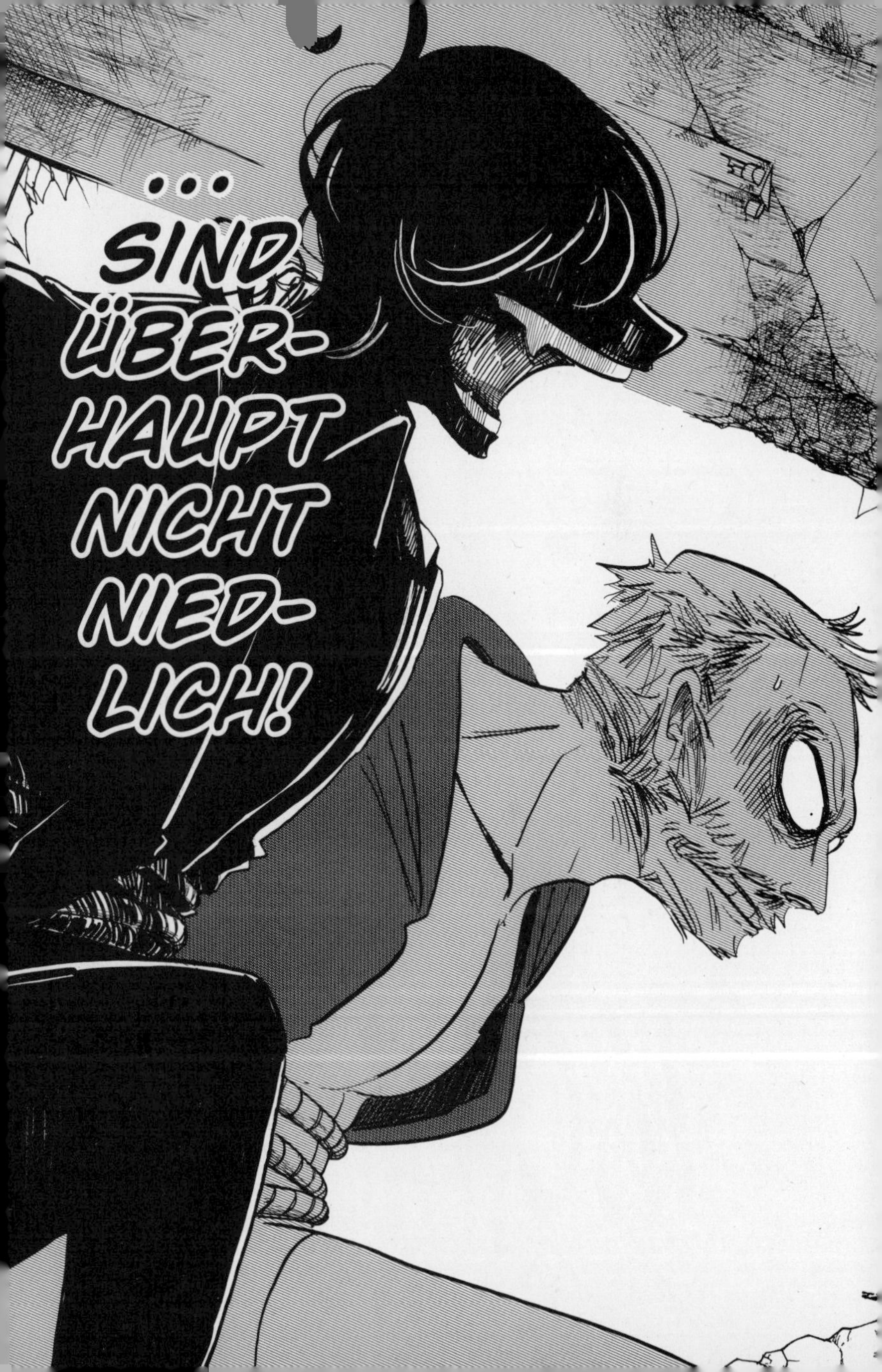
... SIND ÜBER-HAUPT NICHT NIED-LICH!

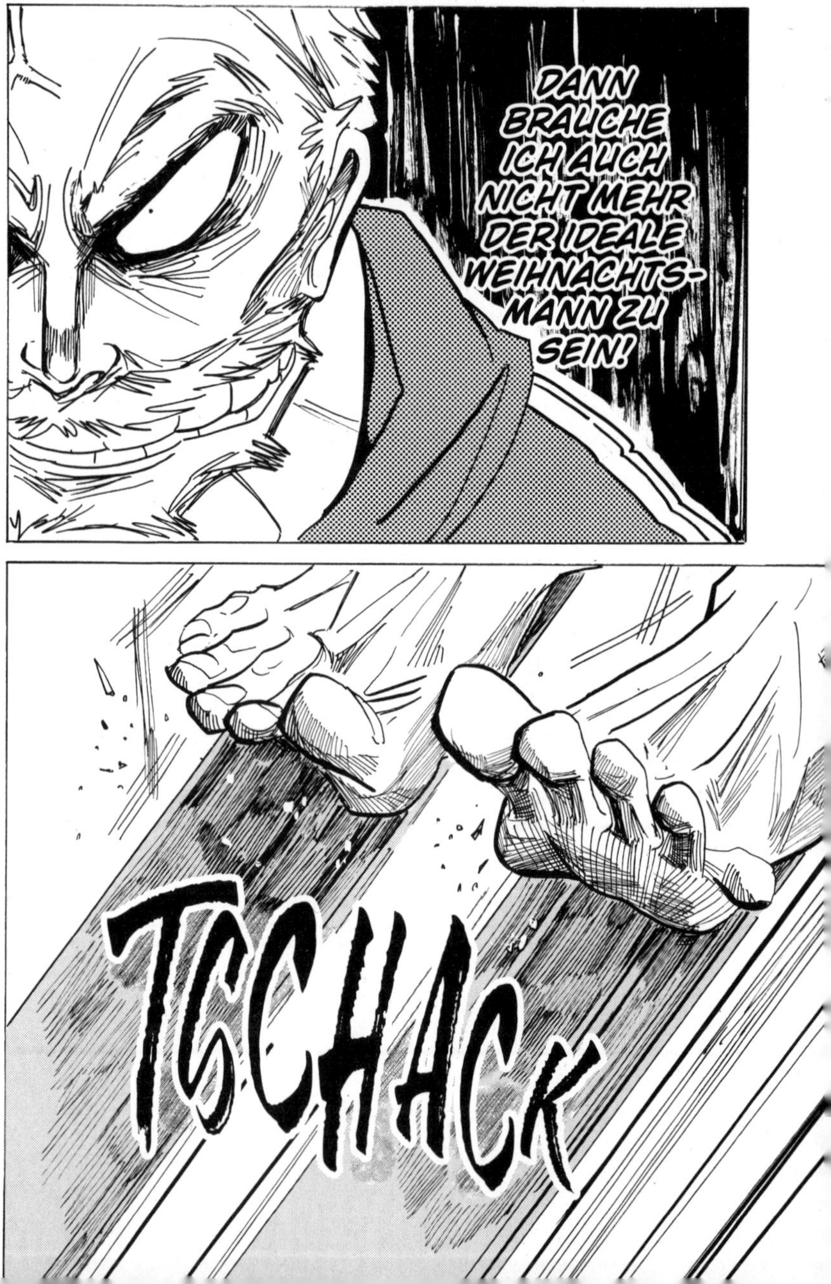
DANN BRAUCHE ICH AUCH NICHT MEHR DER IDEALE WEIHNACHTS-MANN ZU SEIN!
TSCHACK

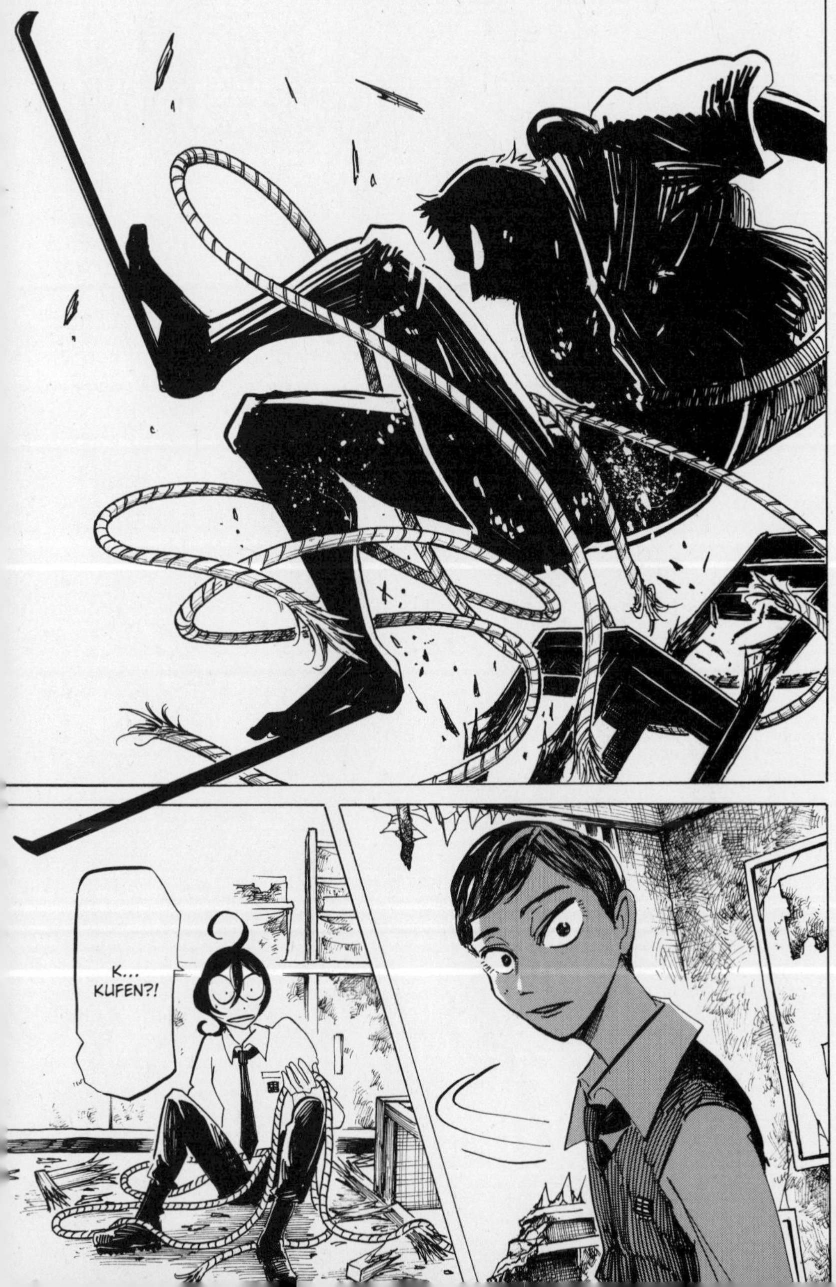
K...
KUFEN?!

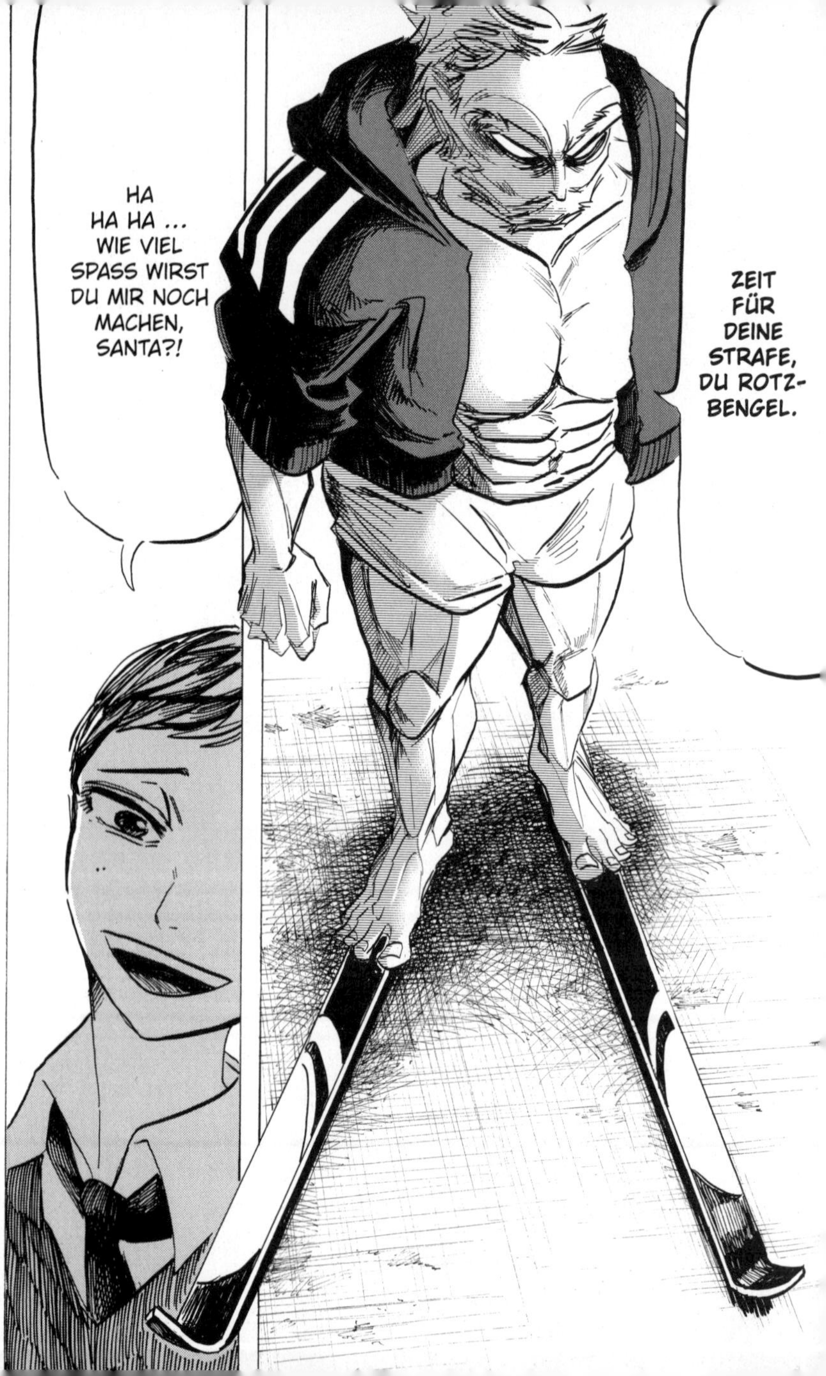
ZEIT FÜR DEINE STRAFE, DU ROTZ-BENGEL.
HA HA HA … WIE VIEL SPASS WIRST DU MIR NOCH MACHEN, SANTA?!

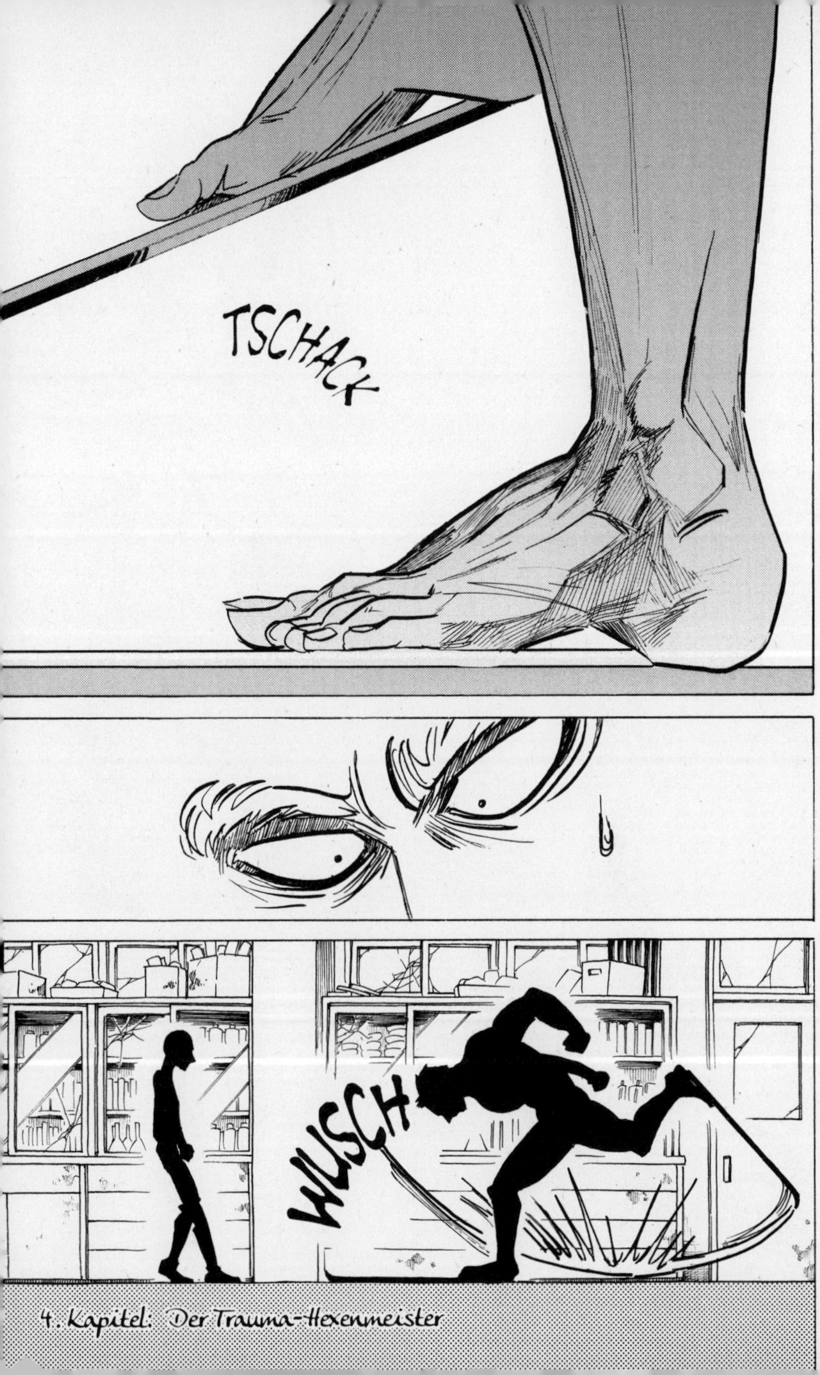
TSCHACK
WUSCH
4. Kapitel: Der Trauma-Hexenmeister

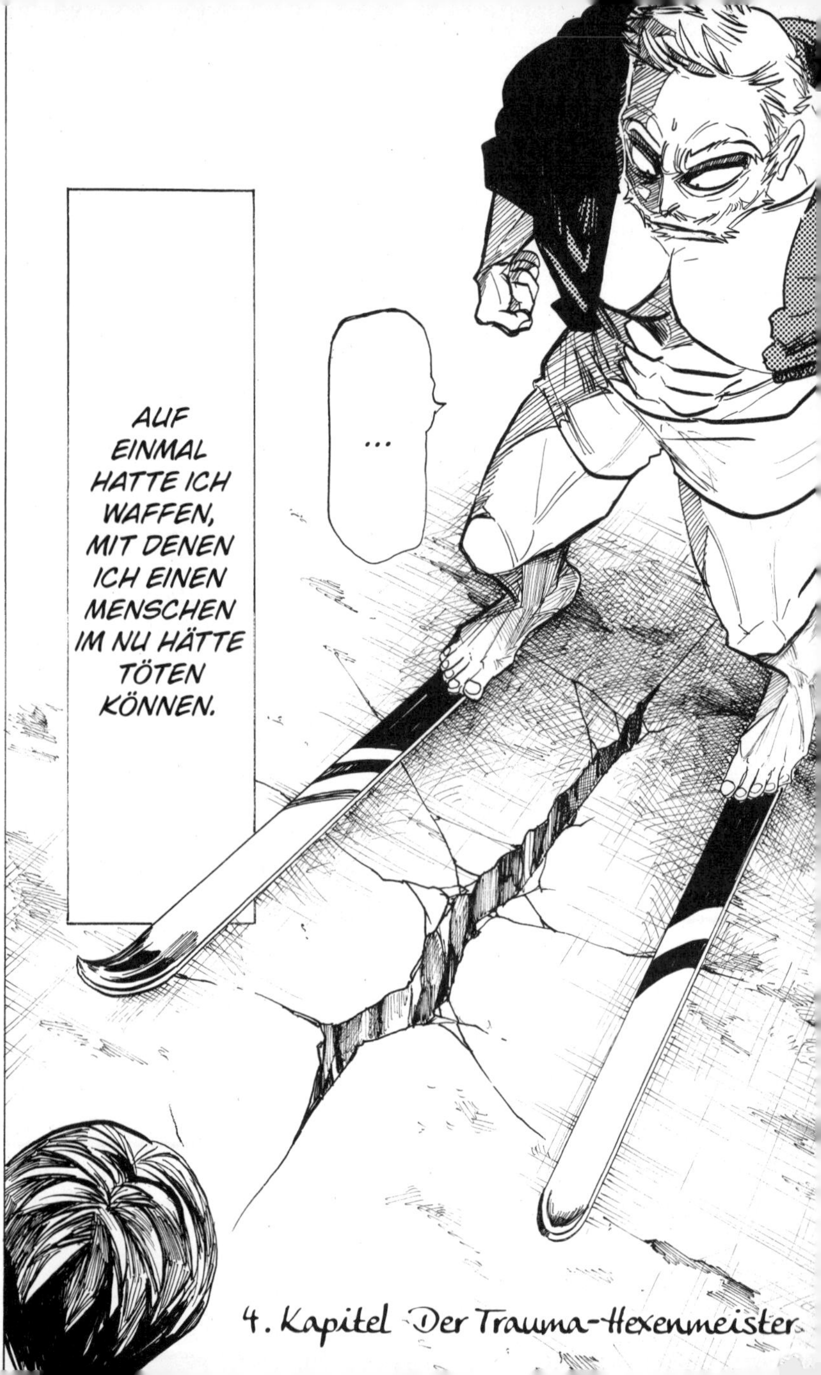

4. Kapitel Der Trauma-Hexenmeister

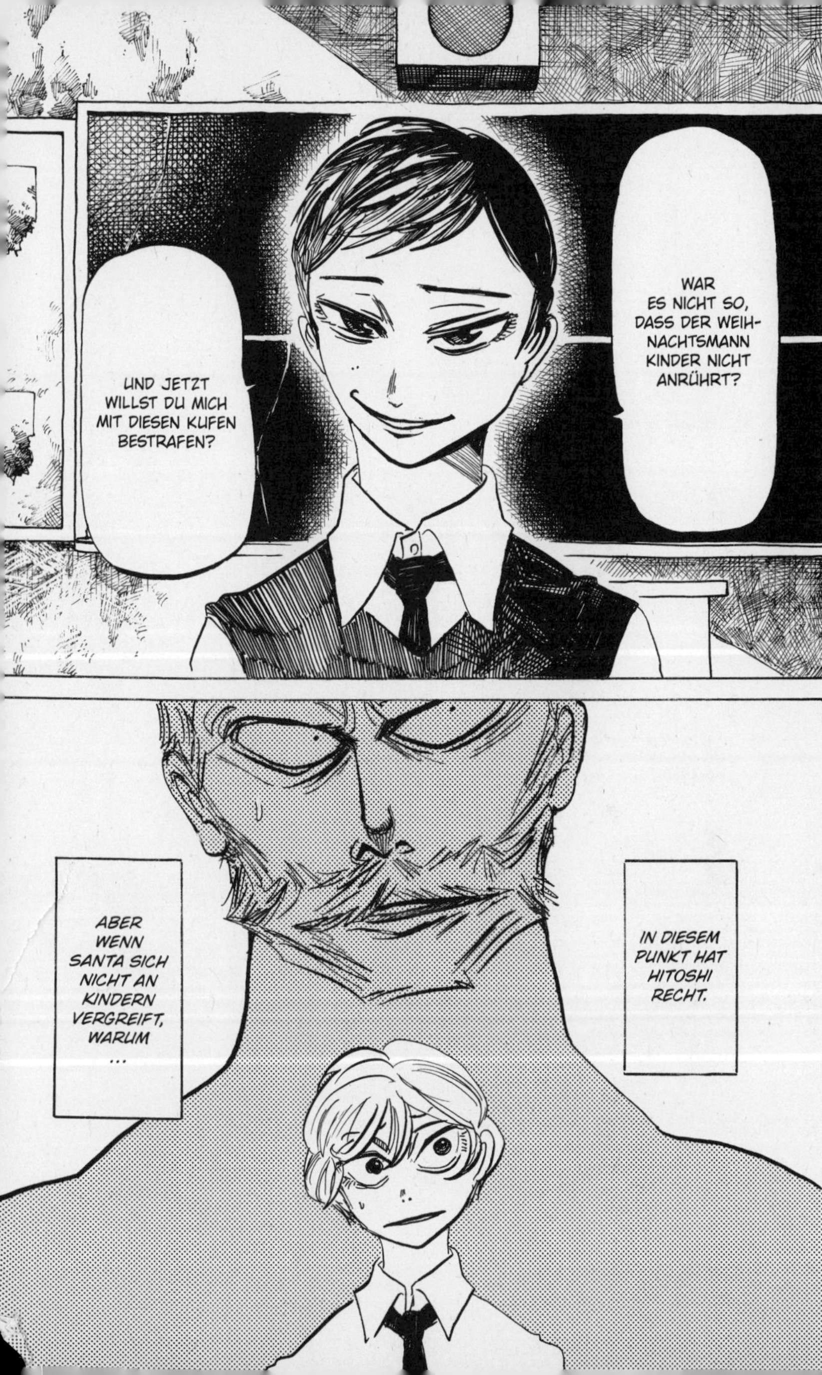
WAR ES NICHT SO, DASS DER WEIH-NACHTSMANN KINDER NICHT ANRÜHRT?
UND JETZT WILLST DU MICH MIT DIESEN KUFEN BESTRAFEN?
IN DIESEM PUNKT HAT HITOSHI RECHT.
ABER WENN SANTA SICH NICHT AN KINDERN VERGREIFT, WARUM ...

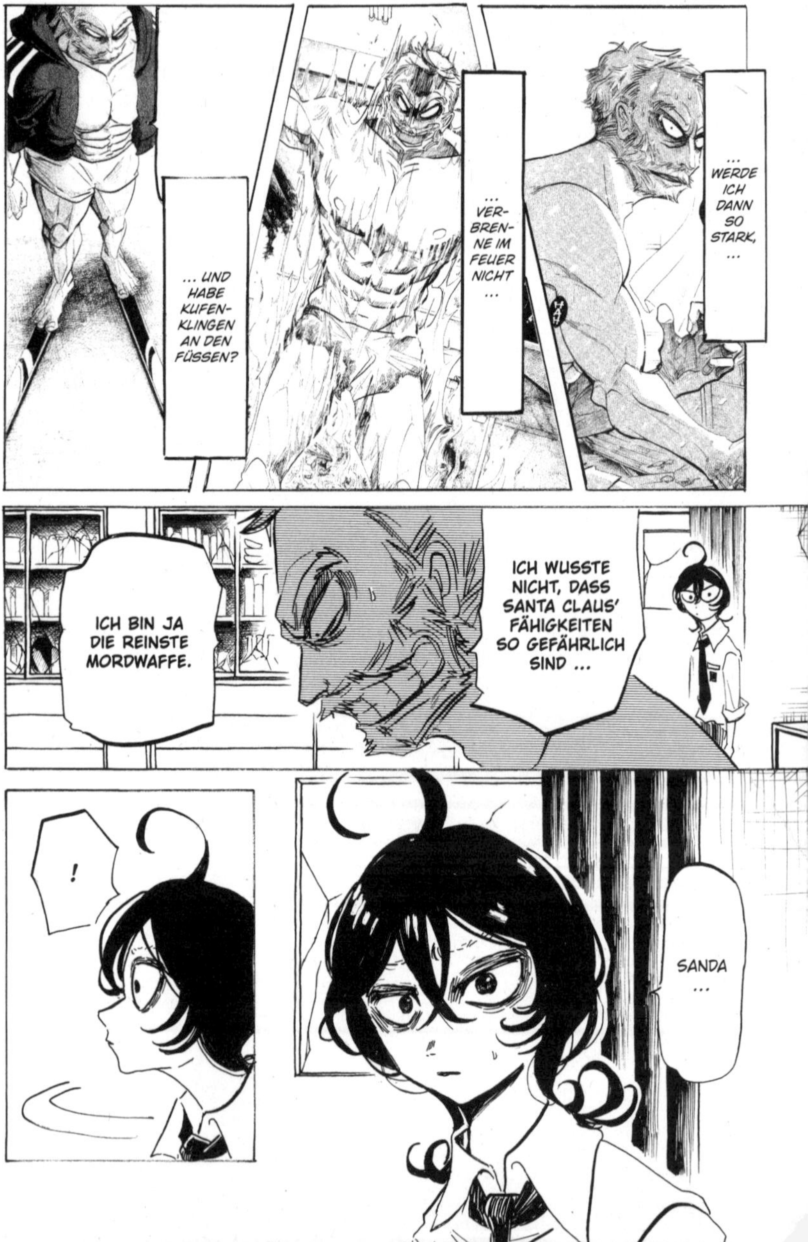
... WERDE ICH DANN SO STARK, ...
... VERBRENNE IM FEUER NICHT ...
... UND HABE KUFENKLINGEN AN DEN FÜSSEN?
ICH WUSSTE NICHT, DASS SANTA CLAUS' FÄHIGKEITEN SO GEFÄHRLICH SIND ...
ICH BIN JA DIE REINSTE MORDWAFFE.
SANDA ...
!

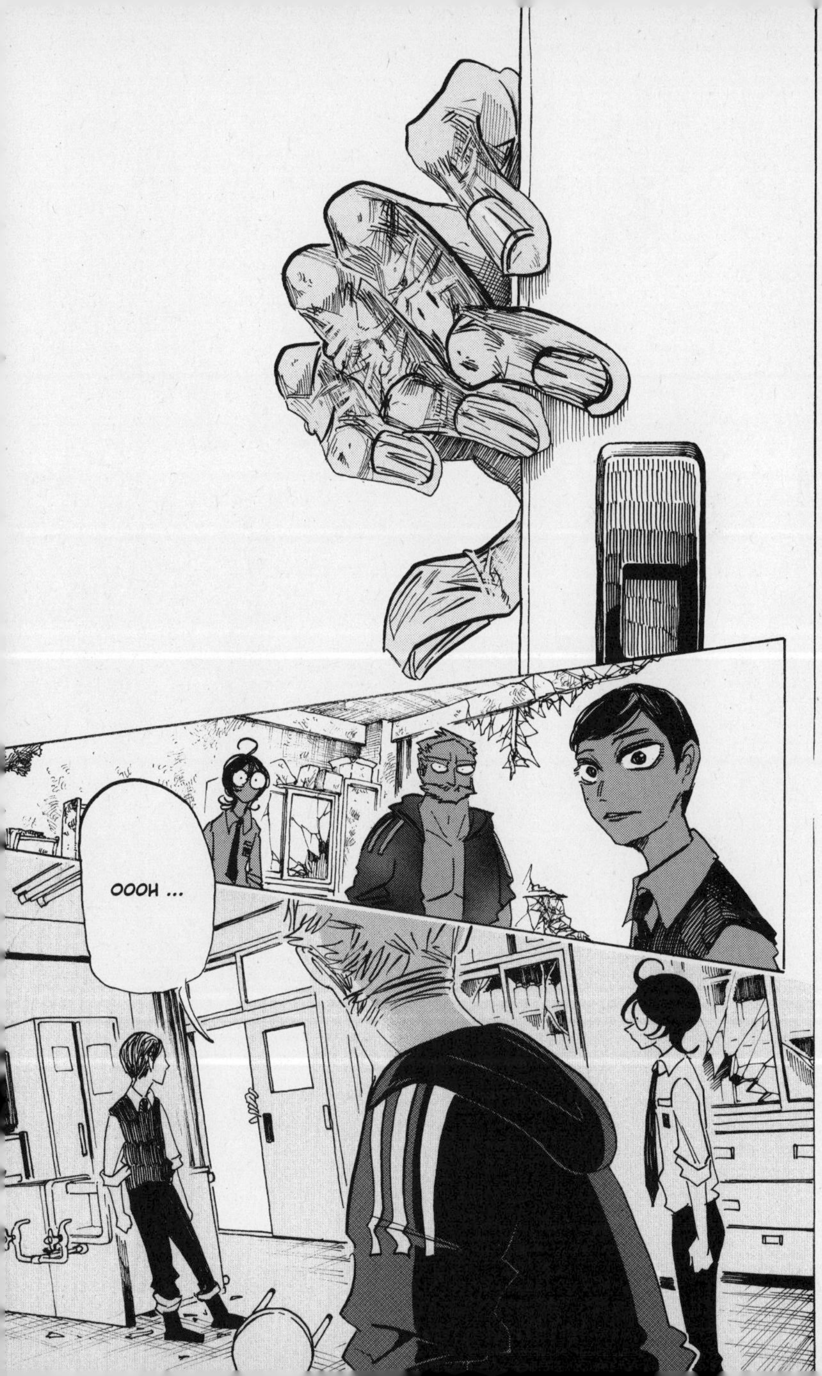
OOOH ...

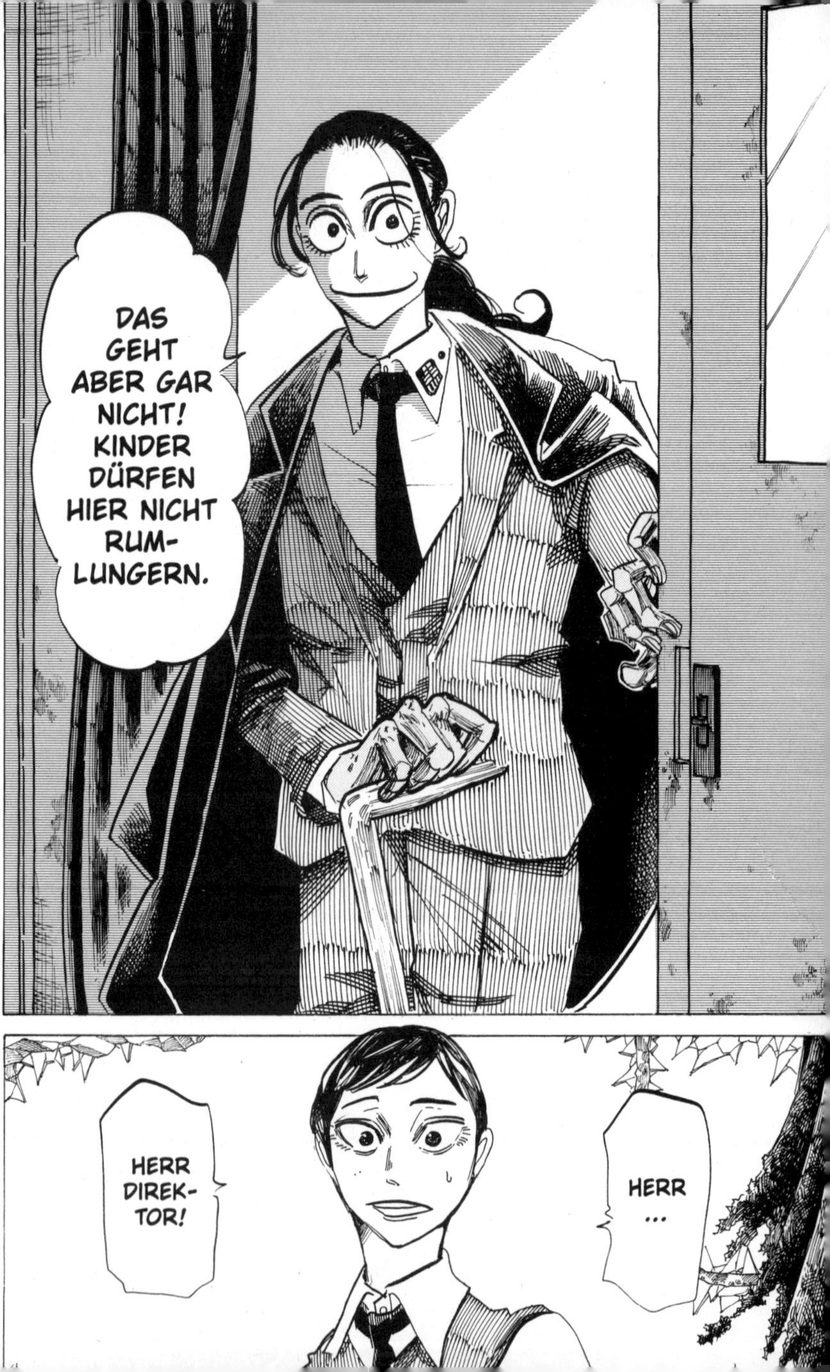
DAS GEHT ABER GAR NICHT! KINDER DÜRFEN HIER NICHT RUM-LUNGERN.
HERR ...
HERR DIREK-TOR!

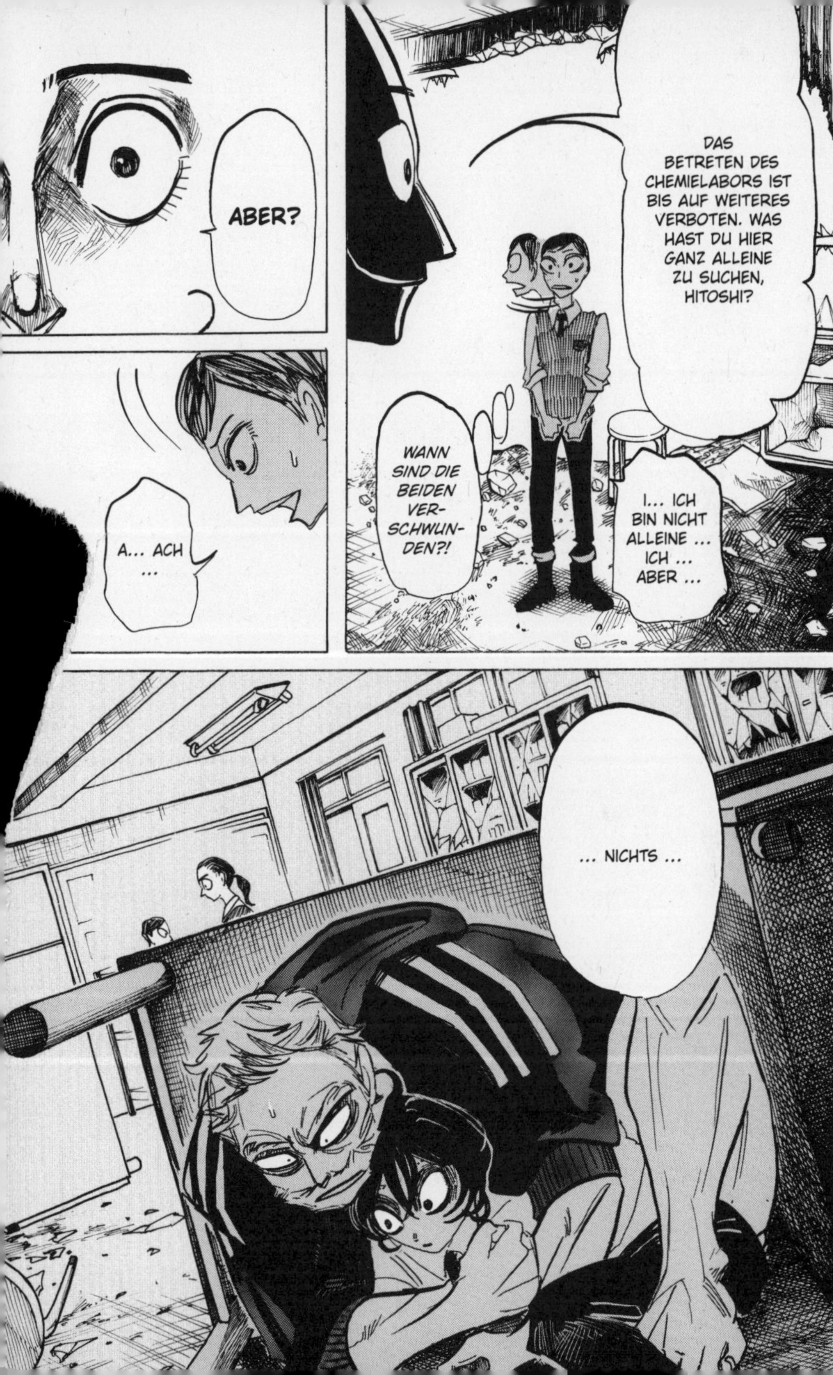
DAS BETRETEN DES CHEMIELABORS IST BIS AUF WEITERES VERBOTEN. WAS HAST DU HIER GANZ ALLEINE ZU SUCHEN, HITOSHI?
I... ICH BIN NICHT ALLEINE ... ICH ... ABER ...
WANN SIND DIE BEIDEN VER-SCHWUN-DEN?!
ABER?
A... ACH ...
... NICHTS ...

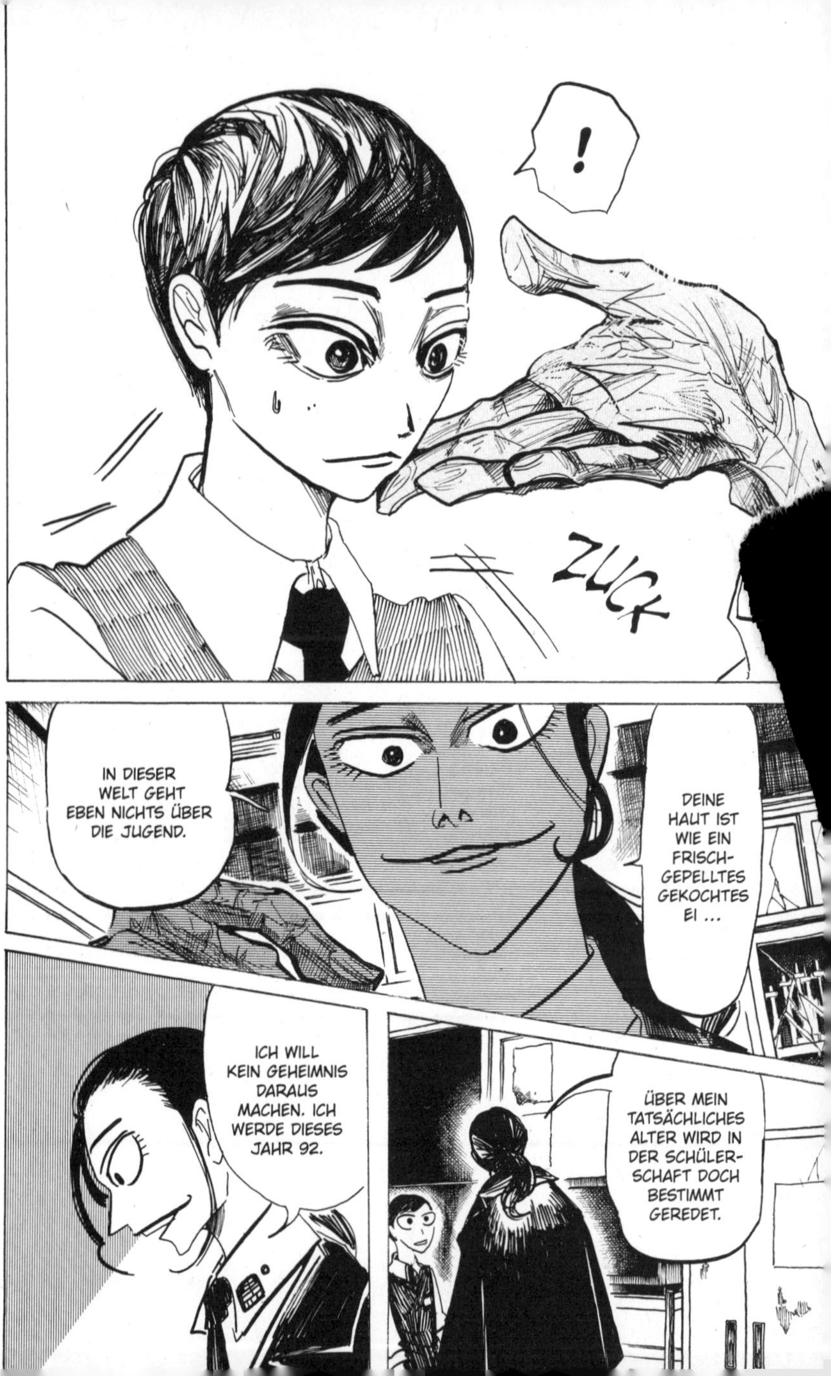
!
ZUCK
DEINE HAUT IST WIE EIN FRISCH-GEPELLTES GEKOCHTES EI …
IN DIESER WELT GEHT EBEN NICHTS ÜBER DIE JUGEND.
ÜBER MEIN TATSÄCHLICHES ALTER WIRD IN DER SCHÜLER-SCHAFT DOCH BESTIMMT GEREDET.
ICH WILL KEIN GEHEIMNIS DARAUS MACHEN. ICH WERDE DIESES JAHR 92.

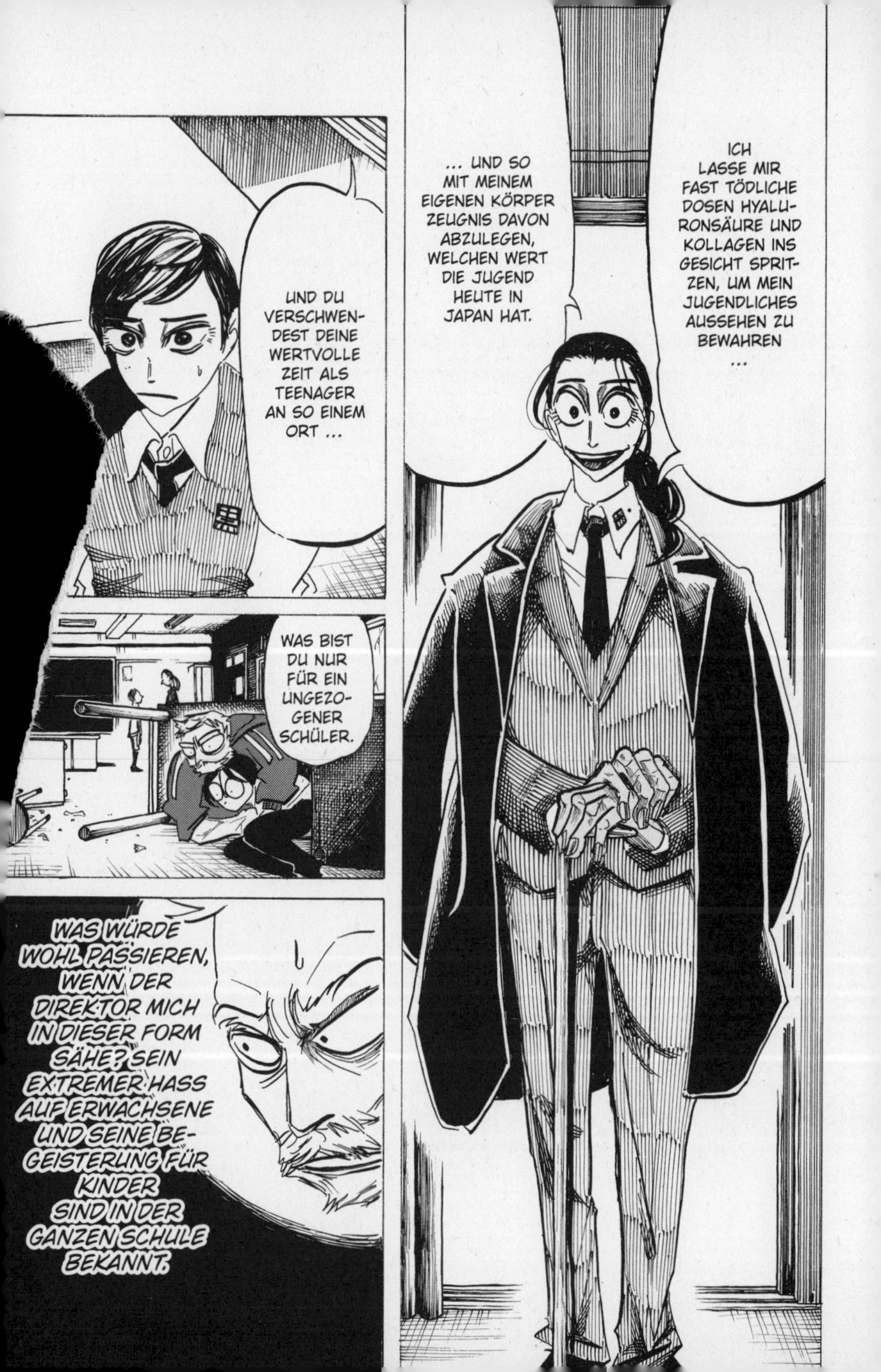
ICH LASSE MIR FAST TÖDLICHE DOSEN HYALURONSÄURE UND KOLLAGEN INS GESICHT SPRITZEN, UM MEIN JUGENDLICHES AUSSEHEN ZU BEWAHREN …
… UND SO MIT MEINEM EIGENEN KÖRPER ZEUGNIS DAVON ABZULEGEN, WELCHEN WERT DIE JUGEND HEUTE IN JAPAN HAT.
UND DU VERSCHWENDEST DEINE WERTVOLLE ZEIT ALS TEENAGER AN SO EINEM ORT …
WAS BIST DU NUR FÜR EIN UNGEZOGENER SCHÜLER.
WAS WÜRDE WOHL PASSIEREN, WENN DER DIREKTOR MICH IN DIESER FORM SÄHE? SEIN EXTREMER HASS AUF ERWACHSENE UND SEINE BEGEISTERUNG FÜR KINDER SIND IN DER GANZEN SCHULE BEKANNT.

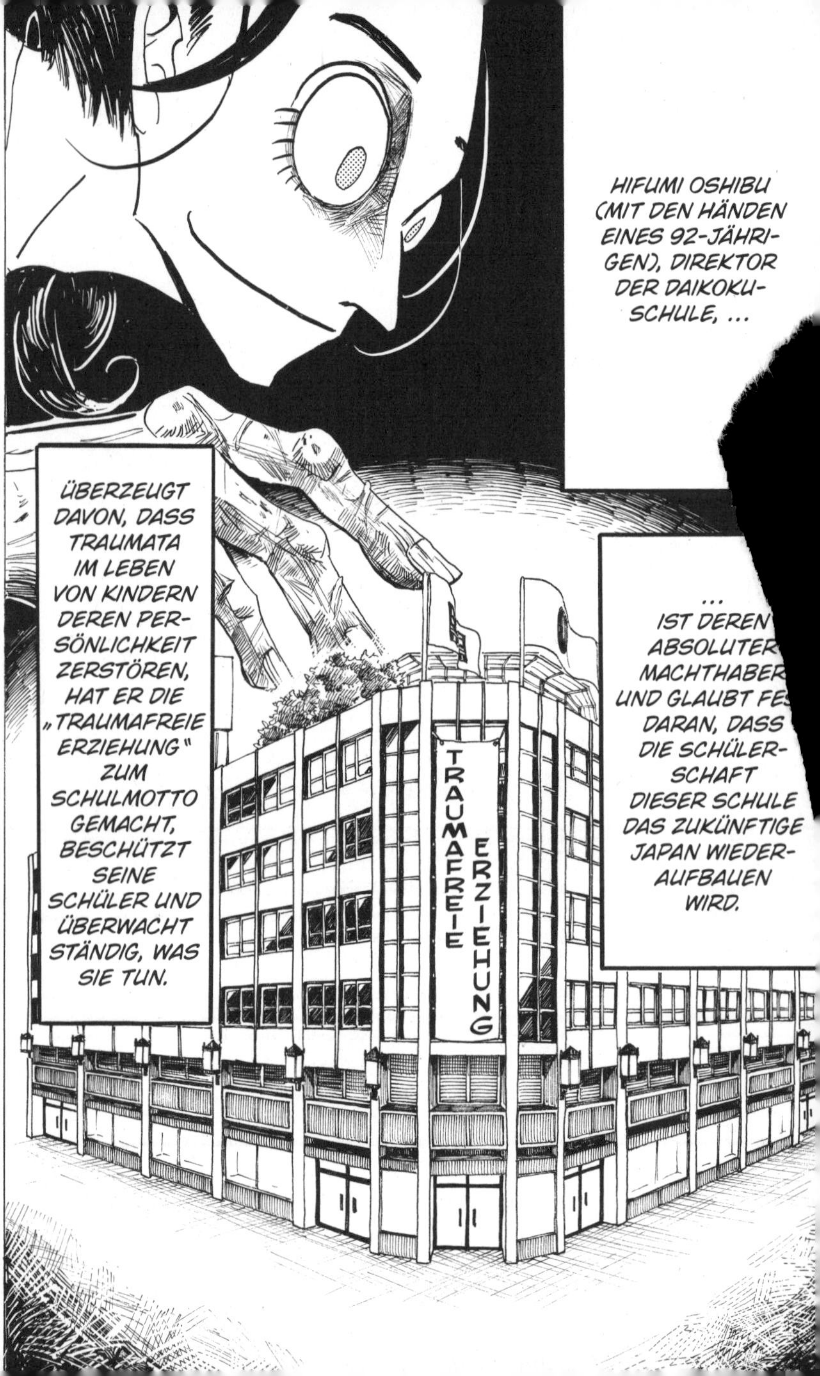
HIFUMI OSHIBU (MIT DEN HÄNDEN EINES 92-JÄHRIGEN), DIREKTOR DER DAIKOKU-SCHULE, ...
... IST DEREN ABSOLUTER MACHTHABER UND GLAUBT FES DARAN, DASS DIE SCHÜLERSCHAFT DIESER SCHULE DAS ZUKÜNFTIGE JAPAN WIEDERAUFBAUEN WIRD.
TRAUMAFREIE ERZIEHUNG
ÜBERZEUGT DAVON, DASS TRAUMATA IM LEBEN VON KINDERN DEREN PERSÖNLICHKEIT ZERSTÖREN, HAT ER DIE „TRAUMAFREIE ERZIEHUNG" ZUM SCHULMOTTO GEMACHT, BESCHÜTZT SEINE SCHÜLER UND ÜBERWACHT STÄNDIG, WAS SIE TUN.

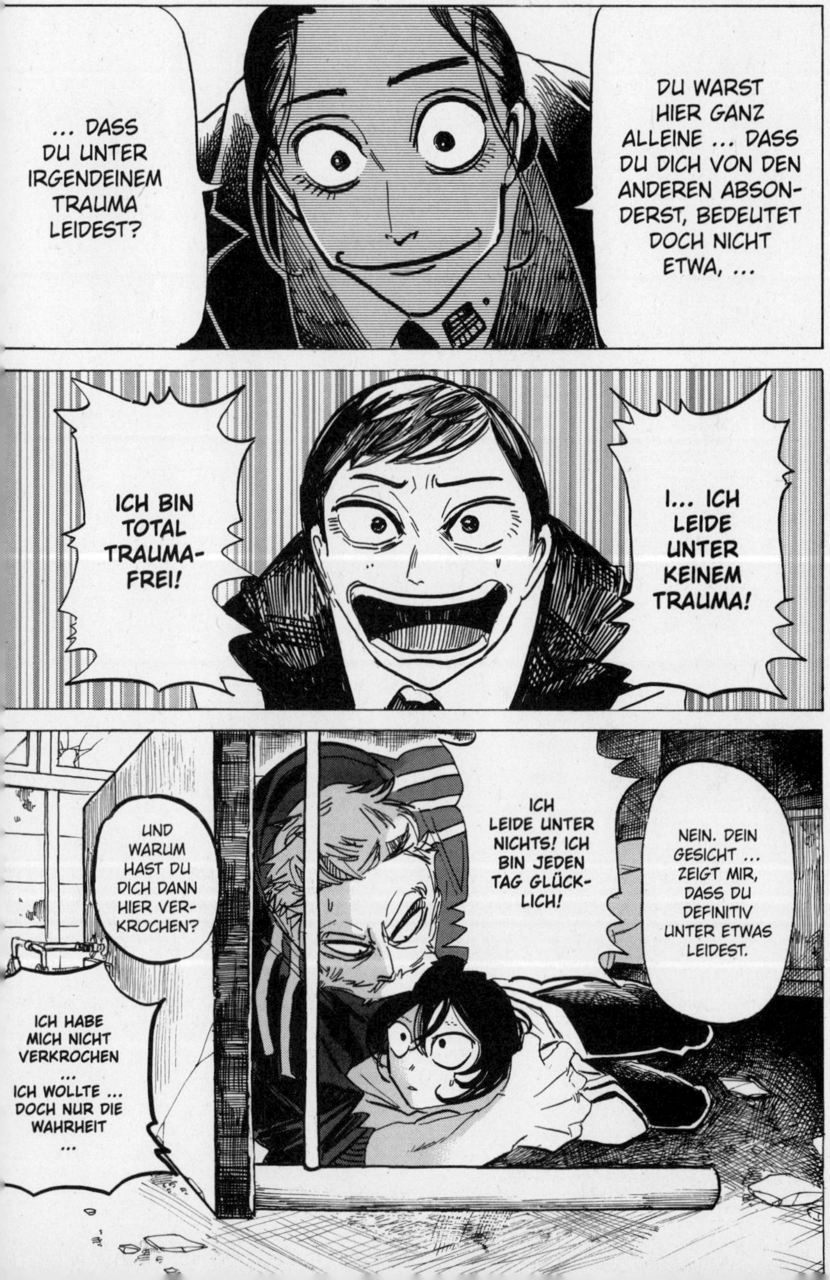
DU WARST HIER GANZ ALLEINE ... DASS DU DICH VON DEN ANDEREN ABSONDERST, BEDEUTET DOCH NICHT ETWA, ...
... DASS DU UNTER IRGENDEINEM TRAUMA LEIDEST?
I... ICH LEIDE UNTER KEINEM TRAUMA!
ICH BIN TOTAL TRAUMA-FREI!
NEIN. DEIN GESICHT ... ZEIGT MIR, DASS DU DEFINITIV UNTER ETWAS LEIDEST.
ICH LEIDE UNTER NICHTS! ICH BIN JEDEN TAG GLÜCKLICH!
UND WARUM HAST DU DICH DANN HIER VERKROCHEN?
ICH HABE MICH NICHT VERKROCHEN ... ICH WOLLTE ... DOCH NUR DIE WAHRHEIT ...

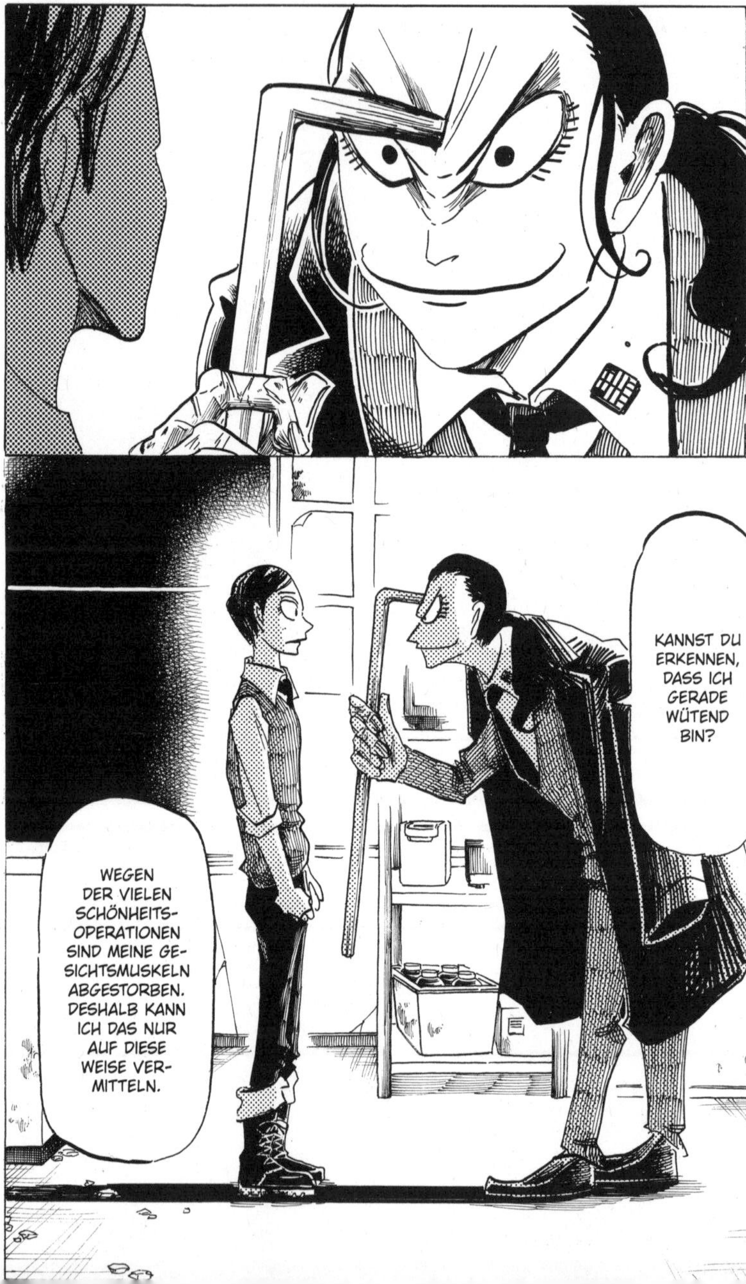
KANNST DU ERKENNEN, DASS ICH GERADE WÜTEND BIN?
WEGEN DER VIELEN SCHÖNHEITS-OPERATIONEN SIND MEINE GE-SICHTSMUSKELN ABGESTORBEN. DESHALB KANN ICH DAS NUR AUF DIESE WEISE VER-MITTELN.

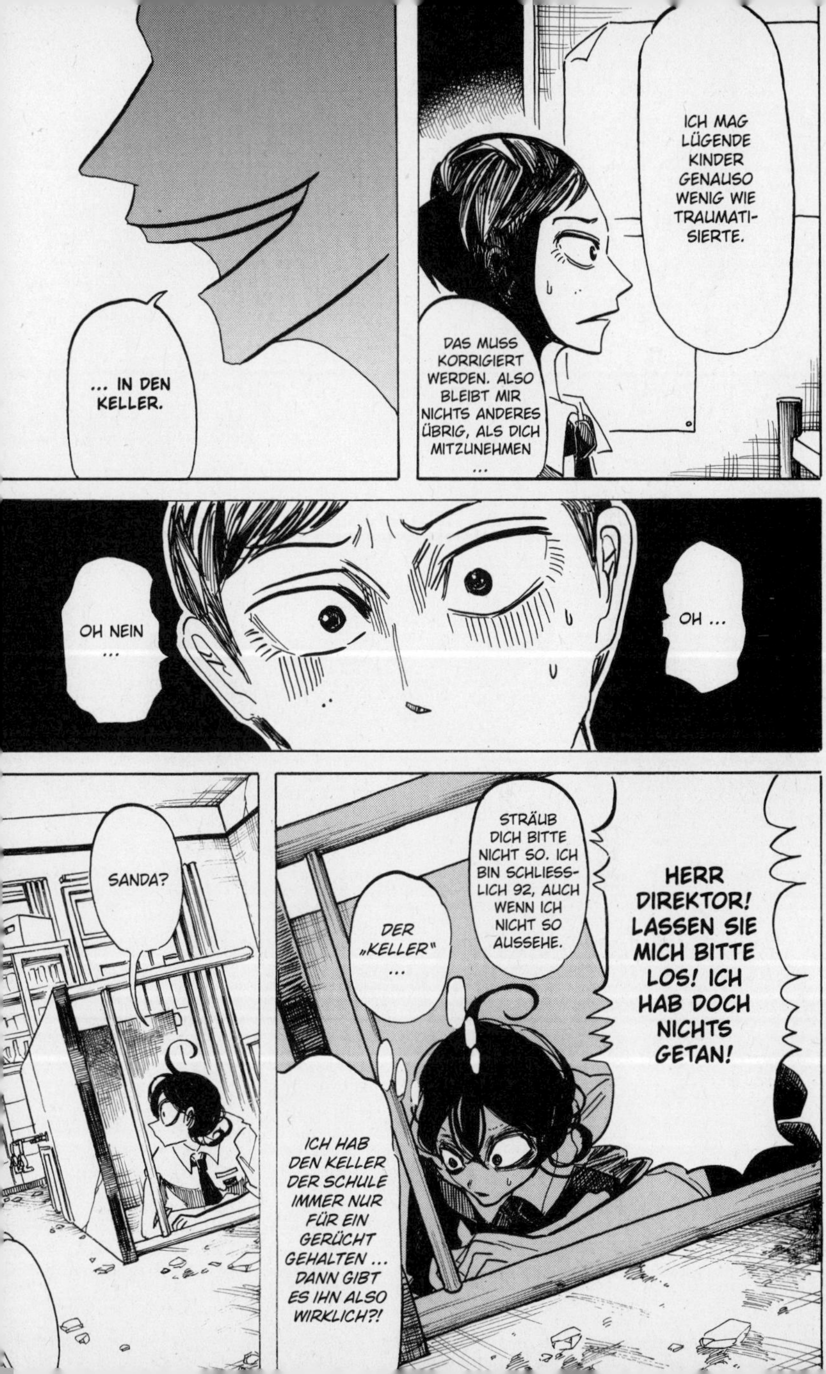
ICH MAG LÜGENDE KINDER GENAUSO WENIG WIE TRAUMATISIERTE.
DAS MUSS KORRIGIERT WERDEN. ALSO BLEIBT MIR NICHTS ANDERES ÜBRIG, ALS DICH MITZUNEHMEN ...
... IN DEN KELLER.
OH ...
OH NEIN ...
HERR DIREKTOR! LASSEN SIE MICH BITTE LOS! ICH HAB DOCH NICHTS GETAN!
STRÄUB DICH BITTE NICHT SO. ICH BIN SCHLIESSLICH 92, AUCH WENN ICH NICHT SO AUSSEHE.
DER „KELLER" ...
ICH HAB DEN KELLER DER SCHULE IMMER NUR FÜR EIN GERÜCHT GEHALTEN ... DANN GIBT ES IHN ALSO WIRKLICH?!
SANDA?

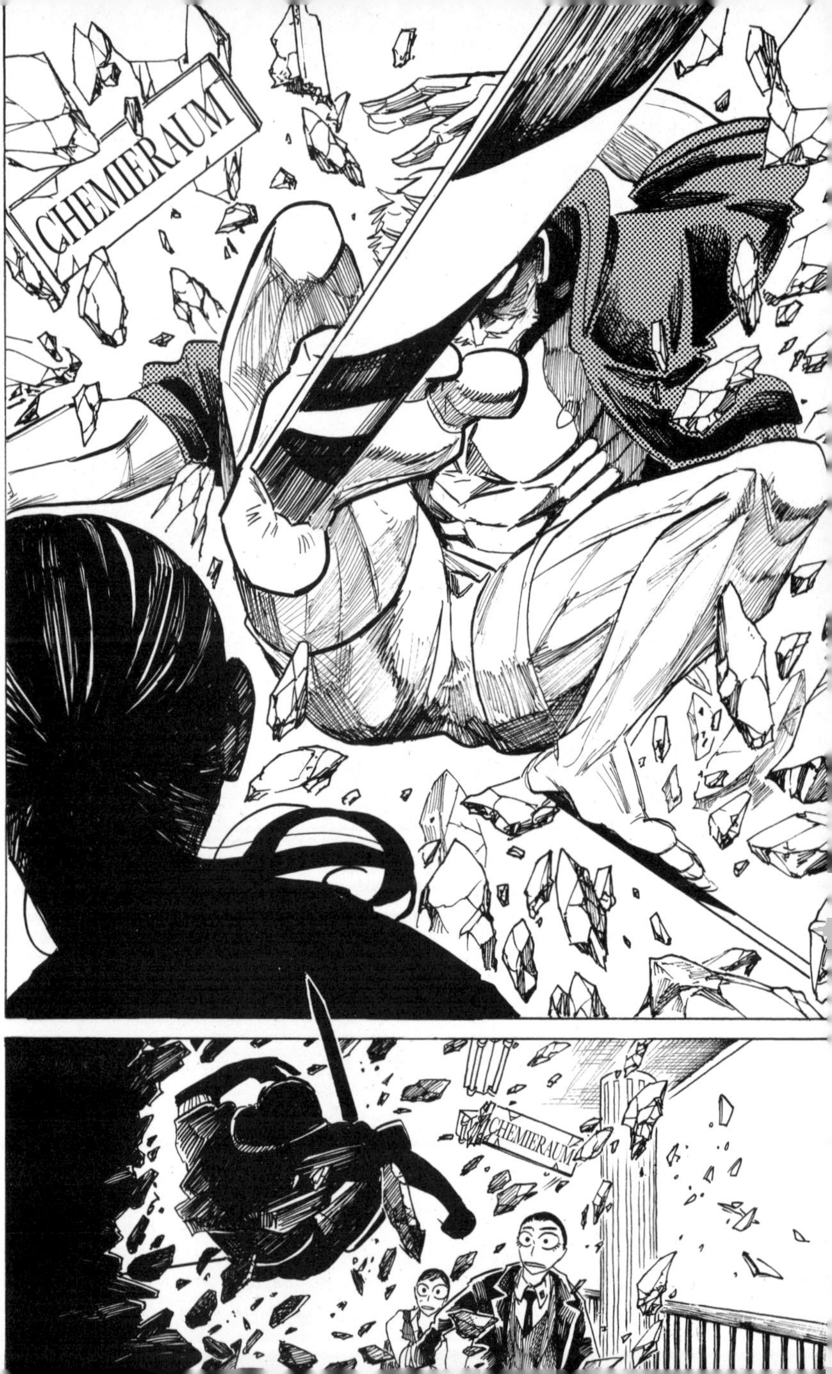
CHEMIERAUM
CHEMIERAUM

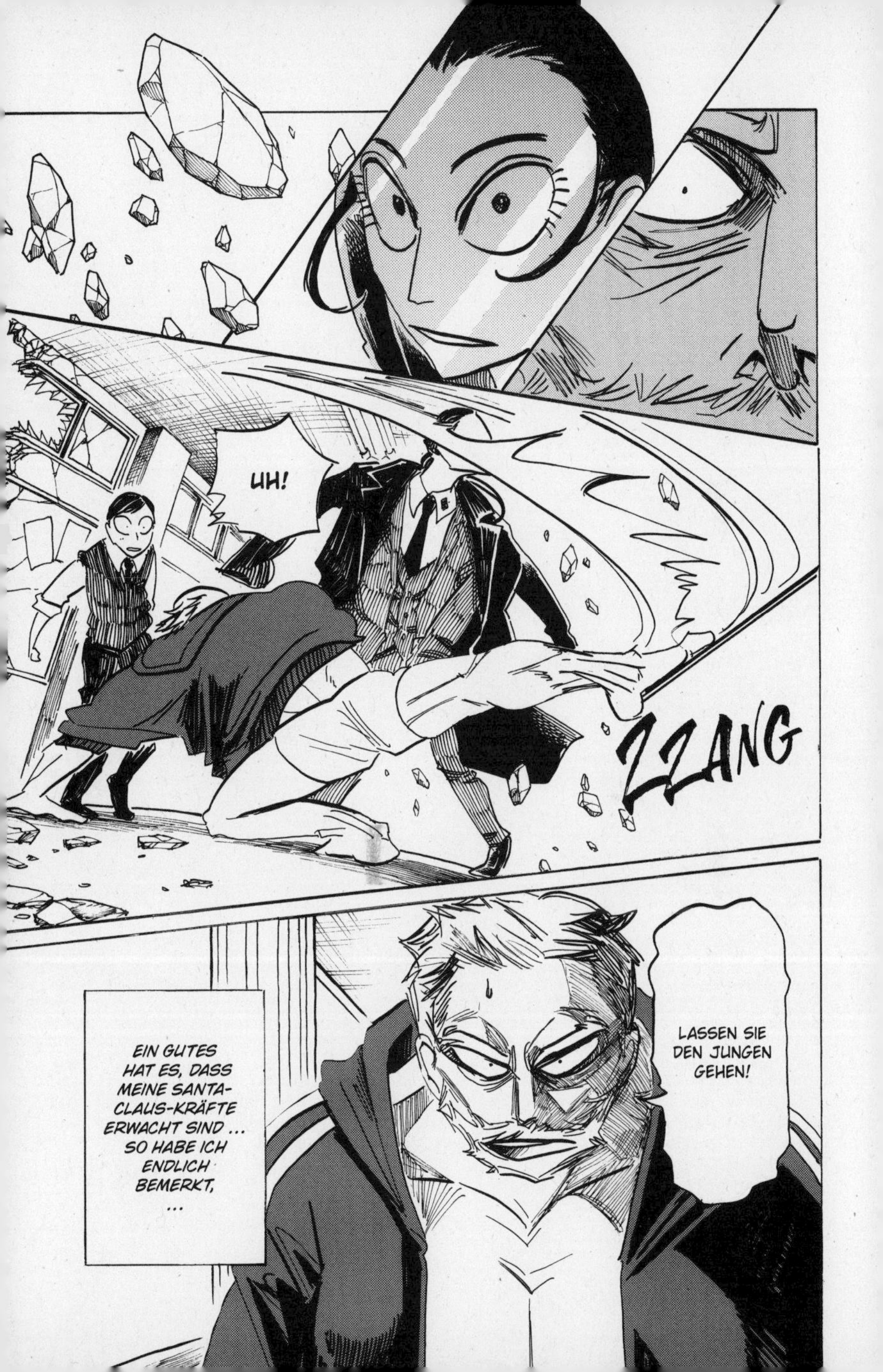
UH!
ZZANG
LASSEN SIE DEN JUNGEN GEHEN!
EIN GUTES HAT ES, DASS MEINE SANTA-CLAUS-KRÄFTE ERWACHT SIND … SO HABE ICH ENDLICH BEMERKT, …

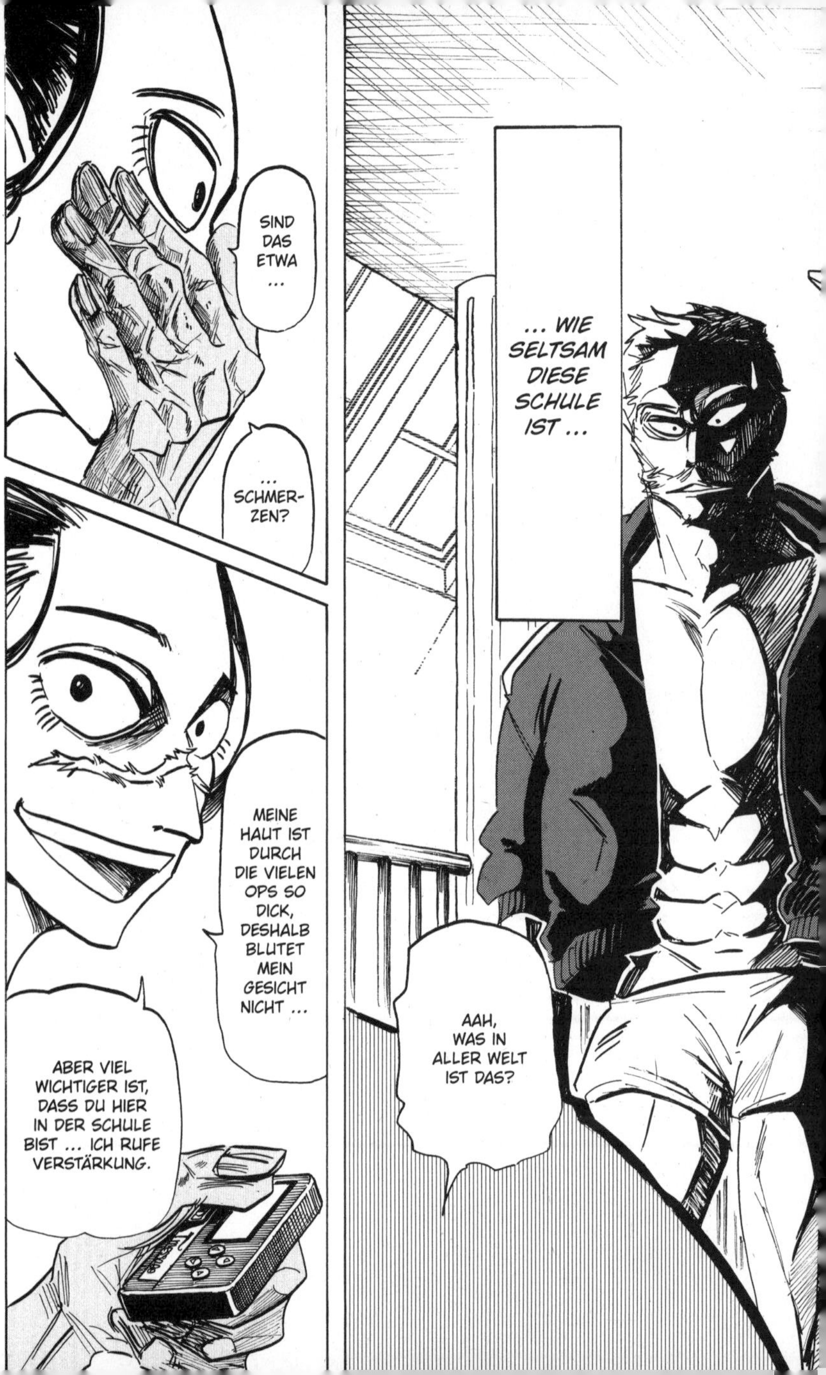
... WIE SELTSAM DIESE SCHULE IST ...
AAH, WAS IN ALLER WELT IST DAS?
SIND DAS ETWA ...
... SCHMERZEN?
MEINE HAUT IST DURCH DIE VIELEN OPS SO DICK, DESHALB BLUTET MEIN GESICHT NICHT ...
ABER VIEL WICHTIGER IST, DASS DU HIER IN DER SCHULE BIST ... ICH RUFE VERSTÄRKUNG.

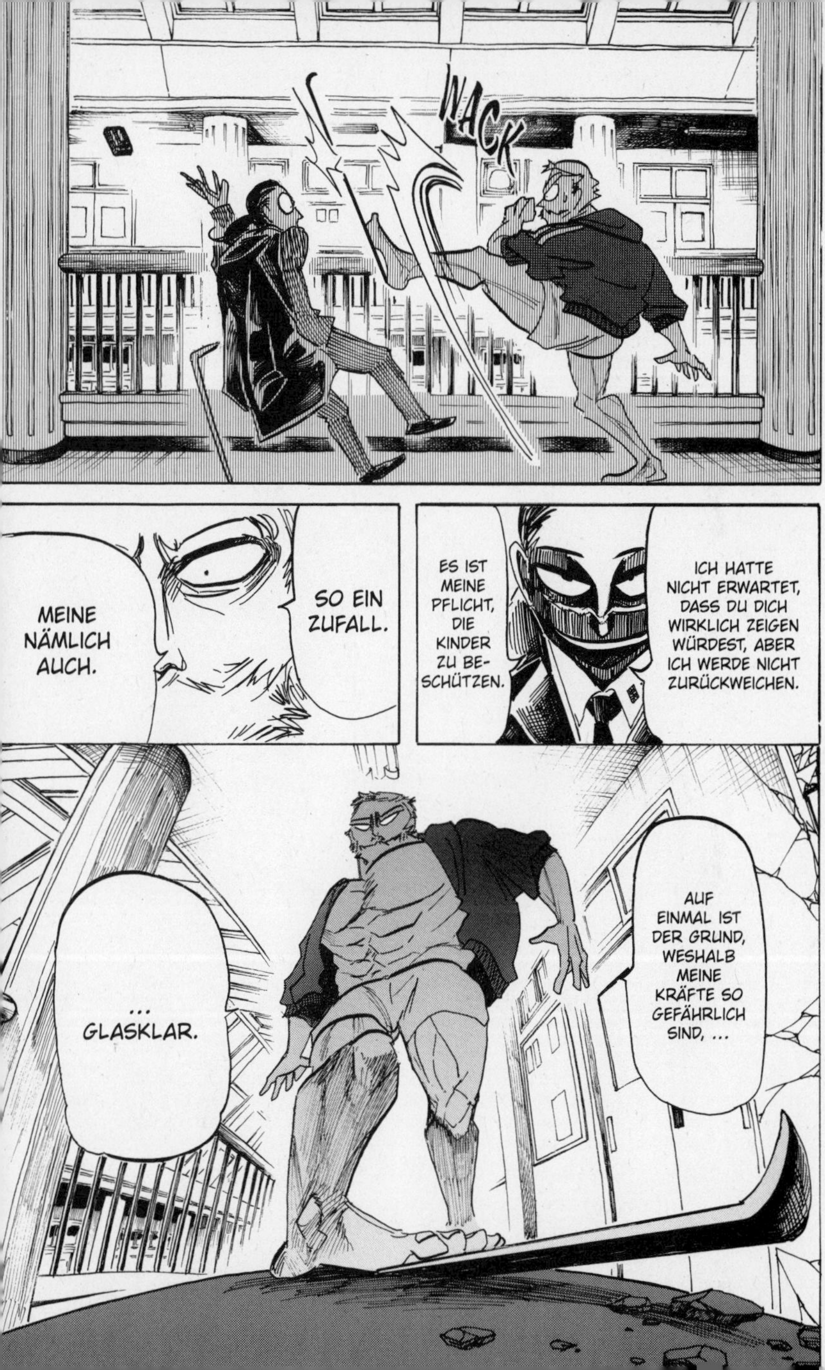
WACK
ICH HATTE NICHT ERWARTET, DASS DU DICH WIRKLICH ZEIGEN WÜRDEST, ABER ICH WERDE NICHT ZURÜCKWEICHEN.
ES IST MEINE PFLICHT, DIE KINDER ZU BESCHÜTZEN.
SO EIN ZUFALL.
MEINE NÄMLICH AUCH.
AUF EINMAL IST DER GRUND, WESHALB MEINE KRÄFTE SO GEFÄHRLICH SIND, ...
... GLASKLAR.

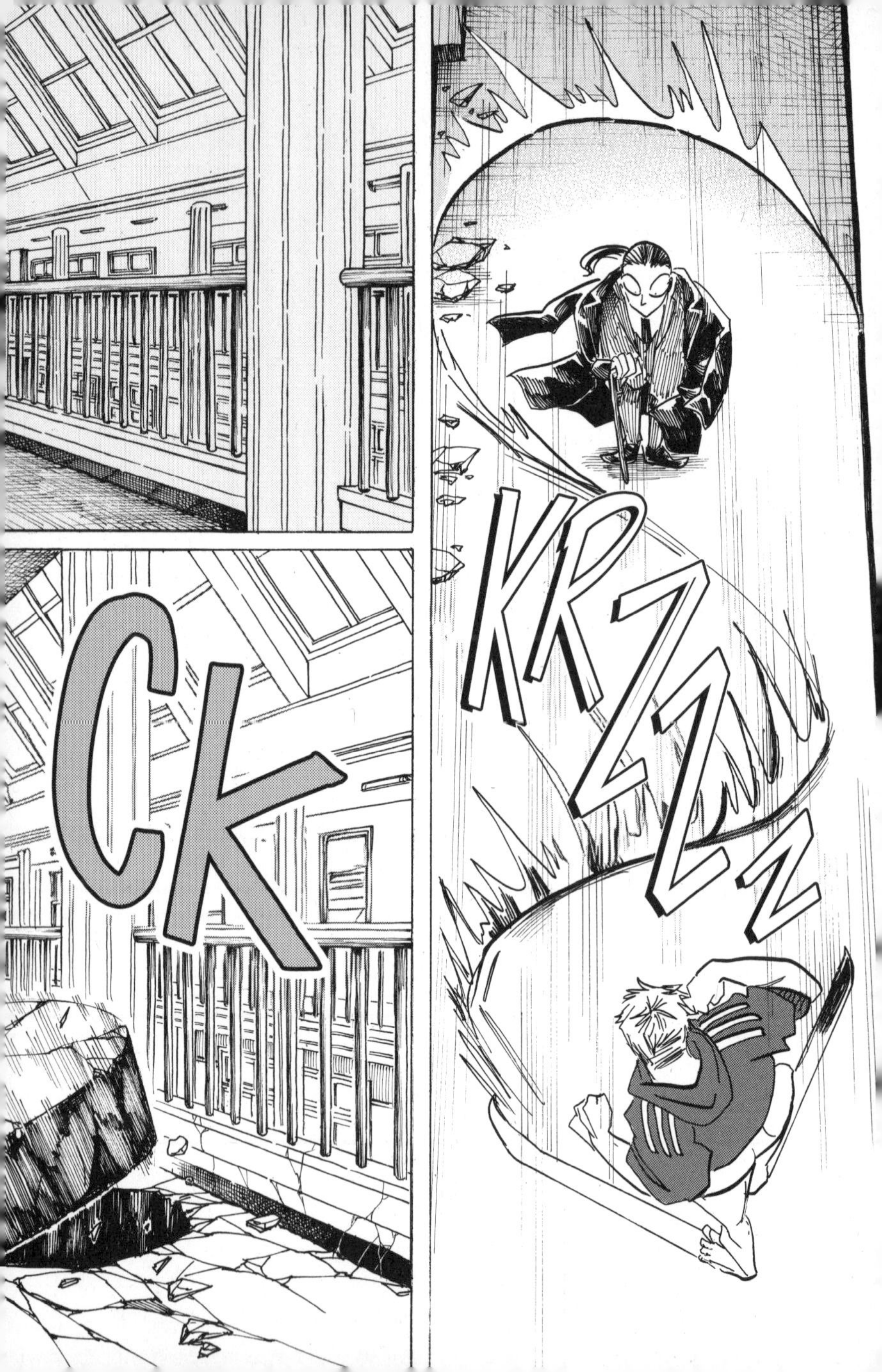
KRZZZ
CK

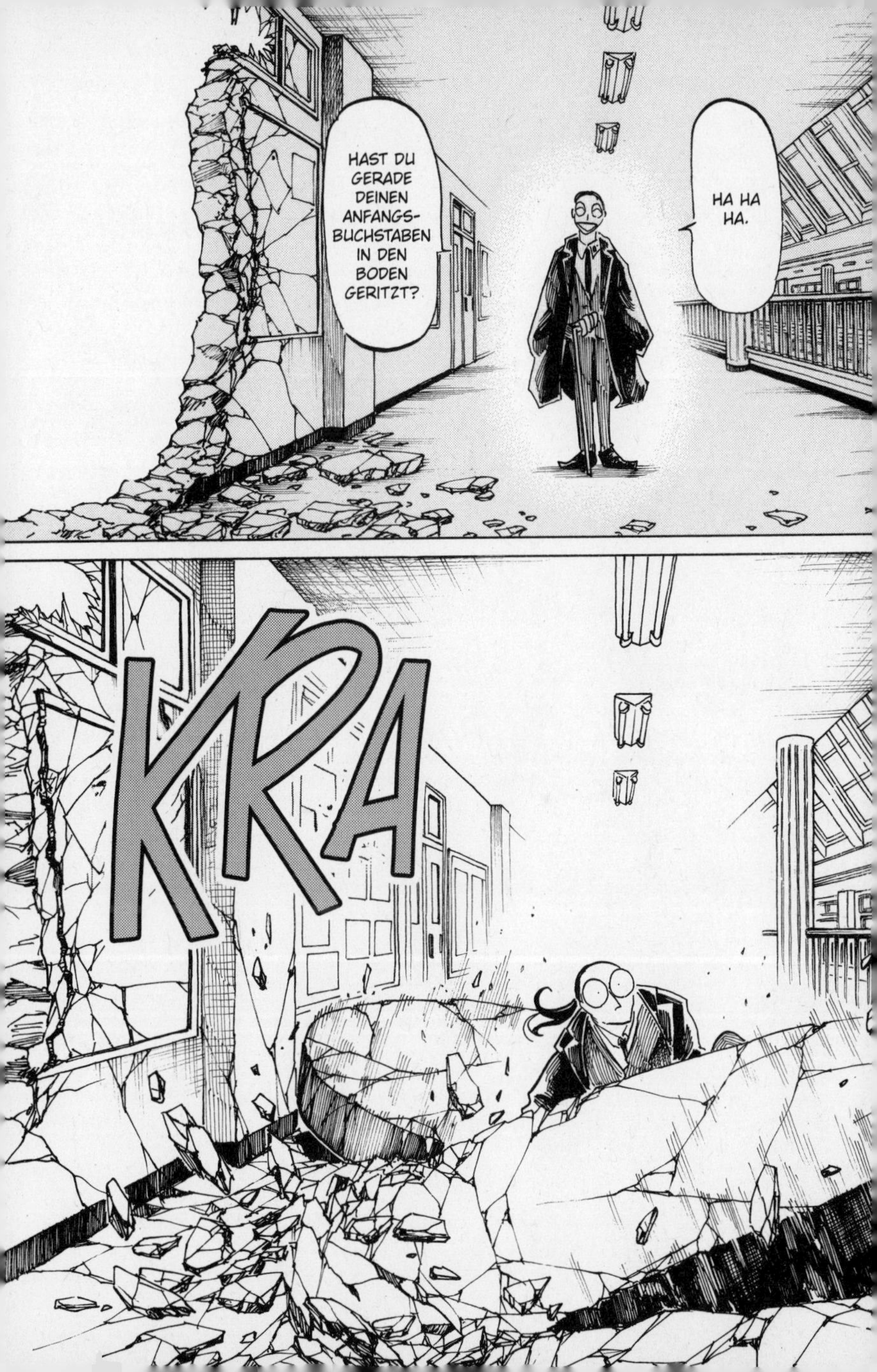
HA HA HA.
HAST DU GERADE DEINEN ANFANGS-BUCHSTABEN IN DEN BODEN GERITZT?
KRA

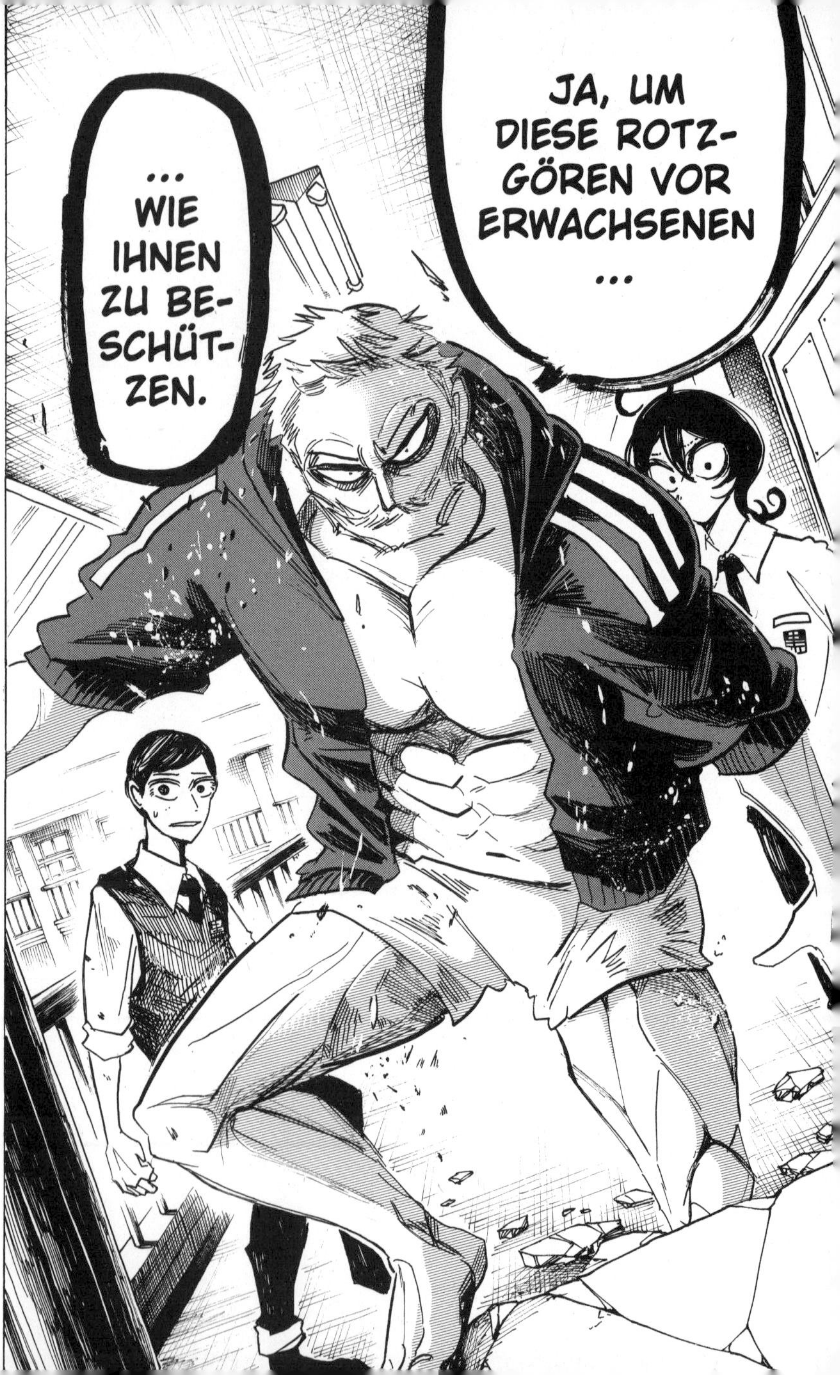
JA, UM DIESE ROTZGÖREN VOR ERWACHSENEN ...
... WIE IHNEN ZU BESCHÜTZEN.

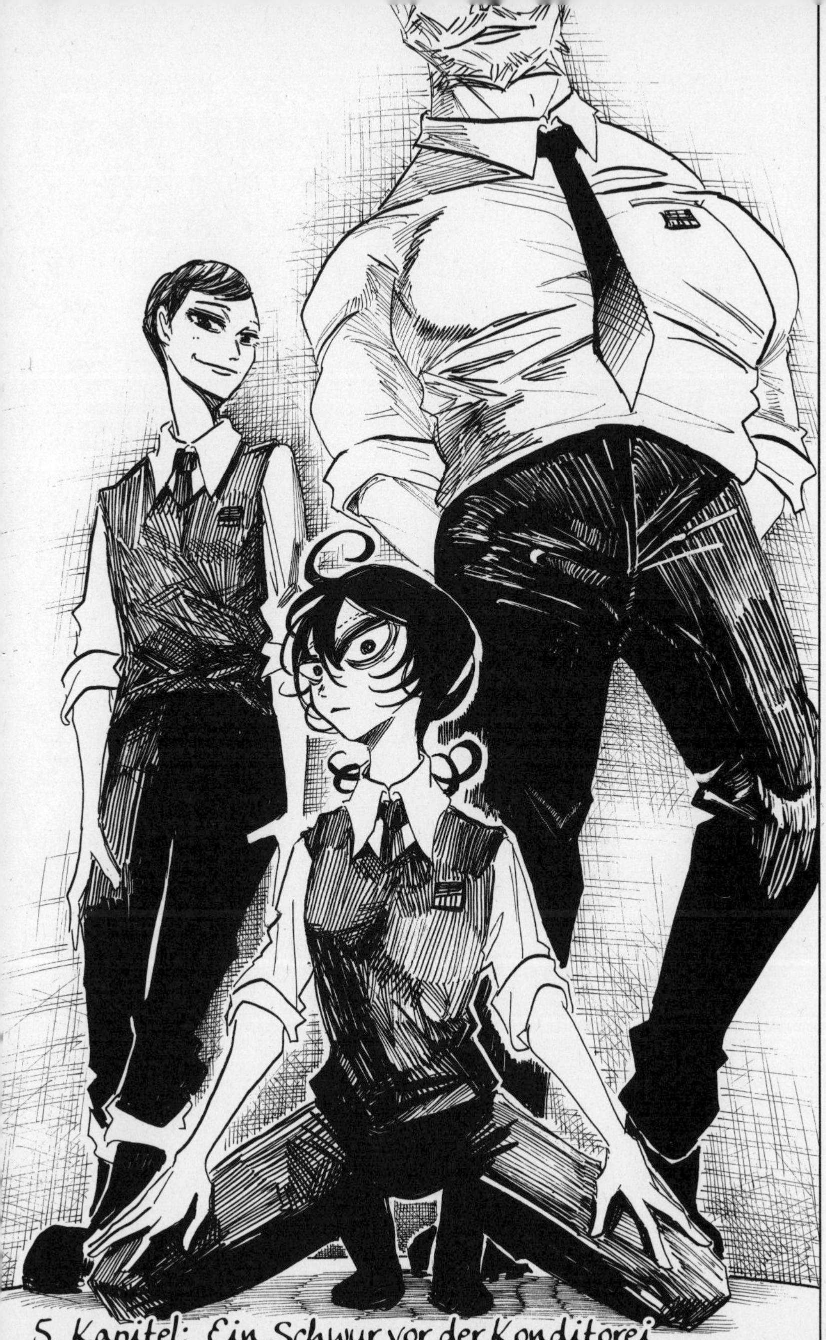

5. Kapitel: Ein Schwur vor der Konditorei

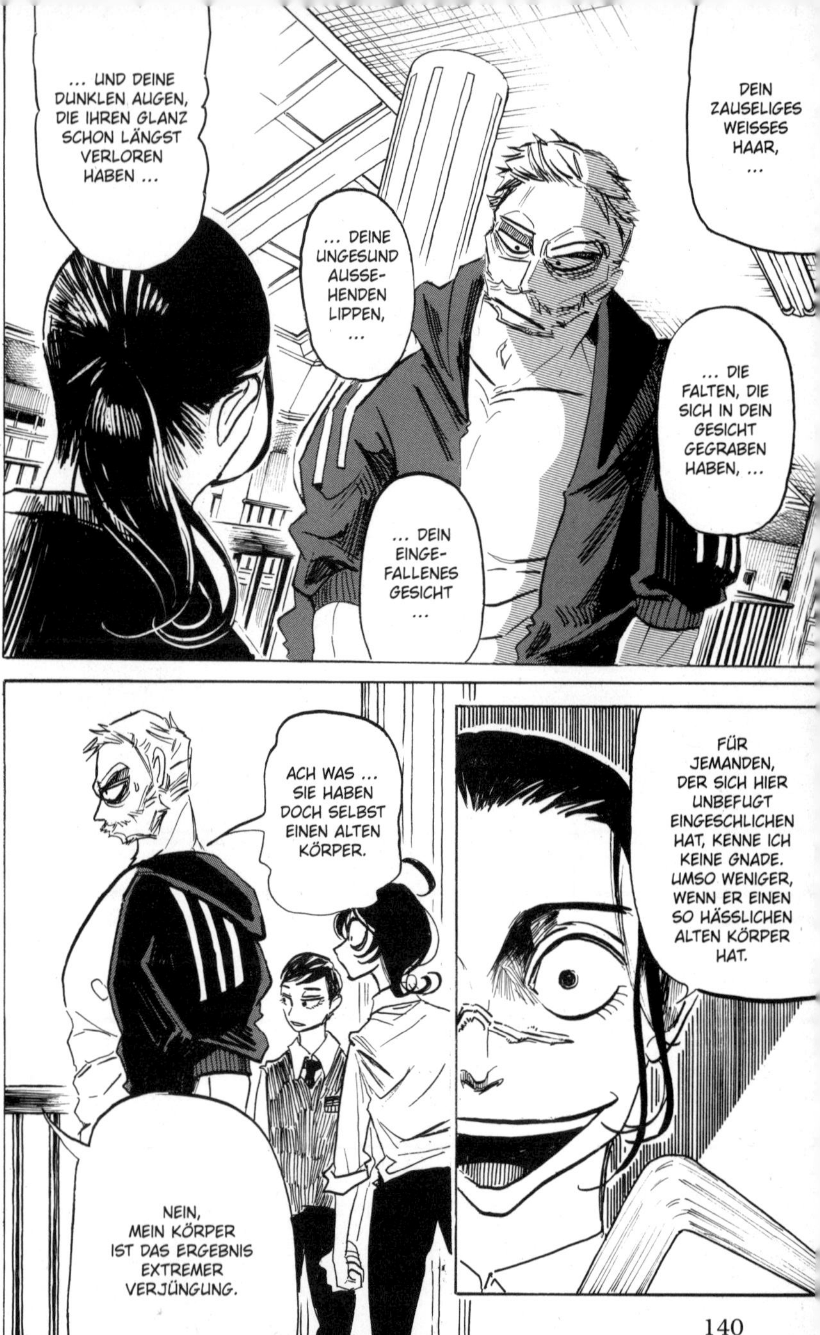
DEIN ZAUSELIGES WEISSES HAAR, …
… DIE FALTEN, DIE SICH IN DEIN GESICHT GEGRABEN HABEN, …
… DEINE UNGESUND AUSSE-HENDEN LIPPEN, …
… DEIN EINGE-FALLENES GESICHT …
… UND DEINE DUNKLEN AUGEN, DIE IHREN GLANZ SCHON LÄNGST VERLOREN HABEN …
FÜR JEMANDEN, DER SICH HIER UNBEFUGT EINGESCHLICHEN HAT, KENNE ICH KEINE GNADE. UMSO WENIGER, WENN ER EINEN SO HÄSSLICHEN ALTEN KÖRPER HAT.
ACH WAS … SIE HABEN DOCH SELBST EINEN ALTEN KÖRPER.
NEIN, MEIN KÖRPER IST DAS ERGEBNIS EXTREMER VERJÜNGUNG.

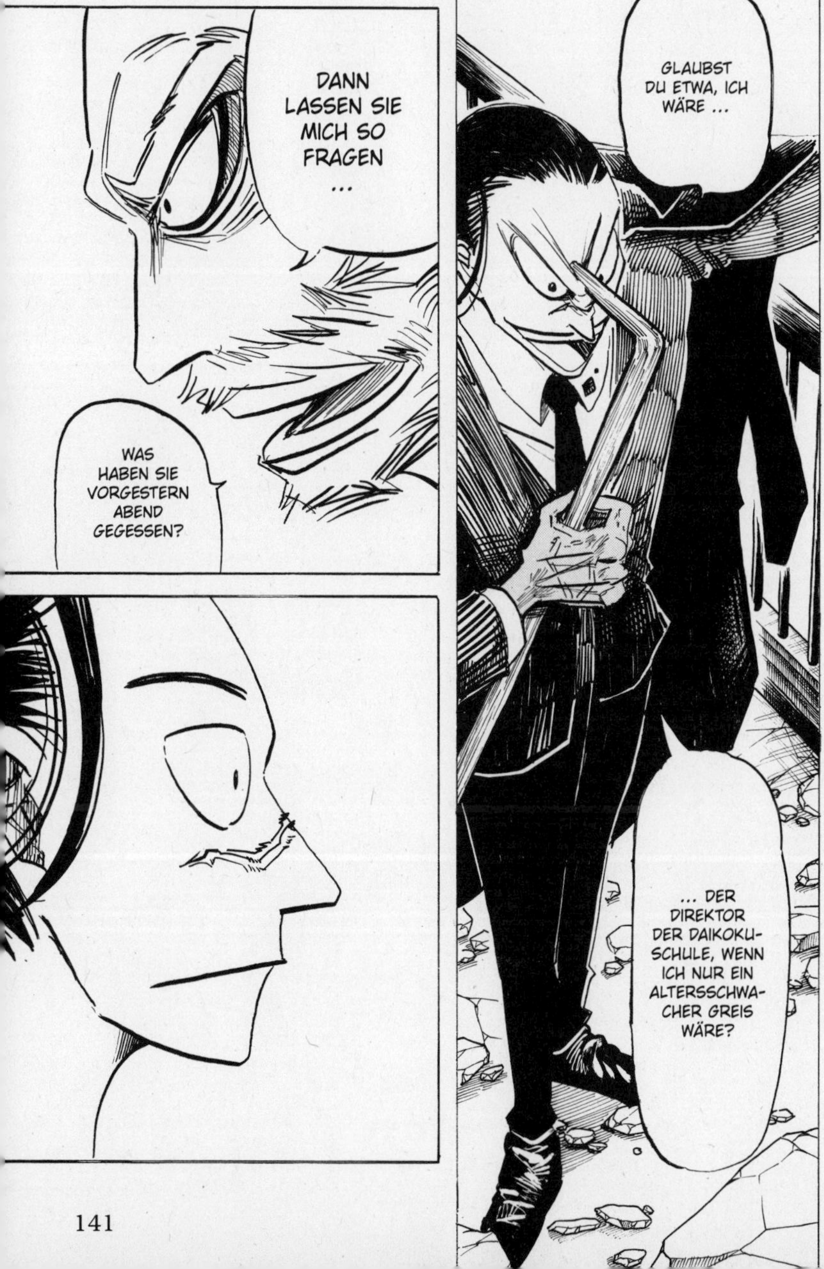
GLAUBST DU ETWA, ICH WÄRE ...
... DER DIREKTOR DER DAIKOKU-SCHULE, WENN ICH NUR EIN ALTERSSCHWA-CHER GREIS WÄRE?
DANN LASSEN SIE MICH SO FRAGEN ...
WAS HABEN SIE VORGESTERN ABEND GEGESSEN?

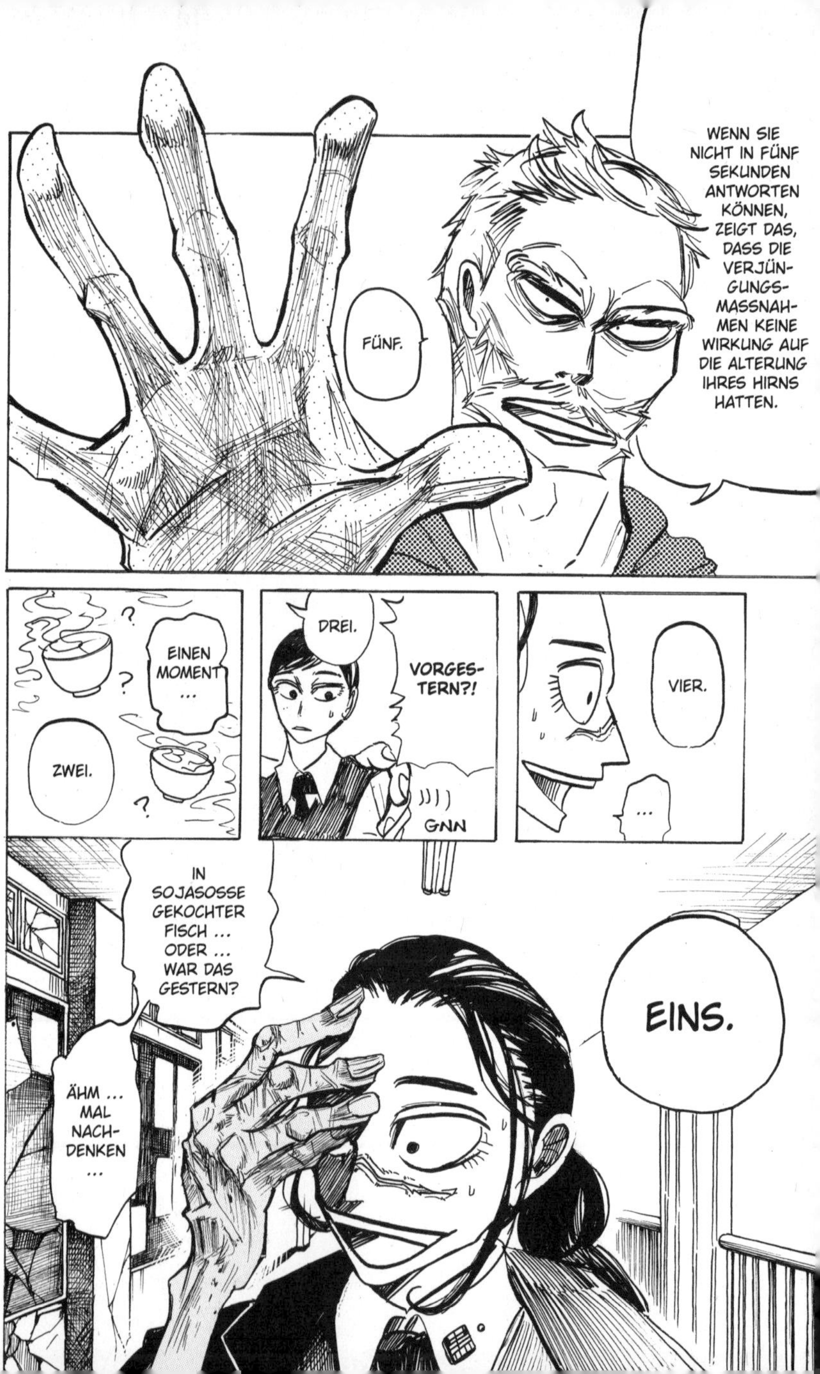
WENN SIE NICHT IN FÜNF SEKUNDEN ANTWORTEN KÖNNEN, ZEIGT DAS, DASS DIE VERJÜN-GUNGS-MASSNAH-MEN KEINE WIRKUNG AUF DIE ALTERUNG IHRES HIRNS HATTEN.
FÜNF.
VIER.
...
DREI.
VORGES-TERN?!
GNN
EINEN MOMENT ...
ZWEI.
EINS.
IN SOJASOSSE GEKOCHTER FISCH ... ODER ... WAR DAS GESTERN?
ÄHM ... MAL NACH-DENKEN ...

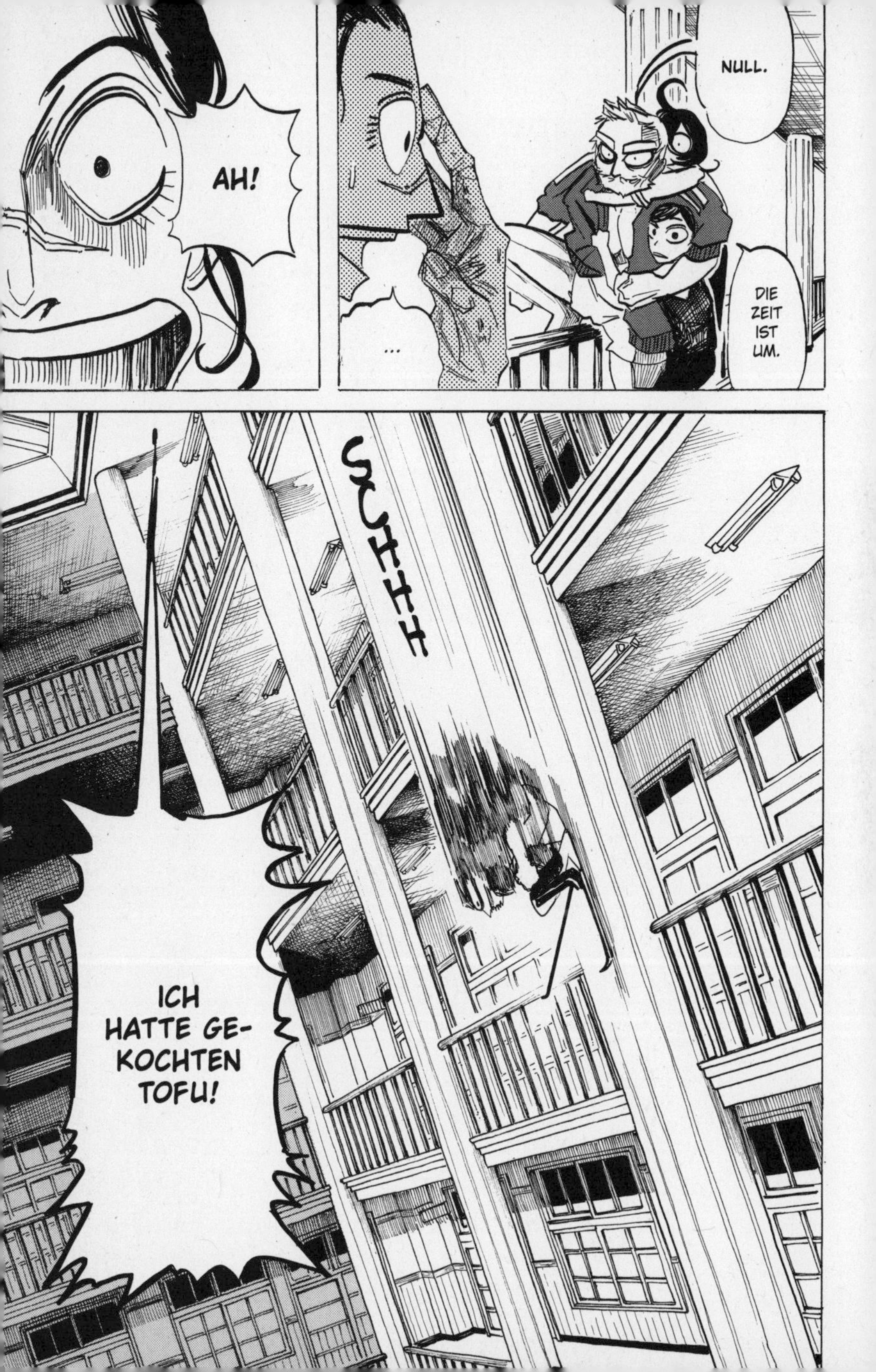
NULL.
DIE ZEIT IST UM.
...
AH!
SCHHHH
ICH HATTE GE-KOCHTEN TOFU!

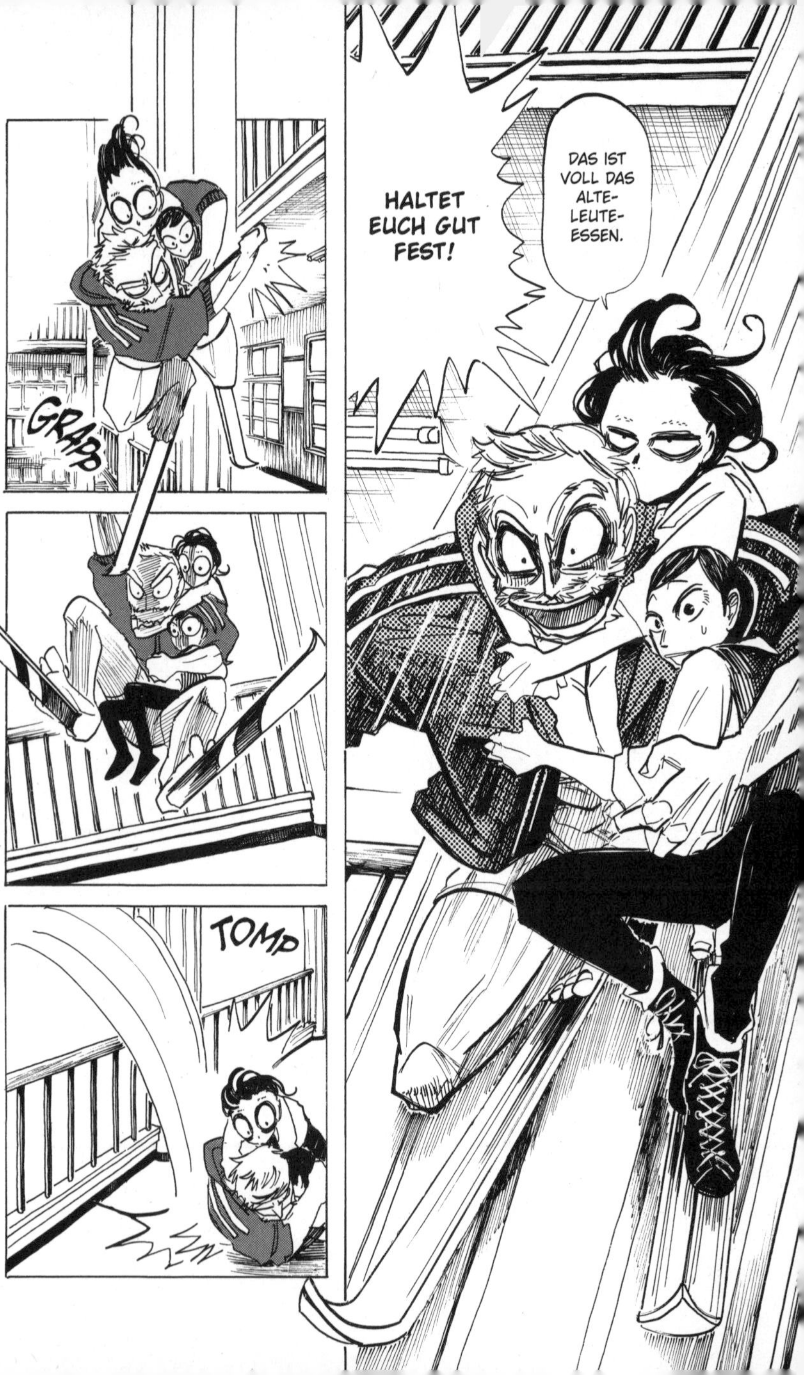
DAS IST VOLL DAS ALTE-LEUTE-ESSEN.
HALTET EUCH GUT FEST!
GRAPP
TOMP

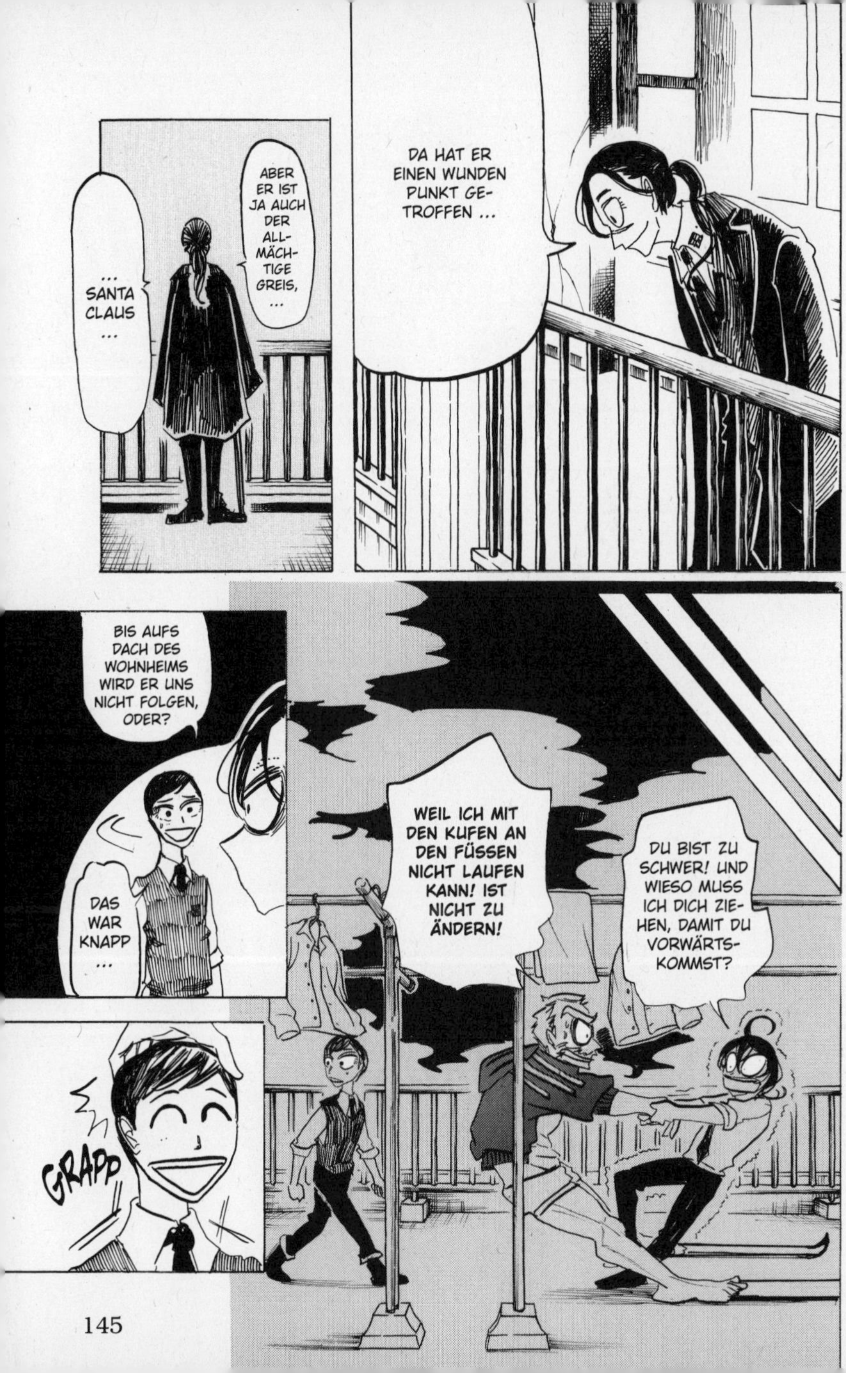
DA HAT ER EINEN WUNDEN PUNKT GETROFFEN ...
ABER ER IST JA AUCH DER ALLMÄCHTIGE GREIS, ...
... SANTA CLAUS ...
DU BIST ZU SCHWER! UND WIESO MUSS ICH DICH ZIEHEN, DAMIT DU VORWÄRTSKOMMST?
WEIL ICH MIT DEN KUFEN AN DEN FÜSSEN NICHT LAUFEN KANN! IST NICHT ZU ÄNDERN!
BIS AUFS DACH DES WOHNHEIMS WIRD ER UNS NICHT FOLGEN, ODER?
DAS WAR KNAPP ...
GRAPP

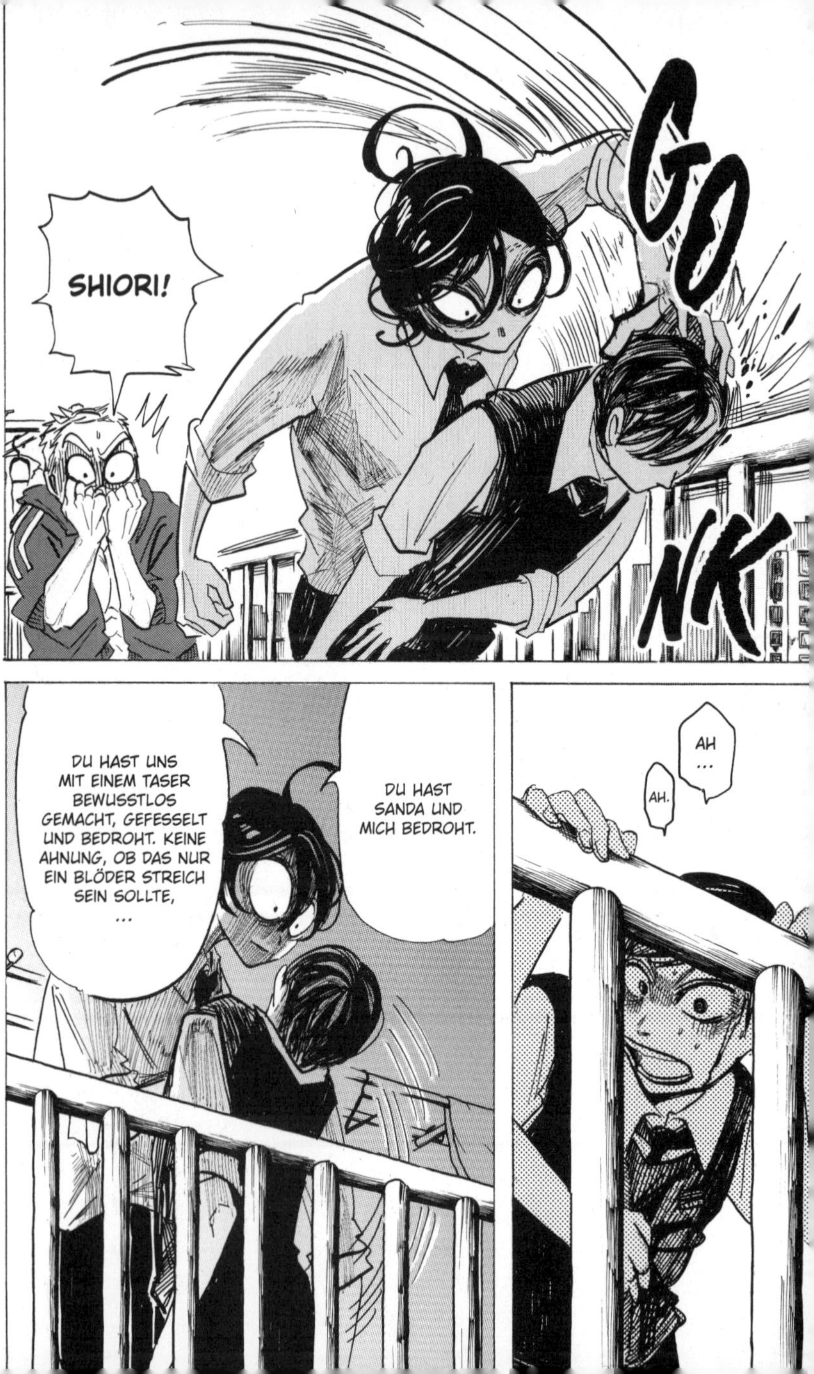
GO
NK
SHIORI!
AH …
AH.
DU HAST SANDA UND MICH BEDROHT.
DU HAST UNS MIT EINEM TASER BEWUSSTLOS GEMACHT, GEFESSELT UND BEDROHT. KEINE AHNUNG, OB DAS NUR EIN BLÖDER STREICH SEIN SOLLTE, …

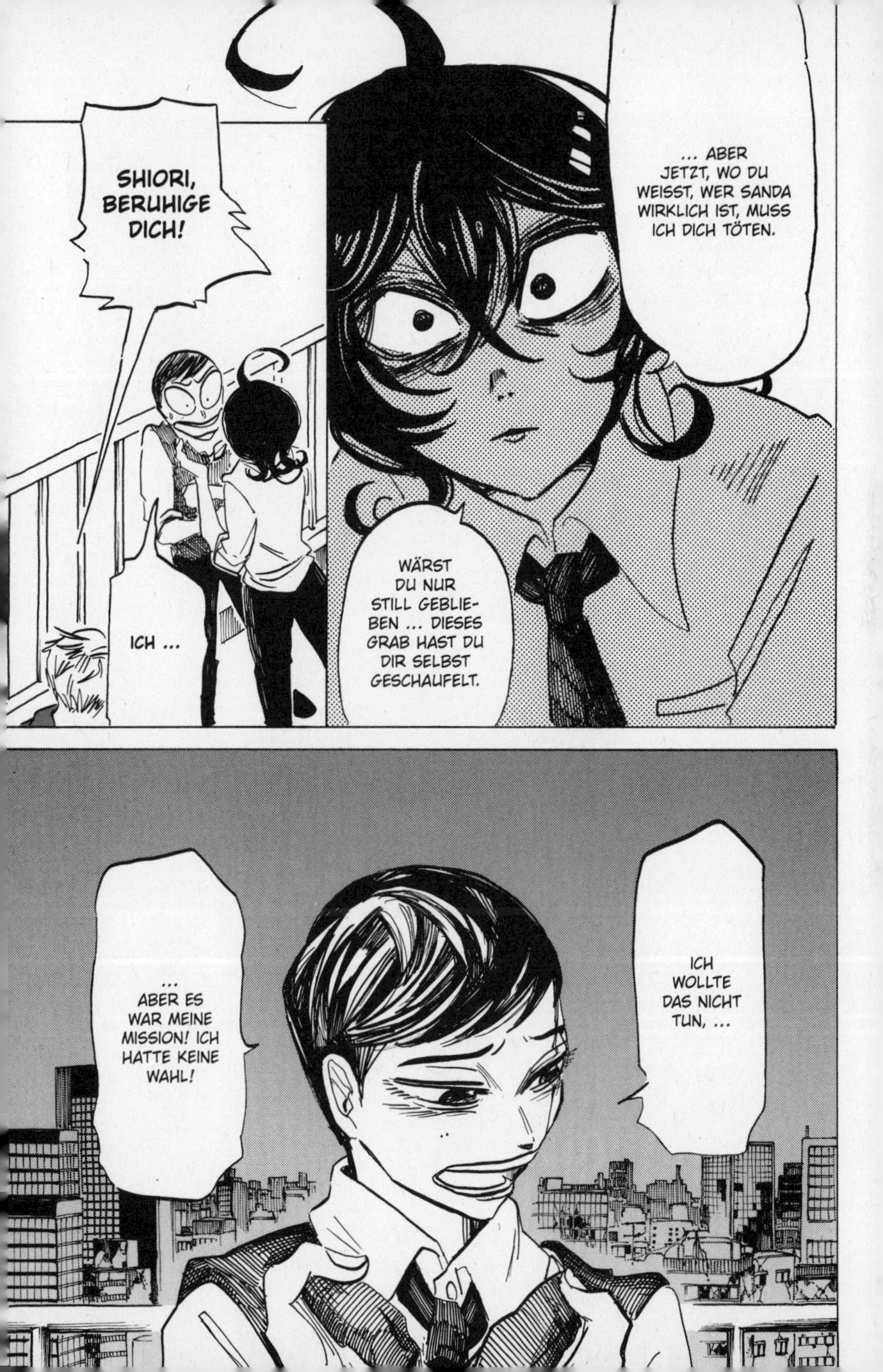
… ABER JETZT, WO DU WEISST, WER SANDA WIRKLICH IST, MUSS ICH DICH TÖTEN.
WÄRST DU NUR STILL GEBLIEBEN … DIESES GRAB HAST DU DIR SELBST GESCHAUFELT.
SHIORI, BERUHIGE DICH!
ICH …
ICH WOLLTE DAS NICHT TUN, …
… ABER ES WAR MEINE MISSION! ICH HATTE KEINE WAHL!

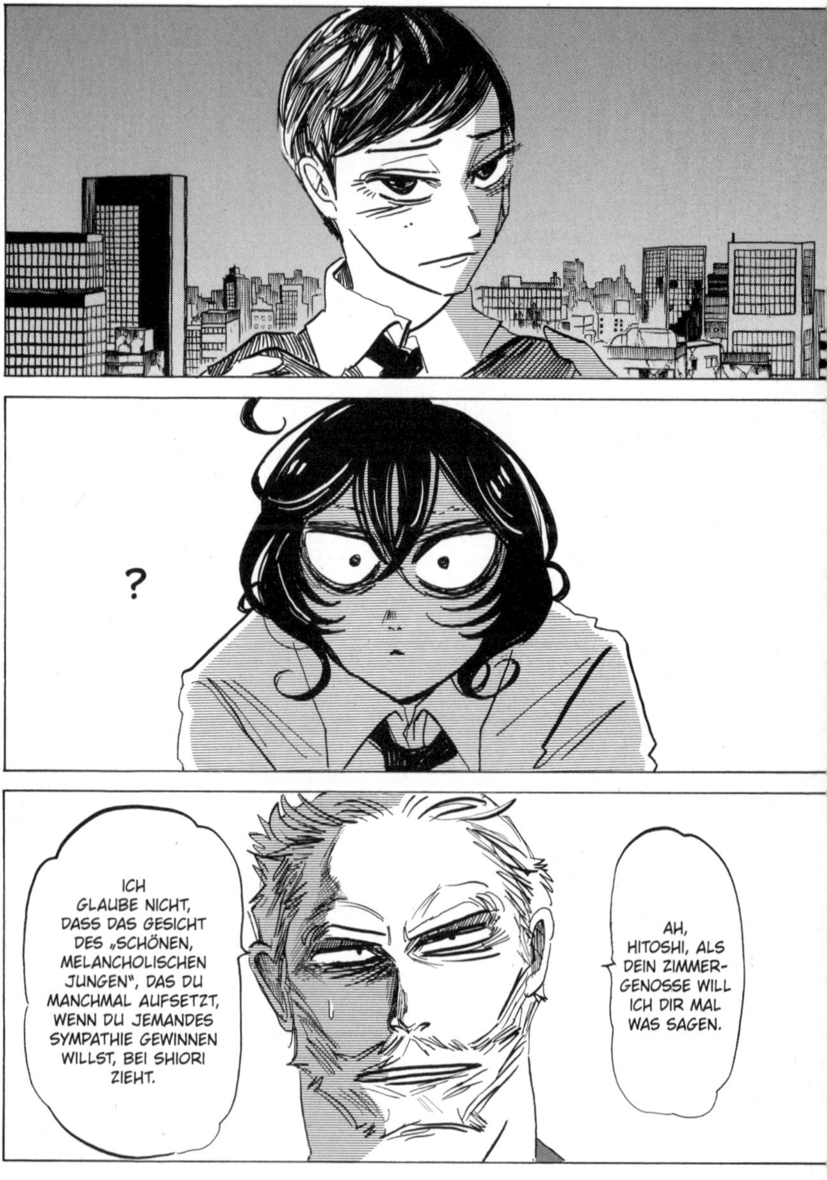
?
AH, HITOSHI, ALS DEIN ZIMMER-GENOSSE WILL ICH DIR MAL WAS SAGEN.
ICH GLAUBE NICHT, DASS DAS GESICHT DES „SCHÖNEN, MELANCHOLISCHEN JUNGEN“, DAS DU MANCHMAL AUFSETZT, WENN DU JEMANDES SYMPATHIE GEWINNEN WILLST, BEI SHIORI ZIEHT.

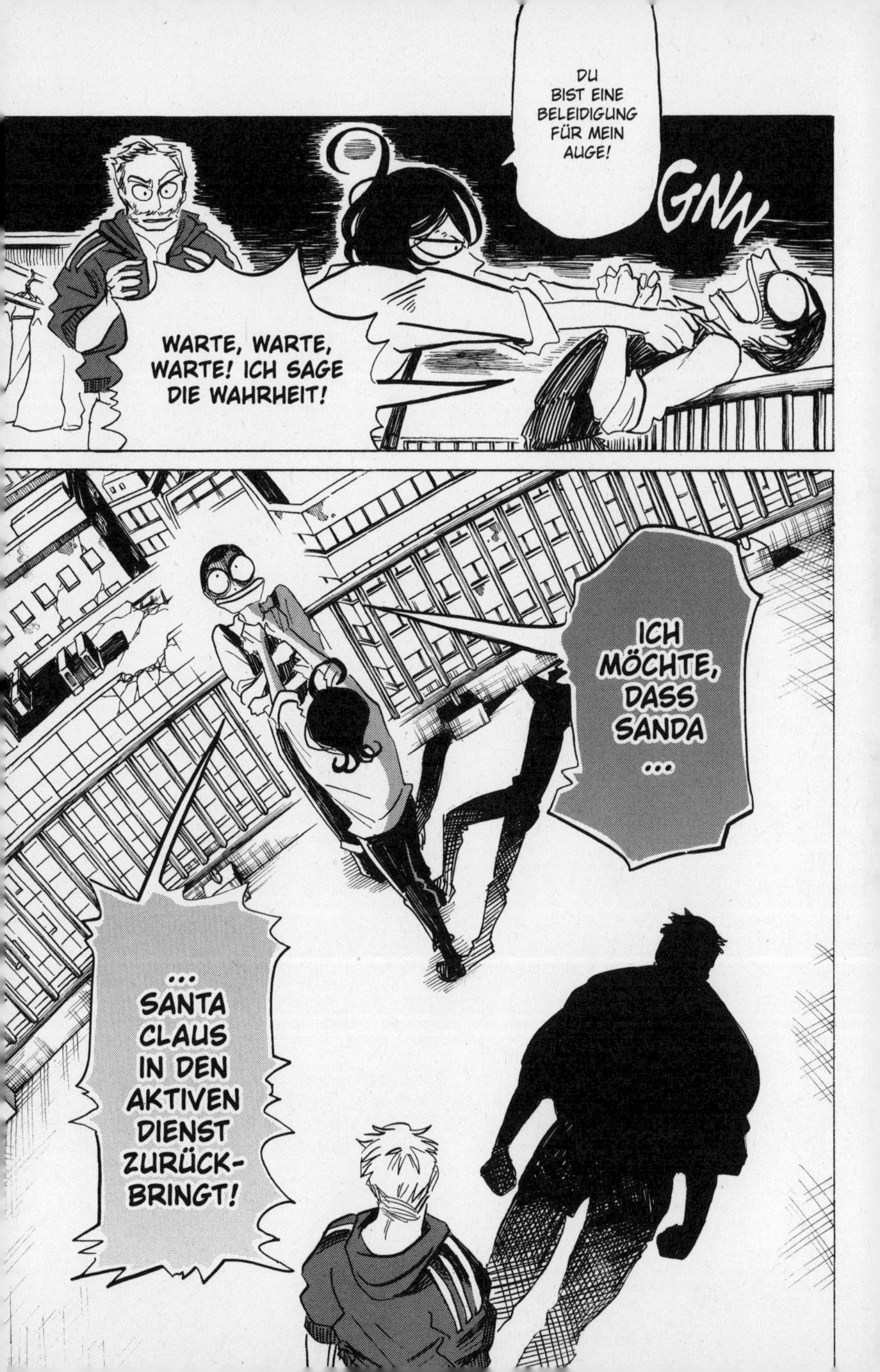
DU BIST EINE BELEIDIGUNG FÜR MEIN AUGE!
GNN
WARTE, WARTE, WARTE! ICH SAGE DIE WAHRHEIT!
ICH MÖCHTE, DASS SANDA ...
... SANTA CLAUS IN DEN AKTIVEN DIENST ZURÜCK-BRINGT!

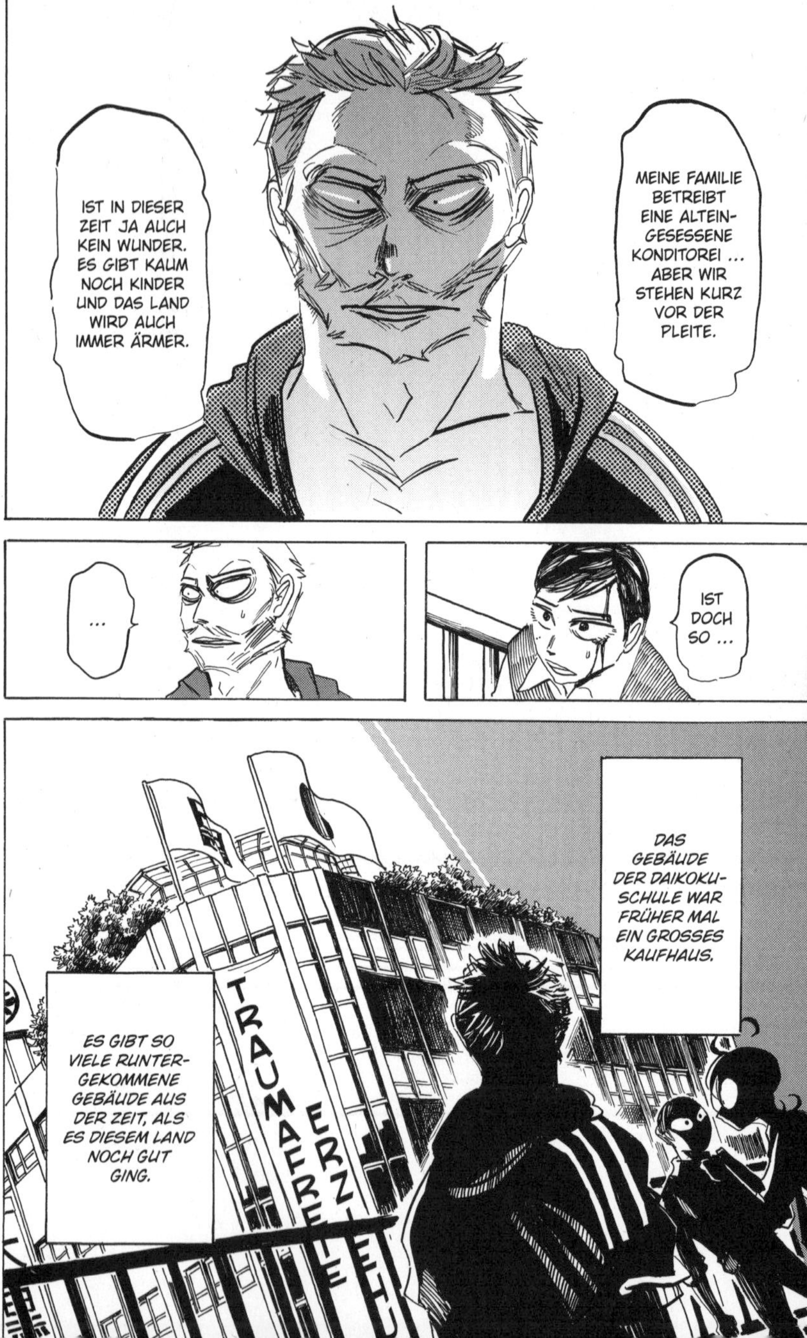
MEINE FAMILIE BETREIBT EINE ALTEINGESESSENE KONDITOREI … ABER WIR STEHEN KURZ VOR DER PLEITE.
IST IN DIESER ZEIT JA AUCH KEIN WUNDER. ES GIBT KAUM NOCH KINDER UND DAS LAND WIRD AUCH IMMER ÄRMER.
IST DOCH SO …
…
DAS GEBÄUDE DER DAIKOKU-SCHULE WAR FRÜHER MAL EIN GROSSES KAUFHAUS.
ES GIBT SO VIELE RUNTERGEKOMMENE GEBÄUDE AUS DER ZEIT, ALS ES DIESEM LAND NOCH GUT GING.
TRAUMAFREIE

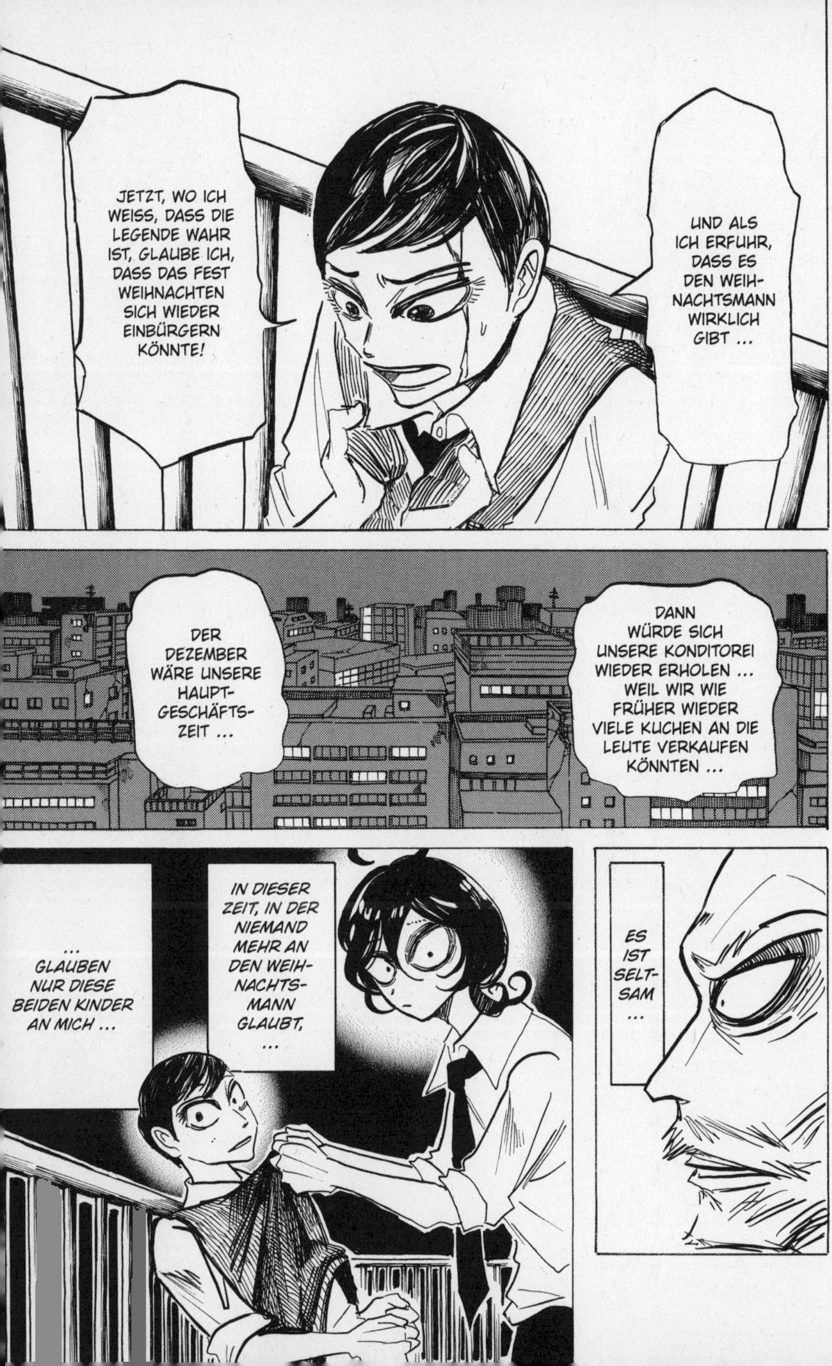
UND ALS ICH ERFUHR, DASS ES DEN WEIHNACHTSMANN WIRKLICH GIBT …
JETZT, WO ICH WEISS, DASS DIE LEGENDE WAHR IST, GLAUBE ICH, DASS DAS FEST WEIHNACHTEN SICH WIEDER EINBÜRGERN KÖNNTE!
DANN WÜRDE SICH UNSERE KONDITOREI WIEDER ERHOLEN … WEIL WIR WIE FRÜHER WIEDER VIELE KUCHEN AN DIE LEUTE VERKAUFEN KÖNNTEN …
DER DEZEMBER WÄRE UNSERE HAUPTGESCHÄFTSZEIT …
ES IST SELTSAM …
IN DIESER ZEIT, IN DER NIEMAND MEHR AN DEN WEIHNACHTSMANN GLAUBT, …
… GLAUBEN NUR DIESE BEIDEN KINDER AN MICH …

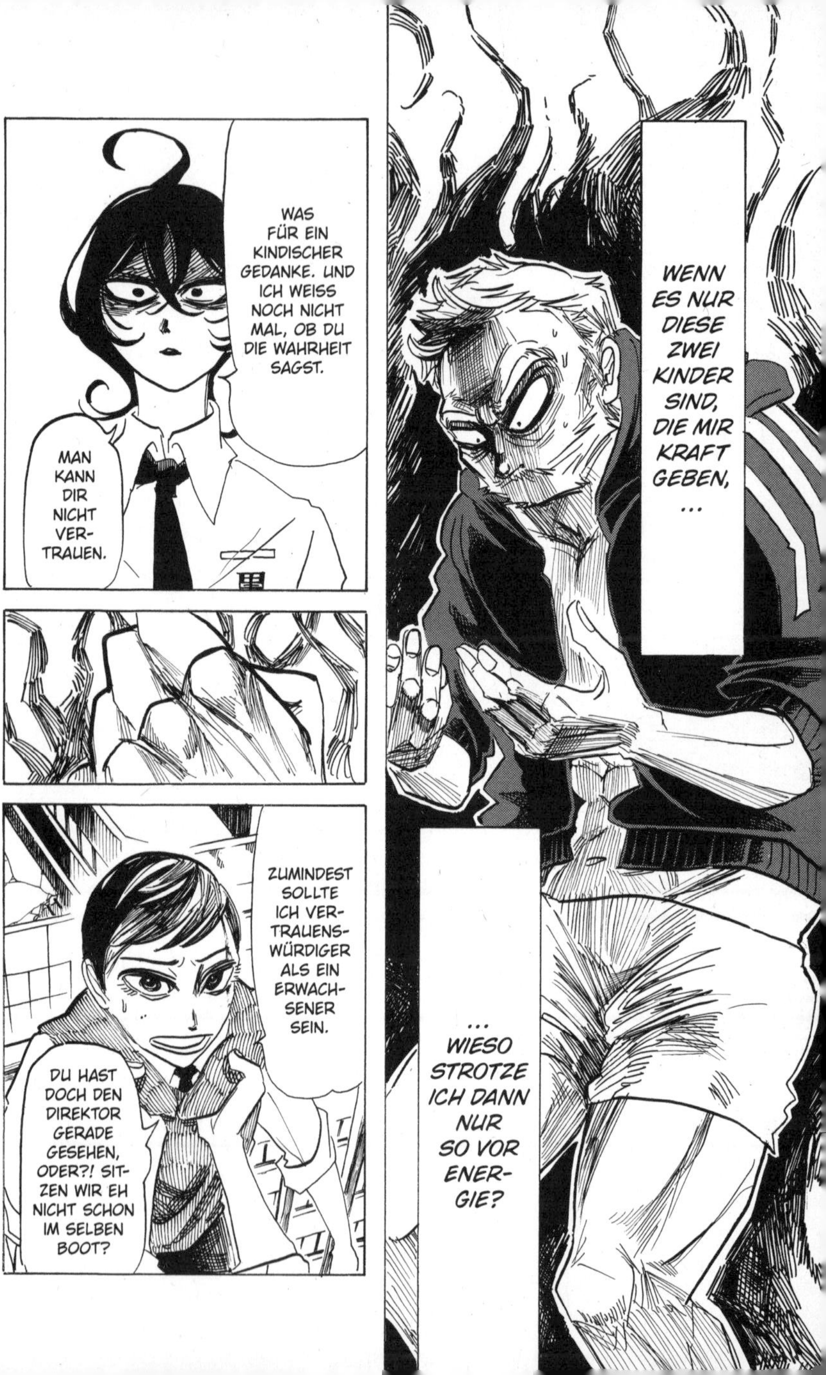
WENN ES NUR DIESE ZWEI KINDER SIND, DIE MIR KRAFT GEBEN, ...
... WIESO STROTZE ICH DANN NUR SO VOR ENER-GIE?
WAS FÜR EIN KINDISCHER GEDANKE. UND ICH WEISS NOCH NICHT MAL, OB DU DIE WAHRHEIT SAGST.
MAN KANN DIR NICHT VER-TRAUEN.
ZUMINDEST SOLLTE ICH VER-TRAUENS-WÜRDIGER ALS EIN ERWACH-SENER SEIN.
DU HAST DOCH DEN DIREKTOR GERADE GESEHEN, ODER?! SIT-ZEN WIR EH NICHT SCHON IM SELBEN BOOT?

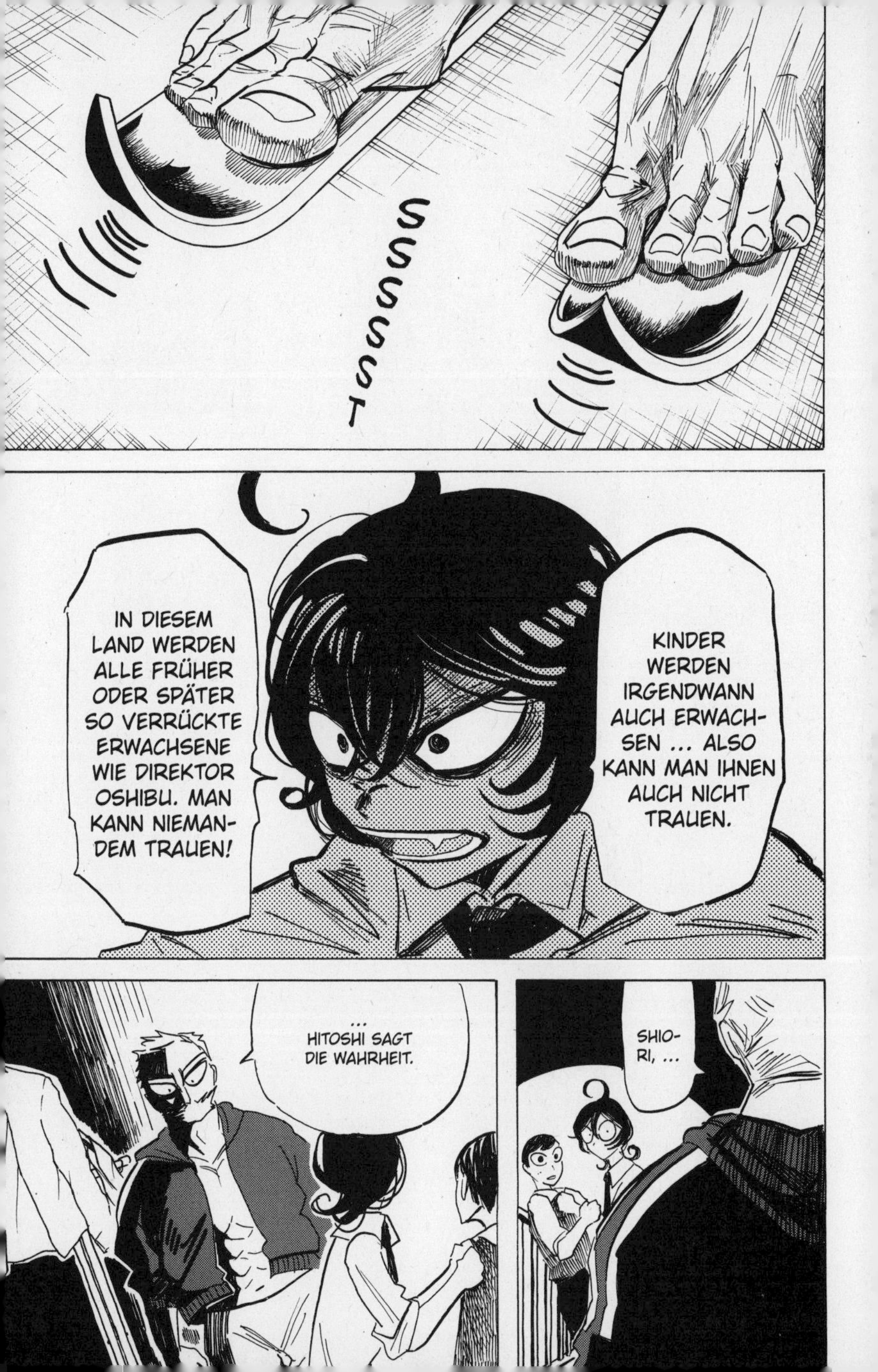
SSSSST
KINDER WERDEN IRGENDWANN AUCH ERWACHSEN ... ALSO KANN MAN IHNEN AUCH NICHT TRAUEN.
IN DIESEM LAND WERDEN ALLE FRÜHER ODER SPÄTER SO VERRÜCKTE ERWACHSENE WIE DIREKTOR OSHIBU. MAN KANN NIEMANDEM TRAUEN!
SHIORI, ...
... HITOSHI SAGT DIE WAHRHEIT.

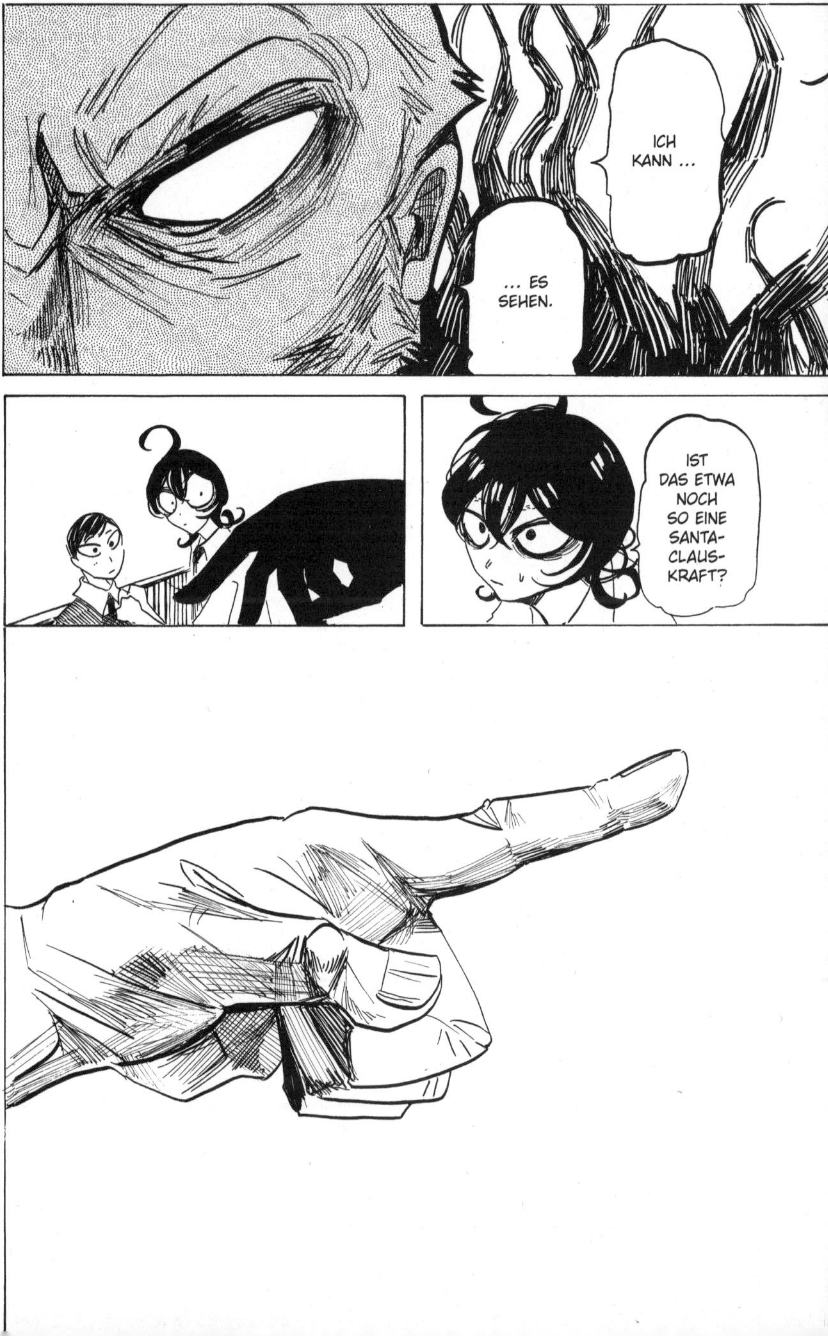
ICH KANN …
… ES SEHEN.
IST DAS ETWA NOCH SO EINE SANTA-CLAUS-KRAFT?

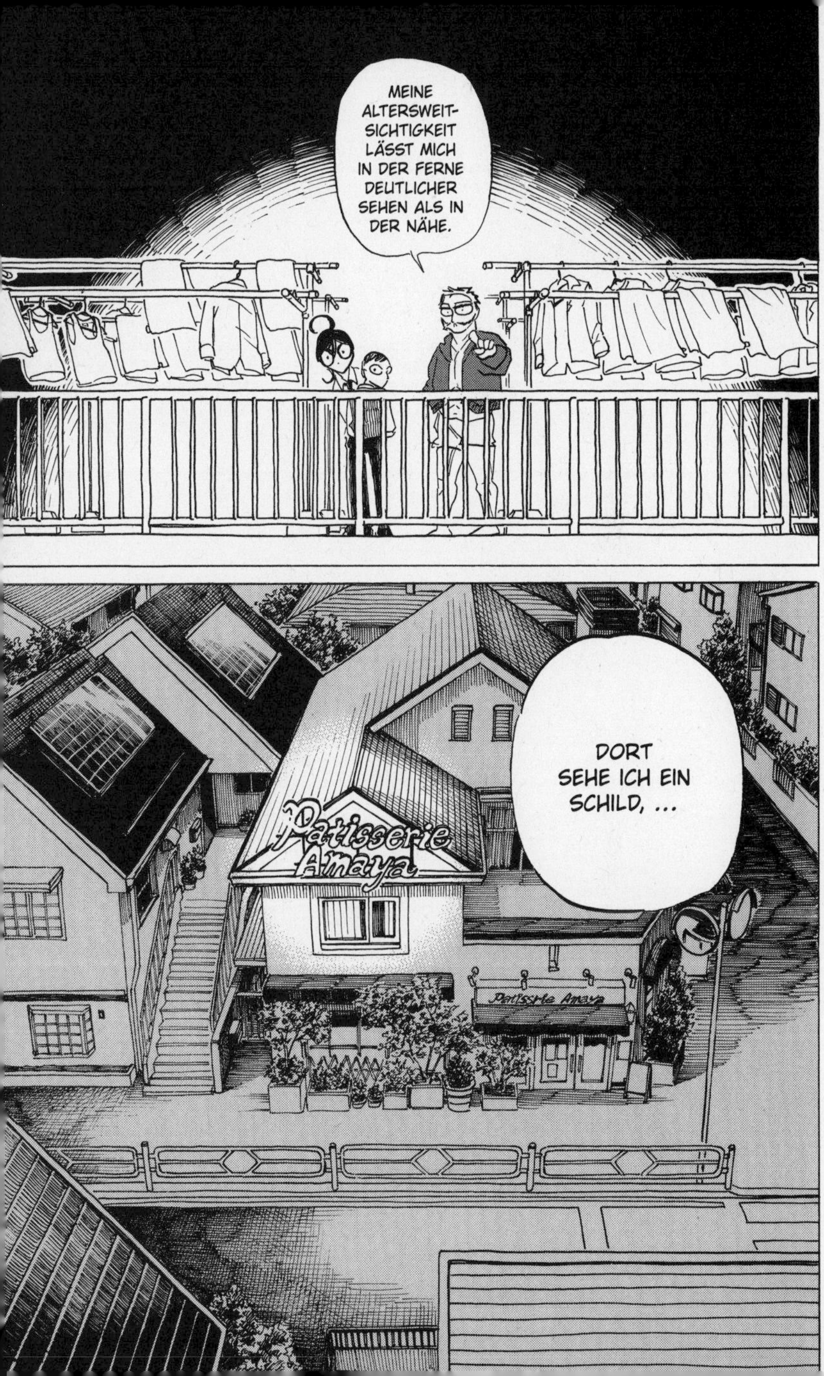

MEINE ALTERSWEIT-SICHTIGKEIT LÄSST MICH IN DER FERNE DEUTLICHER SEHEN ALS IN DER NÄHE.
DORT SEHE ICH EIN SCHILD, ...
Patisserie Amaya

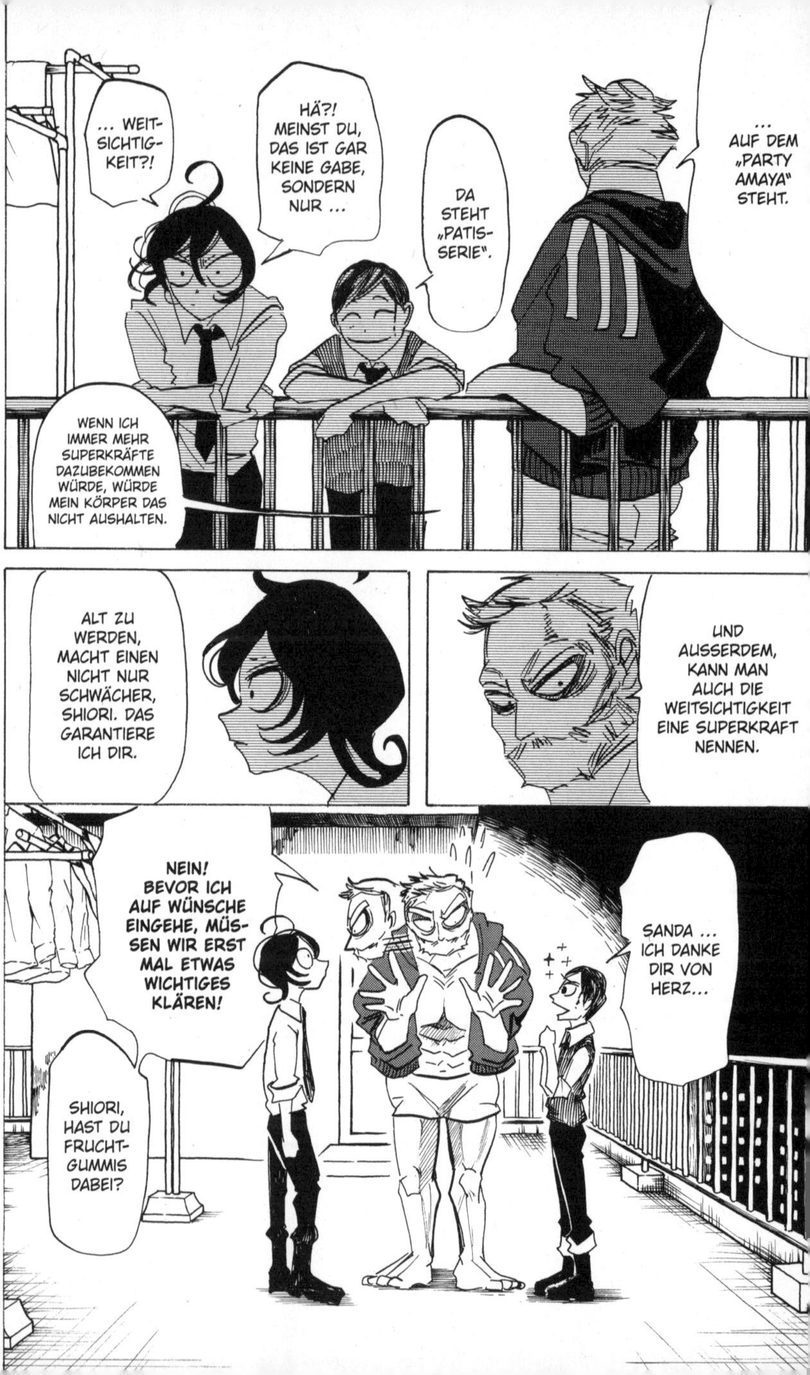
… AUF DEM „PARTY AMAYA" STEHT.
DA STEHT „PATIS-SERIE".
HÄ?! MEINST DU, DAS IST GAR KEINE GABE, SONDERN NUR …
… WEIT-SICHTIG-KEIT?!
WENN ICH IMMER MEHR SUPERKRÄFTE DAZUBEKOMMEN WÜRDE, WÜRDE MEIN KÖRPER DAS NICHT AUSHALTEN.
UND AUSSERDEM, KANN MAN AUCH DIE WEITSICHTIGKEIT EINE SUPERKRAFT NENNEN.
ALT ZU WERDEN, MACHT EINEN NICHT NUR SCHWÄCHER, SHIORI. DAS GARANTIERE ICH DIR.
SANDA … ICH DANKE DIR VON HERZ…
NEIN! BEVOR ICH AUF WÜNSCHE EINGEHE, MÜS-SEN WIR ERST MAL ETWAS WICHTIGES KLÄREN!
SHIORI, HAST DU FRUCHT-GUMMIS DABEI?

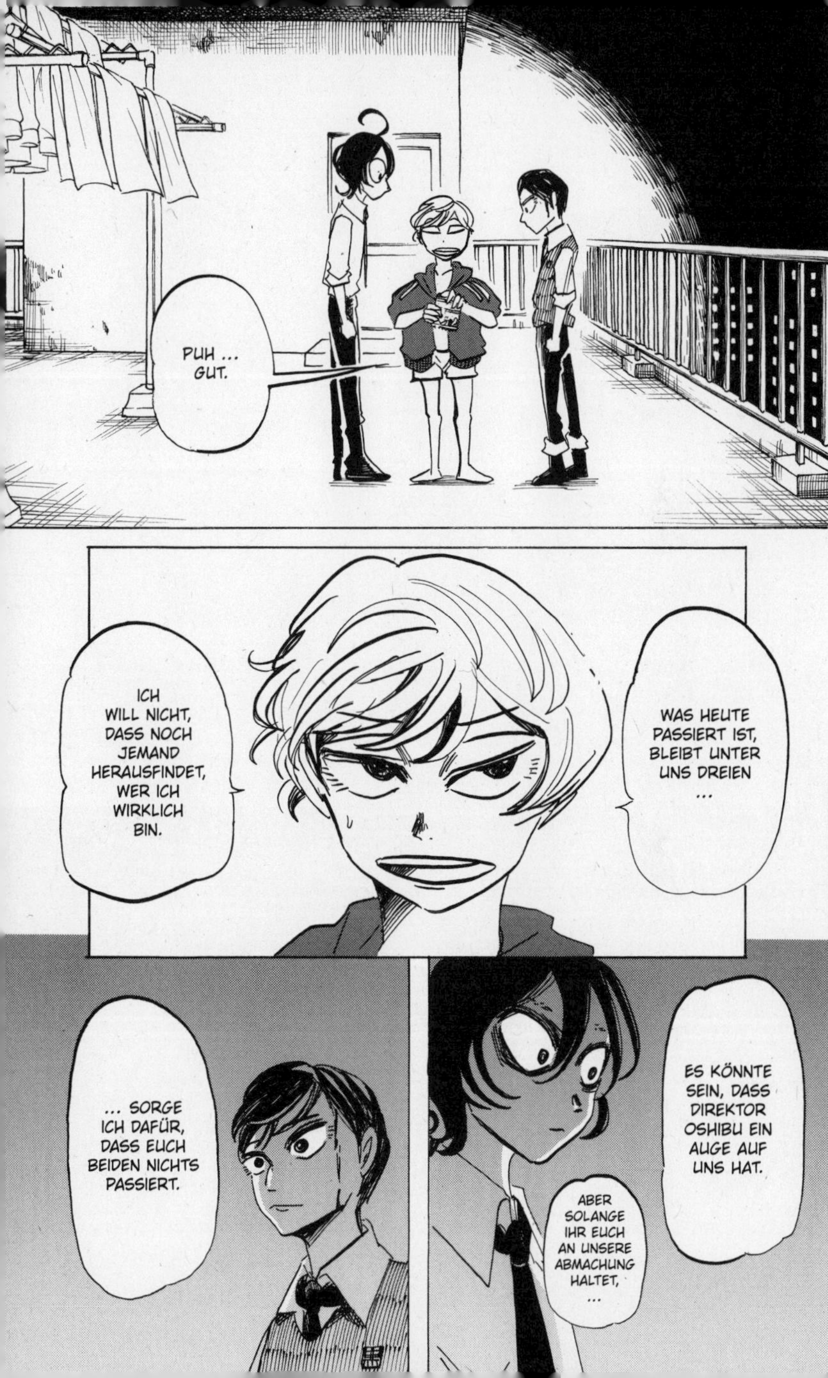
PUH ... GUT.
WAS HEUTE PASSIERT IST, BLEIBT UNTER UNS DREIEN ...
ICH WILL NICHT, DASS NOCH JEMAND HERAUSFINDET, WER ICH WIRKLICH BIN.
ES KÖNNTE SEIN, DASS DIREKTOR OSHIBU EIN AUGE AUF UNS HAT.
ABER SOLANGE IHR EUCH AN UNSERE ABMACHUNG HALTET, ...
... SORGE ICH DAFÜR, DASS EUCH BEIDEN NICHTS PASSIERT.

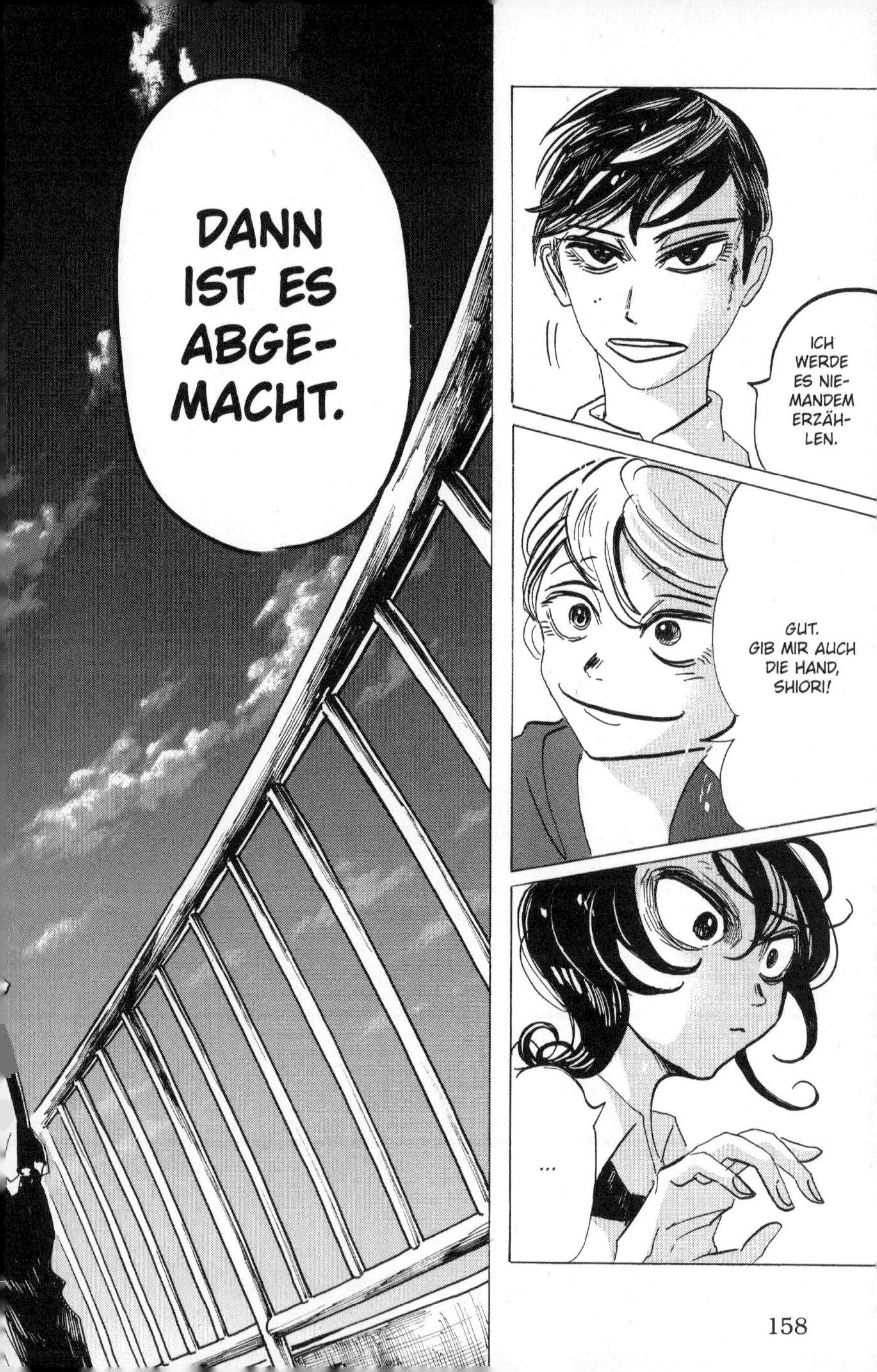
ICH WERDE ES NIEMANDEM ERZÄHLEN.
DANN IST ES ABGEMACHT.
GUT. GIB MIR AUCH DIE HAND, SHIORI!
...

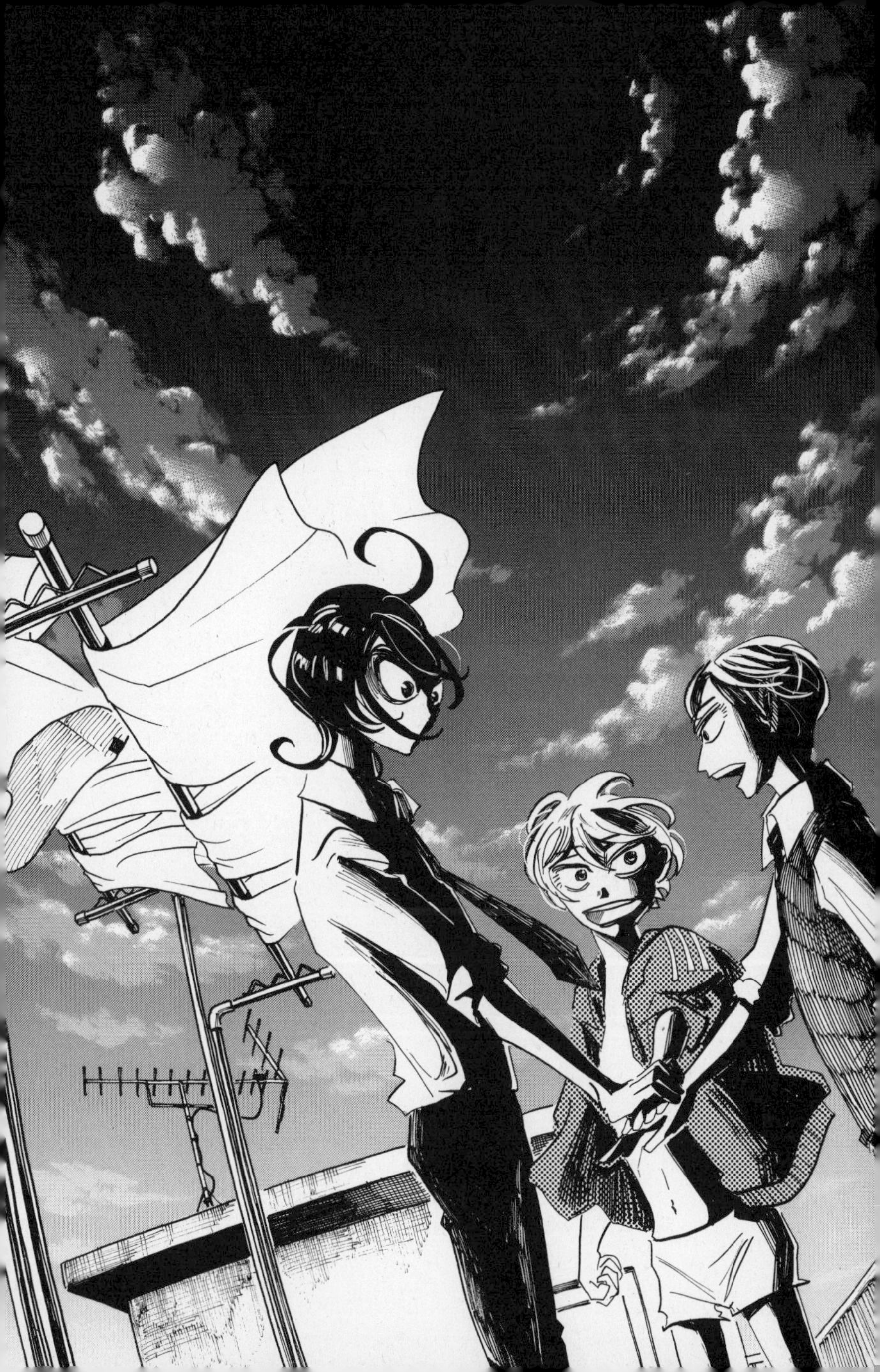

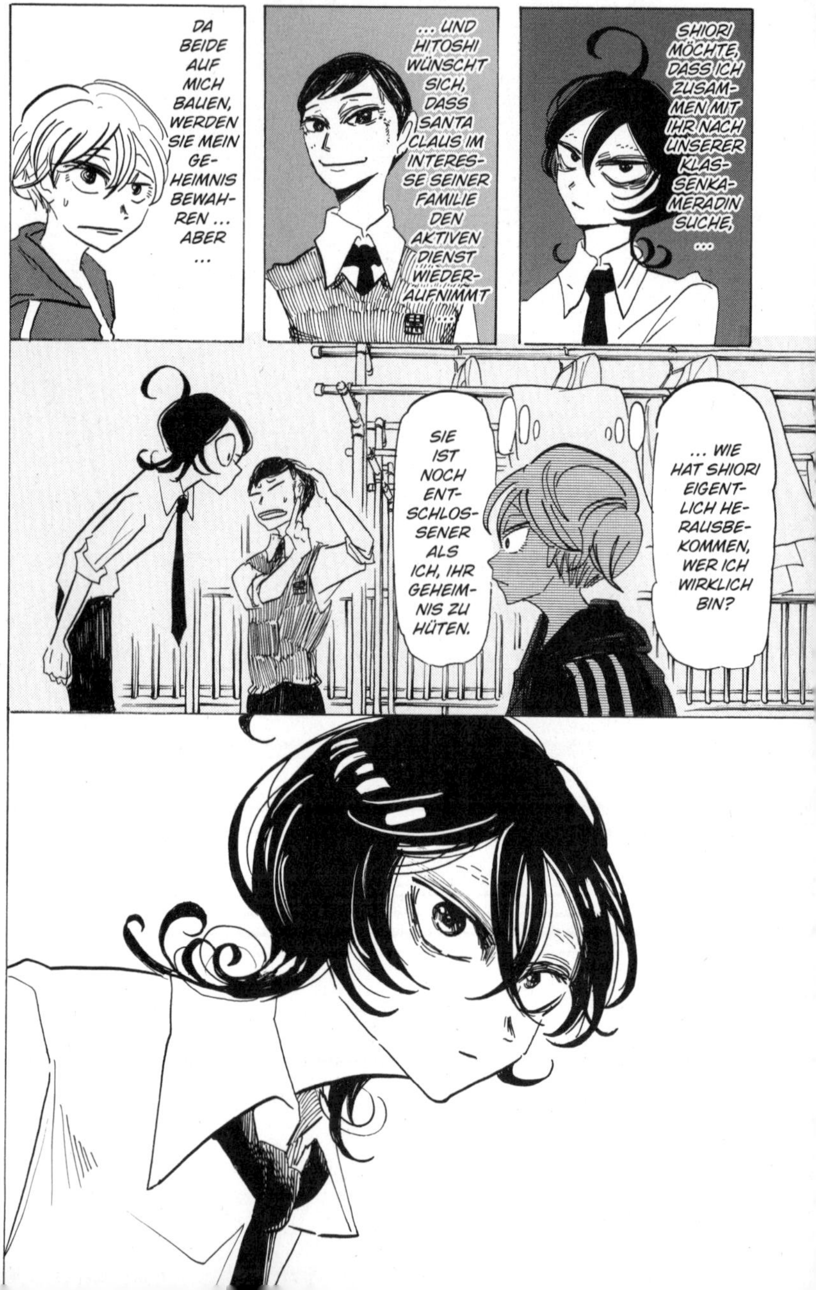
SHIORI MÖCHTE, DASS ICH ZUSAMMEN MIT IHR NACH UNSERER KLASSENKAMERADIN SUCHE, ...
... UND HITOSHI WÜNSCHT SICH, DASS SANTA CLAUS IM INTERESSE SEINER FAMILIE DEN AKTIVEN DIENST WIEDERAUFNIMMT ...
DA BEIDE AUF MICH BAUEN, WERDEN SIE MEIN GEHEIMNIS BEWAHREN ... ABER ...
... WIE HAT SHIORI EIGENTLICH HERAUSBEKOMMEN, WER ICH WIRKLICH BIN?
SIE IST NOCH ENTSCHLOSSENER ALS ICH, IHR GEHEIMNIS ZU HÜTEN.

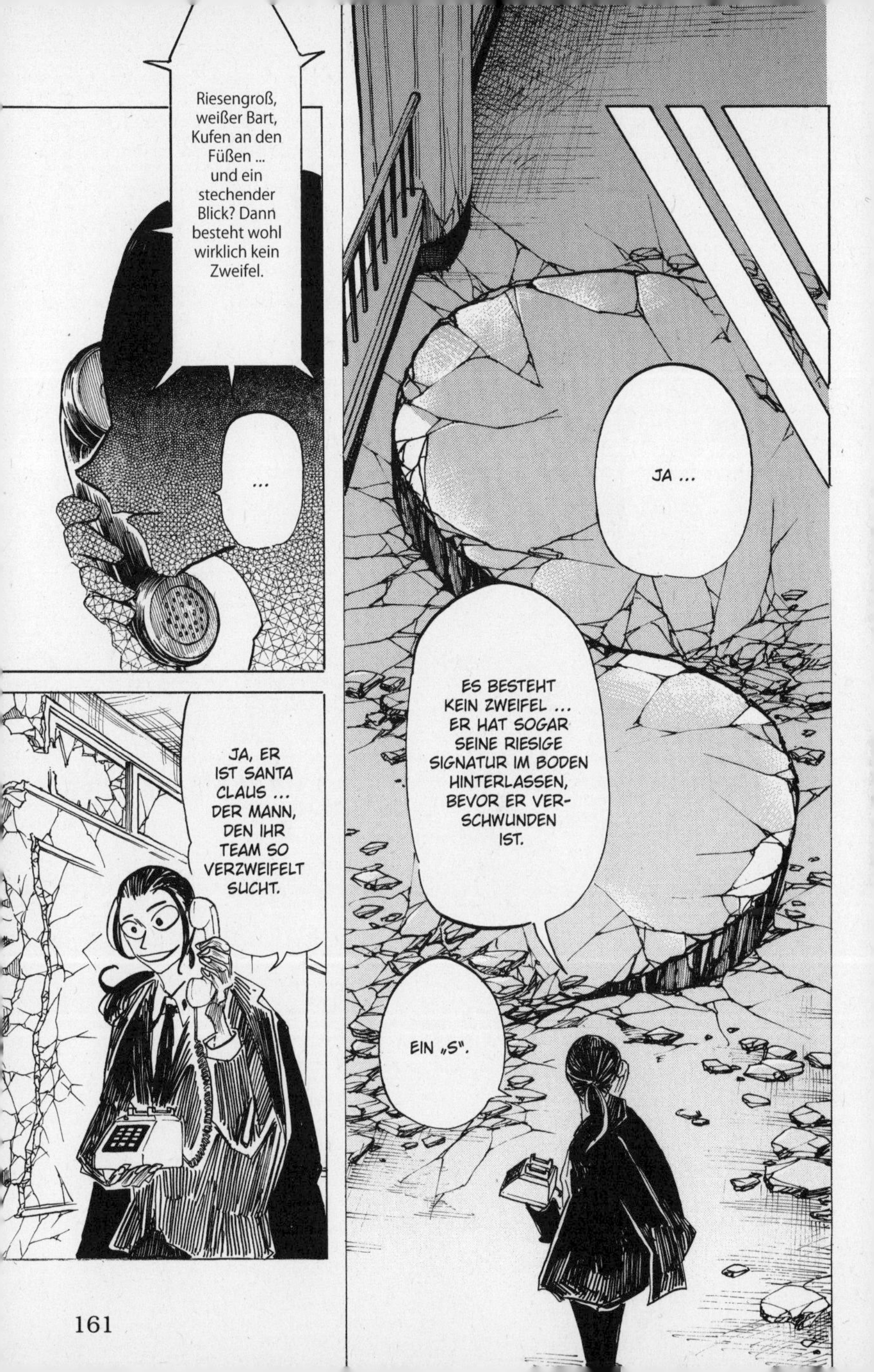

Riesengroß, weißer Bart, Kufen an den Füßen ... und ein stechender Blick? Dann besteht wohl wirklich kein Zweifel.
...
JA, ER IST SANTA CLAUS ... DER MANN, DEN IHR TEAM SO VERZWEIFELT SUCHT.
JA ...
ES BESTEHT KEIN ZWEIFEL ... ER HAT SOGAR SEINE RIESIGE SIGNATUR IM BODEN HINTERLASSEN, BEVOR ER VER-SCHWUNDEN IST.
EIN „S".

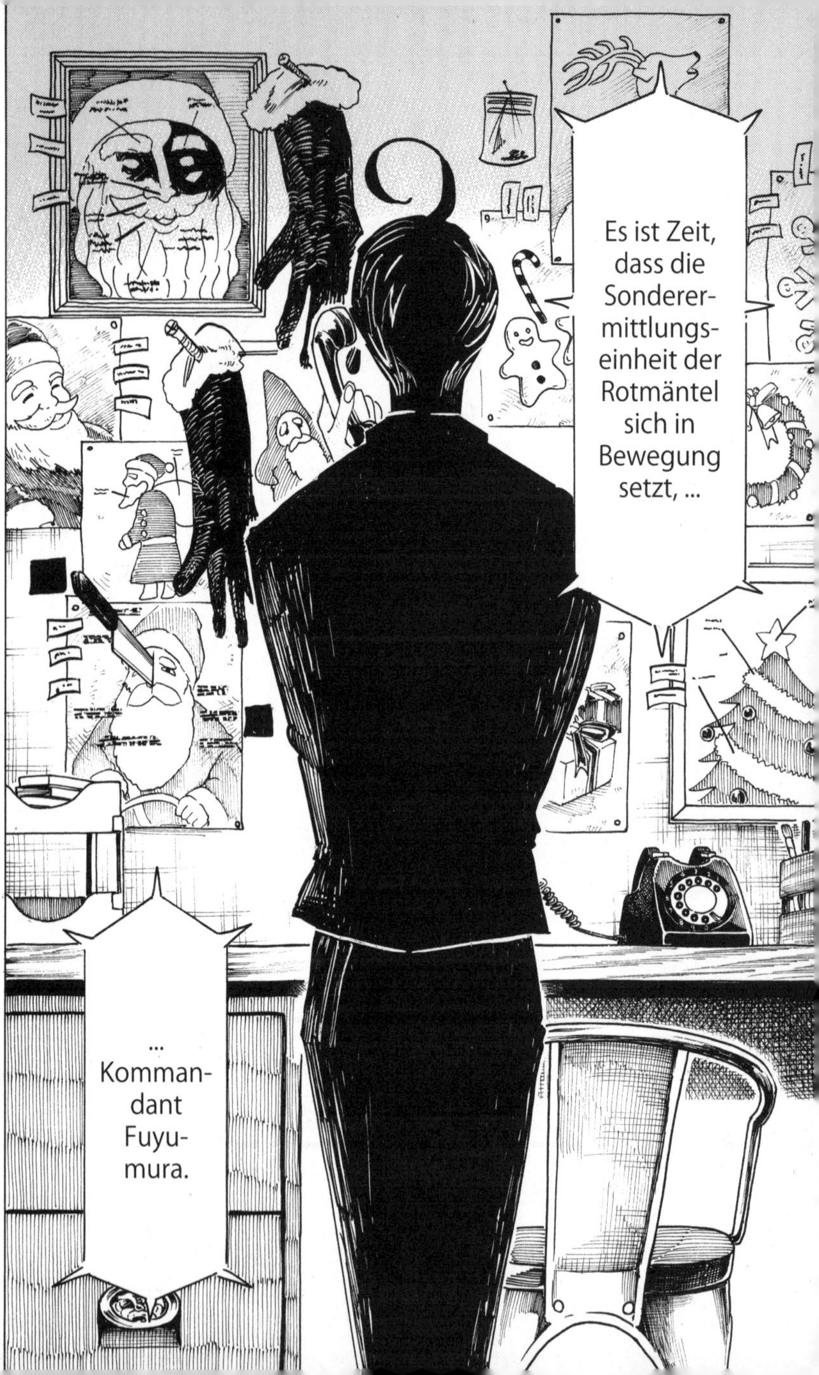
Es ist Zeit, dass die Sonderer-mittlungs-einheit der Rotmäntel sich in Bewegung setzt, ...
... Komman-dant Fuyu-mura.

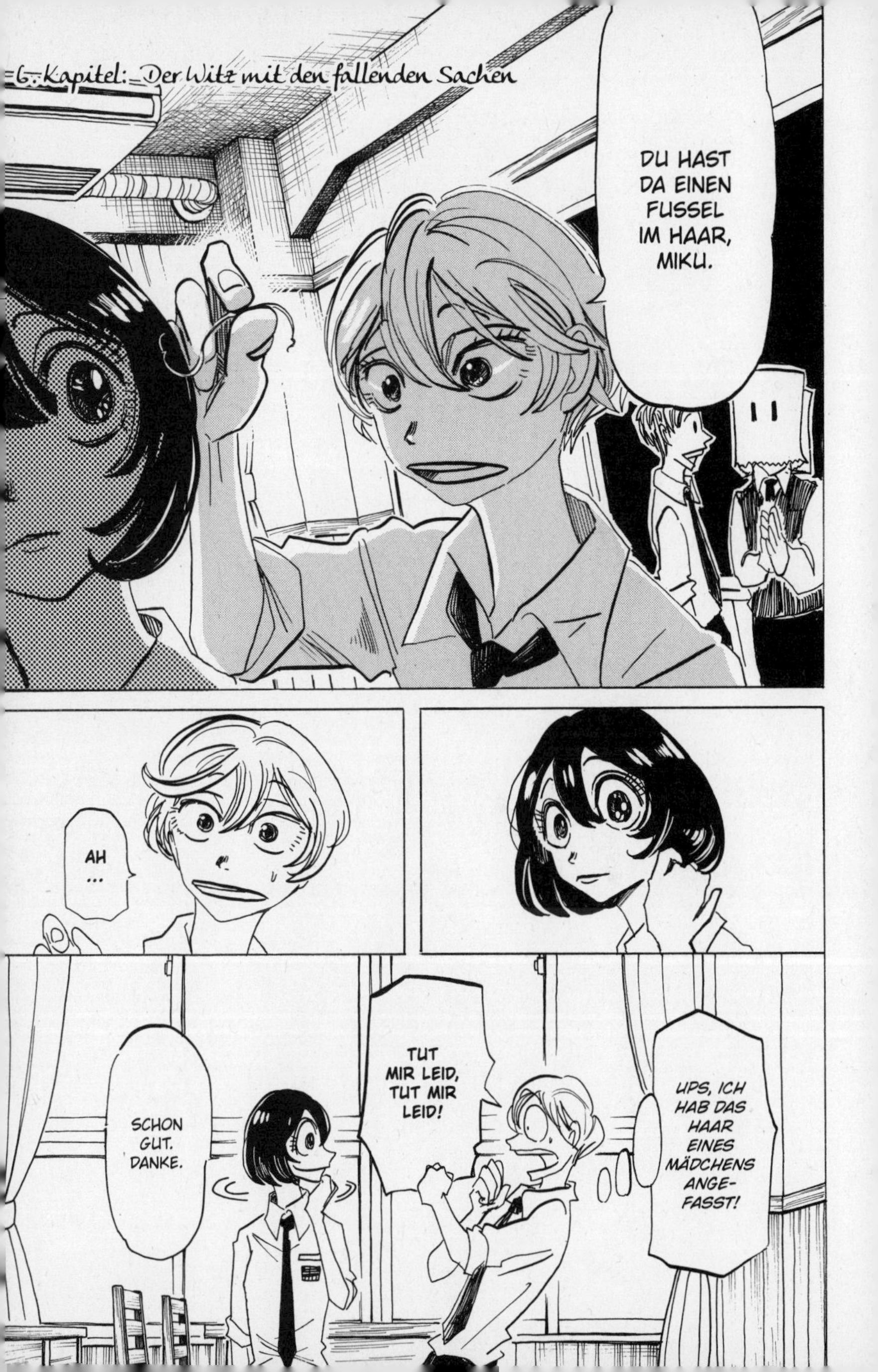
6. Kapitel: Der Witz mit den fallenden Sachen
DU HAST DA EINEN FUSSEL IM HAAR, MIKU.
AH ...
UPS, ICH HAB DAS HAAR EINES MÄDCHENS ANGEFASST!
TUT MIR LEID, TUT MIR LEID!
SCHON GUT. DANKE.

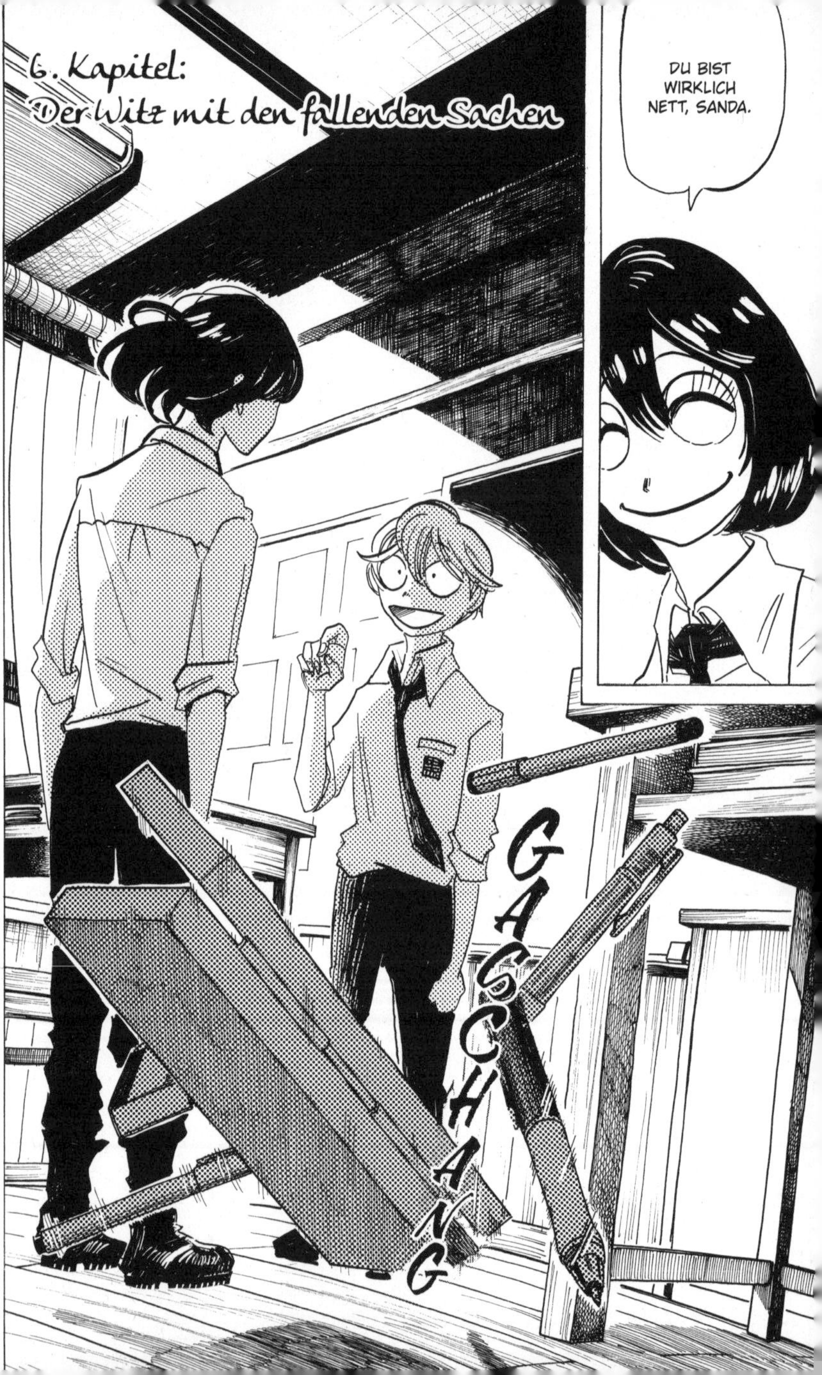

6. Kapitel:
Der Witz mit den fallenden Sachen
DU BIST WIRKLICH NETT, SANDA.
GASCHAANG

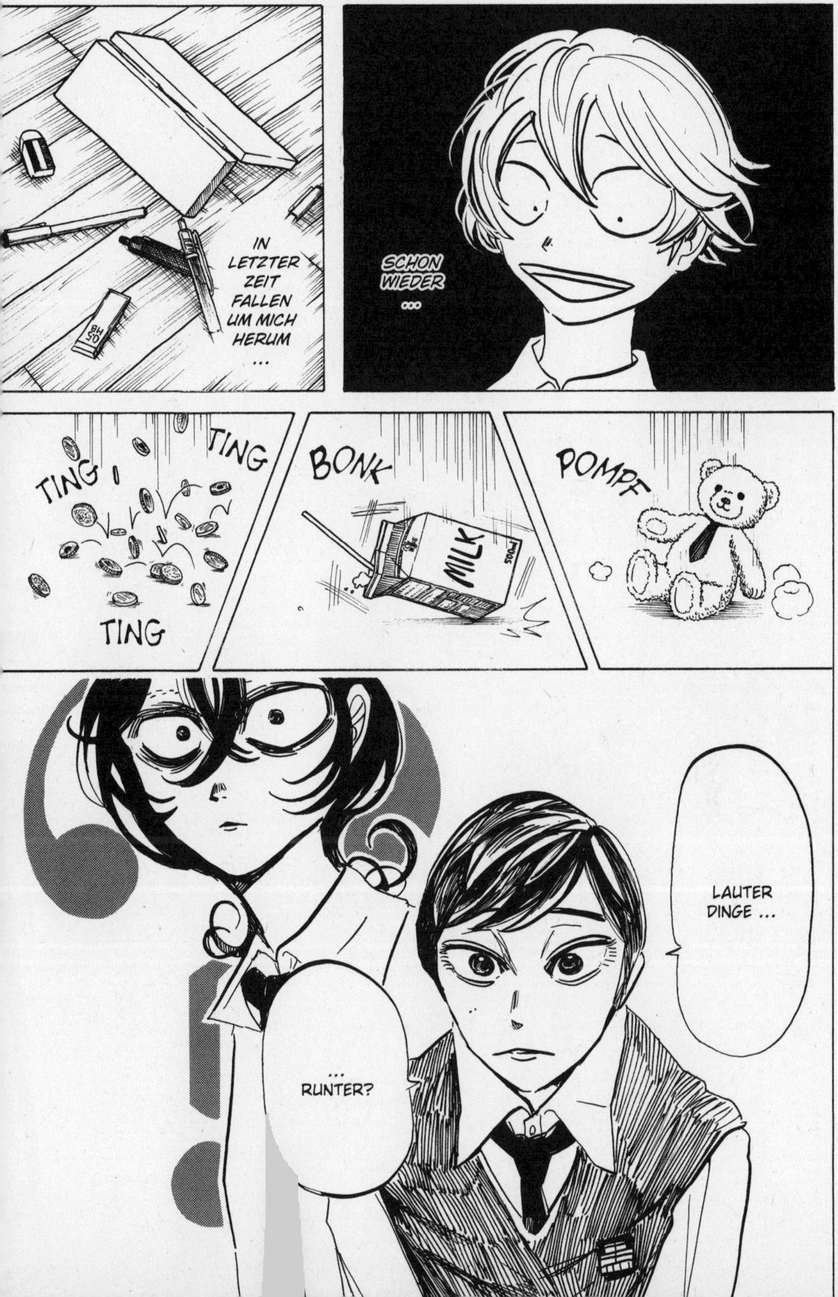
SCHON WIEDER ...
IN LETZTER ZEIT FALLEN UM MICH HERUM ...
POMPF
BONK
MILK
TING
TING
TING
LAUTER DINGE ...
... RUNTER?

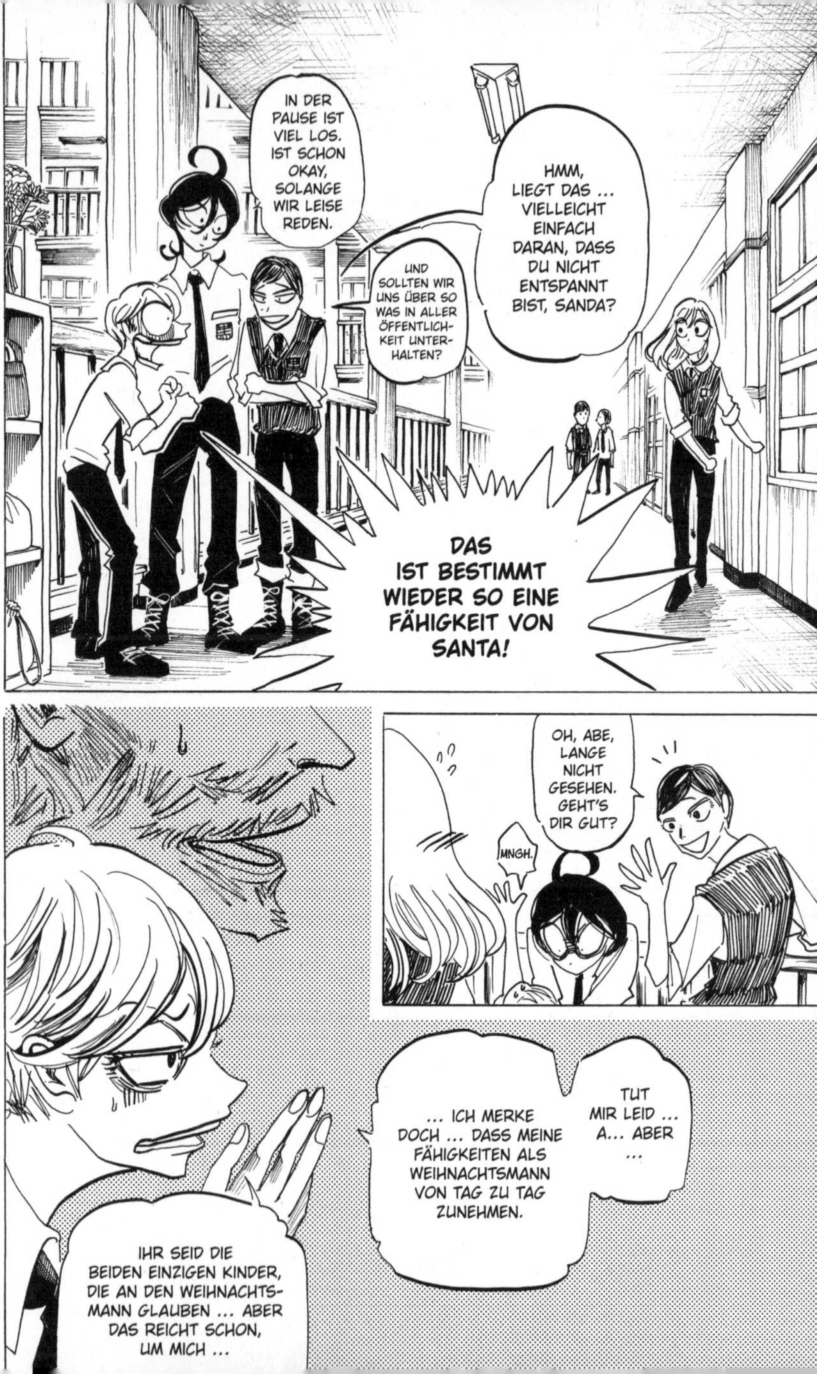
HMM, LIEGT DAS … VIELLEICHT EINFACH DARAN, DASS DU NICHT ENTSPANNT BIST, SANDA?
UND SOLLTEN WIR UNS ÜBER SO WAS IN ALLER ÖFFENTLICHKEIT UNTERHALTEN?
IN DER PAUSE IST VIEL LOS. IST SCHON OKAY, SOLANGE WIR LEISE REDEN.
DAS IST BESTIMMT WIEDER SO EINE FÄHIGKEIT VON SANTA!
OH, ABE, LANGE NICHT GESEHEN. GEHT'S DIR GUT?
MNGH.
TUT MIR LEID … A… ABER …
… ICH MERKE DOCH … DASS MEINE FÄHIGKEITEN ALS WEIHNACHTSMANN VON TAG ZU TAG ZUNEHMEN.
IHR SEID DIE BEIDEN EINZIGEN KINDER, DIE AN DEN WEIHNACHTS-MANN GLAUBEN … ABER DAS REICHT SCHON, UM MICH …

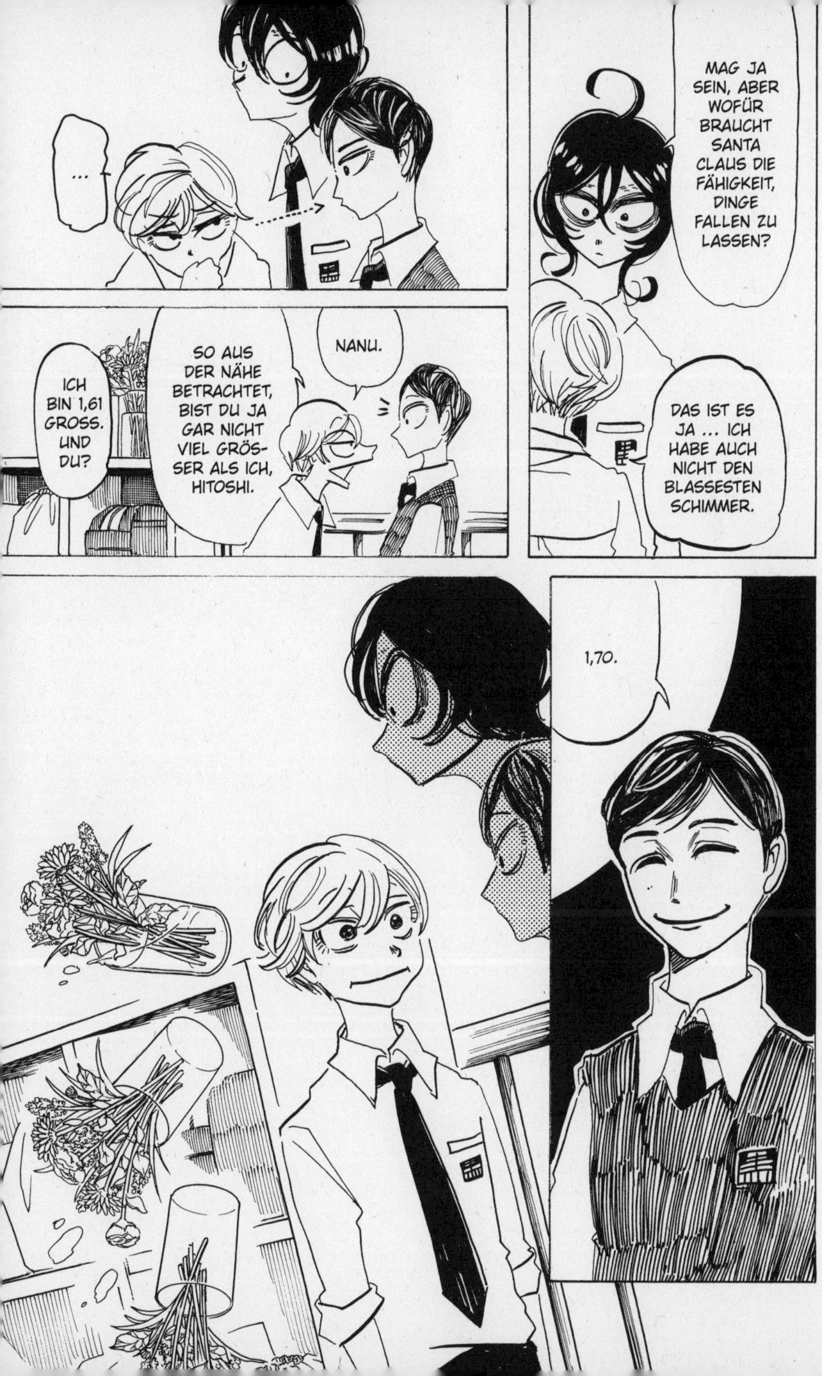
MAG JA SEIN, ABER WOFÜR BRAUCHT SANTA CLAUS DIE FÄHIGKEIT, DINGE FALLEN ZU LASSEN?
DAS IST ES JA ... ICH HABE AUCH NICHT DEN BLASSESTEN SCHIMMER.
...
NANU.
SO AUS DER NÄHE BETRACHTET, BIST DU JA GAR NICHT VIEL GRÖSSER ALS ICH, HITOSHI.
ICH BIN 1,61 GROSS. UND DU?
1,70.

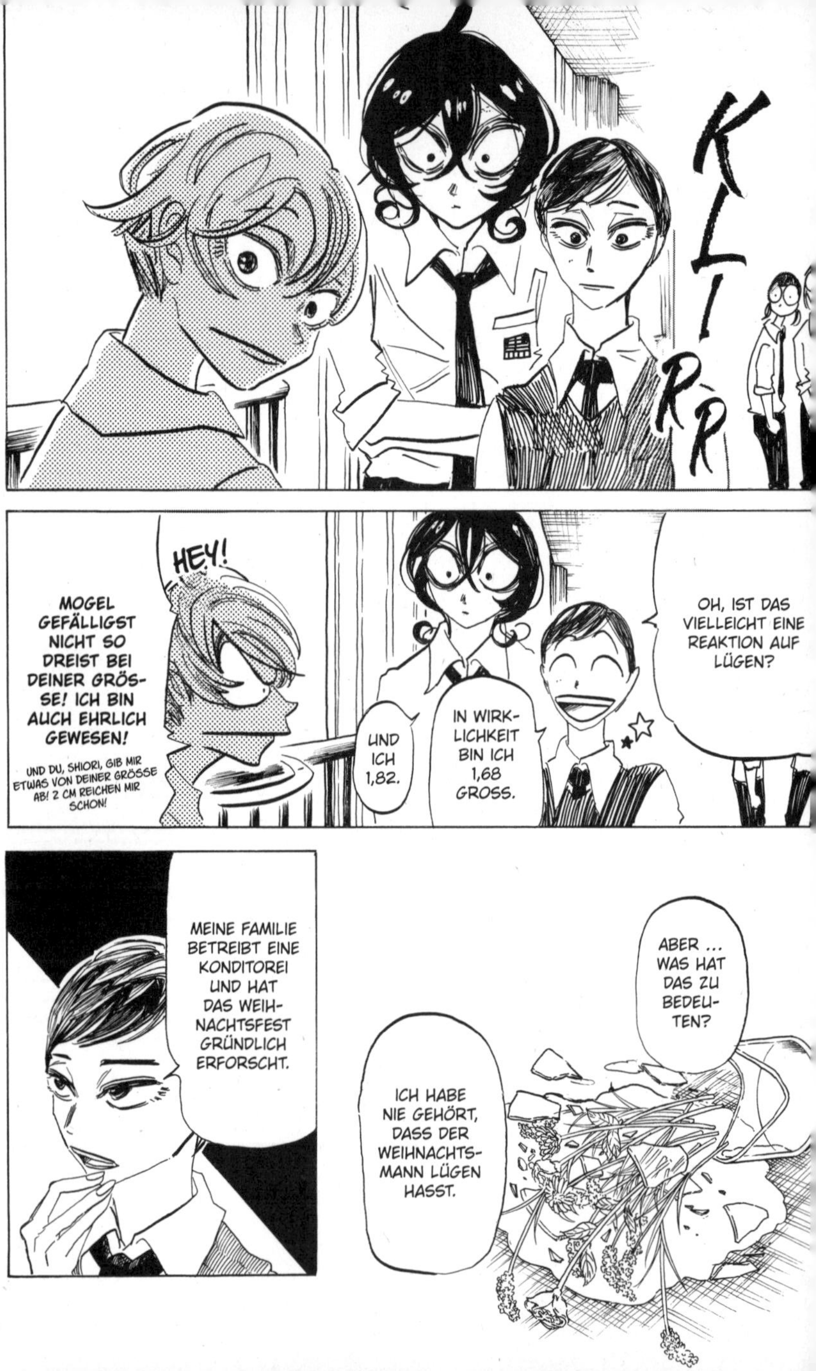
KLIRR
OH, IST DAS VIELLEICHT EINE REAKTION AUF LÜGEN?
IN WIRKLICHKEIT BIN ICH 1,68 GROSS.
UND ICH 1,82.
HEY!
MOGEL GEFÄLLIGST NICHT SO DREIST BEI DEINER GRÖSSE! ICH BIN AUCH EHRLICH GEWESEN!
UND DU, SHIORI, GIB MIR ETWAS VON DEINER GRÖSSE AB! 2 CM REICHEN MIR SCHON!
ABER ... WAS HAT DAS ZU BEDEUTEN?
ICH HABE NIE GEHÖRT, DASS DER WEIHNACHTSMANN LÜGEN HASST.
MEINE FAMILIE BETREIBT EINE KONDITOREI UND HAT DAS WEIHNACHTSFEST GRÜNDLICH ERFORSCHT.

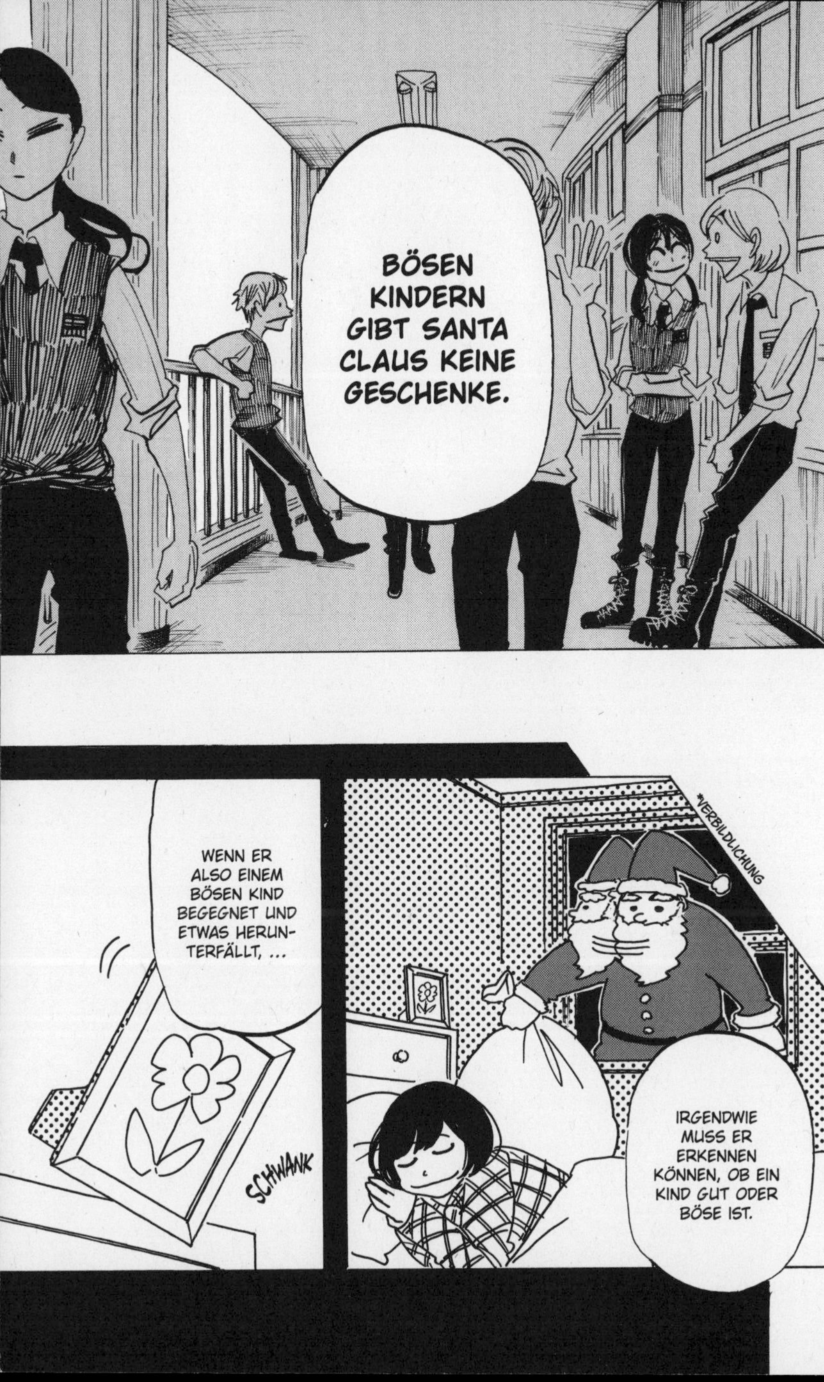
BÖSEN KINDERN GIBT SANTA CLAUS KEINE GESCHENKE.
WENN ER ALSO EINEM BÖSEN KIND BEGEGNET UND ETWAS HERUNTERFÄLLT, ...
*VERBILDLICHUNG
IRGENDWIE MUSS ER ERKENNEN KÖNNEN, OB EIN KIND GUT ODER BÖSE IST.
SCHWANK

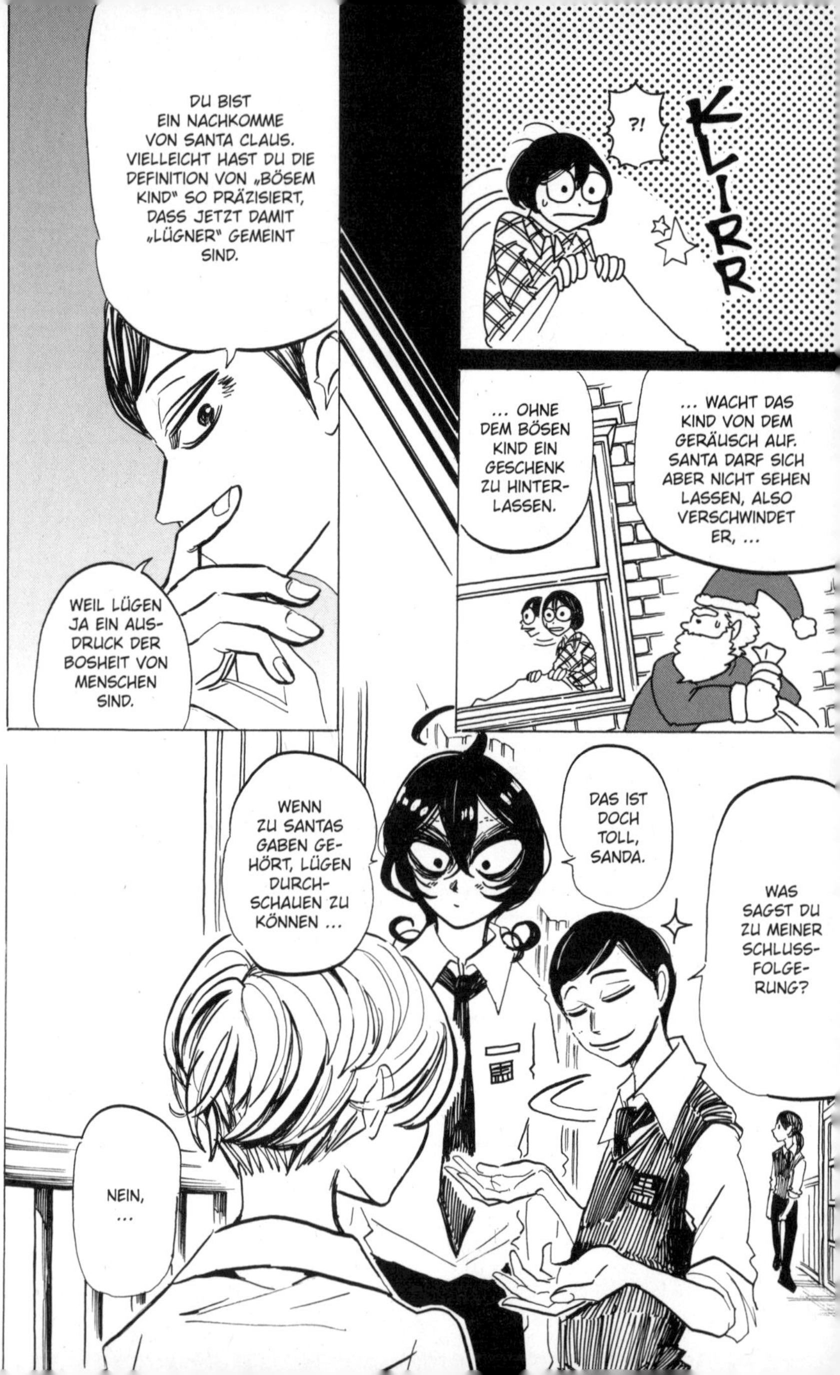
?!
KLIRR
... WACHT DAS KIND VON DEM GERÄUSCH AUF. SANTA DARF SICH ABER NICHT SEHEN LASSEN, ALSO VERSCHWINDET ER, ...
... OHNE DEM BÖSEN KIND EIN GESCHENK ZU HINTER-LASSEN.
DU BIST EIN NACHKOMME VON SANTA CLAUS. VIELLEICHT HAST DU DIE DEFINITION VON „BÖSEM KIND“ SO PRÄZISIERT, DASS JETZT DAMIT „LÜGNER“ GEMEINT SIND.
WEIL LÜGEN JA EIN AUS-DRUCK DER BOSHEIT VON MENSCHEN SIND.
WAS SAGST DU ZU MEINER SCHLUSS-FOLGE-RUNG?
DAS IST DOCH TOLL, SANDA.
WENN ZU SANTAS GABEN GE-HÖRT, LÜGEN DURCH-SCHAUEN ZU KÖNNEN ...
NEIN, ...

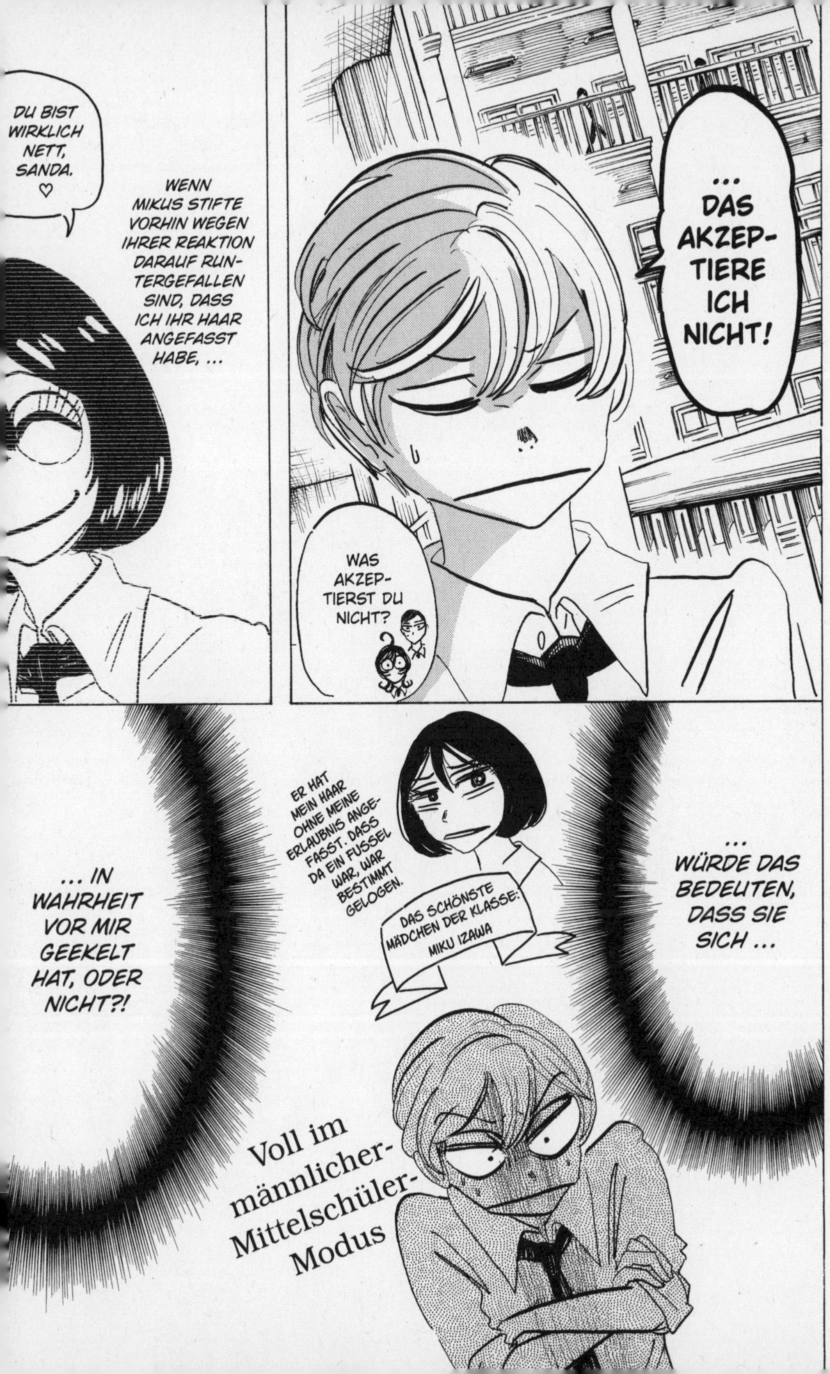
... DAS AKZEPTIERE ICH NICHT!
WAS AKZEPTIERST DU NICHT?
DU BIST WIRKLICH NETT, SANDA. ♡
WENN MIKUS STIFTE VORHIN WEGEN IHRER REAKTION DARAUF RUNTERGEFALLEN SIND, DASS ICH IHR HAAR ANGEFASST HABE, ...
... WÜRDE DAS BEDEUTEN, DASS SIE SICH ...
ER HAT MEIN HAAR OHNE MEINE ERLAUBNIS ANGEFASST. DASS DA EIN FUSSEL WAR, WAR BESTIMMT GELOGEN.
DAS SCHÖNSTE MÄDCHEN DER KLASSE: MIKU IZAWA
... IN WAHRHEIT VOR MIR GEEKELT HAT, ODER NICHT?!
Voll im männlicher-Mittelschüler-Modus

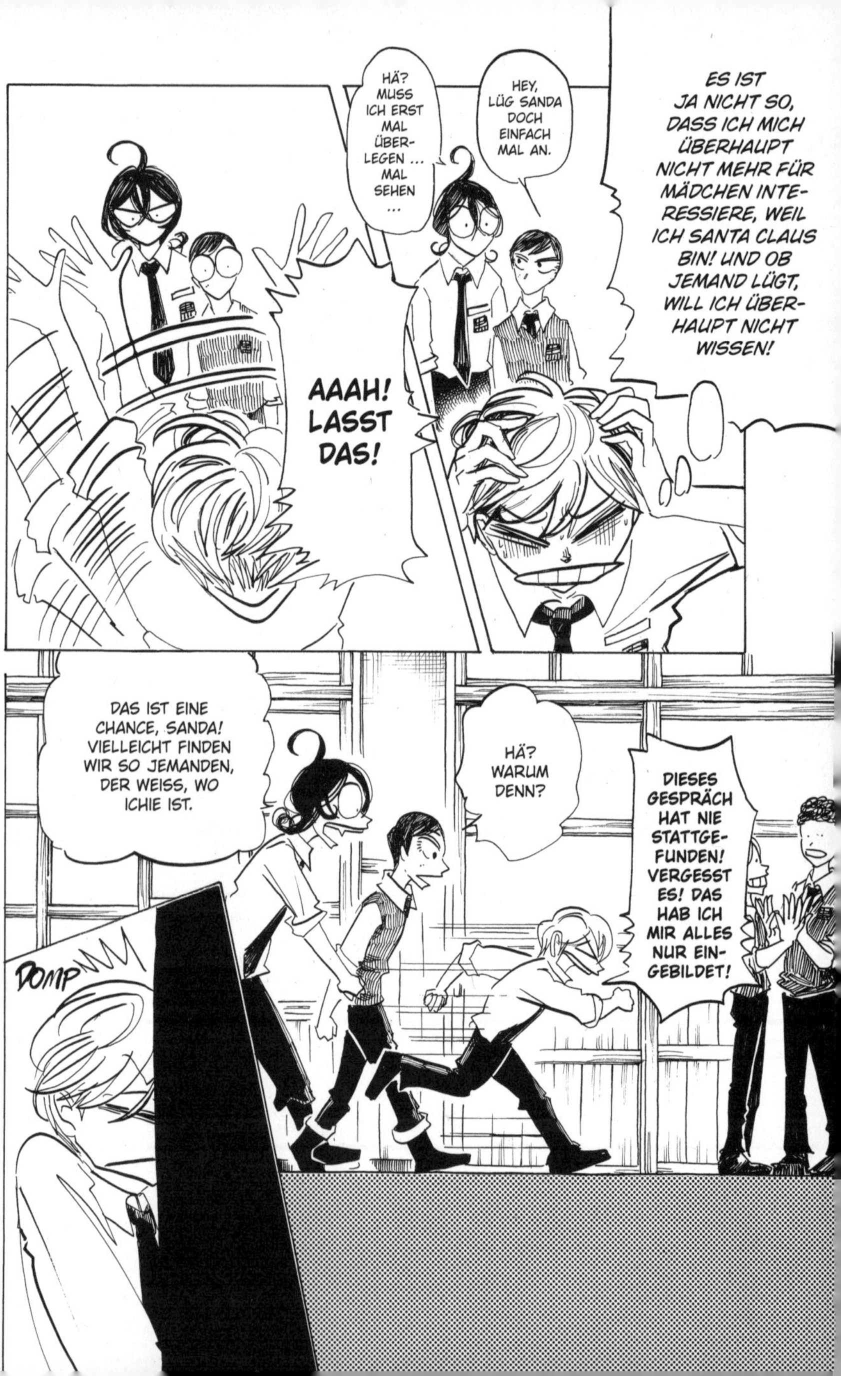

ES IST JA NICHT SO, DASS ICH MICH ÜBERHAUPT NICHT MEHR FÜR MÄDCHEN INTERESSIERE, WEIL ICH SANTA CLAUS BIN! UND OB JEMAND LÜGT, WILL ICH ÜBERHAUPT NICHT WISSEN!
HEY, LÜG SANDA DOCH EINFACH MAL AN.
HÄ? MUSS ICH ERST MAL ÜBERLEGEN ... MAL SEHEN ...
AAAH! LASST DAS!
DIESES GESPRÄCH HAT NIE STATTGEFUNDEN! VERGESST ES! DAS HAB ICH MIR ALLES NUR EINGEBILDET!
HÄ? WARUM DENN?
DAS IST EINE CHANCE, SANDA! VIELLEICHT FINDEN WIR SO JEMANDEN, DER WEISS, WO ICHIE IST.
DOMP

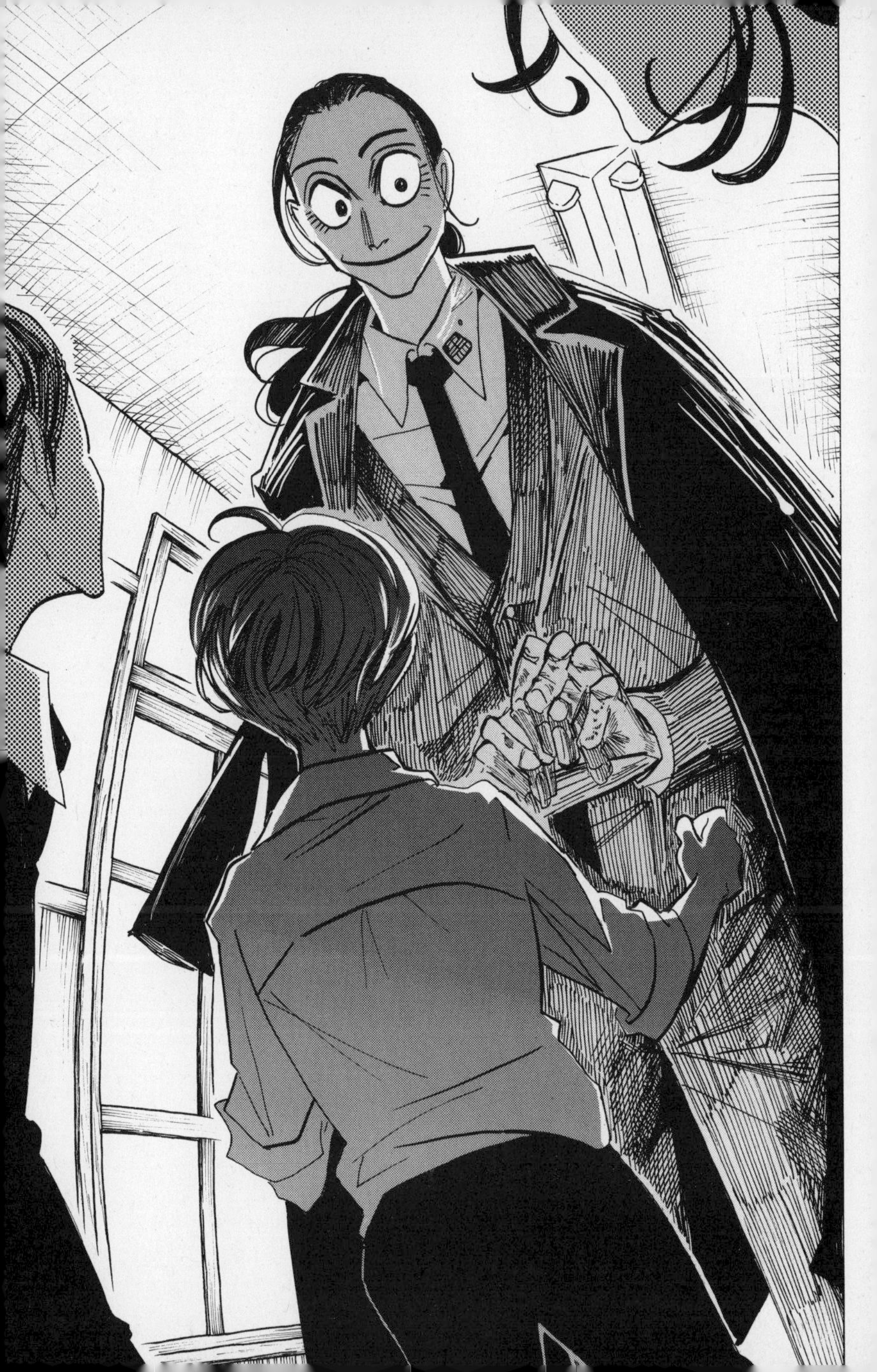

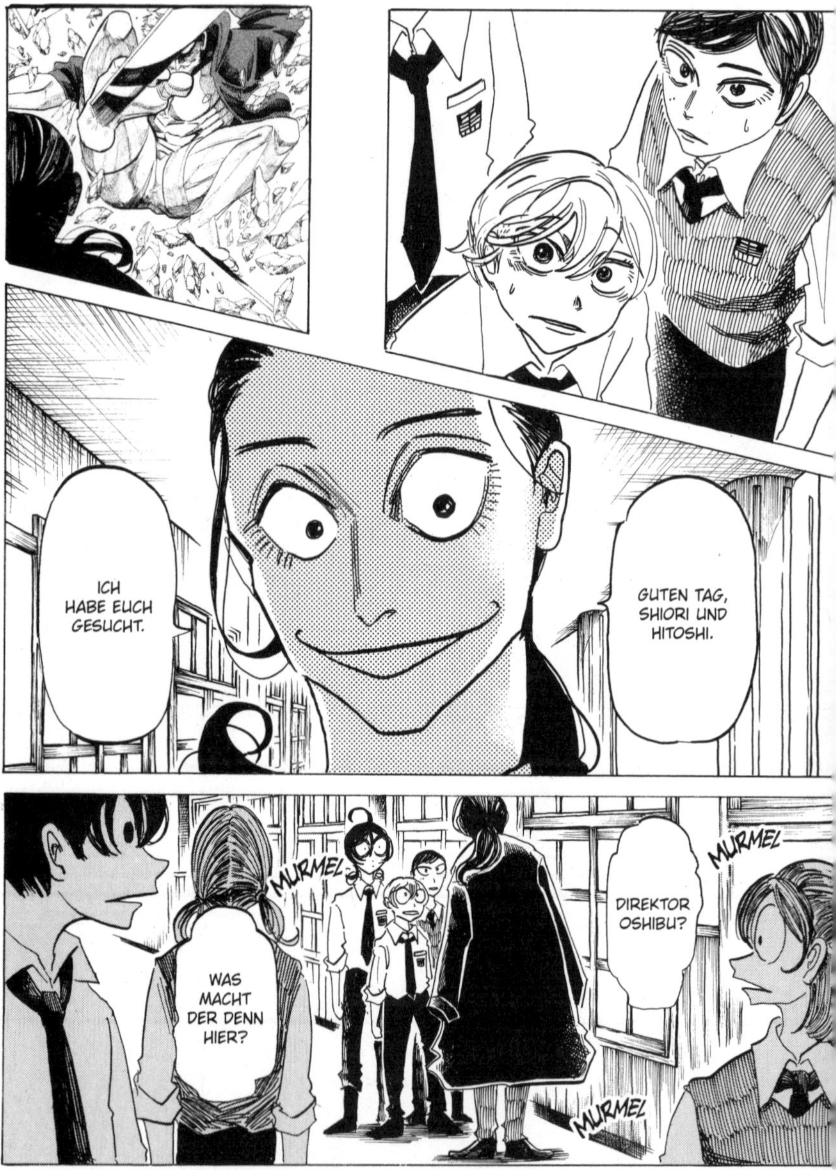
GUTEN TAG, SHIORI UND HITOSHI.
ICH HABE EUCH GESUCHT.
MURMEL
DIREKTOR OSHIBU?
MURMEL
WAS MACHT DER DENN HIER?
MURMEL

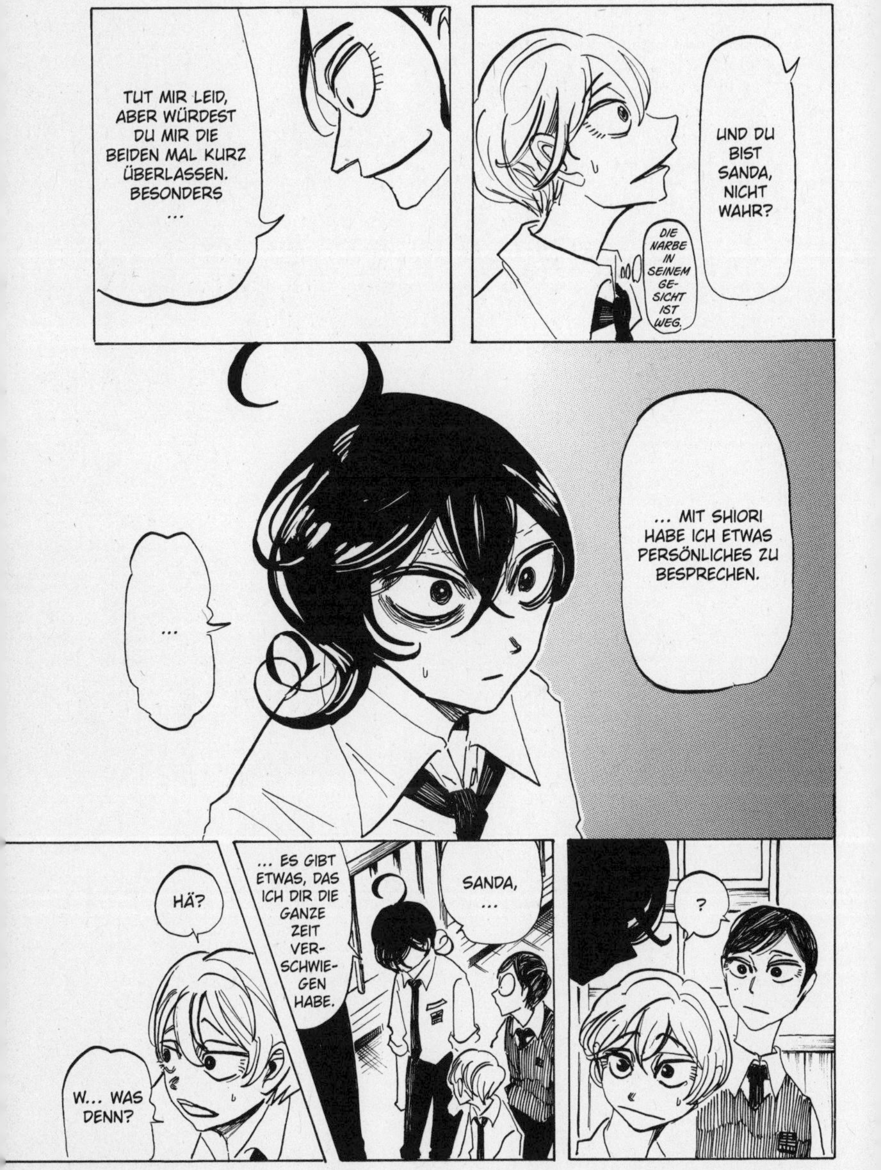
UND DU BIST SANDA, NICHT WAHR?
DIE NARBE IN SEINEM GESICHT IST WEG.
TUT MIR LEID, ABER WÜRDEST DU MIR DIE BEIDEN MAL KURZ ÜBERLASSEN. BESONDERS …
… MIT SHIORI HABE ICH ETWAS PERSÖNLICHES ZU BESPRECHEN.
…
?
SANDA, …
… ES GIBT ETWAS, DAS ICH DIR DIE GANZE ZEIT VERSCHWIEGEN HABE.
HÄ?
W… WAS DENN?

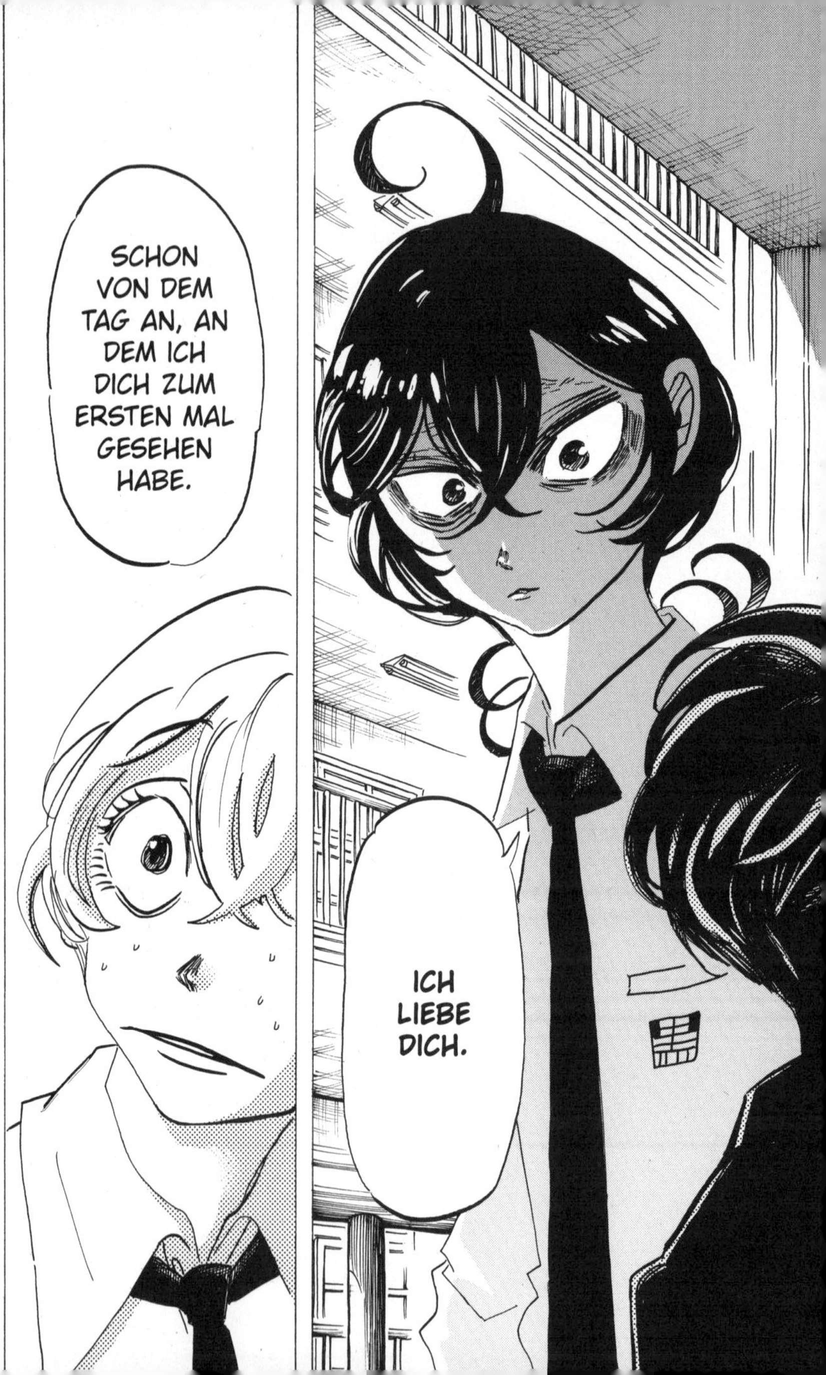
SCHON VON DEM TAG AN, AN DEM ICH DICH ZUM ERSTEN MAL GESEHEN HABE.
ICH LIEBE DICH.

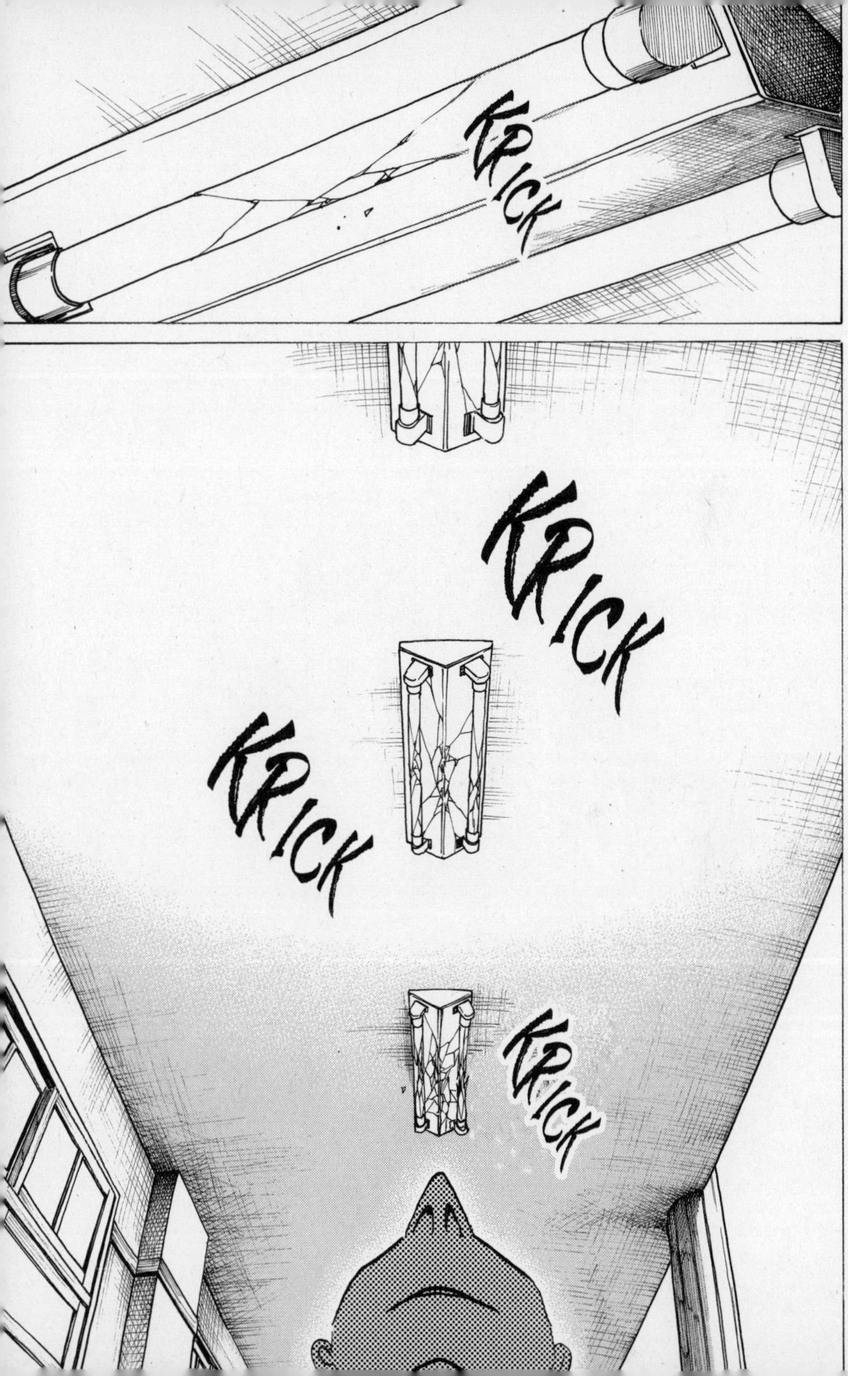
KRICK
KRICK
KRICK
KRICK

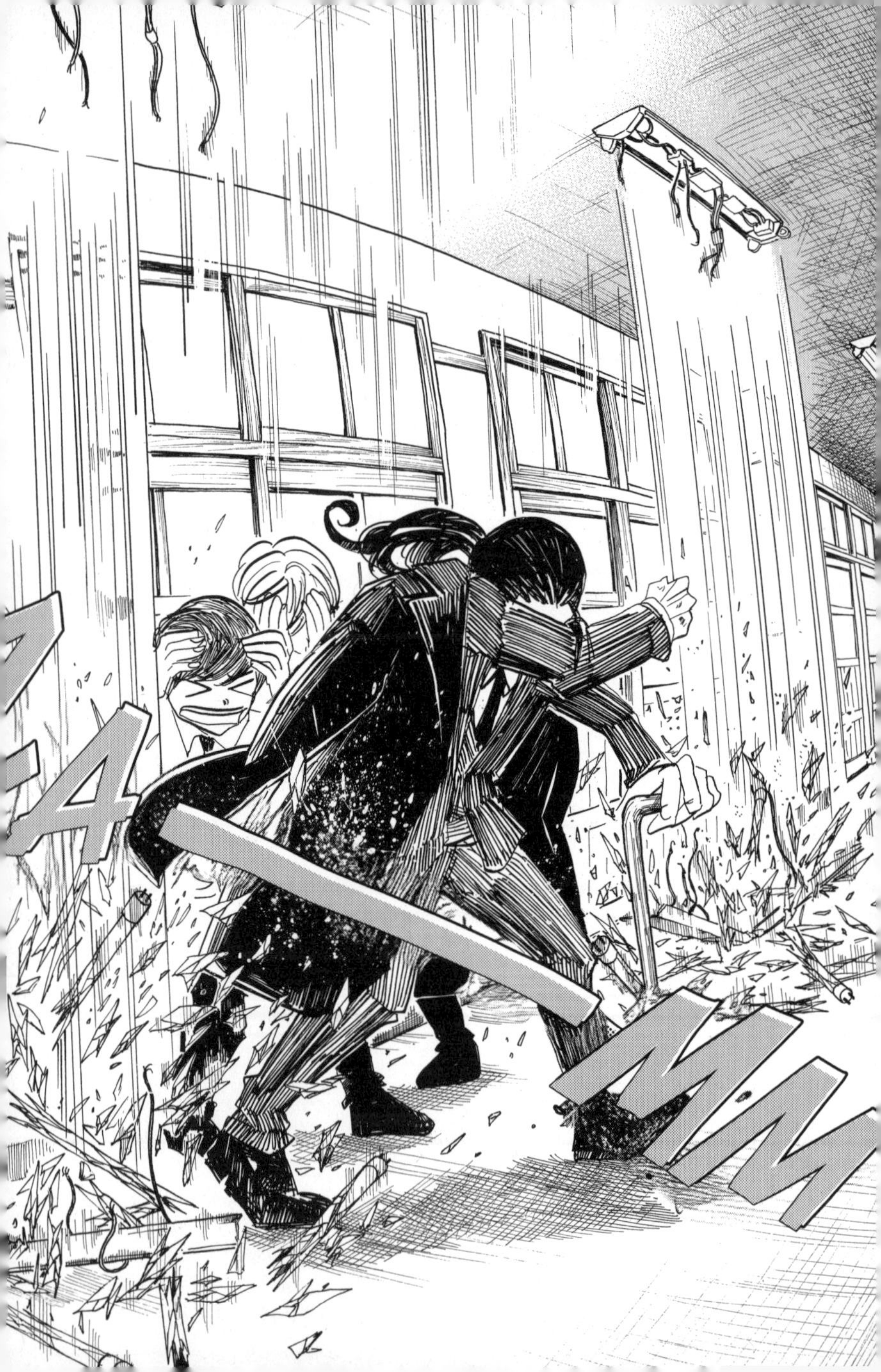

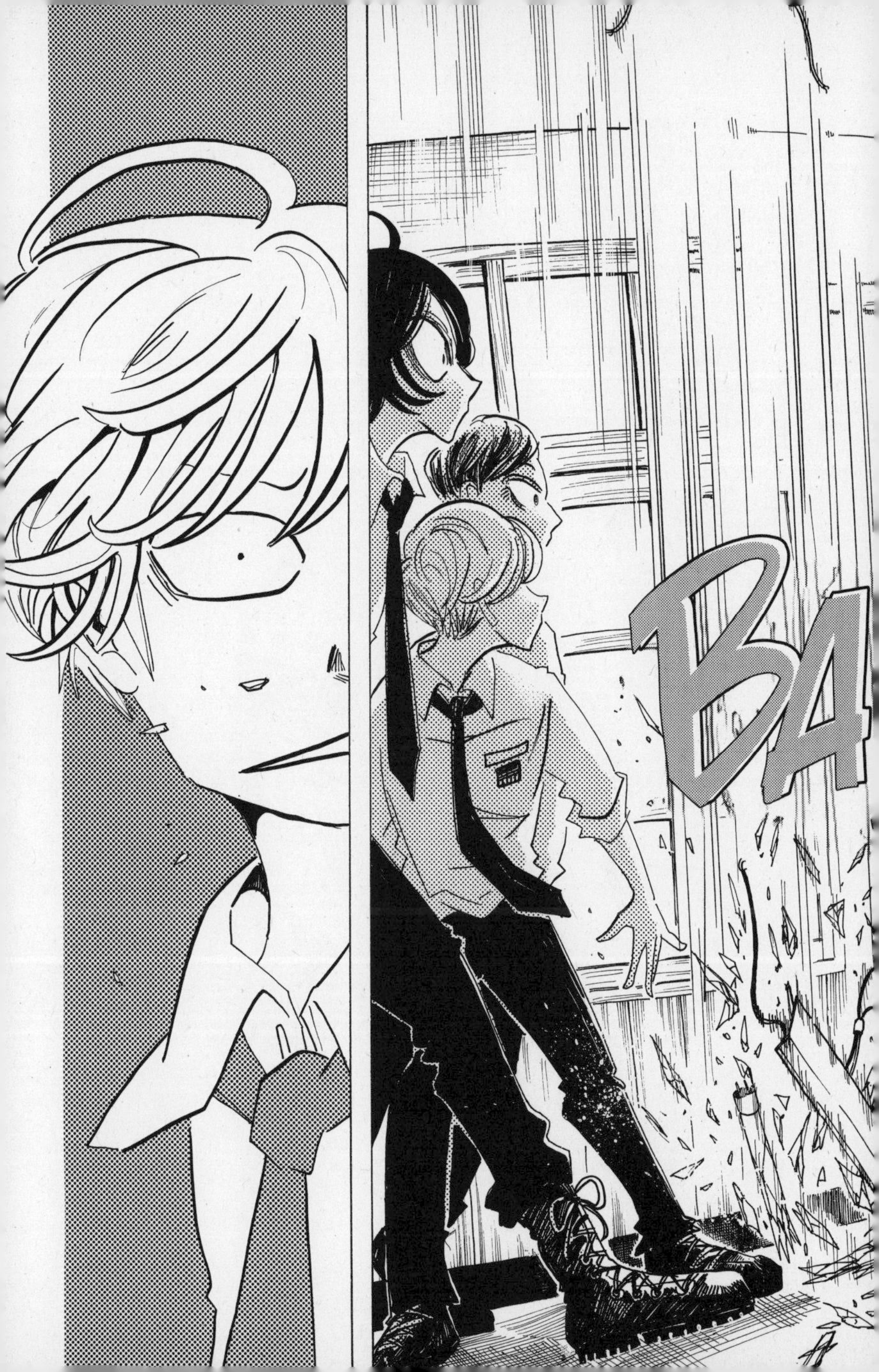
BA

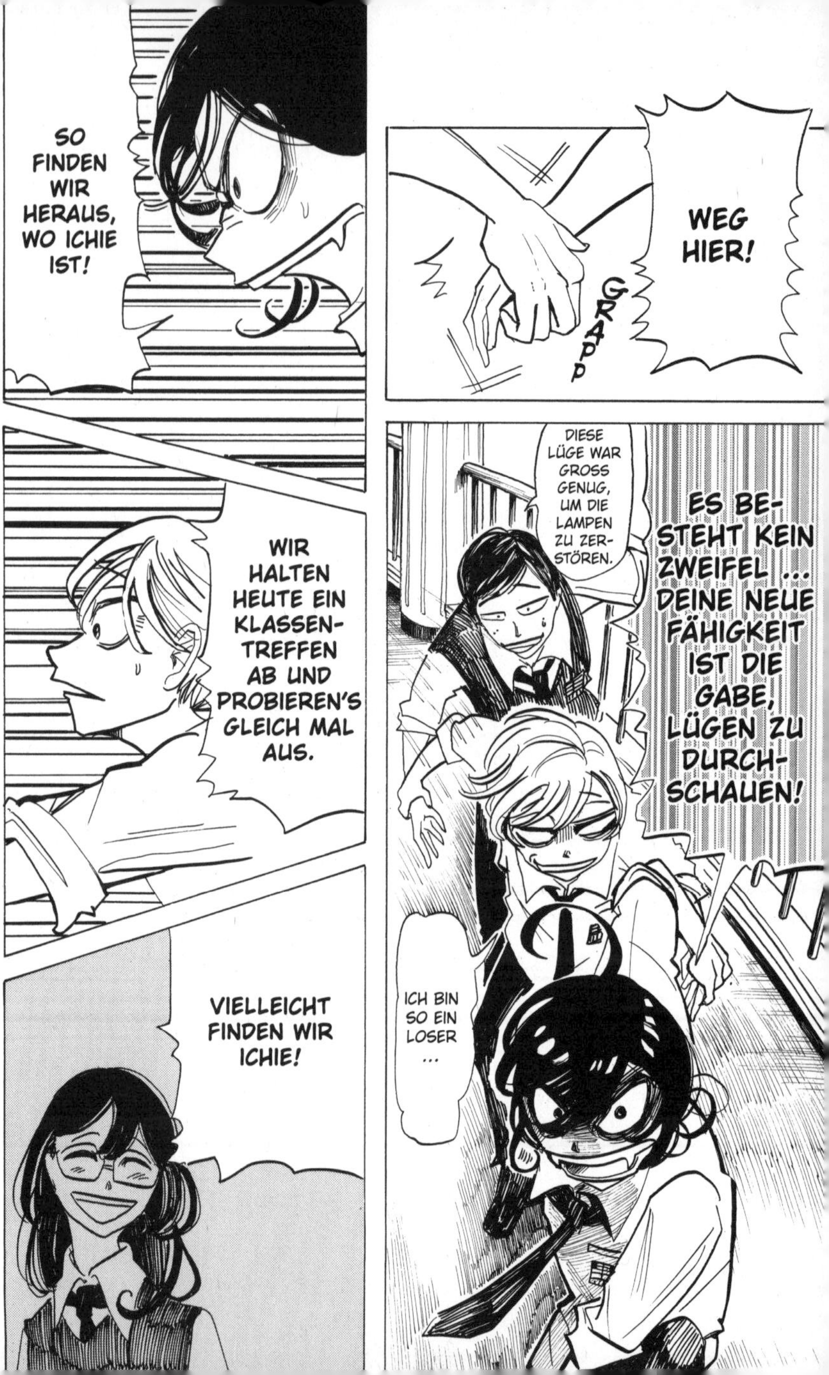
WEG HIER!
GRAPP
SO FINDEN WIR HERAUS, WO ICHIE IST!
DIESE LÜGE WAR GROSS GENUG, UM DIE LAMPEN ZU ZERSTÖREN.
ES BESTEHT KEIN ZWEIFEL ... DEINE NEUE FÄHIGKEIT IST DIE GABE, LÜGEN ZU DURCHSCHAUEN!
ICH BIN SO EIN LOSER ...
WIR HALTEN HEUTE EIN KLASSENTREFFEN AB UND PROBIEREN'S GLEICH MAL AUS.
VIELLEICHT FINDEN WIR ICHIE!

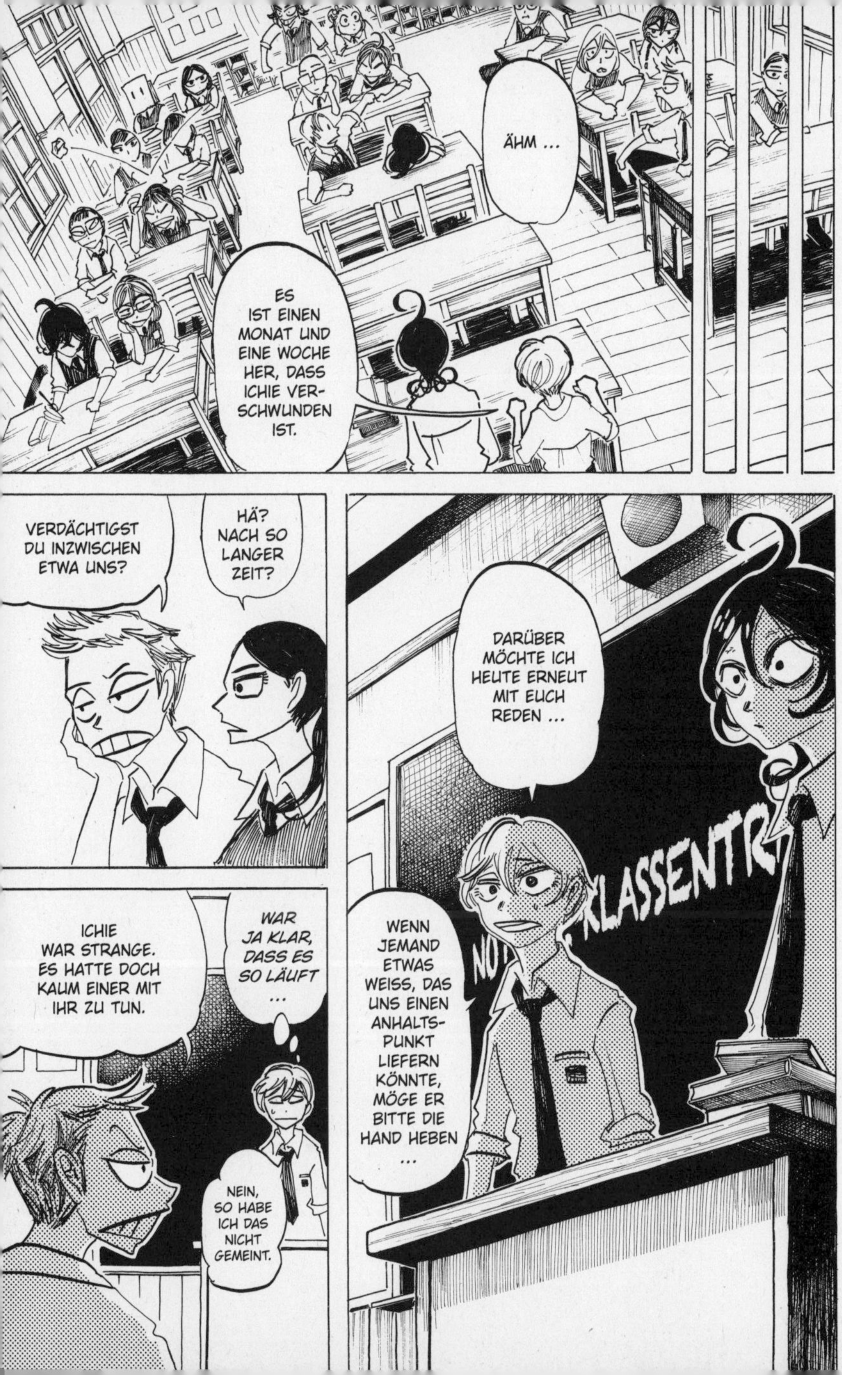
ÄHM …
ES IST EINEN MONAT UND EINE WOCHE HER, DASS ICHIE VERSCHWUNDEN IST.
DARÜBER MÖCHTE ICH HEUTE ERNEUT MIT EUCH REDEN …
WENN JEMAND ETWAS WEISS, DAS UNS EINEN ANHALTSPUNKT LIEFERN KÖNNTE, MÖGE ER BITTE DIE HAND HEBEN …
HÄ? NACH SO LANGER ZEIT?
VERDÄCHTIGST DU INZWISCHEN ETWA UNS?
WAR JA KLAR, DASS ES SO LÄUFT …
ICHIE WAR STRANGE. ES HATTE DOCH KAUM EINER MIT IHR ZU TUN.
NEIN, SO HABE ICH DAS NICHT GEMEINT.

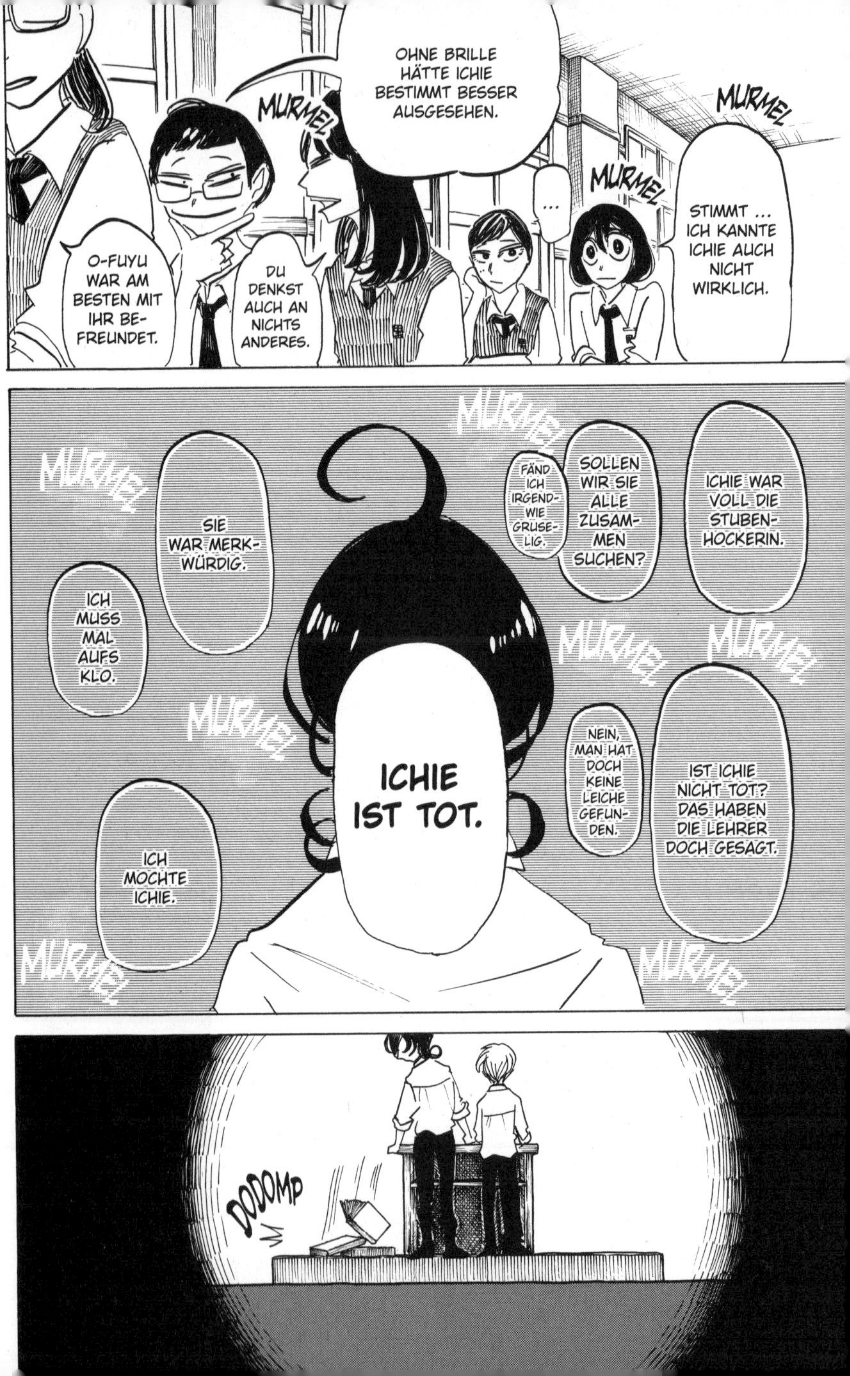
MURMEL
STIMMT … ICH KANNTE ICHIE AUCH NICHT WIRKLICH.
MURMEL
…
OHNE BRILLE HÄTTE ICHIE BESTIMMT BESSER AUSGESEHEN.
MURMEL
DU DENKST AUCH AN NICHTS ANDERES.
O-FUYU WAR AM BESTEN MIT IHR BEFREUNDET.
ICHIE WAR VOLL DIE STUBENHOCKERIN.
SOLLEN WIR SIE ALLE ZUSAMMEN SUCHEN?
FÄND ICH IRGENDWIE GRUSELIG.
SIE WAR MERKWÜRDIG.
ICH MUSS MAL AUFS KLO.
IST ICHIE NICHT TOT? DAS HABEN DIE LEHRER DOCH GESAGT.
NEIN, MAN HAT DOCH KEINE LEICHE GEFUNDEN.
ICHIE IST TOT.
ICH MOCHTE ICHIE.
DODOMP

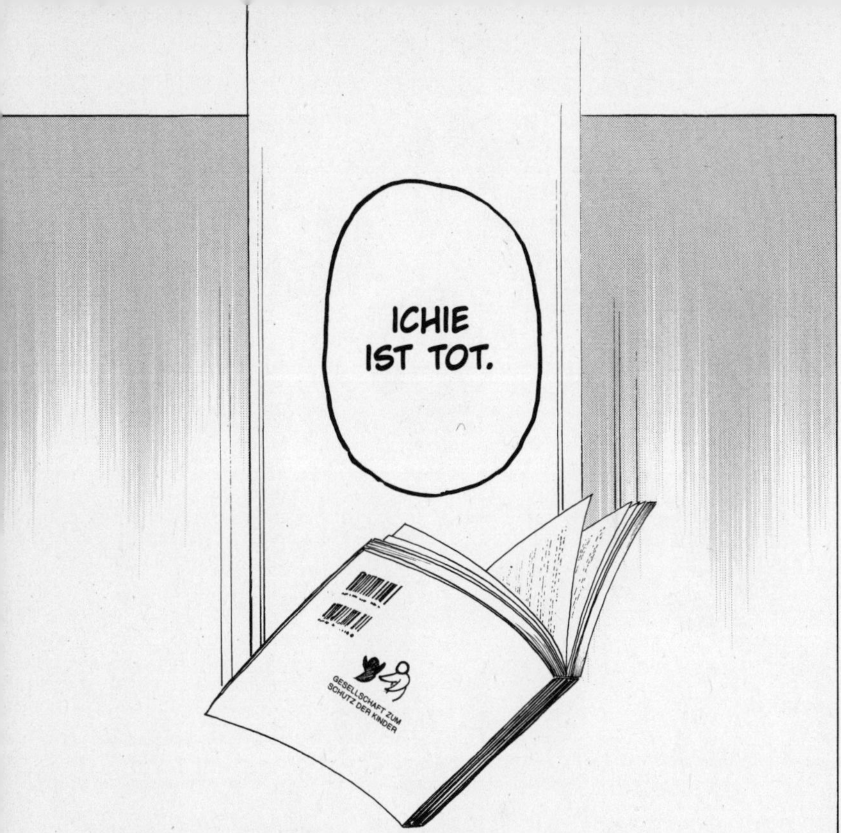

7. Kapitel: Beton, der fällt wie Schneeregen

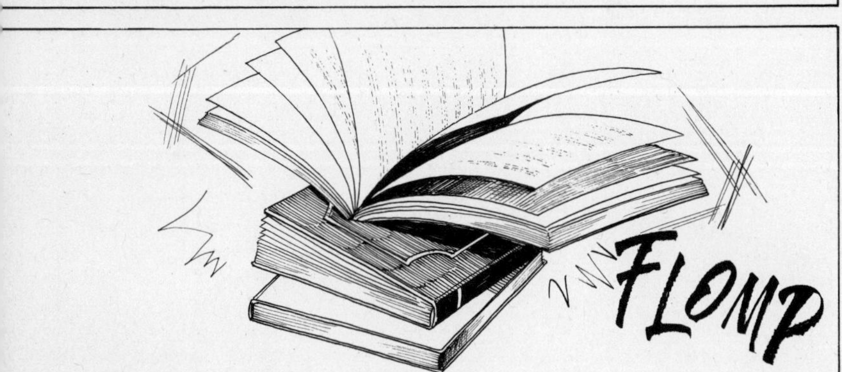

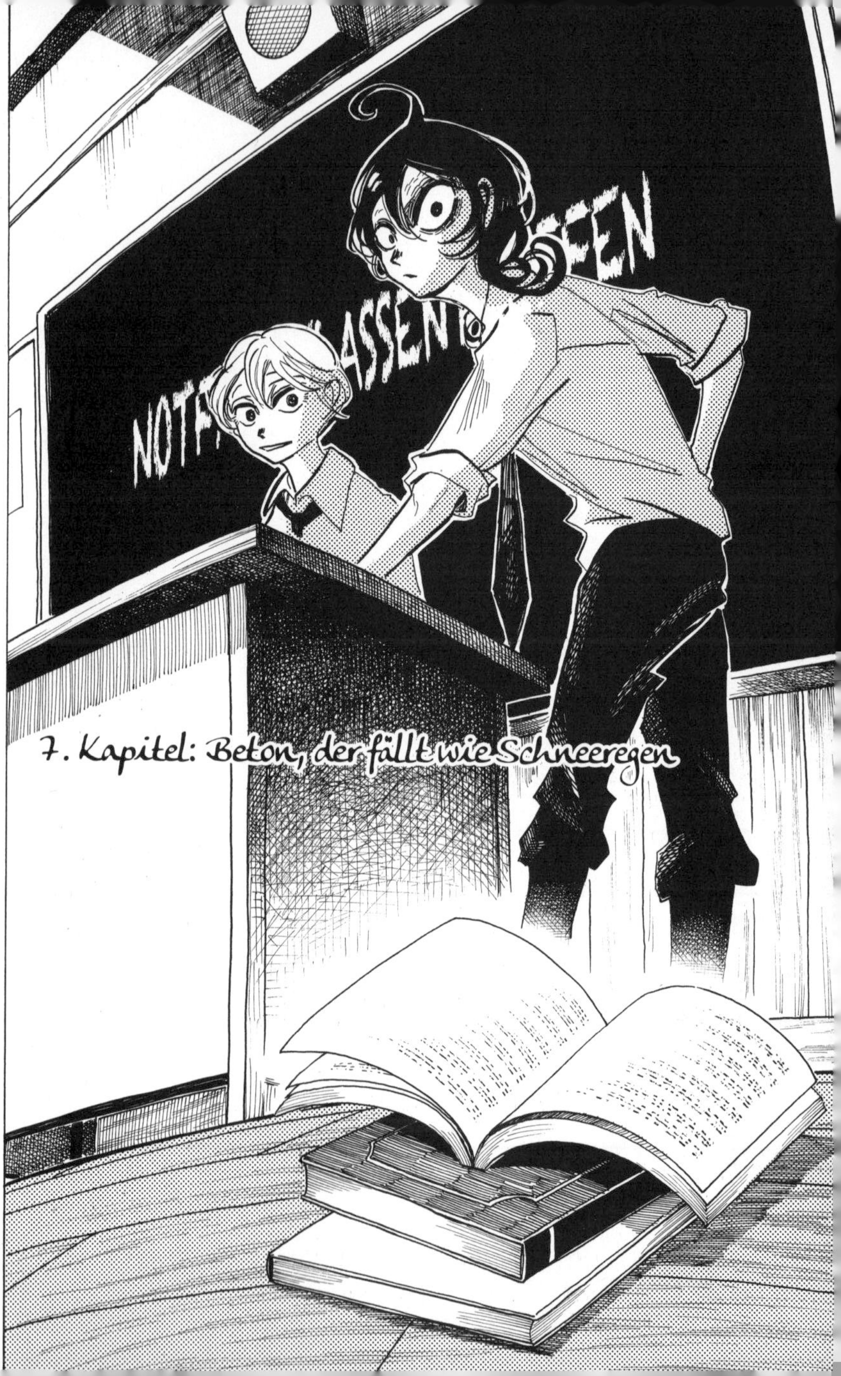
7. Kapitel: Beton, der fällt wie Schneeregen

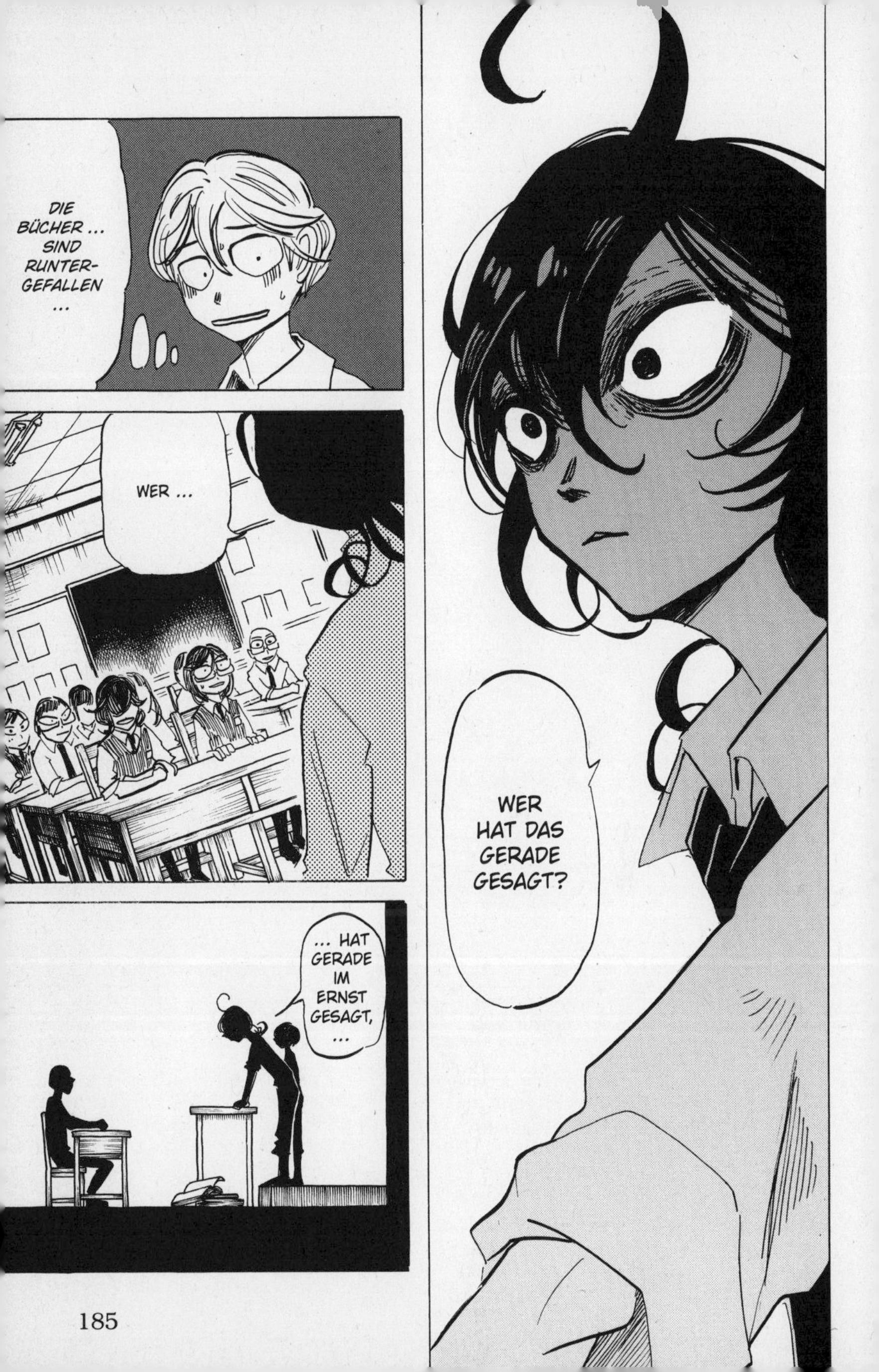
WER HAT DAS GERADE GESAGT?
DIE BÜCHER ... SIND RUNTER-GEFALLEN ...
WER ...
... HAT GERADE IM ERNST GESAGT, ...

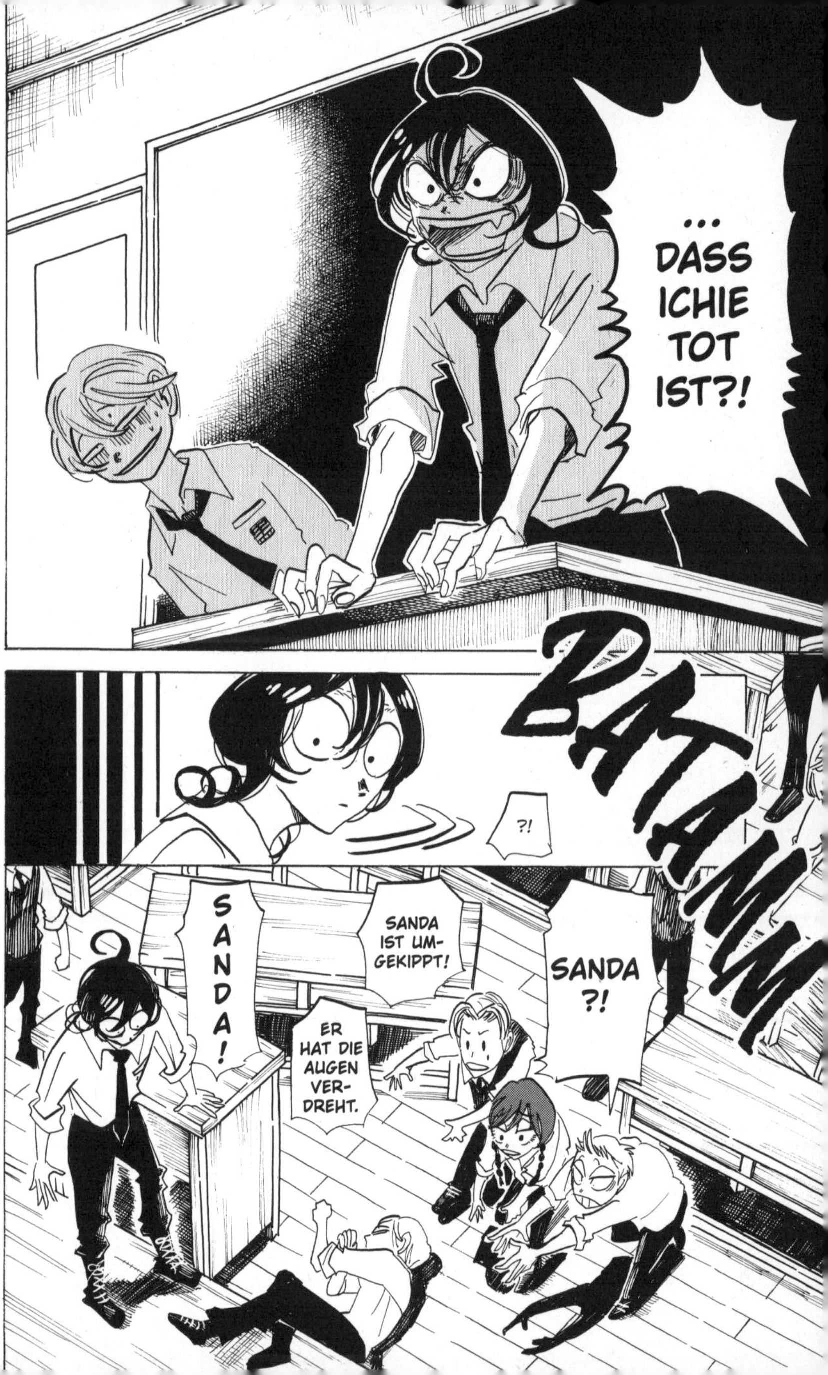
... DASS ICHIE TOT IST?!
BATAMM!
?!
SANDA ?!
SANDA IST UM-GEKIPPT!
SANDA!
ER HAT DIE AUGEN VER-DREHT.

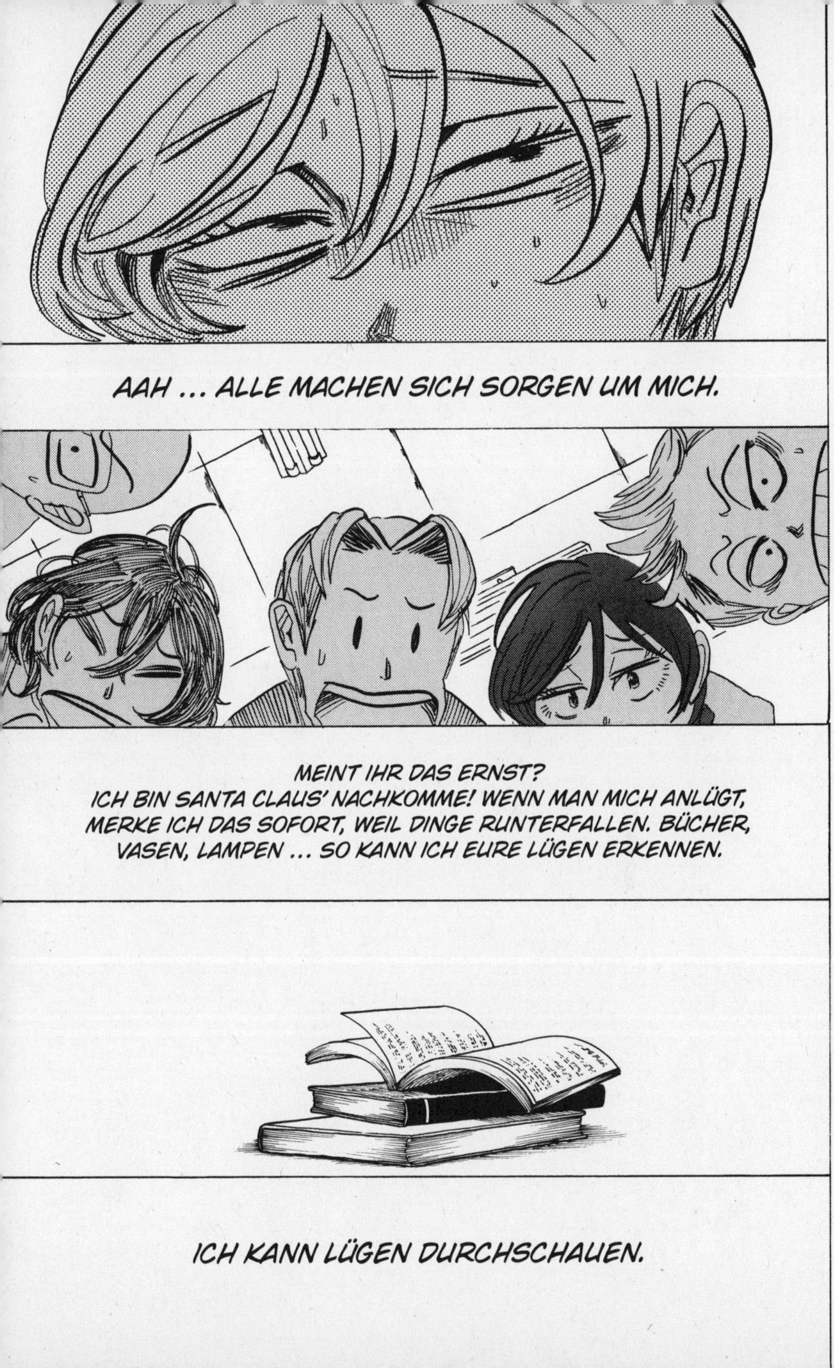
AAH … ALLE MACHEN SICH SORGEN UM MICH.
MEINT IHR DAS ERNST?
ICH BIN SANTA CLAUS' NACHKOMME! WENN MAN MICH ANLÜGT, MERKE ICH DAS SOFORT, WEIL DINGE RUNTERFALLEN. BÜCHER, VASEN, LAMPEN … SO KANN ICH EURE LÜGEN ERKENNEN.
ICH KANN LÜGEN DURCHSCHAUEN.

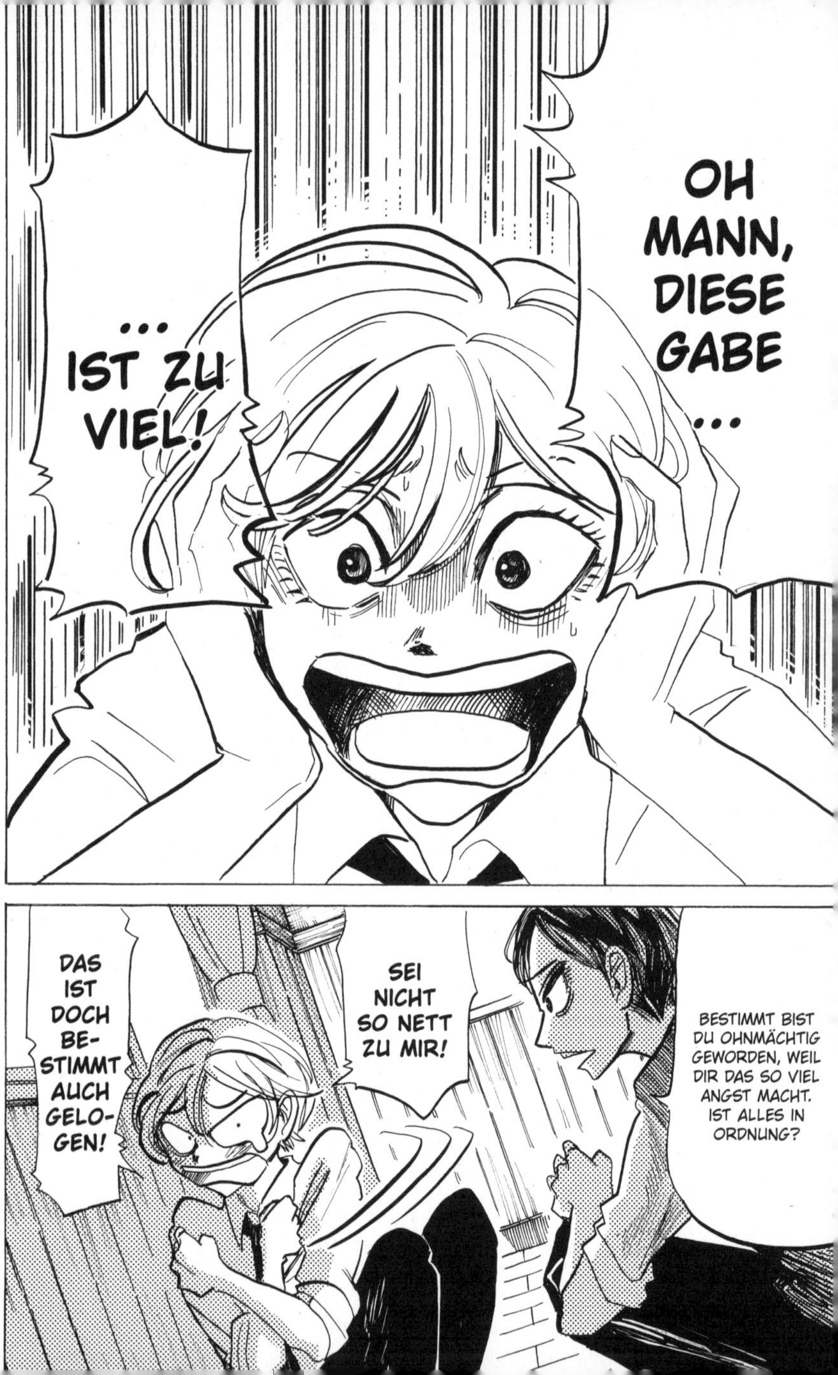

OH MANN, DIESE GABE ...
... IST ZU VIEL!
BESTIMMT BIST DU OHNMÄCHTIG GEWORDEN, WEIL DIR DAS SO VIEL ANGST MACHT. IST ALLES IN ORDNUNG?
SEI NICHT SO NETT ZU MIR!
DAS IST DOCH BE-STIMMT AUCH GELO-GEN!

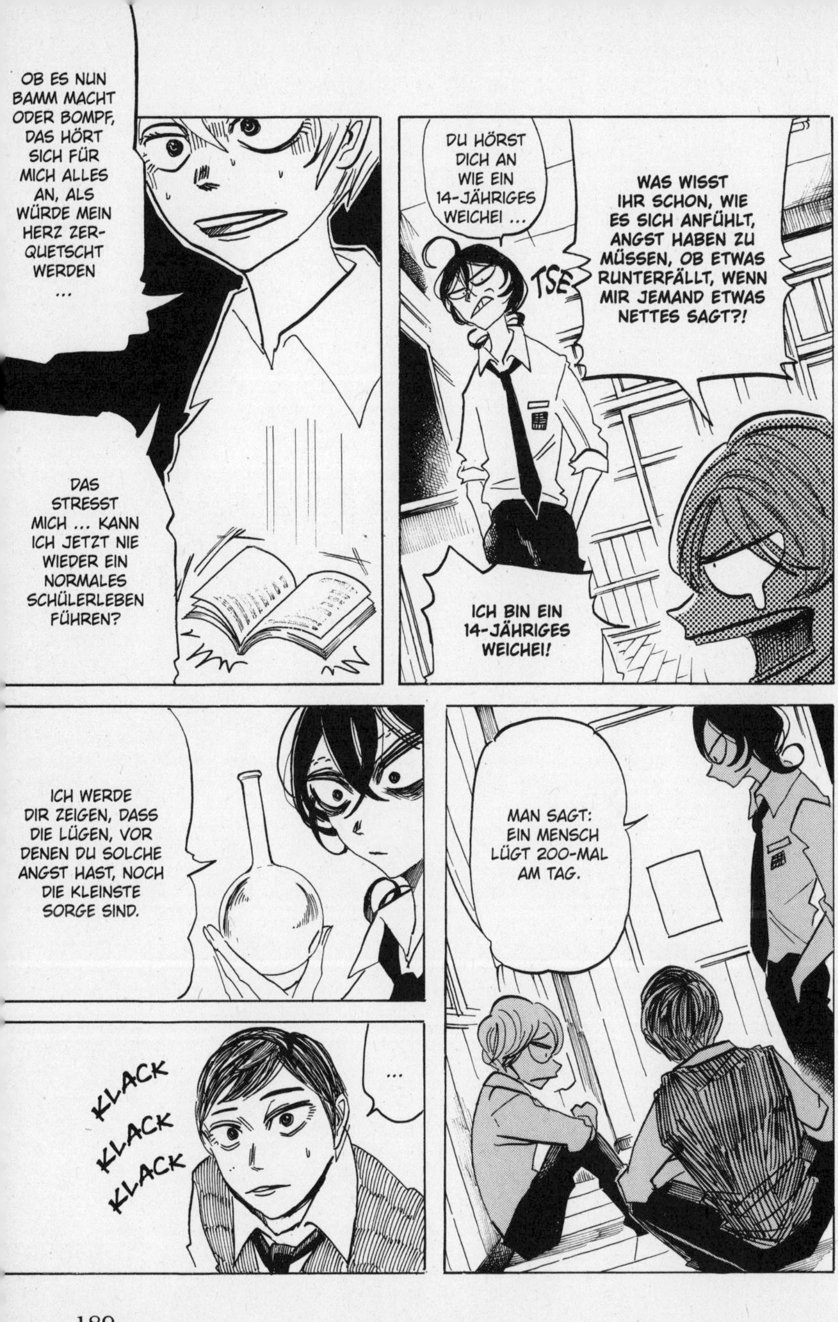
DU HÖRST DICH AN WIE EIN 14-JÄHRIGES WEICHEI ...
TSE
WAS WISST IHR SCHON, WIE ES SICH ANFÜHLT, ANGST HABEN ZU MÜSSEN, OB ETWAS RUNTERFÄLLT, WENN MIR JEMAND ETWAS NETTES SAGT?!
ICH BIN EIN 14-JÄHRIGES WEICHEI!
OB ES NUN BAMM MACHT ODER BOMPF, DAS HÖRT SICH FÜR MICH ALLES AN, ALS WÜRDE MEIN HERZ ZER-QUETSCHT WERDEN ...
DAS STRESST MICH ... KANN ICH JETZT NIE WIEDER EIN NORMALES SCHÜLERLEBEN FÜHREN?
MAN SAGT: EIN MENSCH LÜGT 200-MAL AM TAG.
ICH WERDE DIR ZEIGEN, DASS DIE LÜGEN, VOR DENEN DU SOLCHE ANGST HAST, NOCH DIE KLEINSTE SORGE SIND.
...
KLACK
KLACK
KLACK

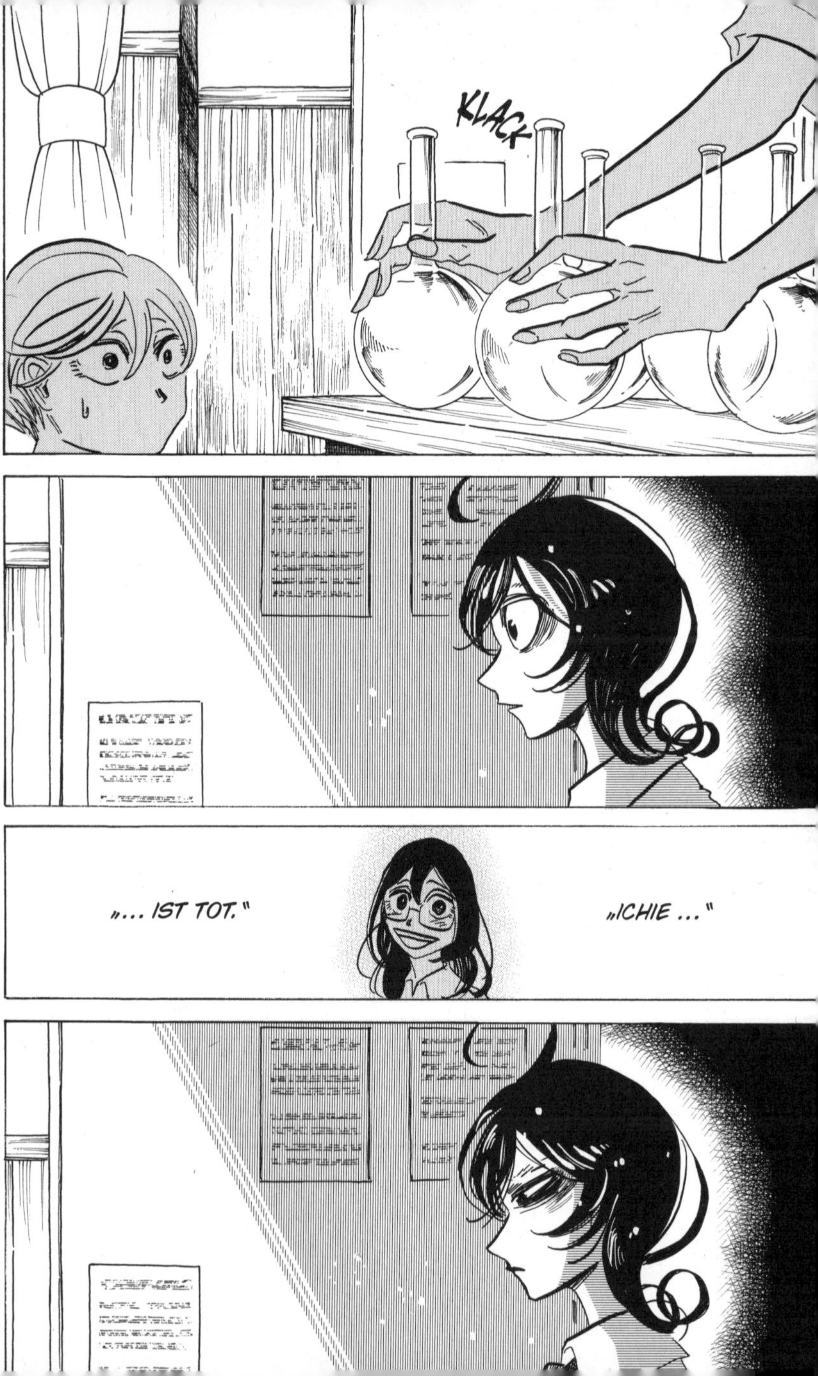
KLACK
„ICHIE …"
„… IST TOT."

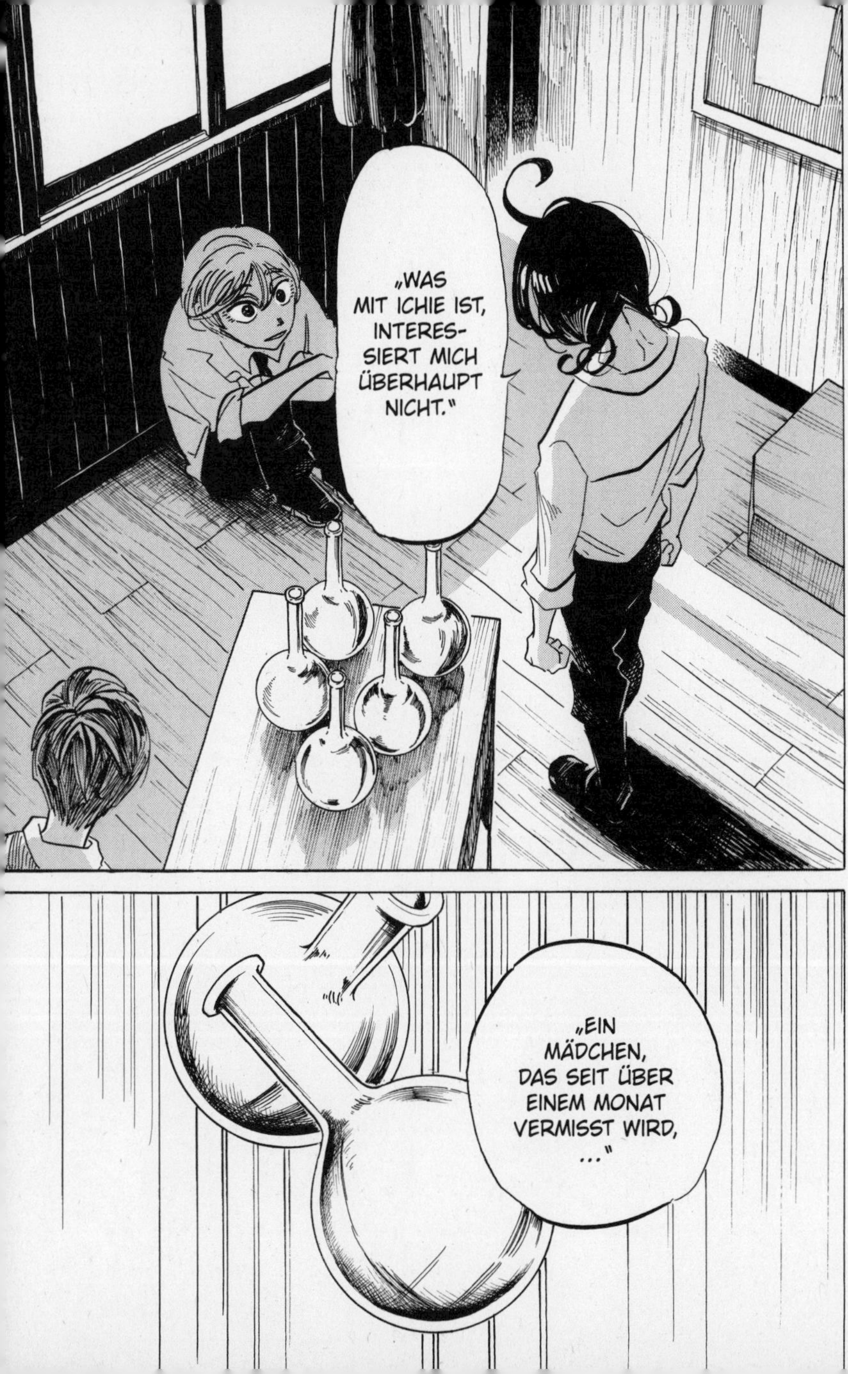
„WAS MIT ICHIE IST, INTERES-SIERT MICH ÜBERHAUPT NICHT."
„EIN MÄDCHEN, DAS SEIT ÜBER EINEM MONAT VERMISST WIRD, ..."

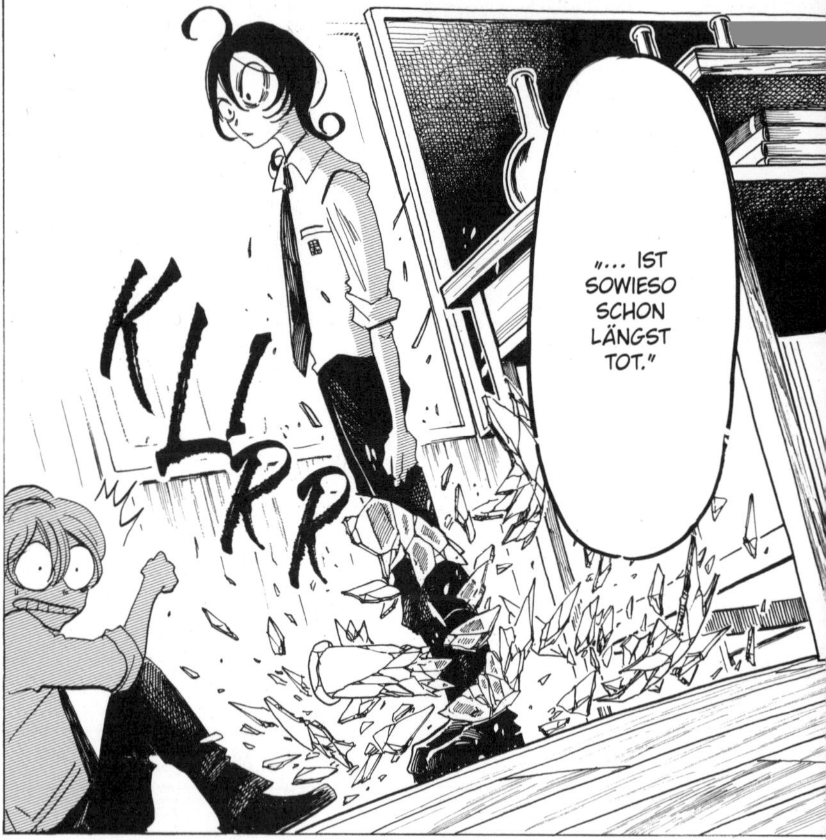
„... IST SOWIESO SCHON LÄNGST TOT."
KLIRR

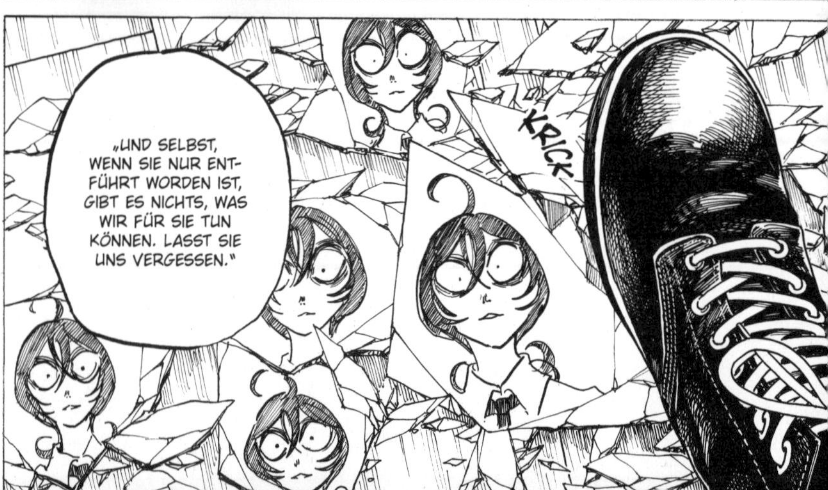
„UND SELBST, WENN SIE NUR ENT-FÜHRT WORDEN IST, GIBT ES NICHTS, WAS WIR FÜR SIE TUN KÖNNEN. LASST SIE UNS VERGESSEN."
KRICK

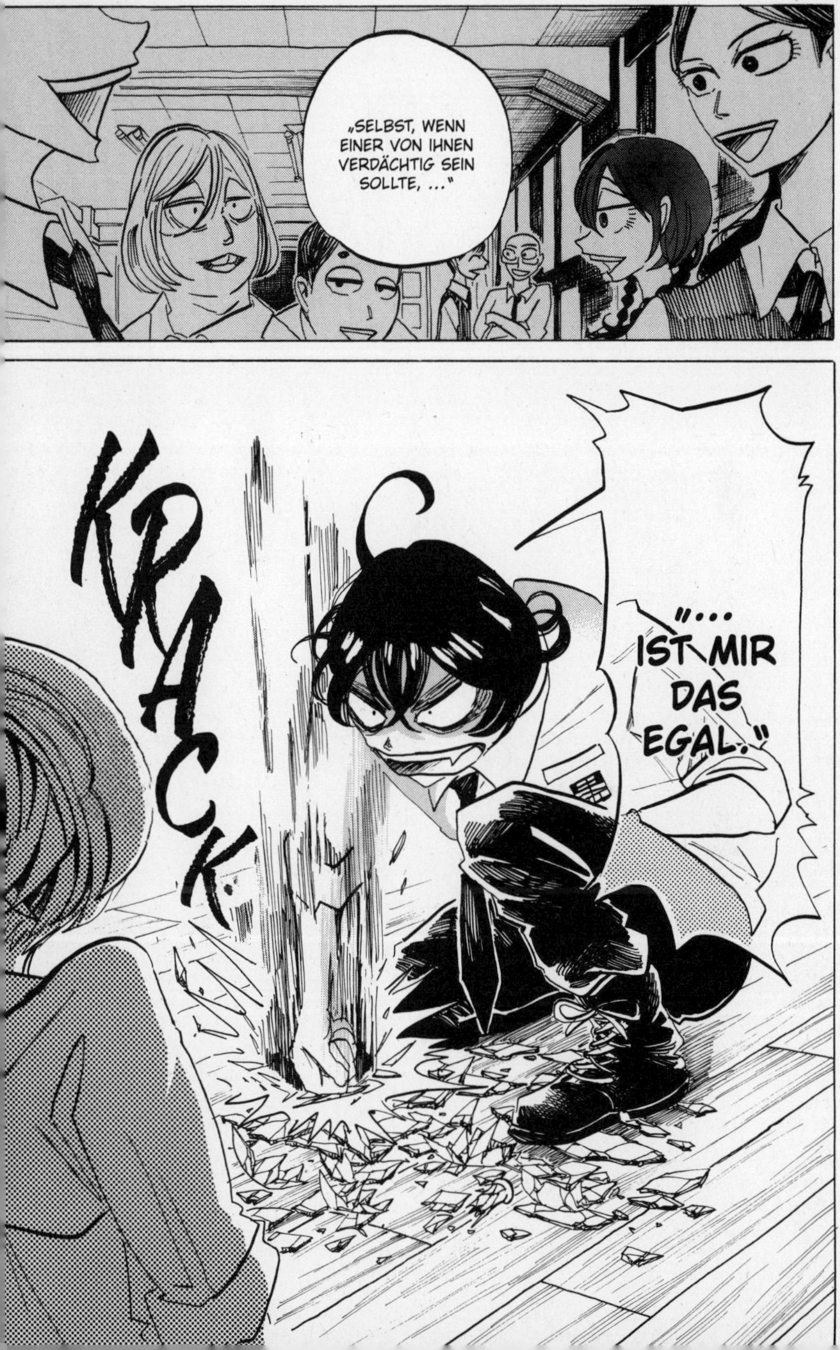
„SELBST, WENN EINER VON IHNEN VERDÄCHTIG SEIN SOLLTE, ..."
KRACK.
"... IST MIR DAS EGAL."

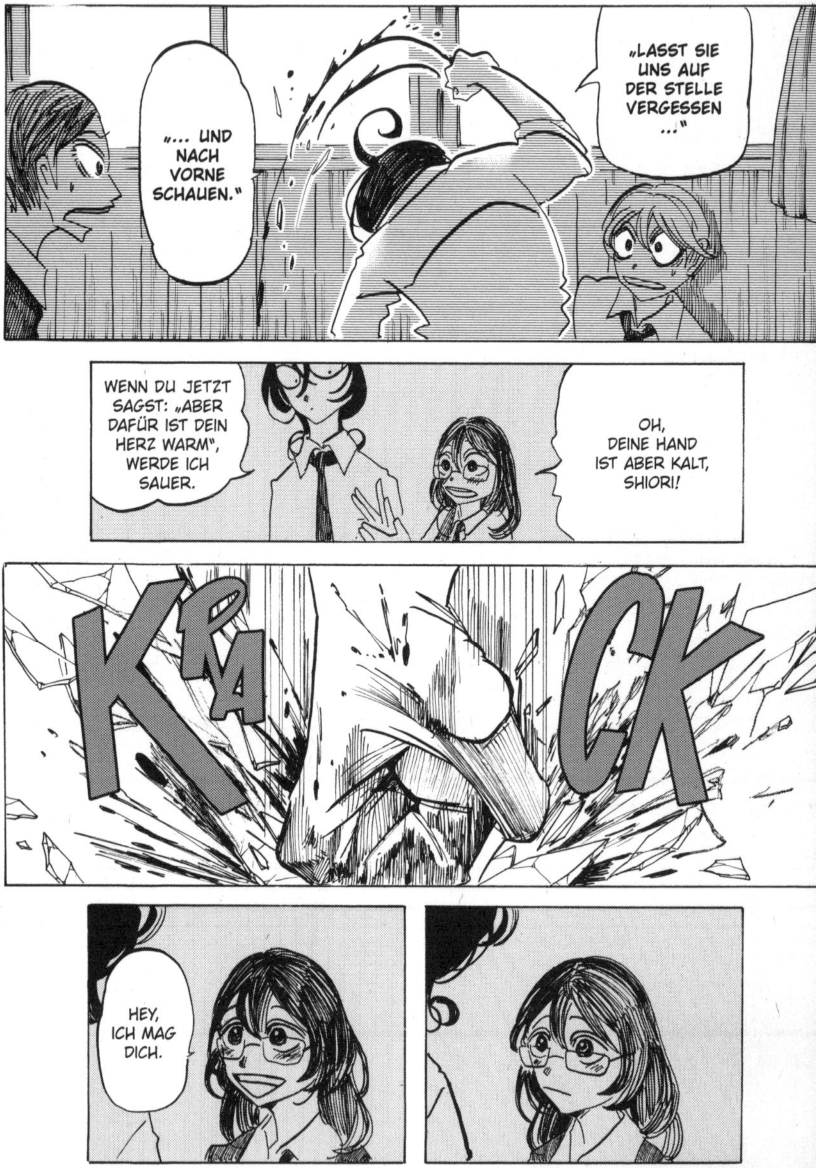
„LASST SIE UNS AUF DER STELLE VERGESSEN ..."
„... UND NACH VORNE SCHAUEN."
OH, DEINE HAND IST ABER KALT, SHIORI!
WENN DU JETZT SAGST: „ABER DAFÜR IST DEIN HERZ WARM", WERDE ICH SAUER.
KRACK
HEY, ICH MAG DICH.

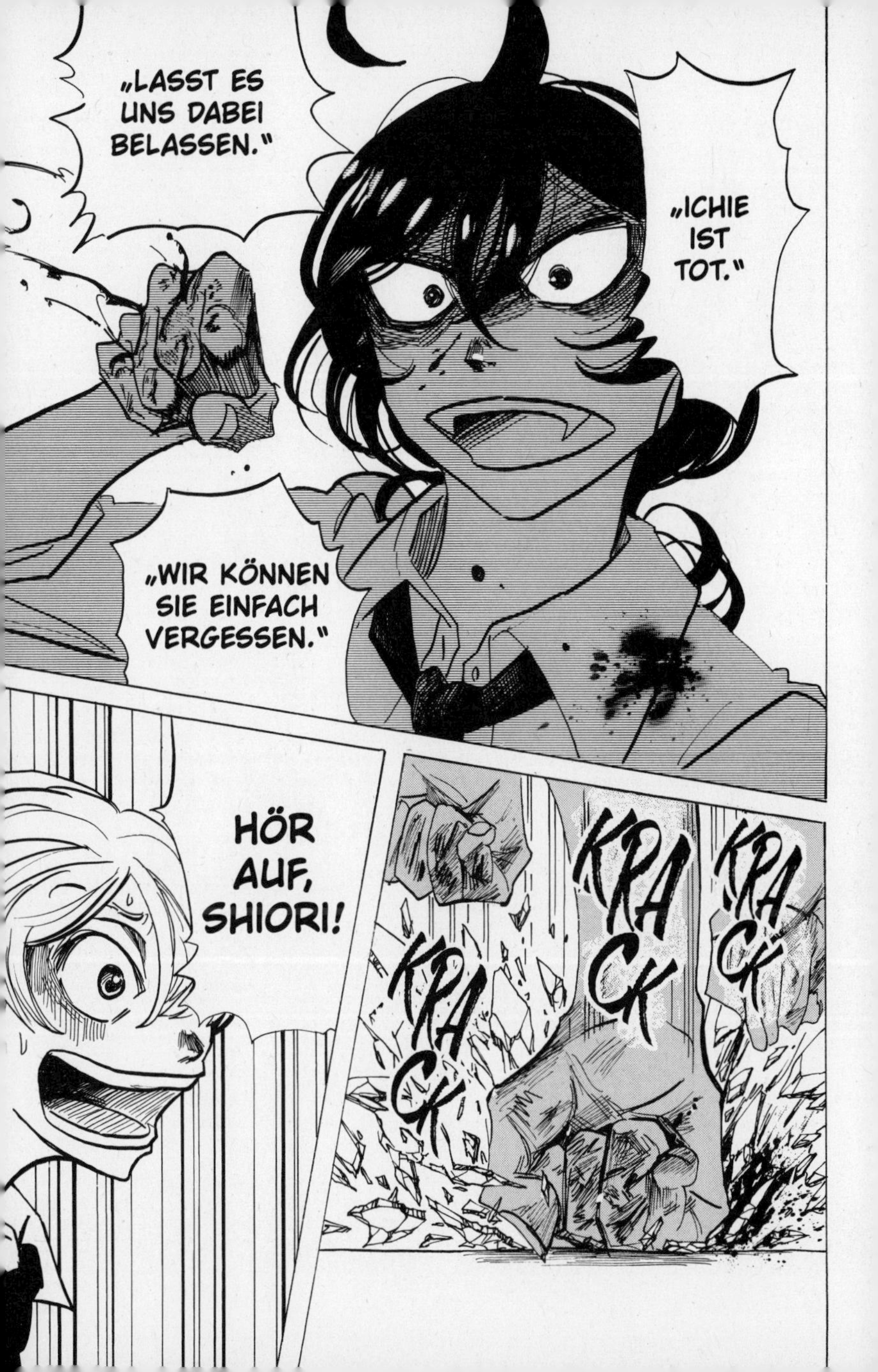
„ICHIE IST TOT."
„LASST ES UNS DABEI BELASSEN."
„WIR KÖNNEN SIE EINFACH VERGESSEN."
KRACK
KRACK
KRACK
HÖR AUF, SHIORI!

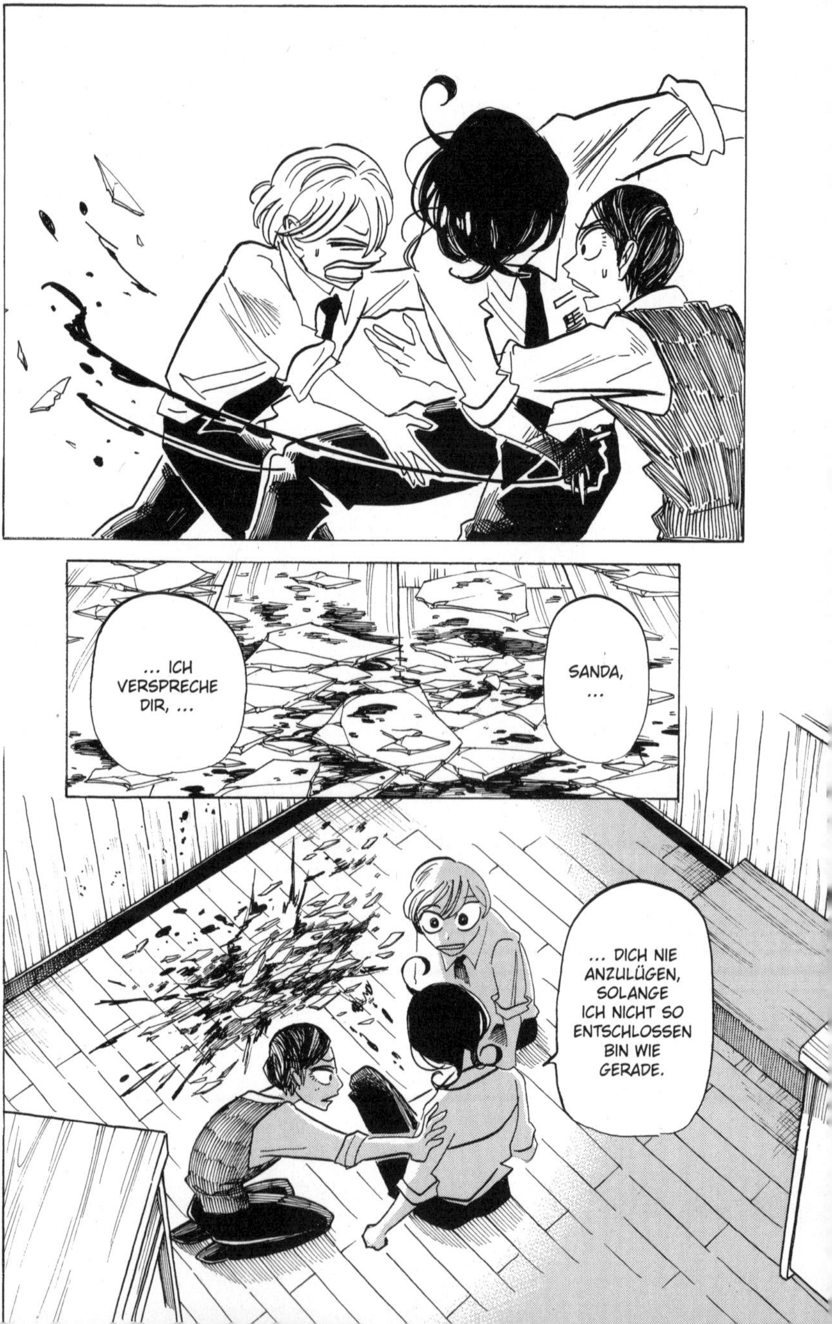
SANDA, ...
... ICH VERSPRECHE DIR, ...
... DICH NIE ANZULÜGEN, SOLANGE ICH NICHT SO ENTSCHLOSSEN BIN WIE GERADE.

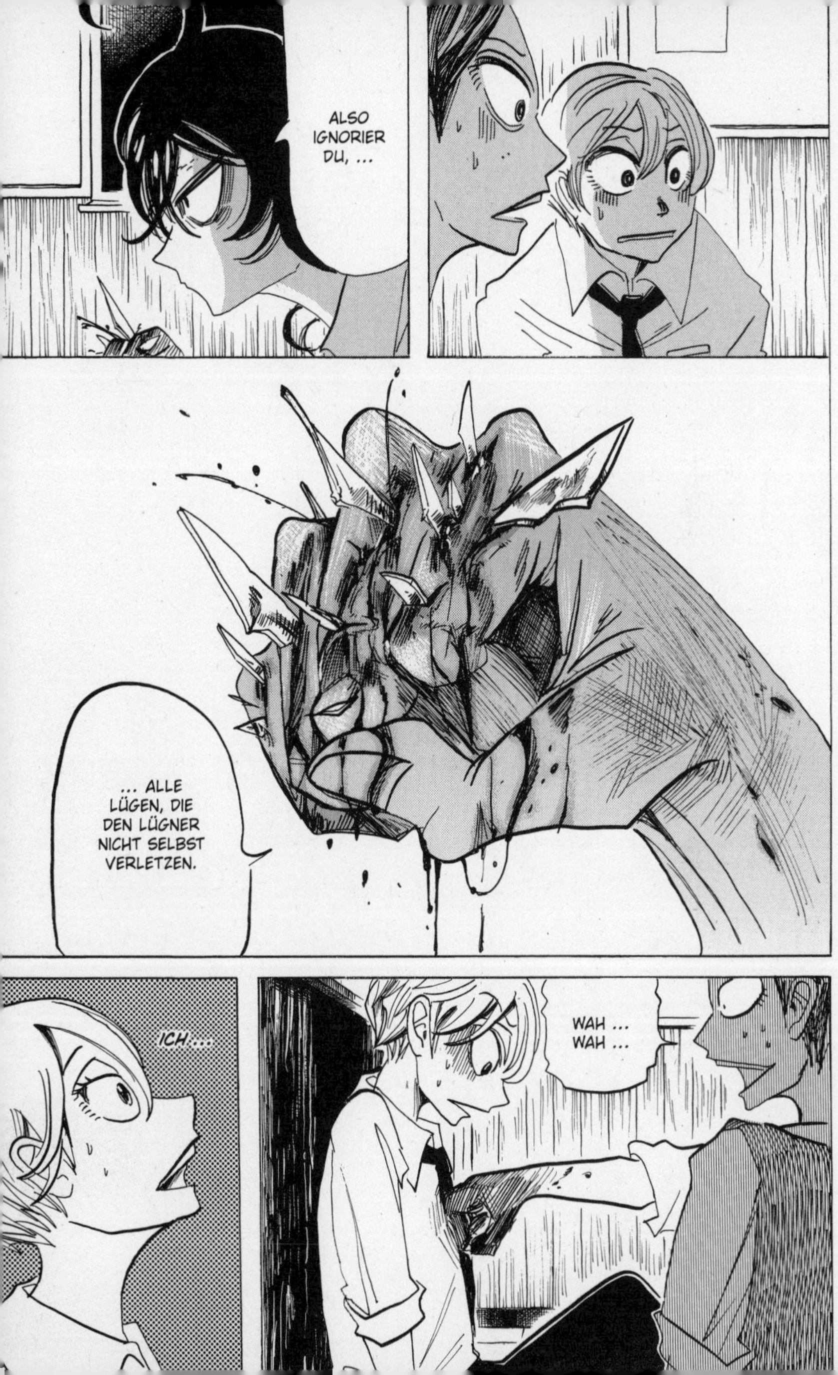
ALSO IGNORIER DU, ...
... ALLE LÜGEN, DIE DEN LÜGNER NICHT SELBST VERLETZEN.
ICH ...
WAH ... WAH ...

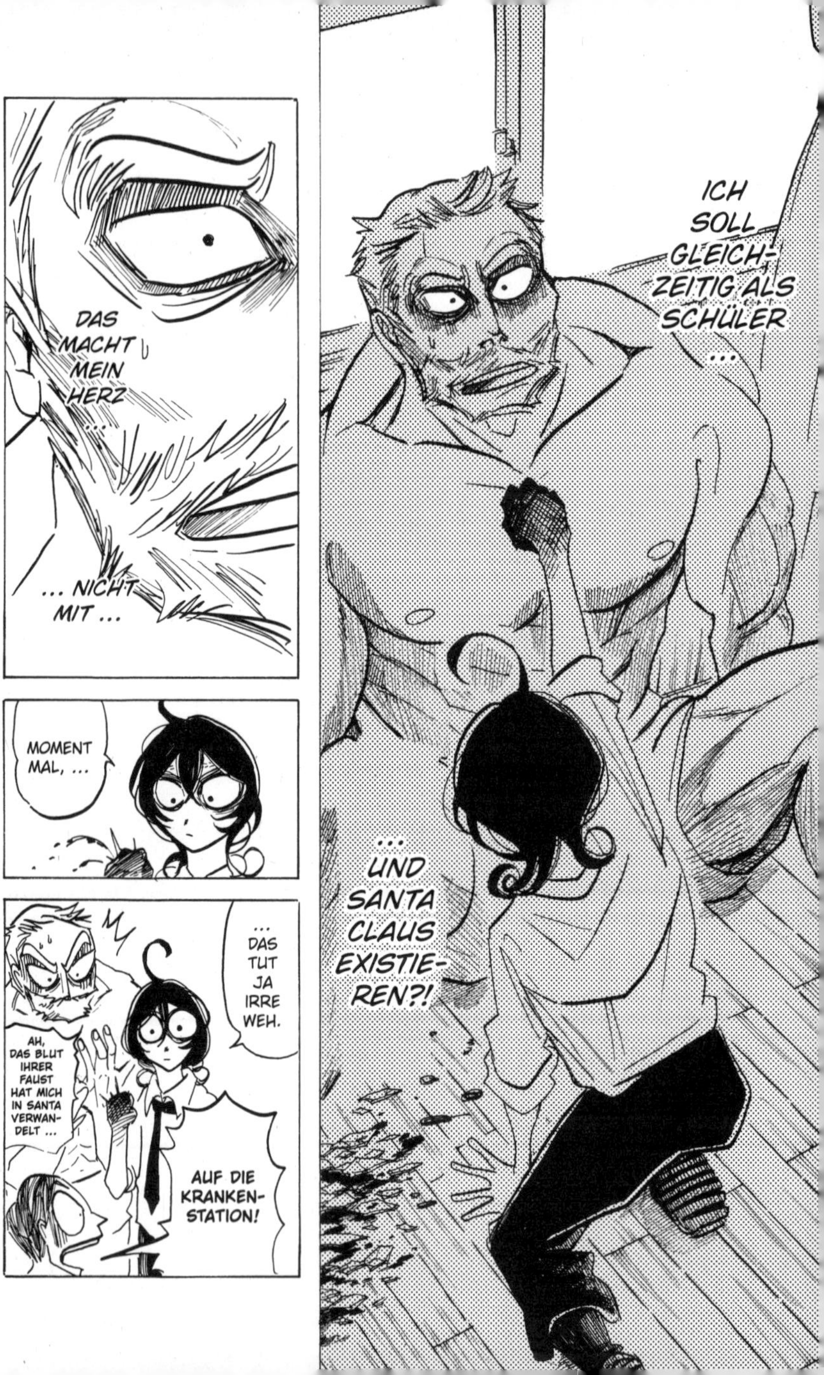
ICH SOLL GLEICHZEITIG ALS SCHÜLER ...
... UND SANTA CLAUS EXISTIEREN?!
DAS MACHT MEIN HERZ ...
... NICHT MIT ...
MOMENT MAL, ...
... DAS TUT JA IRRE WEH.
AH, DAS BLUT IHRER FAUST HAT MICH IN SANTA VERWANDELT ...
AUF DIE KRANKENSTATION!

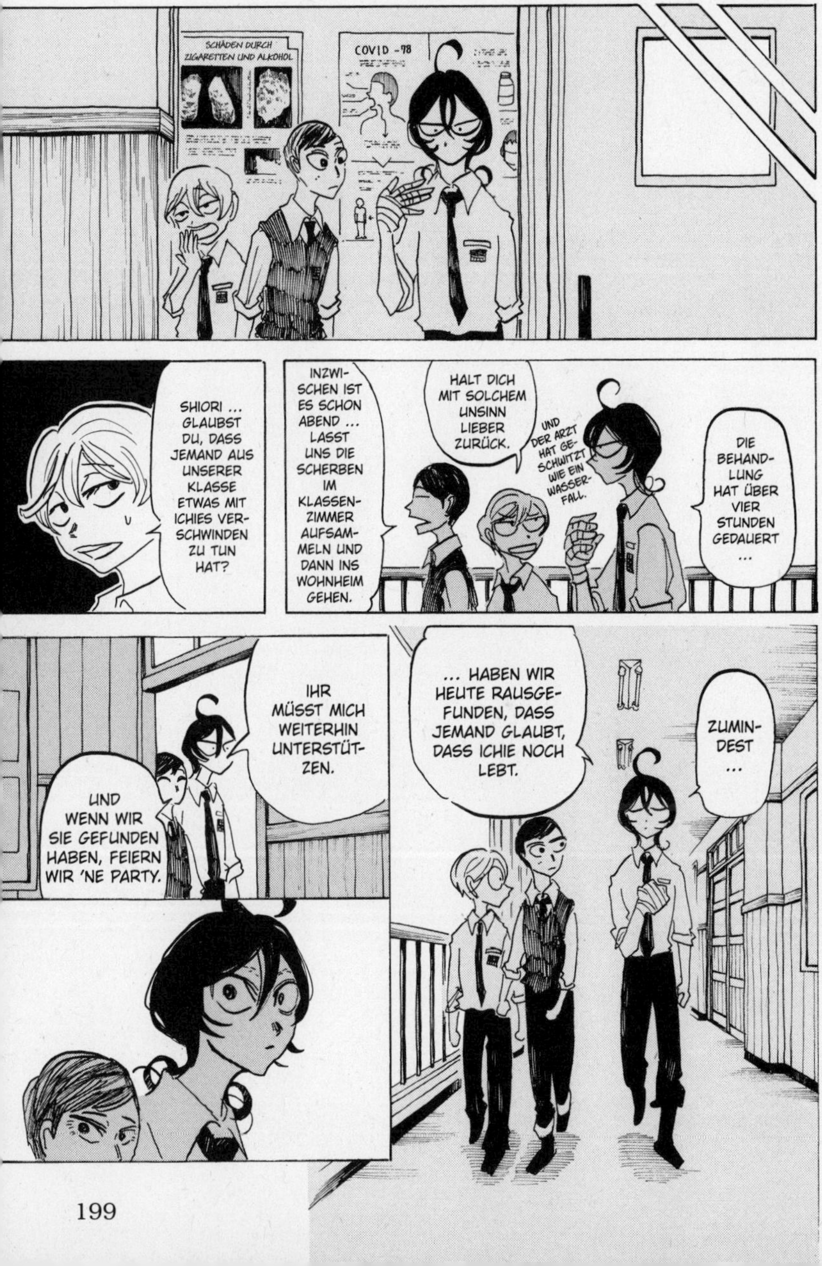
SCHÄDEN DURCH ZIGARETTEN UND ALKOHOL
COVID -78
DIE BEHANDLUNG HAT ÜBER VIER STUNDEN GEDAUERT ...
UND DER ARZT HAT GESCHWITZT WIE EIN WASSERFALL.
HALT DICH MIT SOLCHEM UNSINN LIEBER ZURÜCK.
INZWISCHEN IST ES SCHON ABEND ... LASST UNS DIE SCHERBEN IM KLASSENZIMMER AUFSAMMELN UND DANN INS WOHNHEIM GEHEN.
SHIORI ... GLAUBST DU, DASS JEMAND AUS UNSERER KLASSE ETWAS MIT ICHIES VERSCHWINDEN ZU TUN HAT?
ZUMINDEST ...
... HABEN WIR HEUTE RAUSGEFUNDEN, DASS JEMAND GLAUBT, DASS ICHIE NOCH LEBT.
IHR MÜSST MICH WEITERHIN UNTERSTÜTZEN.
UND WENN WIR SIE GEFUNDEN HABEN, FEIERN WIR 'NE PARTY.

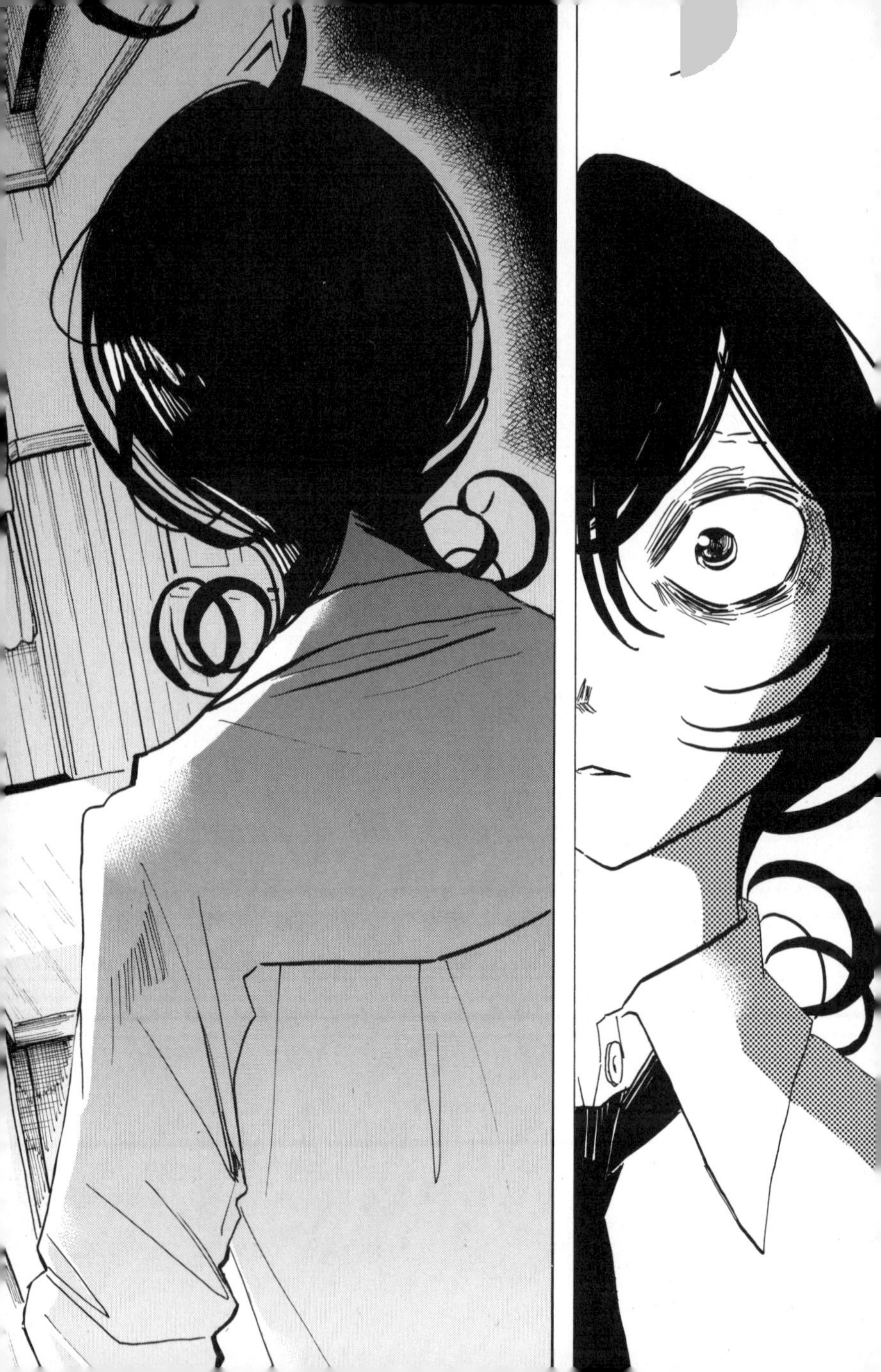

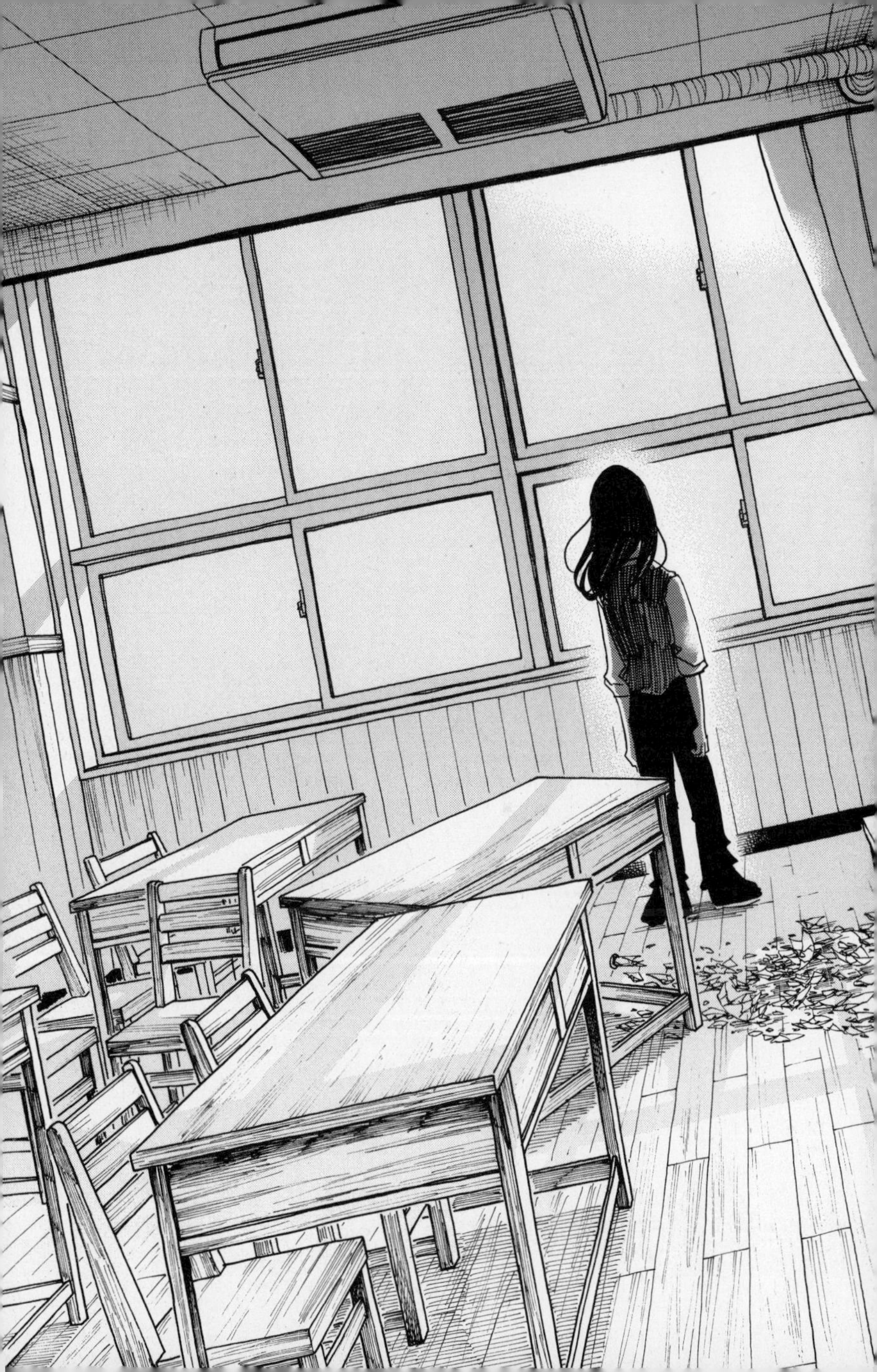

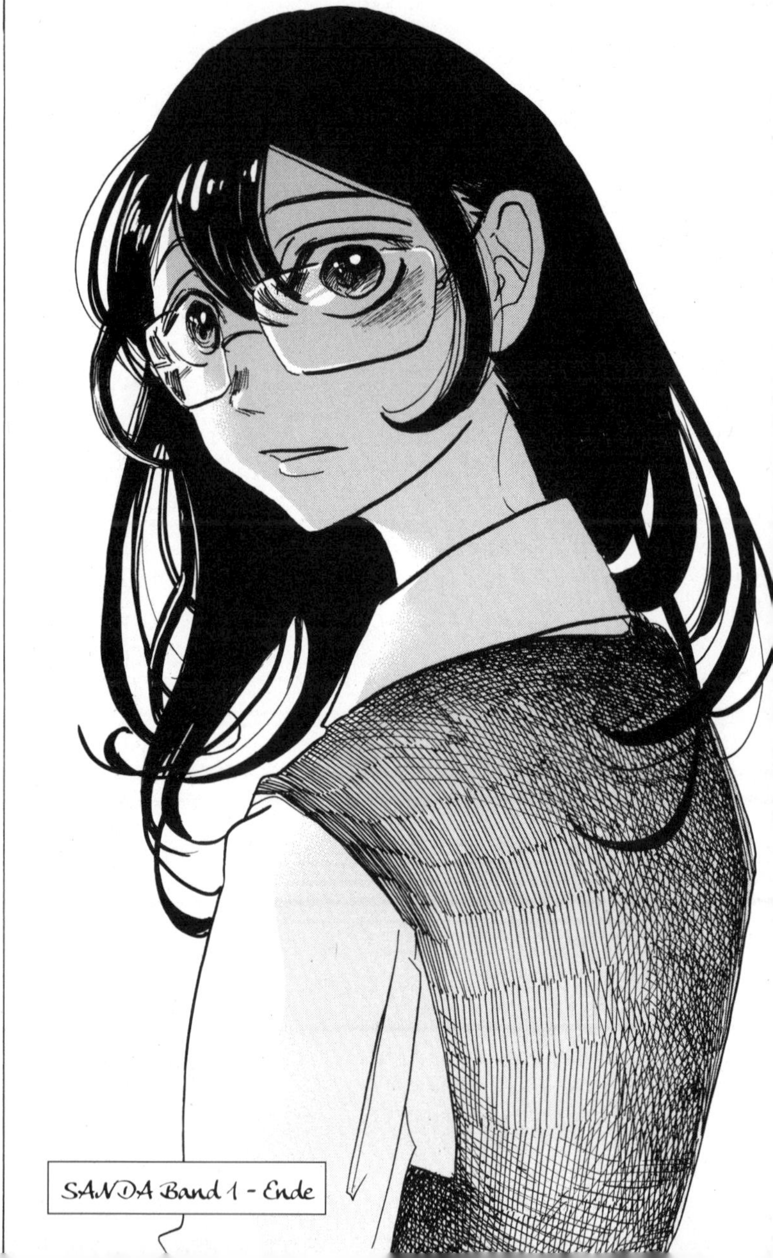

SANDA Band 1 - Ende

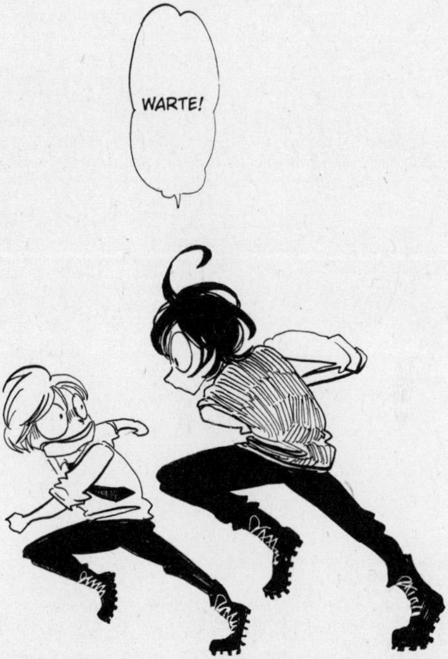

WIR HOFFEN,
ES HAT EUCH GEFALLEN!

VORSTELLUNG DER FIGUREN

KAZUSHIGE SANDA (14), BLUTGRUPPE AB, ♂

ALS SANDA: 161 CM, 46 KG
ALS SANTA: 240 - 260 CM, 200 - 240 KG

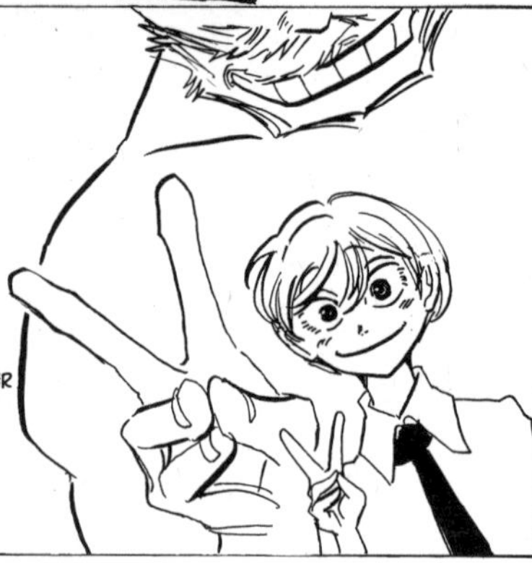

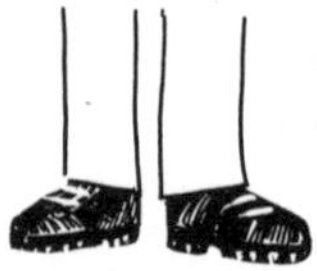

SPITZNAME: SANDA
BESONDERE EIGENSCHAFTEN: WAR EIN „SÜSSER JUNGE", ABER SEIT ER ZU SANTA GEWORDEN IST, HAT DIESE EIGENSCHAFT JEDEN SINN EINGEBÜSST.

GEHÖRT ZU DENEN, DIE DIE STIEFEL UNTER DER HOSE TRAGEN.

SANTAS BISHER BEKANNT GEWORDENE FÄHIGKEITEN:

- VERWANDELT SICH IN SANTA CLAUS, WENN ER ETWAS ROTES ANZIEHT
- VERWANDELT SICH ZURÜCK IN EIN KIND, WENN ER PUCHIKKO-FRUCHTGUMMIS ISST
- IST FEUERFEST
- AUS SEINEN FÜSSEN WACHSEN KUFEN (DIE ER NACH BELIEBEN EIN- UND AUSFAHREN KANN)
- WENN ER VON KINDERN ANGELOGEN WIRD, FALLEN DINGE UM IHN HERUM HERUNTER

HITOSHI AMAYA (14), BLUTGRUPPE 0, ♂

168 CM, 50 KG
SPITZNAME: PRINZ HITOSHI
BESONDERE EIGENSCHAFTEN: KANN KUCHEN BACKEN UND GEFÄLLIG LÄCHELN.

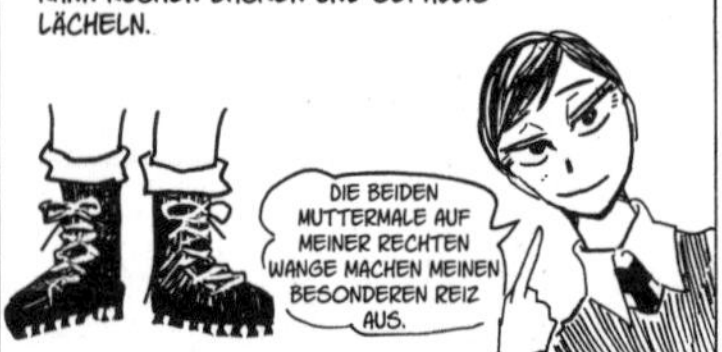

GEHÖRT ZU DENEN, DIE SICH DIE HOSENBEINE HOCHKREMPELN, DAMIT MAN DIE STIEFEL SIEHT.

SHIORI FUYUMURA (14), BLUTGRUPPE 0, ♀

182 CM, 51 KG
SPITZNAME: O-FUYU
BESONDERE EIGENSCHAFTEN: KANN BOMBEN BAUEN.

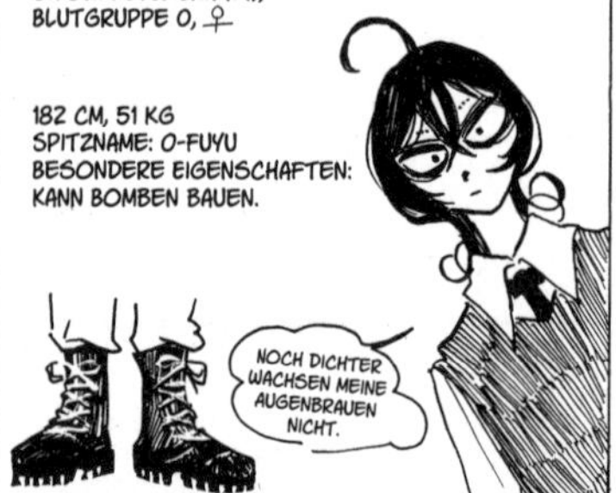

GEHÖRT ZU DENEN, DIE DIE HOSENBEINE IN DIE STIEFEL STECKEN.

SPANNENDE FÜHRUNG MIT HITOSHI

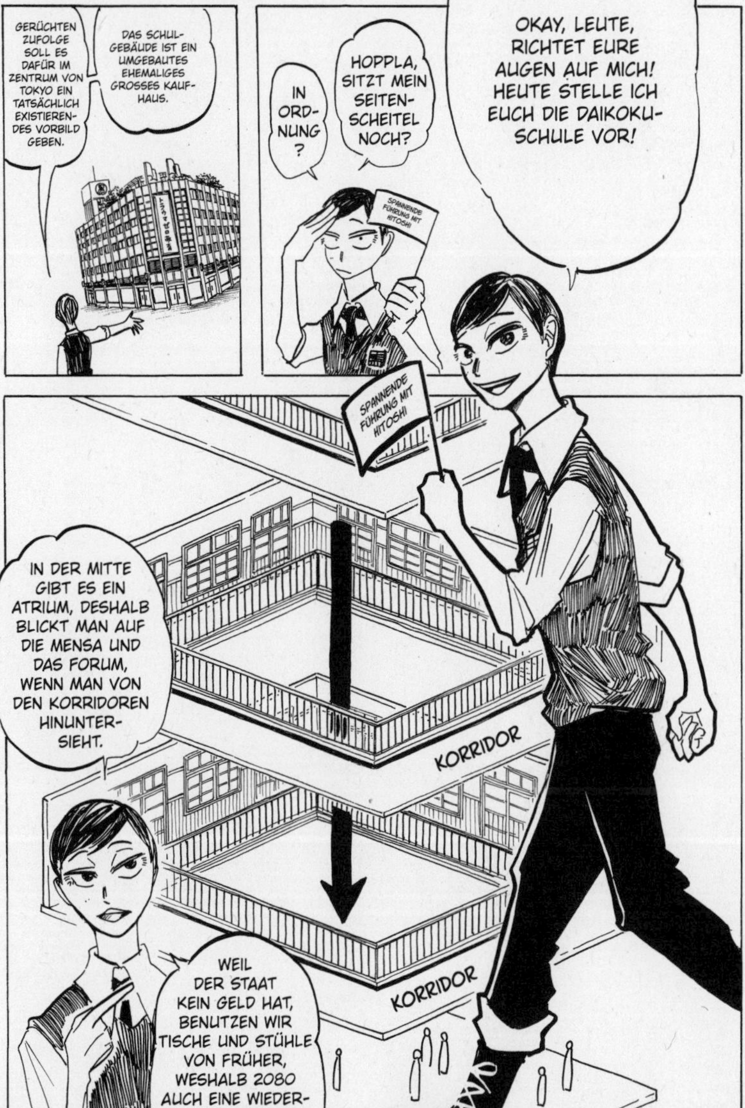

ABER ECHT …

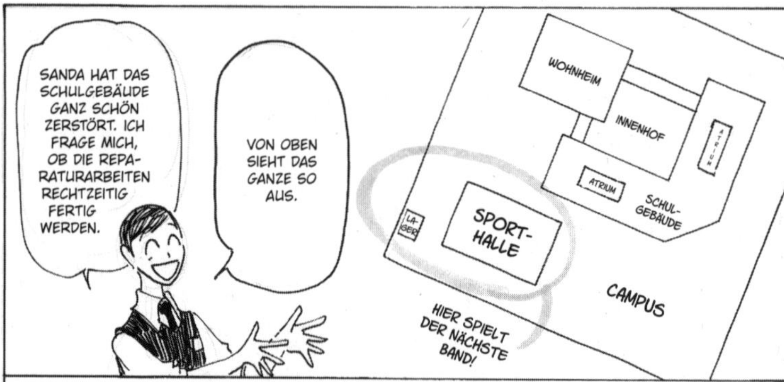

SANDA HAT DAS SCHULGEBÄUDE GANZ SCHÖN ZERSTÖRT. ICH FRAGE MICH, OB DIE REPARATURARBEITEN RECHTZEITIG FERTIG WERDEN.
VON OBEN SIEHT DAS GANZE SO AUS.
WOHNHEIM
INNENHOF
ATRIUM
ATRIUM
SCHULGEBÄUDE
LAGER
SPORTHALLE
CAMPUS
HIER SPIELT DER NÄCHSTE BAND!

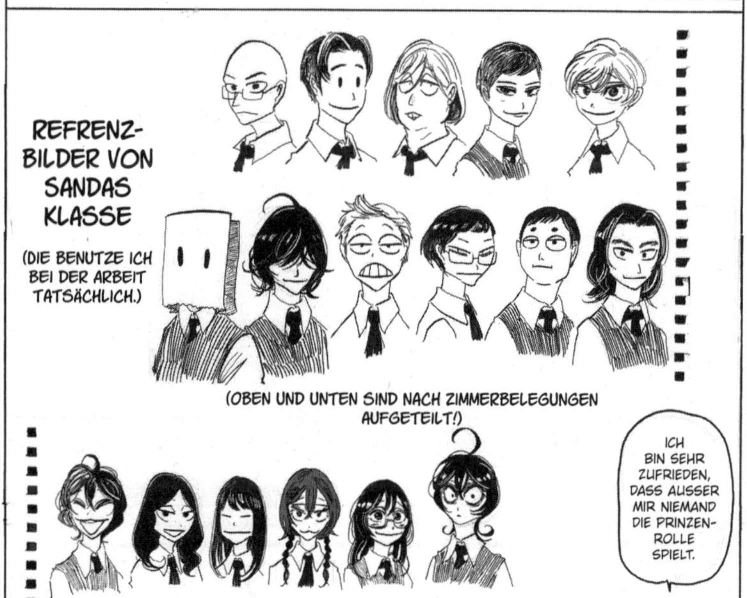

REFRENZ-BILDER VON SANDAS KLASSE
(DIE BENUTZE ICH BEI DER ARBEIT TATSÄCHLICH.)
(OBEN UND UNTEN SIND NACH ZIMMERBELEGUNGEN AUFGETEILT!)
ICH BIN SEHR ZUFRIEDEN, DASS AUSSER MIR NIEMAND DIE PRINZENROLLE SPIELT.

SANDAS VIER-PANEL-COMIC

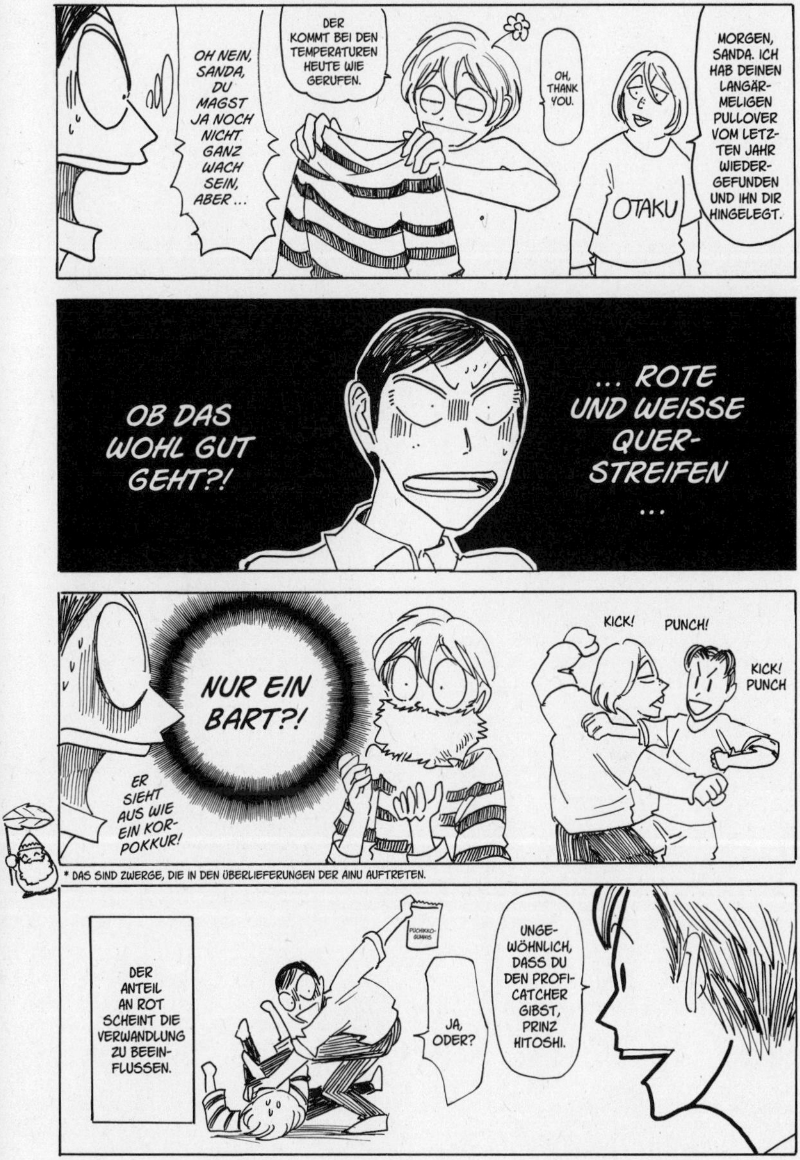

* DAS SIND ZWERGE, DIE IN DEN ÜBERLIEFERUNGEN DER AINU AUFTRETEN.

SANDA

Paru Itagaki

1

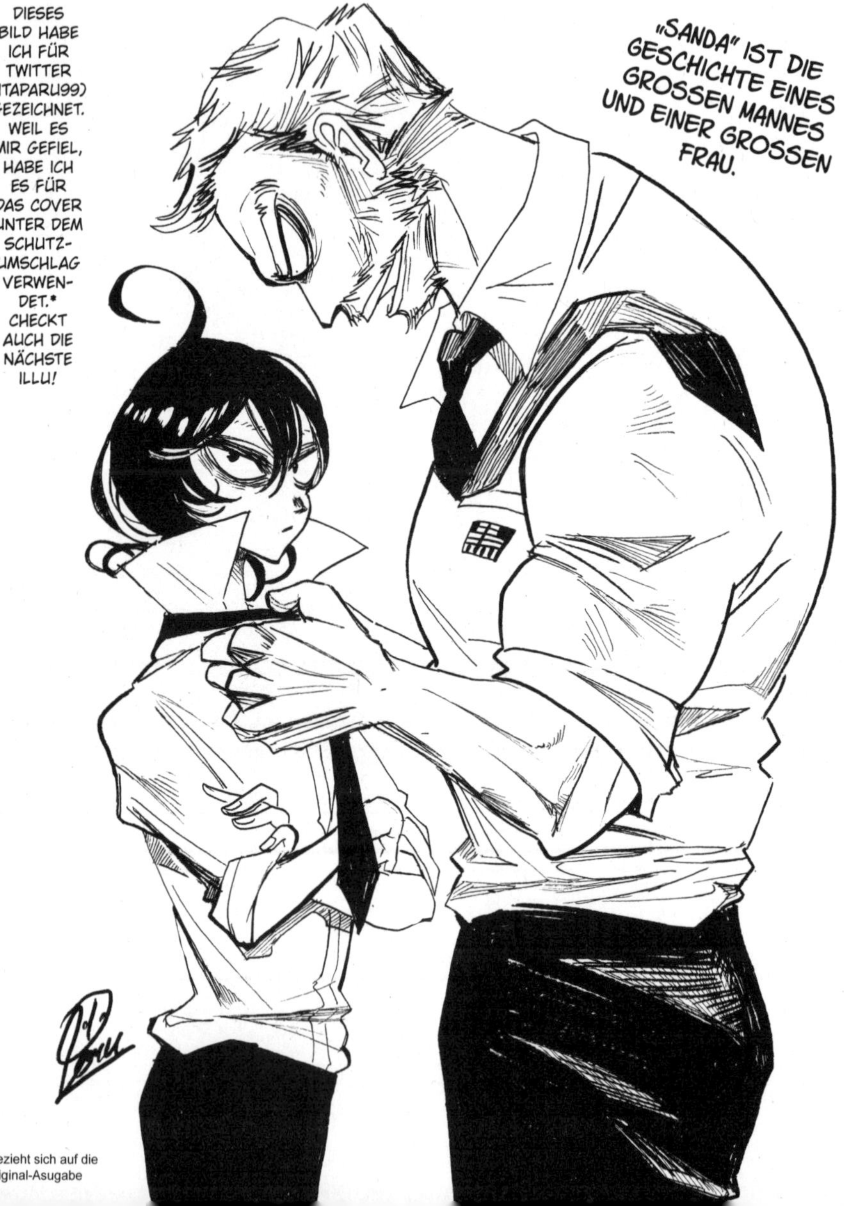

*bezieht sich auf die Original-Asugabe

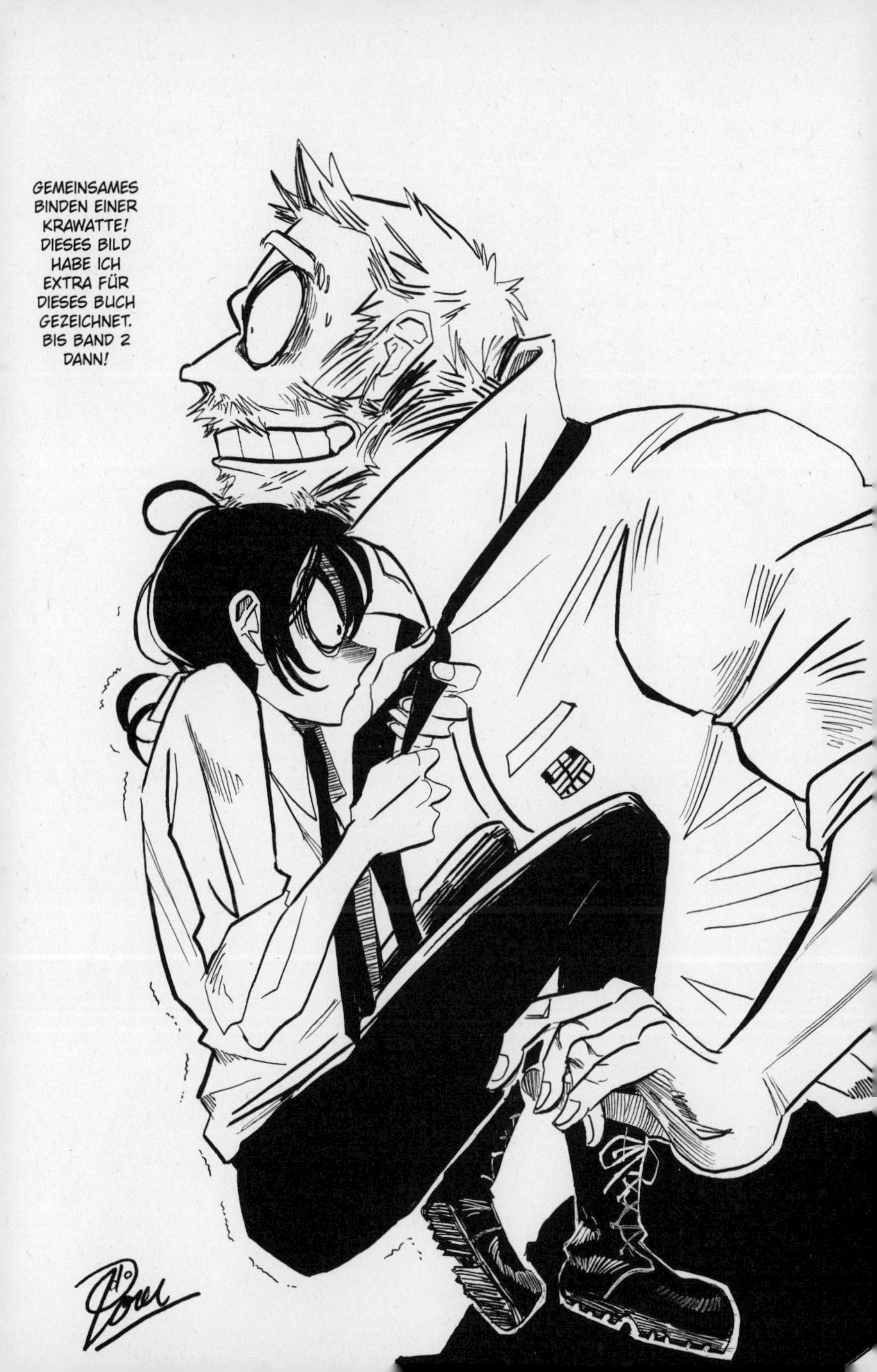
GEMEINSAMES BINDEN EINER KRAWATTE! DIESES BILD HABE ICH EXTRA FÜR DIESES BUCH GEZEICHNET. BIS BAND 2 DANN!

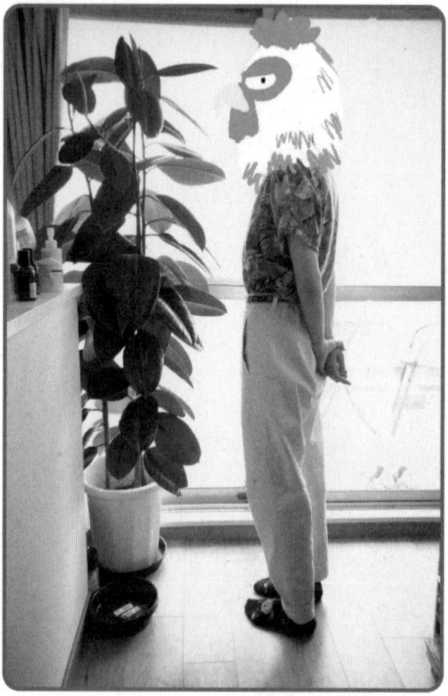

MIT SANDA
HABE ICH BEGONNEN,
WEIL ICH ETWAS ÜBER
DIE SELTSAME BEZIEHUNG
ZWISCHEN KINDERN UND
ERWACHSENEN ZEICHNEN
WOLLTE!

Paru Itagaki

SANDA

Deutschsprachige Ausgabe / German Edition

CH-1007 Lausanne
1. Auflage

Aus dem Japanischen von Jürgen Seebeck

Programmleitung: Hideki Iyama / Lizenzkoordination: Ai Kono
Redaktion: Juliane Schneider / Herstellung: Sonja Lesch
Deutsche Logo- und Covergestaltung: Stephanie Gieck
Lettering: Paolo Gattone, Chiara Antonelli
Druck und Bindung: GGP Media GmbH, Pößneck

ISBN 978-2-8324-7117-3

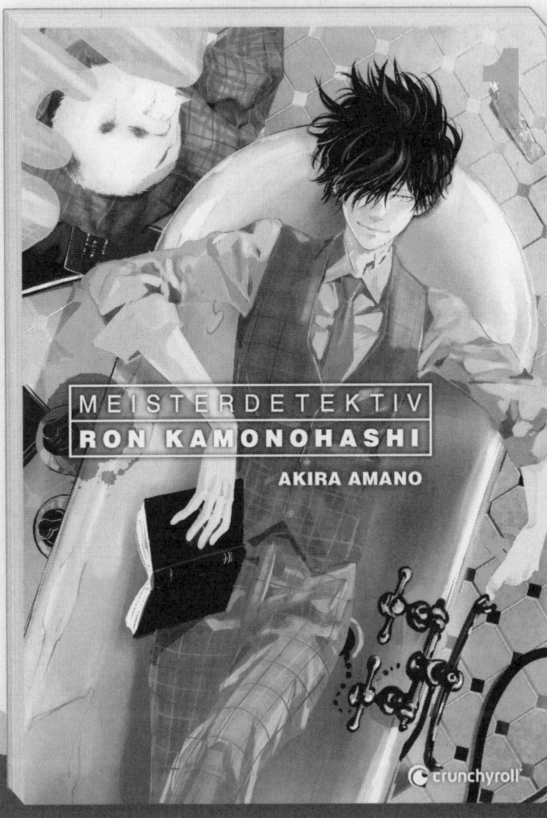
MEISTERDETEKTIV
RON KAMONOHASHI
AKIRA AMANO
crunchyroll